FUTURES TRADING
RULES AND REGULATIONS

PRACTICE AND INNOVATION

期货交易规则

运行实践与发展创新

赵文广 著

中国财经出版传媒集团
中国财政经济出版社

图书在版编目（CIP）数据

期货交易规则：运行实践与发展创新／赵文广著
. --北京：中国财政经济出版社，2023.10
ISBN 978-7-5223-2409-8

Ⅰ.①期… Ⅱ.①赵… Ⅲ.①期货交易 Ⅳ.
①F830.9

中国国家版本馆 CIP 数据核字（2023）第 152365 号

责任编辑：贾延平 张 莹　　责任校对：张 凡
封面设计：陈宇琰　　责任印制：刘春年

期货交易规则：运行实践与发展创新
QIHUO JIAOYI GUIZE：YUNXING SHIJIAN YU FAZHAN CHUANGXIN

中国财政经济出版社 出版
URL：http：//www.cfeph.cn
E-mail：cfeph@cfeph.cn

社址：北京市海淀区阜成路甲 28 号 邮政编码：100142
营销中心电话：010-88191522 编辑部电话：010-88190957
天猫网店：中国财政经济出版社旗舰店
网址：https：//zgczjjcbs.tmall.com
北京时捷印刷有限公司印刷 各地新华书店经销
成品尺寸：170mm×240mm 16 开 29 印张 408 000 字
2023 年 10 月第 1 版 2023 年 10 月北京第 1 次印刷
定价：98.00 元
ISBN 978-7-5223-2409-8
（图书出现印装问题，本社负责调换，电话：010-88190548）
本社质量投诉电话：010-88190744
打击盗版举报热线：010-88191661 QQ：2242791300

前　言

本书是第一本从业务实践角度系统研究期货交易规则的专著，融入了作者多年来的一线监管工作实践与思考，覆盖“交易、交割、结算、风控”四大业务板块。本书力求由浅入深、内容生动有趣，让读者在轻松的阅读中感受规则、掌握规则，知其然并知其所以然。为此，本书的撰写采取了以下方式：

第一，挖掘规则的起源。了解期货规则诞生的历史，从源头上理解设计规则的初衷和目的。比如，为防止 1987 年股市暴跌造成的流动性枯竭再次发生，催生出熔断机制。针对熔断发生后暴露出的问题，经过反复试错、持续完善，形成了美国现行熔断制度。

第二，讲述规则背后的故事。任何规则都是事件驱动的结果，规则条款背后藏着很多故事。比如，保证金制度的演变、通用仓单改为非通用。给规则“打补丁”也是受事件驱动：既有对业务创新的制度支持，也有对恶意利用规则的针对性反制。阅读这些故事，你会看到规则制定者如何面对发展中的挑战，如何思考和决策。

第三，多角度反思规则。回顾期货市场的重大事件，是为了吸取经验教训。历史需要复盘：硬麦“309 事件”中连续出现 15 个跌停板，是制造了风险还是化解了风险？教训促使反思：2022 年 3 月 8 日伦敦金属交易所取消当日成交后引发大量索赔，规则的选择是否存在问题？各类市场都可以通过对这些事件的反思，少交学费，少走弯路。

第四，突出交割规则的实用性。本书用五章篇幅，从不同角度分析、比较我国几家商品交易所的交割制度，用案例提醒注意事项，比如仓单注册、注销中的常见问题，不同类型仓单的交割配对方法，对期货交易者、期货公司和交割仓库具有较强的参考价值。

第五，注重中外规则比较研究。中国特色的“三个停板强制减仓”、梯度持仓限制等是期货规则的基本原理与中国实际的成功结合，研究境外期货市场已经成熟、我国尚待建立或需要完善的期货规则，如价格带制度、持仓集中度保证金、熔断机制、违约风险管理等，有助于拓宽我们学习借鉴国际经验的思路。

无规矩不成方圆，法律法规、交易规则就是期货市场的规矩。希望本书对期货交易者、期货相关机构的从业人员更好地理解规则、遵守规则有所帮助。

希望本书成为证券、电力、产权、碳排放、大宗商品等交易场所和清算机构了解期货市场的窗口、沟通交流的桥梁。组织化的交易市场在运作机制、风险防控、内部管理等方面具有很多共性特点，需要相互学习、相互借鉴、共同发展。

希望本书能够助力地方政府、实体企业利用期货市场，推动企业和地方经济发展。期货市场与实体经济发展密切相关，既需要政府针对性的政策引导和支持，更需要企业熟悉期货规则、用好期货规则。

本书也可以作为高校金融、投资、工商管理、市场等专业的期货实务教材或参考用书。加深对期货市场的全面了解，补上期货实务的短板，对大学生、研究生优化专业研究方向、拓宽论文选题范围、增加就业目标选择，具有很强的现实意义。

赵文广

2023 年 9 月

目　录

第一章　期货交易与市场流动性

2022年8月1日开始实施的《中华人民共和国期货和衍生品法》规定，“本法所称期货交易，是指以期货合约或者标准化期权合约为交易标的的交易活动。”

第一节　期货合约

《中华人民共和国期货和衍生品法》（以下简称《期货和衍生品法》）是这样定义期货合约的：“期货合约，是指期货交易场所统一制定的、约定在将来某一特定的时间和地点交割一定数量标的物的标准化合约。”其实，期货合约的形成经过了一个漫长的过程。

一、期货合约的发展历程

期货合约产生的确切时间，至今尚无定论。我们从美国期货市场监管机构——商品期货交易委员会（CFTC）对芝加哥期货交易所（CBOT）的历史描述中可以清楚地看到，直到1865年，期货合约仍未形成标准化。但远期合同、商品等级标准化和保证金机制的建立，推动了期货合约标准化的演变。[①]

---

① History of the CFTC.
https：//www. cftc. gov/About/HistoryoftheCFTC/history_precftc. html.

（一）远期合同交易

芝加哥远期合同诞生的背景，一是粮食收购商在秋冬之交收购的谷物，需要等待河流解冻运出销售，存储期间如果谷物价格大幅波动，粮食收购商将面临极大风险。二是没有销售合同作保证，银行无法确定粮食收购商的销售价格是否高于收购价格，银行贷款是否可以收回，所以，银行不愿意给粮食收购商发放贷款。三是粮食收购商没有足够的贷款，没有能力也不愿大量收购谷物，于是谷物就可能烂在田里，极大地伤害了农场主的种植积极性。

CFTC 认为，1848 年 4 月 3 日，CBOT 作为谷物现货市场成立后，远期合同立即就在 CBOT 开始交易①，然而，真正有记载的第一份远期合同是在 1851 年 3 月 13 日签订的。合同主要条款见表 1－1 所示。

表 1－1　　第一份远期合同签订

签订日期	1851 年 3 月 13 日
合同数量	3000 蒲式耳（81.65 吨）
交货时间	1851 年 6 月
合同单价	比 3 月 13 日当地玉米价低 1 美分/蒲式耳

这份合同有两个特点：一是交货时间比签约时间晚三个月。卖方锁定了价格，规避了此后三个月的价格下跌风险，在把下跌风险转移给买方的同时，也把价格可能上涨产生的收益让渡给了买方。二是成交价格比签约时还低 1 美分/蒲式耳。这说明，该合同的成交价格是以交货时正常年景的供求关系为参考。

然而，在粮食标准和规格建立之前，远期合同是以卖方向买方提供少量样品的方式确认质量，并通过协商进行远期交易。粮食标准和规格建立之后，远期合同用电报的方式进行协商和确认，并为广泛实施奠定了基础。

日本一个流行的故事讲述了远期合同的早期应用。在 17 世纪，商人

---

① 托马斯·A. 海尔奈莫斯著，王学勤译：《期货交易经济学》（第二版）第 92 页，中国财政经济出版社，1997 年。

们开始尝试远期交易，其中应用了远期合同和保证金。

名古屋（南部）的一位大米商人在前往江户的商务旅行中经常与仙台（北部）的一个同行会面，并交换收成、天气状况等信息。

有一天，名古屋商人得知日本北部地区即将出现歉收的情况，这将使运往江户的大米减少约50%，而名古屋地区将会有一个好收成。认识到潜在的盈利机会，这位名古屋商人购买了该地区未来收获的稻谷，向农民支付了稻谷价格10%的现金，并为剩余的金额签发了汇票——在稻谷实际售出之前，不得持这些汇票要求付款。

名古屋商人把收获后的稻谷储存起来的同时，稻谷价格也在上涨。他在3~4个月后把这些稻谷卖出，赚取了30%~40%的利润。[①]

（二）等级标准建立

1855年2月14日，伊利诺伊州修改了衡重和计量条例，确定玉米颗粒的标准重量为56磅/蒲式耳，小麦为60磅/蒲式耳。这实际上就是我们现在所知道的容重——单位容积内物体的重量。确定容重是商品质量等级标准化的重大进步，也促进了交易的便利化。一是粮食可按等级分别储存，高等级粮食能够卖出好价格；二是不用到现场就能知道粮食的质量，有利于远期交易。

1857年开始，CBOT逐渐建立并完善了更详细的等级标准。

（三）带质量等级的仓单诞生

1857年，第一批带有质量等级的粮食仓单签发。仓单成为交易标的，在不同的粮食贸易商之间转手——粮食在仓库不动，但所有权在不断转让。小麦投机的时代从签发第一批仓单开始，这种仓单确定了小麦等级，承诺按这一等级标准交割小麦。

谷物仓单成为质量和数量的象征，增强了买卖双方交易的信心。买方

---

① The Dojima Rice Market and the Origins of Futures Trading. https：//edisciplinas. usp. br/pluginfile. php/151297/mod _ resource/content/2/Dojima _ Rice _ Market _ Case. pdf.

的信心来自知道自己要买的东西是什么；卖方的信心来自只要把仓单交给对方，就算完成了交割。

标准化分级和仓单推动了远期合同交易的发展。历史学家亨利·克罗斯比·埃默里认为，只有采用这样的机制，发展现代意义上的远期交易才有可能。在交割之前不需要确定远期交易的商品是否存在。在签订合同时，卖方可以拥有、也可以不拥有这些商品。

没有分级体系和仓单制度，就不可能有卖空。交易商就不可能确保以一个价格卖出远期交割商品，然后以较低的价格买回而赚取差价。只有建立了“卖空”投机机制后，投机市场才是完整的。①

（四）交割规则和保证金制度

芝加哥的远期合同逐渐演变成可以明显减少与时间相关的价格风险的“期货”合约。他们不要求在合约成交时交割商品，而是按照 CBOT 规定的标准化的未来日期和时间进行交割。在 1865 年之前，卖出 10 天、20 天、30 天甚至 60 天后交割的谷物，已经发展成为一种交易惯例。②

在 1865 年 10 月 13 日，芝加哥期货交易所制定了正式的交易规则，其中：规则九认可了期货交易，规定了远期合同（time contract）的保证金；规则十规定了未能履行合同的处理办法；规则十一规定了远期合同当事人的权利。规则具体内容如下：

规则九：远期合同的任何一方可要求对方在交易所司库或双方同意的其他机构存放不超过合约价值 10% 的保证金。上述保证金要求可在合同签订之日或之后提出，并可随时要求，以充分保护提出保证金要求的一方。另一方应在此后三个银行日内完成存放。否则，按通知日市场价格与合约价格之间的价差，以合约到期的方式进行结算。

规则十：在合约到期日未能交割的合约，按照下一交易日该商品全天的交易平均价进行结算。

①② 托马斯·A. 海尔奈莫斯著，王学勤译：《期货交易经济学》（第二版）第 67－68 页，中国财政经济出版社，1997 年。

规则十一：在买方选择交割合约，或卖方选择交割合约时，就提出交割时间、交割准备时间分别作出规定。①

《CBOT 历史》作者 CHARLES H. TAYLOR 认为，在 1855—1865 年的 10 年中，CBOT 会员已进行了大量的期货交易，美国南北战争期间，期货交易的规模就已经非常大了。CBOT 正式采用“期货”交易原则，做了一件正确的事情，有利于解决不断产生的争议。②

期货业界把 1865 年 10 月 13 日看作是现代意义期货市场诞生的标志。《期货交易经济学》作者托马斯·海尔奈莫斯认为，至此，所有期货交易的基本要素都已出现……如果确实需要一个时间来表明实际的发展进程，我们可以确定的现代商品期货交易的起源时间是 1865 年 10 月 13 日。③ 然而，1865 年 CBOT 年报对此事并没有任何记录，也许他们当时没有意识到这一决定的重要意义。

CFTC 在记述期货发展史的记录中对 1865 年 10 月 13 日作出如下评价，CBOT 制定了正式的交易规则，特别是关于保证金和交割程序的规定，这是向期货合约的演变又迈出一步。④

二、期货合约的特点

虽然标准化期货合约最终的形成时间至今仍然没有定论，但并不影响人们从不同角度对期货合约的认识。

（一）期货合约的三个要件

维基百科：CBOT 上市了第一个标准化的“交易所交易”的远期合同，称为期货合约。

芝加哥商业交易所集团（CME 集团）：标准化期货合约是规定了特定

①② 《History of the Board of Trade of the City of Chicago》. Volume I. P331 – 332. CHICAGO ROBERT O. LAW COMPANY, 1917.

③ 托马斯·A. 海尔奈莫斯著，王学勤译：《期货交易经济学》（第二版）第 94 页，中国财政经济出版社，1997 年。

④ History of the CFTC. https：//www. cftc. gov/About/HistoryoftheCFTC/history_precftc. html.

商品质量、数量、实际交货时间和地点，并在交易所交易的期货合约。

CFTC：期货合约是买卖未来交割商品的协议：（1）按照签订合约时确定的价格；（2）约束合约双方按确定价格履约；（3）用于承担或转移价格风险；（4）可以通过实物交割或对冲了结合约。[1] CFTC 的定义，除了明确期货合约的远期特点外，还包括期货合约的作用以及履约方式。

《期货和衍生品法》对期货合约的定义包括三方面内容：一是期货合约是由期货交易场所统一制定，而非像场外（OTC）交易那样是买卖双方协商达成；二是期货合约是一种远期合同，约定在将来某一特定的时间和地点交割一定数量的标的物；三是期货合约是标准化合约，而非定制化合约。此外，《期货和衍生品法》还规定，期货交易应当在依法设立的期货交易场所进行。

综合上述定义，以及商品期货市场多年的运行实践，可以看出：

期货合约 = 远期合同 + 商品等级标准化 + 交易所交易

（二）期货合约条款

我们从纽约棉花交易所 188 × 年的期货合约样本中，可以发现常见的主要条款有：成交时间、地点；合约单位；交割时间；交割地点；基准品级；品级升贴水；保证金要求可由合约任何一方提出等（见图 1 – 1）。

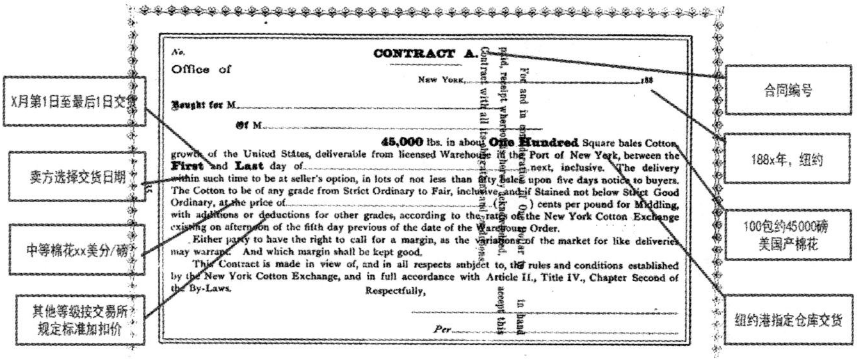

图 1 – 1　188 × 年的期货合约样本

① Futures Glossary.
https：//www. cftc. gov/LearnAndProtect/EducationCenter/CFTCGlossary/glossary_f. html.

期货合约条款是交易、交割、结算、风控规则的缩简版。我们现在看到的期货合约基本以列表的方式展现，简单明了。合约条款的选取由各期货交易所自行确定，但都包含了与上市品种相关的期货规则，也反映了不同交易所的规则特点。比如，大连商品交易所黄大豆 2 号期货合约明确规定最低保证金为合约价值的 5%，美国 CBOT 则没有类似条款，因为美国没有最低保证金的概念，其初始保证金也不是固定的。

对比中美大豆期货合约文本可以看出，大部分合约条款基本相同，差别在于美国合约文本中增加了结算流程、持仓限制、大宗交易门槛条款，并直接引用了 CBOT 交易规则第 11 章“大豆期货”。因此，从形式上看，期货规则经常把期货合约当作附件；而从实践上讲，期货合约文本就像一个提纲，期货规则、相关细则和办法成为期货合约的附件。

大连商品交易所黄大豆 2 号期货合约文本见表 1－2，芝加哥期货交易所黄大豆 2 号期货合约文本见表 1－3。

表 1－2　　大连商品交易所黄大豆 2 号期货合约文本

交易品种	黄大豆 2 号
交易单位	10 吨/手
报价单位	元（人民币）/吨
最小变动价位	1 元/吨
涨跌停板幅度	上一交易日结算价的 4%
合约月份	1～12 月
交易时间	每周一至周五上午 9：00～11：30，下午 1：30～3：00，以及交易所规定的其他时间
最后交易日	合约月份第 10 个交易日
最后交割日	最后交易日后第 3 个交易日
交割等级	大连商品交易所黄大豆 2 号交割质量标准（F/DCE B003－2017）
交割地点	大连商品交易所黄大豆 2 号指定交割仓库
最低交易保证金	合约价值的 5%
交割方式	实物交割
交易代码	B
上市交易所	大连商品交易所

表 1－3　　芝加哥期货交易所黄大豆 2 号期货合约文本①

交易品种	黄大豆 2 号
合约单位	5000 蒲式耳（约合 136 公吨）
报价单位	美分/蒲式耳
交易时间	周日至周五：下午 7：00～上午 7：45 周一至周五：上午 8：30～下午 1：20
最小变动价位	1/4 美分/蒲式耳（12.5 美元/合约）
合约月份	1 月、3 月、5 月、8 月、9 月、11 月
结算方式	实物交割
最后交易日	合约到期月份第 15 个日历日的前一个交易日
结算流程	大豆结算流程
持仓限制	CBOT 持仓限制
交易规则	CBOT 规则第 11 章
大宗交易门槛	最低大宗交易门槛
价幅限制或熔断	价幅限制
最后交割日	交割月最后交易日后第二个营业日
交割标准	基准价为黄大豆 2 号价格。黄大豆 1 号升水 6 美分/蒲式耳、黄大豆 3 号贴水 6 美分/蒲式耳

综合中美期货合约，可把合约条款分为三类（见图 1－2）：交易条款、风控条款和交割条款。交割商品质量差异、交易地点差异等涉及买卖双方利益的交割条款，是期货合约标准化的重点和难点。

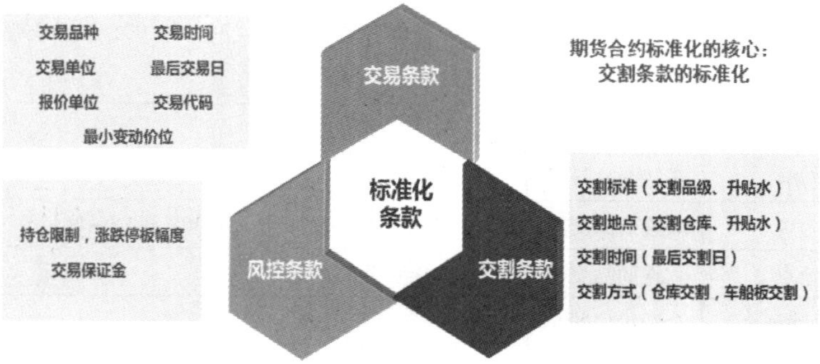

图 1－2　期货合约条款分类

① 该文本仅引用了期货合约的部分条款。

（三）期货合约分类

1. 国内合约与国际合约

从交易者参与的广泛性和期货价格对国际市场的影响力看，CBOT 是一个国际化期货市场。从交割品的来源及交割仓库的设置区域看，CBOT 大豆期货合约是一个地地道道的国内合约。

洲际美国期货交易所 11 号原糖、洲际欧洲期货交易所的白砂糖、伦敦金属交易所的有色金属期货合约属于国际化期货合约，国际化的交割地点是其最显著的特征。例如，白砂糖期货合约交割地点条款规定，只能在指定白糖生产国符合交易所要求的港口交割白糖。在“白糖指定交割港口”附件中列举的指定交割港口包括我国的广州、黄埔、日照、蛇口、厦门。①

2. 实物交割合约与现金结算合约

大部分商品期货合约以实物交割方式履约，但也有一部分合约以现金结算方式了结。现金结算（cash settlement）在我国期货市场称之为“现金交割”，即在最后交易日，用另一个价格或指数作为交割结算价来计算多空双方的盈亏，在支付价差后自动对冲双方持仓。能够作为现金结算合约交割结算价的价格或指数包括：

（1）同一品种的现货价格指数。如新加坡交易所的“新交所普氏 CFR 中国铁矿石（块矿溢价）指数期货”合约，其到期后的“现金结算使用期满月内所有普氏 CFR 中国铁矿石现货块矿溢价（62.5% 铁粉）指数参考价格算术平均价。”②

（2）同一期货合约的交割结算价。洲际新加坡期货交易所曾经表示希望上市郑州商品交易所（以下简称郑商所）的白糖期货结算价合约，在最

---

① White Sugar Futures Delivery Ports.
https://www.ice.com/publicdocs/futures/White_Sugar_Delivery_Ports.pdf.

② 新交所普氏 CFR 中国铁矿石（块矿溢价）指数期货。
https://www.sgx.com/zh-hans/derivatives/products/iron-ore?cc=FEF#%E5%90%88%E7%BA%A6%E8%A7%84%E6%A0%BC.

后交易日以郑商所的交割结算价进行现金结算。

（3）现货市场成交价。电力期货合约使用现货市场的结算价作为交割结算价。比如，在纽约商业交易所“PJM 西部枢纽实时非高峰日历月份 5 兆瓦期货合约”中：“结算流程”条款规定，该合约交割方式为现金结算。最终结算价为每一合约月份计算得出的浮动价格。在“浮动价格”条款中规定，浮动价格等于由 PJM 公司提供的该合约月份、所有非高峰时段、实时交易的 PJM 西部区域节点电价的算术平均价。①

3. 主期货合约与关联期货合约

主期货合约（primary futures contract）也称基础期货合约，是一个上市品种系列期货合约中成交最活跃、持仓最大的合约，也是期权合约的标的。期货交易所以主合约为基础，开发出期权、mini 合约、月均价合约等不同类型的期货期权合约，这些合约统称为关联（associated）合约。两者在价幅限制方面的联动规定，详见“价幅限制与熔断机制”一章。

（四）设计期货合约需要处理好几个关系

期货合约设计者只有做到“研究一个品种，熟悉一个行业，成为半个专家”，才能在纷繁复杂的市场信息中抓住主要矛盾，并在期货合约条款设计中源于现货、高于现货，并处理好以下几种关系：

1. 活跃交易与防控风险的关系

合约设计者都希望能在活跃交易与防控风险之间找到平衡点，但未经期货市场考验的期望终归只是合约设计者的一厢情愿。从历史上看，规则制度永远跟在市场后面发展，不可能具有超前性，过多地预设风险并想当然地制定风控措施，不利于新品种培育。最好的办法是让交易先活跃起来，发现风险再采取相应风控措施。期货交易规则由薄变厚就是一次次打补丁的结果，这是一个不断发现问题、解决问题的过程，也是期货合约和规则被恶意利用后再被交易所不断反制的过程。

---

① PJM Western Hub Real – Time Off – Peak Calendar – Day 5 MW Futures Contract Specifications. https：//www. cmegroup. com/markets/energy/electricity/pjm – western – hub – real – time – off – peak – calendar – day – 25 – mw. contractSpecs. html.

2. 可供交割量与持仓量的关系

可供交割量与持仓量的关系反映的是期货市场的供求关系。交割区域设置和交割仓库库容使交割商品的供给被限制在一定范围之内；仓单有效期会使一部分商品退出期货交割市场；交割标准会把一部分不达标的农产品排除在交割之外；进口棉花和小麦不能进入流通，更不能进入期货交割；最后交割日可使在此之后生产的产品不能在当月进行交割。在上述多重限制条件下，能够用于一个月份交割的商品只是当年供给量的一部分。期货合约的买方具有要求期货合约卖方交货的权利，因此，多头持仓量代表着期货市场对交割商品的潜在需求量。

与现货市场的供求关系相比，期货市场的供求关系范围被缩小，变为可供交割量与多头持仓的关系。期货交割相关规则制度不同程度地影响着可供交割量，而持仓限制、套期保值管理办法从不同角度制约着交割需求量。交割量和持仓制度的调整，一方面是要从交割层面不断实现期货市场供求关系的平衡，在有利于价格发现的同时，防止交割逼仓；另一方面是要防止把期货市场变成满足企业供求关系的现货市场。因为在正常情况下，期货交割成本大于现货交收成本——交割商品从卖方经交割仓库到买方，要经过装卸、检验等中间环节，这些成本在现货市场很少产生。如果期现货价格趋合较好，期货市场变成现货市场的情况就不会发生，或者说，期货交割的比例会比较低。因此，期货合约制度设计中既不限制交割，也不鼓励交割。

期货市场有一种说法，“不经过一次大交割，期货品种就不会成熟”。这种说法的含义，一是每次大交割都是对期货市场交割制度、限仓制度及实施有效性的检验，并通过解决发现的问题使规则制度更加完善；二是大交割可以使交易者更加熟悉这一品种，吸引更多交易者关注这一品种。

交割风险始终是商品交易所的风控重点之一。形成仓单要经过物流运输、商品检验等环节，而资金转移却是秒实现，如果临近交割月时持仓量远大于仓单量，交割供求失衡导致交割逼仓的概率就会增加。

3. 交易条款与交割条款的关系

期货交易者大多是以赚取价差收益为目的的投机者，更多地关注交易，不太关注交割，真正关注实物交割的是现货企业。期货合约交易条款要突出上市品种的共性、淡化个性，方便交易者计算价格和参与交易。例如，全国各地都有不同等级的白糖销售，而郑商所的期货价格是以广西一级白糖为基准的期货价格。交割条款则要回归到商品的现货属性上，通过等级升贴水、交割仓库升贴水满足对商品不同地点、不同等级的个性化需求。

第二节　交易撮合机制

一、可接受的交易指令

我国境内期货市场交易指令相对较少，但也超出了《郑州商品交易所期货交易细则》第二十六条明确规定的限价指令、市价指令、套利指令、取消指令①。2014 年 11 月 19 日，郑商所发布“关于丰富交易指令的通知”，一是套利指令增加一腿合约开仓另一腿合约平仓（简称“一开”）；二是推出 FAK 指令（Fill And Kill）——立即成交剩余指令自动撤销指令。②

虽然我们没有“当日有效指令”但按照我国期货市场现行规定，委托指令在交易日当日有效，这是用更加有效的措施来防止交易者因为忘记撤销交易指令而出现不希望的成交结果。

（一）关于套利指令

郑商所是在境内最早实行跨期套利单边收取保证金制度的交易所。2005 年 9 月 1 日，郑商所正式启用跨期套利交易指令。③ 几年后，大连商品交易所（以下简称大商所）采用跨品种套利指令。

---

① 《郑州商品交易所期货交易细则》，2021 年 12 月 10 日〔2021〕107 号发布施行。

② 关于丰富交易指令的通知。
http：//www. czce. com. cn/cn/rootfiles/2014/11/19/14156988168 96482 – 1415698816898763. pdf。

③ 2001 年，作者在 ADM 投资服务国际有限公司工作交流中了解到，英国期货市场对套利交易实行保证金优惠制度并采用套利交易指令，向交易所领导做了汇报并建议研究实施，随后不久被采纳实行。

“套利指令分跨期套利指令和跨品种套利指令。跨期套利指令指同时买进（卖出）和卖出（买进）两个相同标的物但不同到期日期货合约的指令；跨品种套利指令指同时买进（卖出）和卖出（买进）两个不同标的物期货合约的指令。套利指令不参与集合竞价；行情出现单方无报价时，不得下达套利指令。”①

套利交易一直被认为是低风险交易，但没有现货支持的反向套利风险巨大，因此，不能对套利交易的风控掉以轻心。买近期月份、卖远期月份的正向套利交易相对风险较小，因为即使价差扩大，也可以采取实物交割方式进行价差收益保护，但也需通过辅助操作解决由此产生的增值税问题。而买远期、卖近期的反向套利交易风险较大，一旦近月合约价格上涨幅度大于远月合约，套利交易者没有任何招架之力。跨品种和跨市场套利也是如此。2018 年 9 月 10 日，纳斯达克商品交易所的一个自营清算会员，买入北欧电力合约、卖出德国电力合约的跨品种套利因价差急剧放大而导致违约。②

而有现货经营能力支持的反向套利，可以在期货系列合约恢复为正向市场时平仓套利单，赚取价差，也可以在不利变动时交割近期合约，在远月买回，在节约资金成本、仓储成本的同时，赚取近远月价差。

（二）关于止损指令

止损指令是指当市场价格达到客户预计的价格水平时即变为市价指令予以执行的一种指令，既可以止损，也可以止盈。很多交易软件预设了止损、止盈指令，从期货公司层面或客户层面可以进行止损、止盈操作。2007 年 6 月，大商所发布通知，增加止损等交易指令。③

止损指令常被一些人恶意利用。当判断在某一价位止损单比较多时，有人故意重单或诱导其他众多交易者集中下单，把一个价位击穿，从而诱

---

① 《郑州商品交易所期货交易细则》，2021 年 12 月 10 日〔2021〕107 号发布施行。

② 参看“违约风险管理”一章。

③ 2007 年 6 月 5 日，关于发布《大连商品交易所交易细则修正案》的通知。
http：//www. dce. com. cn/dalianshangpin/ywfw/jystz/ywtz/1987091/index. html。

发更多止损，发生多米诺骨牌效应。2010 年 5 月 6 日，37 岁的伦敦交易者萨劳操纵交易导致道琼斯指数 5 分钟暴跌 9%（见图 1－3）、万亿美元市值瞬间蒸发，其后受到指控。

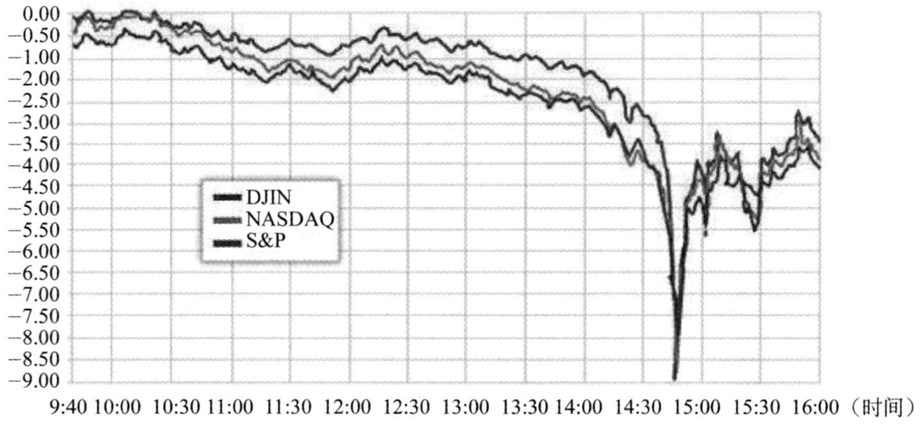

图 1－3　2010 年 5 月 6 日道琼斯工业指数暴跌

2010 年 5 月 6 日约 14∶40，道琼斯工业指数盘中自 10460 点开始近乎直线式下跌，仅 5 分钟便暴跌至 9870 点附近。当天指数高低点差近 1000 点，最大跌幅 9%，近 1 万亿美元瞬间蒸发，犹如坐了一趟云霄飞车，震惊了全球交易员和投资人。这一交易日也创下美股有史以来最大单日盘中跌幅。美股闪电崩盘事件，震惊了整个华尔街和全球金融市场。

根据美国司法部的刑事诉状，萨劳被控使用了一款自动交易程序，操纵美国芝加哥商业交易所标普 500（S&P500）指数期货合约市场，涉嫌通过在不同价格点同时下达多个数量巨大的卖出指令（所谓的“分层”手法），在市场上制造供应量巨大的假象。

主管美国期货市场的美国商品期货交易委员会（CFTC）亦对萨劳提起民事诉讼，其代表律师高曼说：“他的行为确实是造成交易失衡的重要原因之一，而交易失衡是导致闪崩的因素之一。”①

① 美国市场闪崩 1 万亿美元元凶 6 年后终服法。
http：//finance. sina. com. cn/stock/usstock/c/20160401/234024524943. shtml。

二、撮合机制

（一）集合竞价

集合竞价。集合竞价是指对一段时间内接收的买卖申报一次性集中撮合、同一价格成交的竞价方式。《中国金融期货交易所交易细则》（以下简称中金所《交易细则》）第三十九条规定：

“集合竞价采用最大成交量原则，即以此价格成交能够得到最大成交量。高于集合竞价产生的价格的买入申报全部成交；低于集合竞价产生的价格的卖出申报全部成交；等于集合竞价产生的价格的买入或者卖出申报，根据买入申报量和卖出申报量的多少，按照少的一方的申报量成交。”

集合竞价对交易指令的限制。集合竞价是全部报价都参与竞价和配对撮合的过程，其目的是获得最有代表性的成交价格。禁止任何没有具体报价、部分报价不参与集合竞价的交易指令。在集合竞价报价时间结束、连续竞价尚未开始这段时间，不接受指令委托。中金所《交易细则》第三十七条规定：

“集合竞价指令申报时间不接受市价指令和附加即时全部成交或撤销、即时成交剩余撤销指令属性的限价指令申报。

集合竞价指令撮合时间不接受指令委托。”

集合竞价对价格稳定性的影响。集合竞价集中较多信息，指令到达时间不影响价格形成过程，大单不会对价格产生连续冲击，有利于降低价格波动，特别是对上市的新品种或长假之后的期货交易，能很好地发挥稳定市场的功能。与此同时，也可以有效防止单笔成交价格对开盘价的影响。

集合竞价对市场有效性的影响。第一，与连续竞价相比，在集合竞价中，交易者是根据一段时间而非一个时点的信息来定价，因此，时间越长，交易者的信息越多，所产生的定价更趋于真实价值。第二，因集合竞价可减少信息收集成本，降低信息不对称程度，交易者定价错误较低，因此，集合竞价可提供较佳的价格发现过程，因而可提高市场的有效性。

（二）连续竞价

连续竞价。是指对买卖申报逐笔连续撮合的竞价方式。开盘集合竞价中的未成交申报单，自动参与开市后竞价交易。我国期货交易所的连续竞价原则包括排序和撮合两个方面。

1. 排序

（1）排序总体原则。交易所计算机自动撮合系统将买卖申报指令按“价格优先、时间优先”的原则进行排序。

（2）价格优先。从报价角度，买方报价从高向低排序，报价高的最容易成交；卖方价格从低向高排序，卖价低的最容易成交。按价格高低排序符合“价高者得”的交易习惯。

“价格优先是指，较高价格买入申报优先于较低价格买入申报，较低价格卖出申报优先于较高价格卖出申报。”①

（3）时间优先。是指在相同报价下，按时间先后排序，即人们常说的“先到先得、先来后到”。比如卖方的最低报价与买方最高报价相同，但卖方数量300张，买方数量500张，那么，买方只有按时间排序，前300张报价可以成交，剩余200张买单无法在此价位成交。

“时间优先是指，买卖方向、价格相同的，先申报的优先于后申报的。先后顺序按交易所系统接受申报的时间确定。”②

（4）时间优先与高频交易。高频交易（high frequency trading）是利用极快的交易速度完成的交易行为。高频交易提高速度，一是靠提升软硬件水平，二是通过增加专线带宽等方式提升传输速递，三是缩短与交易所撮合主机的距离。部分期货公司在交易所办公大楼设置营业部，以吸引程序化交易。

（5）涨跌停板情况下的成交原则。郑商所风控办法规定，“某期货合约以涨跌停板价格成交的，成交撮合原则为平仓优先和时间优先。”在出

①② 《郑州商品交易所期货交易规则》，自2017年5月19日起实施。
http://www.czce.com.cn/cn/flfg/zcjywgz/zcjjygz/webinfo/2021/03/1605580990274295.htm.

现停板的情况下，化解风险的最好办法是减少持仓，而开新仓意味着增加持仓，因此，“平仓优先原则”是基于化解风险思路设计。

2. 撮合

（1）撮合原则。当买入价大于、等于卖出价则自动撮合成交，撮合成交价等于买入价（bp）、卖出价（sp）和前一成交价（cp）三者中居中的一个价格。即：

当 bp≥sp≥cp，则：最新成交价 = sp

当 bp≥cp≥sp，则：最新成交价 = cp

当 cp≥bp≥sp，则：最新成交价 = bp

（2）上述原则考虑的因素。一是对于误操作数量不大的交易者来说，三者居中价成交可以减少误操作损失。如果误操作数量较大，这种作用将大打折扣。二是有利于成交价格的连续性，避免出现跳跃性价格。

三、交易价格

（一）开盘价

开盘价有两种产生方式。第一，在正常情况下，开盘价由集合竞价产生；第二，如果在竞价阶段，没有可以成交的报价，造成集合竞价时段无法产生成交价格的，则进入连续竞价阶段，通过连续竞价撮合原则成交产生。《郑州商品交易所期货交易管理办法》（以下简称《交易管理办法》）第三十二条规定：

“开盘价是指某一期货合约开市前 5 分钟内经集合竞价产生的成交价格。集合竞价未产生成交价格的，以集合竞价后第一笔成交价为开盘价。第一笔成交价按本办法有关撮合原则的规定确定，此时前一成交价为上一交易日收盘价，新上市合约前一成交价为挂牌基准价。”

开盘集合竞价与撮合时间。第一，开盘集合竞价分品种、分合约进行。比如，白糖分为 1 月、3 月、5 月、7 月、9 月、11 月 6 个合约月份，这 6 个月份的合约各自进行集合竞价，并相应产生 6 个开盘价。第二，集合竞价前 4 分钟为报价时段，第 5 分钟为撮合时段。《交易管理办法》第二十八条规定：

“集合竞价中，前4分钟为期货合约买、卖指令申报时间，后1分钟为集合竞价撮合时间，开市时产生开盘价。”

开盘价的影响。“开盘价”是指当日第一笔成交价，代表着市场各方对当日市场价格走向的预期。正因为开盘价会影响交易者当日的心理和交易决策，因此，用集合竞价可以起到稀释个别交易者对开盘价影响的作用。

（二）收盘价

收盘价。郑商所《交易细则》规定，收盘价“是指某一期货合约当日交易的最后一笔成交价格。”也就是当日交易结束（闭市）前的最后一笔成交价。

收盘价的影响。收盘价代表市场预期。因距离下一个交易日时间最近，交易者在分析行情时，一般会把收盘价作为判断下一交易日行情走势的参考依据之一。在欧美期货市场，不少交易者要求按当日收盘价成交。由于期货市场是用当日结算价作为计算下一交易日涨跌停板的基准价，因此，收盘价对下一交易日影响较小，单边市除外。

股票市场收盘价通过集合竞价产生。沪深证券交易所的收盘价是当日该证券最后一笔交易前1分钟所有交易的成交量加权平均价（含最后一笔交易）。深市（包括创业板）收盘价是通过最后3分钟集合竞价的方式产生。

（三）交易结算价

交易结算价的完整表述是“每日交易结算价（daily settlement price）”，以区别于交割结算价和现金结算的最后交易日结算价（final settlement price）。交易结算价针对每一合约分别计算。

交易结算价“是某一期货合约当日成交价格按成交量的加权平均价。当日无成交的，当日结算价按照《郑州商品交易所期货结算细则》相关规定执行。结算价是进行当日未平仓合约盈亏结算和制定下一交易日涨跌停板额的依据。”

结算价除了用于计算当日持仓盈亏外，也是计算下一交易日涨跌停板额的依据。下一交易日以此价格为基准，计算涨跌停板绝对幅度。比如，当日结算价为5000元，涨跌停板幅度为±4%，那么，下一交易日涨跌幅为5000元×±4%=±200元，价格波动区间限制须在4800~5200元之间，超过此价格区域的交易指令无效。

（四）挂牌基准价

（1）新上市品种挂牌基准价。对于新上市品种，交易所按上市前几天采集的基准交割地的现货价格作为参考价，制定挂牌基准价。有时也会为了使新品种上市交易首日以上涨报收，营造出红盘的喜庆气氛，把新品种挂牌基准价定得比现货价稍低一些。

（2）新合约挂牌基准价。我国期货市场在过去较长时间里都是以现货价、近期合约的收盘价或结算价为参考，制定新合约基准价。近年来，直接用近月合约上一交易日的收盘价作为新合约挂牌基准价。

（3）挂牌基准价具有上一交易日结算价作用。挂牌基准价是新挂牌合约第一个交易日计算保证金和设置涨跌停板的依据。

（4）纸浆期货上市以跌停板报收，与挂牌基准价有关。2018年11月27日上市的纸浆期货各合约挂牌基准价均为5980元/吨，开盘价为5828元/吨，最高价为5830元/吨，以跌停板5382元/吨报收。11月28日，《北京商报》以“大宗商品萎靡 纸浆期货上市首日跌停”为题，把上市首日跌停板收盘原因归咎于供求关系显然是错误的，因为挂牌基准价是交易所制定的，也是影响上市首日涨跌停板的关键因素。

“2018年11月27日，纸浆期货正式在上海期货交易所挂牌交易，上市首日，纸浆期货虽然交易量活跃，但受国际纸浆价格下调及供需关系的不平衡影响，上午收盘，纸浆期货主力合约跌逾8%，随后在下午盘中跌停，成交量为47.11万手，持仓量7.8万手。”①

① “大宗商品萎靡 纸浆期货上市首日跌停”。http://www.sohu.com/a/278203679_115865。

第三节　交易限额制度

正因为单个交易者巨大的交易量会对价格造成影响，期货市场很早就开始对投机交易量进行限制。

（一）美国期货市场的交易限额

1917 年第一次世界大战期间，美国国会颁布《食品管制法》，以稳定美国粮食市场，这是美国联邦政府首次行使限制商品期货市场交易的权力。根据 1917 年的《食品管制法》规定，小麦期货交易被暂停，美国食品管理局对玉米期货合约的交易“设定了 50 万蒲式耳的自愿限制”。第一次世界大战后，美国食品管理局战时局长赫伯特·胡佛作证称，对玉米期货交易的限制“执行得很好，在此期间没有操纵市场，也没有对套期保值的正常进行产生重大干扰”。

1938 年 12 月，联邦监管机构——商品交易委员会根据 1936 年颁布的《商品交易法》，对谷物期货实行持仓限制的同时，也实施了 200 万蒲式耳的交易限额。①

1979 年 2 月 6 日，CFTC 规则取消了每日投机交易限额（daily speculative trading limit）。CFTC 声称，在现有市场条件下，每日交易限额：（1）对于减少、消除或防止过度投机是不必要的；（2）有时可能会阻碍市场流动性。取消每日投机交易限额的目的是消除不必要的限制，提高市场流动性。CFTC 决策的依据主要来自 CFTC 和咨询委员会的下述研究结论：

“大额持仓变动，而不是大量的个人交易，可能会对价格产生不适当的影响。目前的每日交易限额可能会阻碍市场流动性，因为它们限制了日内交易者当日开平仓（in – and – out）交易量……而这些交易通常有助于

---

① Position Limits and the Hedge Exemption, Brief Legislative History. https://www.cftc.gov/PressRoom/SpeechesTestimony/berkovitzstatement072809.

最大限度地减少大额订单对价格的影响。”①

（二）我国期货市场的交易限额制度

2017年8月18日施行的《郑州商品交易所期货交易风险控制管理办法》增加了“交易限额制度”。交易限额制度有以下几个特点：

一是针对开仓交易。“交易限额是指交易所规定会员或者客户对某一合约在某一期限内开仓交易的最大数量。”

二是交易限额的实施时间、对象和数量不确定。“交易所可以根据市场情况，对不同的上市品种、合约，对部分或者全部的会员、客户，制定交易限额，具体标准由交易所另行公布。”

三是交易限额针对投机交易。套期保值和做市交易不受限制。

四是与合并持仓一样，持仓限额也是同一客户在不同期货公司会员处开有多个交易编码合并计算，不得超过一个客户的交易限额。

五是对超出限额采取措施。交易所可以采取电话提示、要求报告情况、要求提交书面承诺、列入重点监管名单、暂停开仓交易等措施。

交易限额管理是通过限制市场流动性，达到防止市场过热、防止利用成交量影响期货价格的目的。目前，交易限额制度在防范过度投机、保护市场稳定方面发挥着应有的作用。随着期货法律法规的不断健全，市场交易者的不断成熟，交易限额制度迟早会退出历史舞台。

第四节 期货交易与市场流动性

投资百科网站对流动性（liquidity）的表述是，“流动性是指资产能够在市场上以反映其内在价值的价格快速买卖的程度”。② CFTC则把流动性

---

① Elimination of Daily Speculative Trading Limits.
https：//archives. federalregister. gov/issue_slice/1979/2/6/7120 –7129. pdf#page =6.

② Understanding Liquidity.
https：//www. investopedia. com/terms/l/liquidity. asp.

市场定义为“一个可以在对价格影响最小的情况下完成买卖的市场。”[①]

一、流动性是期货市场的魂

经常听人讲，买房子要选好地段，做交易要选流动性好的市场。足够的流动性促进价格发现，风控规则保证价格不被扭曲。当流动性枯竭时，流动性风险就演变为市场风险，甚至系统性风险。比如，熔断机制本来是解决流动性枯竭问题，希望在当日分阶段扩大停板以增加流动性，而又不失去对价幅的控制，然而，我国证券市场熔断时的千股跌停却造成了流动性风险，有违这一制度设计初衷。2023 年 3 月硅谷银行破产也是流动性出现问题。

（一）流动性是发挥期货市场经济功能的基础

1. 越是流动性差的市场，期货价格越容易受到操纵、被扭曲

交割结算价常被操纵就是因为在交割月成交稀少，操纵价格成本低、收益高。被交易所处罚的那种为利益转移而对敲成交的基本都是发生在不活跃的品种或者不活跃的合约上。即使流动性好的品种，在交割月的交易和持仓多是准备进行实物交割者，投机者所剩无几，一手单子常常就可以把价格打到停板上。

2020 年 4 月 20 日，芝加哥商业交易所（CME）集团旗下的纽约商业交易所（NYMEX）5 月交割的轻质原油期货（以下简称 WTI 原油期货）合约较前日结算价下跌 55.90 美元/桶，结算价为 -37.63 美元/桶，跌幅为 305.97%，盘中最低价为 -40.32 美元/桶。WTI 原油期货 5 月合约在结算价确定的最后 2 分钟内，共成交了 514 手；而其电子迷你合约 E-mini WTI 原油期货 5 月合约在凌晨 2：22 至 2：30，价格从 -8.925 美元/桶跌至 -37.175 美元/桶，共成交 3 笔、合计 4 手。[②]

2. 流动性直接影响套期保值者的参与

从单个交易者角度而言，没有流动性，套期保值者的交易就如同现货

---

① CFTC Glossary.
https：//www.cftc.gov/LearnAndProtect/EducationCenter/CFTCGlossary/glossary_m.html.

② 程南雁、陆振翔.《CME 集团 WTI 原油期货负价格成因分析》，上海期货与衍生品研究院。

远期交易一样，要付出较多的时间寻找交易对手和较高的谈判成本。由于存在基差风险和平仓难风险，套期保值交易和点价交易大多不敢在不活跃合约上进行。在流动性差的合约上，投机者也有可能建仓之后无法顺利平仓，成为“偷鸡不成蚀把米”的倒霉蛋，从而对流动性差的合约避而远之。

郑商所在2014年发出“甲醇期货合约及规则修改说明”，解释了把甲醇期货合约交易单位由50吨/手调整为10吨/手的主要原因之一，就是为了有利于企业进行套期保值。

我国甲醇下游企业较多，规模较小、总体实力偏弱，对甲醇的需求每月从几百吨到数千吨不等。最初设计的甲醇期货50吨/手的合约单位，对于甲醇下游企业而言明显偏大，小企业参与程度的减弱反过来在一定程度上影响了市场流动性。

甲醇期货自2011年10月28日上市至2013年12月31日，日均成交量14443手，日均持仓量7484手，市场深度不够、流动性不足的问题依然没有改观，影响了企业参与套期保值的积极性。

3. 流动性影响交易所的竞争力甚至生存能力

如果多数品种没有流动性或流动性不足，作为中央对手方的交易所没有足够的收入来源，在市场出现违约风险时，没有充足的资金实力为期货合约履约提供担保。

中国期货市场发展初期，不少粮食现货企业到CBOT进行交易，有色金属企业到LME进行交易，也是因为我国期货市场的流动性不足，容不下这些需要套保的大企业。随着中国期货上市品种的活跃，一些企业慢慢回到国内期货市场。就连美欧的期货公司也很羡慕中国期货市场不少品种具有充足的流动性。我国期货市场的规模还不够大，一些期货大佬和规模较大的私募基金抱怨中国期货市场容纳不了他们的交易需要，而把一部分资金投入证券市场或国外期货市场。

美国历史上曾经存在过很多交易所，因为没有流动性或流动性丧失而关闭。1971年出版的《期货交易经济学》描述到：

过去曾存在过几个期货交易所，如杜鲁斯交易所、孟菲斯交易所、密尔沃基谷物交易所、新奥尔良棉花交易所、波特兰谷物交易所、北加利福尼亚谷物交易所、西雅图谷物交易所和圣路易斯商业交易所。其中一些交易所已经长期不活跃，另一些交易所最近才从活跃的名单中退出。有些活跃交易所的交易已经下降到几乎没有交易的程度。交易存在与否不是交易所可以决定的，只有会员表示交易意向时，才会有交易，反之则没有交易。

尽管是否参与交易是交易者的决定，但交易规则的制定和完善影响着交易者的决策。交易所在这方面应该有所作为，也必须有所作为。

（二）流动性争夺永不停歇

1. 成交排名

成交排名在一定程度上是实力排名。2018 年，纽约商业交易所（NY-MEX）成交原油期货合约 30 200 万张，洲际欧洲期货交易所（ICE Futures Europe）成交原油合约 23 500 万张，上海国际能源交易中心刚上市不久的原油期货成交 3 900 万张。[①] 与此相比，迪拜商业交易所（DME）却一直在为缺乏流动性感到苦恼。该交易所从 2007 年上市原油期货合约至 2019 年 6 月 3 日，累计成交量为 1447.7 万张合约，年均成交 120 万张。[②] 通过与 2022 年成交量比较，更可以看出我国的原油流动性提高的速度（见表 1－4）。

表 1－4　原油期货成交量变化

交易所	2018 年（万张）	2022 年（万张）	变化（%）
纽约商业交易所	30200	23946	－21
洲际欧洲期货交易所	23500	28100	20
上海国际能源交易中心	3900	5400	38
迪拜商业交易所	120	134	12

2011 年，我们访问迪拜商业交易所时了解到，与原油相关的现货企业在迪拜商业交易所原油期货交易中所占比重较高，投机者比重较低，市场流动性不足，从而造成很高的实物交割率，他们很羡慕中国境内期货交易

① 资料来源：www. fia. org.

② 数据来源：https：//www. dubaimerc. com/；www. fia. org.

所较好的流动性。尽管DME认为，“迪拜商业交易所得到了重要的区域和国际投资者的支持。DME是迪拜控股公司、阿曼投资基金和CME集团的合资企业。除了核心股东外，高盛、摩根大通、摩根士丹利、壳牌、维多（Vitol）、安程能源（Concord Energy）等全球金融机构和能源贸易公司也持有DME的股份，表明全球能源市场的主要参与者对我们交易所充满信心。”① 尽管高盛也表示自己在商品上的投资重点是能源，并且是DME的股东之一，但在DME的市场上同样无法施展才华。

全球期货合约每年的成交量排名实际就是流动性排名（见表1－5、表1－6）。我国期货市场经过多年的发展，上海、郑州、大连三家商品交易所成交量进入了商品类前三名。由于我国期货合约单位普遍小于欧美国家，换算后的成交量肯定没这么大，因此，我们对成交排名要有清醒认识。

表1－5　　2022年成交量排名前15能源类合约　　单位：亿张

排名	交易所	合约名称	成交量
1	洲际欧洲期货交易所	布伦特原油期货	2.35
2	上海期货交易所	燃料油期货	2.10
3	纽约商业交易所	WTI原油期货	2.06
4	上海期货交易所	石油沥青期货	1.63
5	莫斯科交易所	布伦特原油期货	0.89
6	纽约商业交易所	天然气期货	0.86
7	印度多种商品交易所	原油期权	0.69
8	洲际欧洲期货交易所	柴油期货	0.62
9	上海国际能源交易中心	原油期货	0.54
10	洲际欧洲期货交易所	WTI原油期货	0.46
11	大连商品交易所	液化石油气期货	0.44
12	纽约商业交易所	汽油期货	0.41
13	上海国际能源交易中心	燃料油期货	0.41
14	纽约商业交易所	柴油期货	0.40
15	洲际交易所	天然气期货	0.39

数据来源：FIA，郑商所研究所。

① About DME.
http：//dubaimerc.com/faqs/category/About－the－DME.

表 1－6　2022 年全球商品期货及期权成交量排名　单位：亿张

排名	交易所名称	年成交量
1	郑州商品交易所	23.98
2	大连商品交易所	22.75
3	上海期货交易所	19.43
4	芝加哥商业交易所集团	9.65
5	洲际交易所	8.39
6	印度多种商品交易所	2.18
7	莫斯科交易所	1.61
8	香港交易及结算所有限公司	1.35
9	伊斯坦布尔证券交易所	0.70
10	新加坡交易所	0.36
11	泛欧交易所	0.20
12	德意志交易所集团	0.19
13	日本交易所集团	0.17
14	马来西亚衍生品交易所	0.16
15	泰国期货交易所	0.12

数据来源：FIA，郑商所研究所。

从保证金规模看，2023 年 4 月 28 日，美国期货市场的初始保证金要求规模超过 3000 亿美元，[①] 约合 2.1 万亿元人民币。其中，客户（customer）占 2500 亿美元，期货公司（house）占 500 亿美元（见图 1－4）。初始保证金要求也称已结算（cleared）保证金，相当于我们已被持仓占用的交易保证金，如果加上已经存入但尚未占用的保证金（类似于我们的结算准备金），美国期货市场的保证金规模将更大。我国境内期货市场 1.6 万多亿元人民币的保证金总规模（交易保证金＋结算准备金）与美国期货市场相比差距仍然很大，但差距在不断缩小。考虑到美国普遍采用持仓组合保证金方法收取保证金，保证金的节约远大于中国期货市场，美国期货市

① CFTC Monthly Cleared Margin Report.
https://www.cftc.gov/sites/default/files/clearedmarginreports/CFTC%20ClearedMarginReport_Graph_APR2023.pdf.

场的实际规模仍然需要中国期货市场持续追赶。

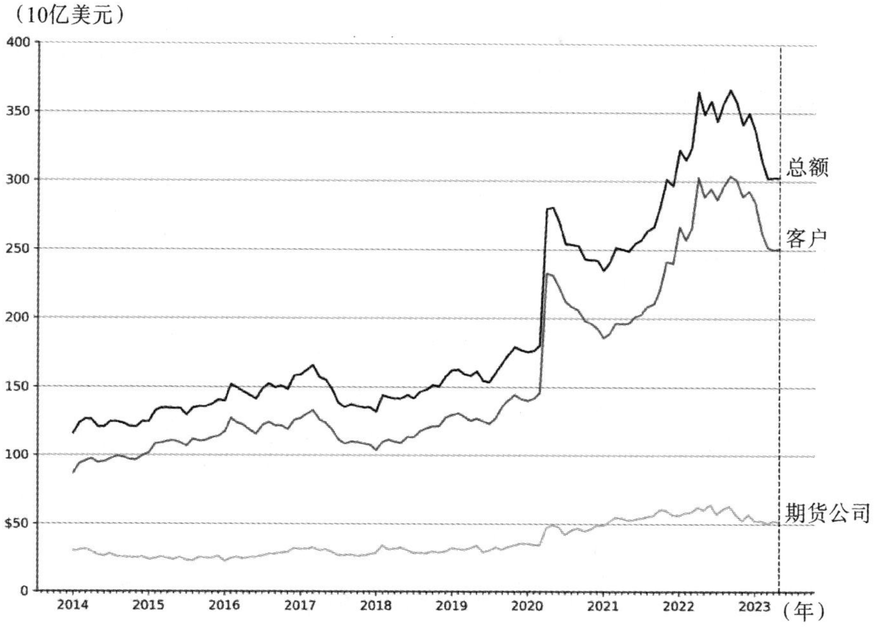

图1－4　美国期货市场初始保证金要求（2023－04－28）

2. 争夺流动性

期货市场有一个先入为主的规律——如果某一品种在一家交易所具有了较好的流动性，就会在交易习惯等方面对投资者产生黏性。后来者只有在其他方面另辟蹊径才能创造出足够的流动性，或者把现有市场的流动性吸引到后来上市的同类品种上。

CBOT在成立初期就意识到流动性的重要性。为了保证有较高的流动性，让期货市场发现的价格能很好地反映供求关系，在发展初期，一是要求交易者必须在交易大厅和规定时间内参与交易，限制会员在大厅外进行路边交易和开始前与闭市后进行交易，对违犯规定者进行处罚。二是长时间与对赌公司进行斗争。当时对会员参与期货有较高门槛，而对赌公司要求条件很低，一些为博取价差的投机者转向了对赌公司。CBOT从切断交易价格对外传送到诉诸法律打击对赌公司，目的就是把交易者吸引到交易所的交易大厅来。

二、影响流动性的因素

影响流动性的主要因素包括商品本身的属性、政府和交易所的政策制度，及交易者的交易习惯。这些因素相互交织，对一个上市品种的流动性产生着不同影响。

（一）现货市场因素

1. 市场价格的波动性

价格的波动主要受供求关系的影响。在美国对中国部分输美商品开始加征关税并声称要对所有输美商品全部加征关税之后，精对苯二甲酸（PTA）这一与纺织品出口密切相关的纺织品原料就处于大幅价格波动之中。2019 年，该品种一跃成为郑商所乃至国内期货市场成交量最大的品种之一。价格波动性大的品种是现货企业最需要保值的品种，也是投机者喜欢参与的品种，在正常情况下，现货价格波动大的品种在期货市场上一般不缺乏流动性。

市场价格的剧烈波动也会影响市场流动性。“总统市场机制特别行动小组”在对 1987 年股灾进行总结并呈送给总统的报告中认为，市场向上和向下运动的暴力行为有可能破坏市场的完整性，并可能极大地抑制买家的参与。①

2. 产业政策影响

我国政府对棉花的补贴从流通环节转到种植环节后，棉花现货价格对国内外市场供求变化的敏感度增强，价格波动性随之加大。中美贸易摩擦造成的纺织品出口减少及其预期的强化，造成棉花价格大幅度下跌。

进口大豆在国内消费量中的占比为 80% 以上，国内外价格的联动很强，受政府产业政策影响较小。铜期货也是如此。

① Report of the Presidential Task Force on Market Mechanisms: submitted to The President of the United States, The Secretary of the Treasury, and The Chairman of the Federal Reserve Board. P53. https://www.armstrongeconomics.com/wp-content/uploads/2014/01/BRADY-REPORT-Full-text-of-_Report-of-the-Presidential-Task-Force-on-Market-Mechanisms.pdf.

在期货市场发展初期，比较活跃的品种，如绿豆、红小豆、胶合板等都是市场化程度很高的小品种。1998 年，郑商所全年成交量为 5829 万手，其中，绿豆成交量为 5292 万手，占比为 91%；1999 年，全年成交量为 3697 万手，其中绿豆为 3628 万手，占比上升到 98%。

加拿大温尼伯商品交易所的春小麦期货在第二次世界大战前交易活跃。第二次大战开始后，加拿大小麦协会逐渐成为小麦销售的唯一组织，加拿大高质量的春小麦失去了开展期货交易的市场基础，只能进行燕麦、大麦、油菜籽、饲料小麦的交易，且长期交易清淡。2007 年该交易所被洲际交易所收购。

（二）期货市场竞争

1. 期货交易所同品种竞争

国内多个期货交易所上市同一个品种，流动性被分散，造成该品种市场规模整体较小。我国清理整顿前，几十家交易所上市同一品种，为了生存，相互之间竞争异常激烈，交易所会有动力在政策上、监管上放纵市场大户来活跃市场。两次清理整顿后，中国证监会规定，一个品种只能在一家交易所上市，既避免了同品种之间的恶性竞争给市场带来的不利影响，也使流动性集中在同一个市场，有利于价格发现功能的实现。

而美国则不一样。美国政府规定，只要不侵犯知识产权，任何交易所都可以上市同一个品种。洲际交易所（ICE）上市了纽约商业交易所（NYMEX）的 WTI 原油期货，虽然纽约商业交易所上诉到法院，最后法院判决其败诉。电力期货更是如此，几家期货交易所的电力期货合约几乎完全相同。

在同品种竞争中，如果最早上市的交易所成交活跃占据流动性优势，后来者就难以在竞争中超越。从美国期货市场发展的历史经验看，尽管众多交易所热衷于上市一些新概念的品种，但在同一期货品种的竞争中，最终只有一家交易所胜出。除了股票期权重叠较多外，经过自由竞争和市场淘汰，商品期货品种基本都是一个品种只在一家交易所交易，这就是所谓的“流动性垄断”法则所驱动的赢家通吃竞争模式。[①]

20 世纪 20 年代，美国建立了很多谷物期货市场，交易的品种有小麦、玉米、燕麦、黑麦和大麦，最后只有芝加哥期货交易所的大豆、玉米、小麦的期货交易比较活跃。而在小麦期货品种上，几家交易所的品种互不交叉：芝加哥期货交易所交易的主要是软红冬小麦，适合制作饼干；堪萨斯商品交易所交易的是硬红冬小麦，适合做面包；明尼阿波利斯谷物交易所交易的硬红春小麦，适合做高级面包和面包混合剂。目前在几家交易所上市的热门品种——比特币期货，最终也可能是这样的结果。

2018 年 2 月成立的新加坡亚太交易所是否能成为一个例外？该交易所由原大连商品交易所、中国金融期货交易所总经理朱玉辰在新加坡创立，并亲自担任 CEO。推出的首个期货品种为精炼棕榈油期货合约，与马来西亚、大连两个期货市场展开竞争。从 2019—2021 年的成交量情况看，亚太交易所棕榈油期货成交情况不错，但 2022 年的成交结果显然不容乐观，似乎难以成为一个例外（见表 1－7）。

表 1－7　　2019—2022 年棕榈油期货成交量（万张）

交易所	2019 年	2020 年	2021 年	2022 年
大连商品交易所	13550	31516	22661	24158
马来西亚衍生品交易所	1080	1640	1560	1621
新加坡亚太交易所	672	882	408	0. 18

资料来源：根据 FIA 统计数据整理。

中国期货市场依靠行政手段实现了上市品种的分配，减少了交易所之间在同一品种上竞争所耗费的人力、物力等，但在新品种分配上也产生了一些问题。一些关联性较强的品种被分配到不同交易所上市，比如粳稻和粳米，在尚未建立起交叉保证金制度之前，将会使投资者在跨品种套利上失去保证金优惠的机会，从而增加交易成本。郑商所曾经认为，上市了棉

① 迈克尔·戈勒姆、尼迪·辛格著，王学勤译：《电子化交易所——从交易池向计算机的全球转变》——“致中国读者”，中国财政经济出版社，2015 年。

花期货，棉纱期货肯定就是囊中之物；上市了 PTA，作为类似咖啡伴侣的乙二醇自然不会相互分离，虽然也一直在进行研究，但没有及时申请立项。与此同时，大商所也看上了这两个品种且积极申请立项，郑商所如梦初醒，极力争取，结果只争取到了棉纱期货。

2. 交易模式影响

（1）郑商所的电子化交易。《期货日报》记述的一次专访中，郑商所创始人李经谋道出了为何郑州期货市场一开始就采用电子化交易模式。郑商所在研究交易模式时发现，当时国际知名的期货交易所均使用传统的公开喊价方式，电子化交易仅被一些证券交易所采用。美国芝加哥的期货交易所一个交易大厅集中数十个交易池并不鲜见，可谓人头攒动，热闹非凡。当交投活跃时，一个交易池集聚上百人，更是人声鼎沸，震耳欲聋，局外人根本弄不清谁是卖方、谁是买方。经询问，传统喊价方式下单的差错率很高，有时超过 20%。出了差错，买卖双方多会心平气和地解决，有时需要仲裁委员会协商解决，很少诉诸法律。

李经谋听后心里一惊，这在国内能行得通吗？如果真出现这么多差错，岂不乱套？基于当时国内法律缺位、经验不足和投资者素质等方面的考虑，郑商所在期货交易中探索电子化交易。[①] 一开始就采取电子化交易方式，降低了不同交易模式下的理念摩擦和转换成本，为持续提高市场竞争力发挥了重要作用。

（2）LIFFE 的电子化交易。英国伦敦金融期货与期权交易所（LIFFE）曾在德国国债期货上的市场份额大于德国交易所，1998 年德国交易所通过采取电子交易降低交易成本等措施从 LIFFE 手中夺回了德国国债期货交易量的第一把交椅。这一事件对 LIFFE 触动很大，迫使 LIFFE 咬牙关闭了交易大厅，把公开喊价交易改为电子交易，但也没有挽回败局。

3. 流动性迁移

期货市场的流动性迁移是指流动性在不同品种之间的转移。这种转移

① 2014 年 12 月 25 日《期货日报》第四版：探路期市悉心“经”隐退之余不忘“谋”。https://finance.sina.com.cn/money/future/fmnews/20141225/000021157968.shtml。

既存在于同一交易所不同品种之间，也存在于不同交易所之间。在同等条件下，流动性与交易成本呈负相关关系，交易者会离开流动性差的品种，选择流动性好的品种进行交易。如果一个期货上市品种因某种原因而出现流动性衰竭，则可能造成该品种的取消，因为重新启动一个老品种比上市一个新品种更难活跃。

在交易品种较少的历史时期，交易品种的取消也意味着交易所的消亡。纽约橡胶交易所、国家生丝交易所、纽约皮革交易所与国家金属交易所合并成为纽约商品交易所（the Commodity Exchange Inc.，COMEX），目前COMEX只有黄金、白银比较活跃，而美国的橡胶、生丝、皮革期货早已经淡出大家视野。因此，交易所不仅需要重视新品种开发，也要重视老品种维护。

如果一家交易所有不同的活跃品种，流动性会在不同的品种之间迁移，因为投资者不仅喜欢熟悉的品种，还喜欢熟悉的交易对手。有一个郑州的老期货交易者曾说，每个期货品种就如同人一样有自己的性格，而这种性格是由品种本身的属性、交易者的性格和习惯自然合成而来的，做熟悉的品种就像和一个熟人打交道，不会轻易失手。因此，留住上市品种的流动性，就相当于增加了该品种的黏性。如果几个相关性较强的品种中，有一个品种比较活跃，则会出现流动性在这一组品种之间转移，比如大豆系列，菜籽系列，棉花系列，这是因为总有一部分投资者同时在两个相关品种上交易，迁移起来比较容易。

（三）市场参与者因素

1. 交易者性质

投机者是流动性的创造者。据了解，截至2023年6月，我国境内期货交易者开户数在210多万户。其中法人客户约8万户，占比不到5%，但法人客户持仓在一些活跃品种中占比达40%以上。

套期保值者在交易中一般作为期货价格使用者出现，只有在期货价格达到其设定目标时才开仓交易，但建仓之后长期不动，对市场流动性的贡献相对较小。

投机者则是以承担风险为代价博取价差利益的交易者，频繁交易是投机者的重要特点，在一个相对活跃的市场上，投机者贡献了绝大多数的成交量。而高频交易者采用自编程序和先进技术，频繁下单，是近年来期货市场流动性增加的主要贡献者。

贸易商是行业客户中最活跃的群体，他们在现货市场和期货市场中都以赚钱买卖价差为目的，交易的频率相对较高，为市场提供源源不断的流动性。一个上市品种是否活跃与贸易商这一群体的大小和参与期货交易的程度密切相关。

2. 交易记忆

经历过价格大幅度波动的品种会给交易者产生深刻印象，每到某个时间都会勾起这些交易者的回忆，引起他们的关注，而这种关注在市场推介、调研的过程中被不断强化，演变为价格走势的判断和键盘下的交易指令。经历过大交割的品种，交易者从交割实践中认识这一品种交割制度的要求，特别是农产品等级标准的把控、可交割商品量的预测等。

3. 交易习惯

在20世纪90年代，由于期货市场资金量小，交易主要集中在少数几个合约月份，比如农产品的1月、5月、9月，吸纳了本该均匀分布在3月、7月、11月的流动性。这种交易习惯后来影响到上市的工业品。比如，郑商所的PTA属于化工产品，有12个合约月份，在上市之初近期月份比较活跃，成交量的分布类似铜、铝等工业品，然而，最后也演变为1月、5月、9月为合约活跃月份，其他月份不活跃。

近期月份不活跃与我国商品期货市场建立之初防控交割月逼仓有关。当时交易所不断提醒投资者不要企图打交割月的仗——不要企图在交割月逼仓，并动员客户早早向远期合约移仓，并把移仓时间和速度看作能否防止交割逼仓的标志。久而久之，合约1月、5月、9月活跃和早早移仓演变成一种习惯，至今影响着大连和郑州的几乎所有期货上市品种。

上海期货交易所（以下简称上期所）的有色金属也是一样。1869年，苏伊士运河向货船开放，马来亚（现在的马来西亚）的锡和智利的铜运到英国需要3个月时间，LME的3个月循环到期合约适应了市场规避运输途中价格变化风险的需求。经过100多年发展，尽管航运时间已经大大缩短，LME也挂出了几年后到期的合约，但只有3个月合约最为活跃。尽管上期所的铜期货是月合约，也许受到交易者铜期货跨市场套利交易的影响，其持仓和成交也集中在最近3个合约月份，并影响到铝、铅、锌等其他品种。这也许是LME的交易习惯通过套利交易向中国期货市场传导的结果。

大豆期货则不同。尽管芝加哥期货交易所（CBOT）的成交主要集中在近月月份，但大商所似乎并未受到CBOT交易习惯的影响，这也许是早期形成的交易习惯影响后续上市品种的缘故。

交易习惯正在发生改变。近年来，商品交易所通过激励机制积极活跃近月合约取得了显著效果。连续2个近月合约持仓量大、交易活跃的情况已经出现，非1月、5月、9月合约月份持仓和交易逐渐走向正常，从结果看，交易所的适当引导对期货市场的长远发展至关重要。

4. 交易者心理

交易者特别是与上市品种相关的现货企业对期货市场不了解、担心交割逼仓成为制约现货企业和投机者参与积极性的重要因素。郑商所白糖期货上市初期就发生过这种情况。

郑州商品交易所白糖合约在2006年1月上市后的较长时间里，成交量和持仓量一直低于现货交易市场——广西糖网，即使出现期货价格高于同月现货价格每吨数百元，糖厂和白糖贸易商也不到期货市场卖出白糖。交易所领导派我和市场部、交割部两位同事一起去广西调研，发现当地白糖生产和贸易企业因担心无法注册仓单而被多逼空，在期货高于当地现货价格时也不敢卖出期货。这种担忧来自两个方面：一是担心交割库容不足，无法注册仓单；二是当地白糖仓库无法达到交易所规定，不能成为交割仓库。因为当时郑商所对所有品种的交割仓库都要求必须保证2万吨空库容，或者按“预报→入库→抽样检验→检验合格后注册仓单”的顺序进行仓单注册，而广西糖厂生产出白糖后，除了发往销区外，都存入了当地白糖仓库，不可能空出库容等待期货交割。

根据了解的情况，交易所采取了两项措施：第一，2007 年 5 月，郑商所改进仓单注册流程，推出了在库现货白糖可以就库注册仓单的“现转期”模式，与当时的现货市场习惯相一致；[①] 第二，在广西地区以及广西、云南白糖发往销区的沿线地区增加交割仓库，且广西本地交割仓库必须与当时至少两家白糖现货交易市场的交割仓库重叠，方便客户把从其他市场交割接收的白糖转而注册成期货仓单。这些措施打消了白糖产区交易者的顾虑，市场参与度快速提高，白糖期货交易量和持仓量在较短时间内超过广西糖网。2007 年白糖期货月度成交量变化见图 1-5。

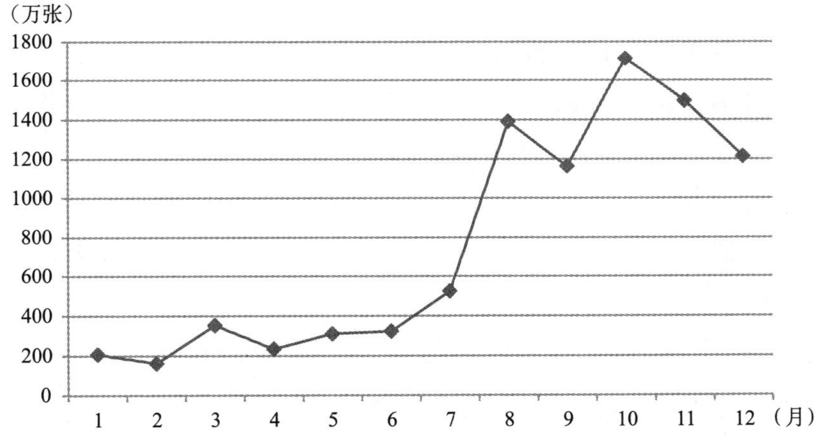

图 1-5　2007 年白糖期货月度成交量变化

资料来源：郑州商品交易所年报（2007 年）。

（四）期货规则制度

1. 合约单位

合约单位（contract size）。即每张合约的大小，与交易所需的最小资金量相关，也是交易的最低门槛。较小的合约单位有利于投资者参与，有利于扩大市场规模，增加市场深度。市场流动性的增加又为较大的投资者创造了入市机会——大单量交易对市场的冲击将会减小，市场冲击成本得到一定程度控制；企业大量定单可即时在预期价格范围内成交，对企业套

① 《关于明确在库现货白糖注册期货仓单相关问题的通知》，郑商发〔2007〕31 号。http://www.czce.com.cn/cn/gyjys/jysdt/ggytz/H77010301index_1.htm。

保决策、套保效果评估、企业财务管理都有着积极作用。

（1）我国期货合约单位的设计经验。期货市场发展初期，基于当时我国以小农经济和小企业为主的现实，针对我国以散户为主的期货市场特点，在合约单位设计上没有照搬国际经验。芝加哥期货交易所大豆、玉米、小麦的合约单位均为5000蒲式耳，折合130吨左右；而我国这三个农产品的合约单位设计为10吨。伦敦金属交易所铜、铝等有色金属的合约单位为25吨，上海期货交易所铜、铝的合约单位均为5吨。正如中国证监会前副主席姜洋在《发现价格》一书中所总结的那样，在我国期货市场上，"交易者大部分是并不富裕的散户（自然人）投资者，合约交易单位太大，价值量太高，单手交易占用资金太多，交易不起来。""在市场经济刚起步的环境中建立和发展期货市场并不容易，找到市场流动性提供者就是一个大问题。""没有人参与交易，就没有市场。"

（2）小合约改大合约的冒险实验。2011年，中国期货市场开始提高合约单位，把部分农产品和工业品合约单位改大，也就是大家所说的"小合约改大合约"。

2010年12月20日，《第一财经》在"燃料油开路期货交易单位升级"的报道中对可能提高燃料油合约单位作出分析：

"燃料油将成为当前物价调控背景下首个交易单位提高的上市期货品种。此前一个多月，国内各商品期货交易所已相继出台了加强异常交易行为监控、限制关联账户交易和提高交易保证金比例、取消交易手续费优惠等一系列措施。"

并预计"提高交易单位从而大幅提升投资门槛，对中小散户的影响将远大于此前交易所出台的各项打压过度投机的措施。对此，业内人士预期，国内商品期货市场交易规模近期或将大幅缩水。"

"上期所率先拿出一不活跃品种进行提高交易单位的试点，可见有关方面的良苦用心。"①

① 燃料油开路期货交易单位升级。
https：//www. yicai. com/news/631511. html。

上海期货交易所2011年1月14日发布公告，决定将燃料油期货合约单位从10吨修订为50吨，提高5倍。

需要抑制流动性的是各交易所过于活跃的当家品种，而各交易所拿出来做尝试的却是流动性较差的非主力品种。比如，郑商所当时的活跃品种是白糖、棉花，而拿出来做实验的品种却是菜籽油和早籼稻。且不说这一调控是否必要，仅从交易所拿出的品种看，这一措施从一开始就注定了尴尬的结果：提高一个本来已经不活跃的品种的合约单位，就是在加快其成为僵尸品种的步伐。从调控的后果看，适应了小合约的交易者因资金规模等原因加速退出市场，退出的速度和规模超出预期。对于大合约实施后的结果，《第一财经》在"燃料油开路期货交易单位升级"中曾经报道，燃料油期货从2008年创下180万手天量记录的活跃品种，到2010年沦为上期所日成交量不超过10万手的二线品种，在2011年1月提高合约单位4个月后，很多合约月份没有了交易。

"5月底上期所燃料油期货所有8个月份合约同时惊现'零成交'，即已充分表明市场对'大合约'的不欢迎。"

也许小合约改为大合约是未来的发展趋势，但从当时的市场情况看，似乎有点不合时宜。其结果是，各交易所采取恢复原有合约单位或缩小合约单位等措施，才把流动性重新吸引回来，但部分品种仍然没有恢复元气。

（3）正常合约与迷你合约。越来越多的交易所上市迷你甚至微型期货合约，以降低市场参与者保证金资金占用及交易成本。然而，并非所有期货合约均适合上市配套的小型合约，小型期货合约最适合成交量大、合约价值较高、波动性较强的期货合约，其可提升市场参与者数量，增加流动性。[①] 芝加哥商业交易所（CME）集团曾于2019年5月6日上市了标普500指数、纳斯达克100指数、罗素2000指数和道琼斯工业平均指数的微

① The sweet spot for futures contract sizes.
https：//www. globalinvestorgroup. com/articles/3693146/the - sweet - spot - for - futures - contract - sizes.

型电子迷你期货合约，合约规模是其现有电子迷你股指期货的1/10。2019年8月5日，伦敦金属交易所（LME）上市了以美元计价的迷你期货合约，涵盖铝、锌、铜、镍、锡和铅6种基本金属，其合约单位分别是其铝、锌、铜、锡、铅合约的1/5和镍合约的1/6。

商品期货主合约到期时实行实物交割，而迷你合约到期时则按主合约的结算价进行现金结算。在主合约流动性较好情况下推出的迷你合约交易大多不理想，但印度多种商品交易所的原油期货合约是个例外。2018年，该交易所的迷你原油合约成交量为6700万张，而主合约则为5300万张。[①]

（4）标普500（S&P 500）股票指数期货合约退出历史舞台。小合约最终取代大合约，当属E－mini S&P 500期货合约取代S&P 500期货合约。[②] 1982年，CME推出第一个标准化S&P 500指数期货合约。其定价方法是将S&P 500指数的价值乘以250美元。如果S&P 500指数处于2500的水平，那么期货合约的市场价值为625000美元（2500×250美元）。

1997年，E－mini S&P 500期货推出（“E”代表电子交易），为更广泛的投资者进行小额期货投资打开了市场。对交易者而言，电子交易是比公开喊价更为有效的交易方法。

2021年9月，S&P 500股票指数期货合约退市。因为E－ mini期货合约小，每张合约保证金要求低，市场流动性也更好，在进行大小合约之间选择时，许多交易者选择了E－mini S&P 500期货合约。

2. 同一品种的合约数量

同一品种挂多个合约主要出现在期权和电力期货合约上。一个期货合约同时挂出多个行权价，每个行权价相当于一个小合约，而随价格向不同方向变化又会不断加挂新的行权价，多个行权价分流市场流动性。为了解决报价不连续、价差较大的问题，交易所在期权合约上均采取了做市商制度通过提供双边报价来缩小买卖价差，为市场参与者提供成交机会。

---

① 资料来源：www. fia. org。

② How Do S&P 500 Futures Work？
https：//www. investopedia. com/ask/answers/042315/how－do－sp－500－futures－work. asp#citation－3.

电力期货合约由四个要素构成（见图1－6）。四个要素的不同组合所产生的合约数量成倍增加。Nodal 交易所上市电力期货合约 526 个，但 2022 年只有 6 个期货期权合约成交，共计成交 660 万张。[①] 2023 年 4 月 16 日，ICE 网站的品种中电力期货合约 485 个。[②]

现货市场	用电区域	交易方式	峰谷时段	交割周期
PJM	Western Hub	实时 (Real-Time)	谷荷 (Off-Peak)	月度 (Monthly)
	Northern Illinois Hub	实时	峰荷	日 (Daily)
	Northern Illinois Hub	日前 (Day-Ahead)	谷荷	月
ISO-NE	Mass Hub	日前	峰荷	日

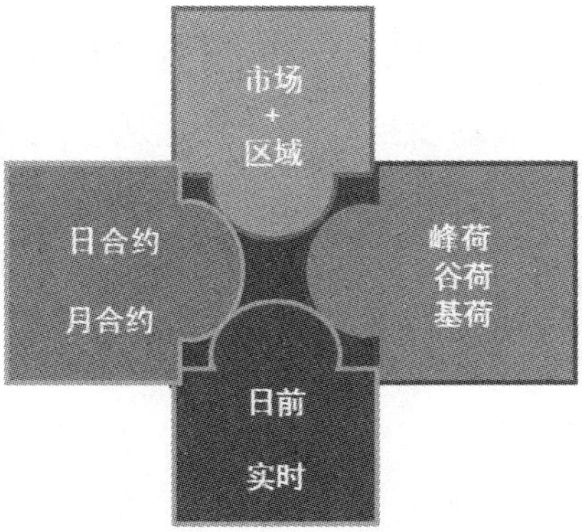

图1－6　电力期货合约构成四要素

电力合约设计者本希望每一个期货合约对应一个电力现货区域，提供无缝连接的套期保值。然而，每个期货合约辐射范围很小，投机者没有参与兴趣，只有这个地区的企业才能参与套期保值。也正因为如此，尽管电力现货市场规模和价格波动很大，但电力期货市场很少有投机者参与，由此产生了大量无交易的“僵尸期货合约”。

3. 交易成本

（1）保证金率。保证金率（margin rate）可以是一个百分比，比如合约价值的5%，也可以是绝对金额，比如 CBOT 在农产品上至今使用的每张合约 200 美元等。保证金率对交易成本的影响，一是交易资金利用效率。对于相同的开仓数量，保证金率低需要的资金少，保证金率高需要的

① 资源来源：FIA 统计数据。
https：//www. nodalexchange. com/nodal – exchange – achieves – record – traded – volume – in – power – natural – gas – and – environmental – markets – in – 2021/。

② Products – Futures & Options.
https：//www. theice. com/products/Futures – Options/Energy/Electricity？ page = 10.

资金多。二是持仓合约的资金占用利息。

20 世纪 90 年代，我国绿豆年产量在 100 万吨左右，基本实现了完全市场化。由于绿豆期货集中了大量资金，价格波动剧烈，交易所曾经采取了对风险较大月份合约清仓来化解市场风险的极端措施。[①] 本以为绿豆期货会从此一蹶不振，但出人意料的是，绿豆合约重新挂牌后，流动性重新恢复，市场操纵风险又开始反复出现。监管部门推出“扶大限小”政策后，交易所把绿豆保证金从不到 10% 提高到 20%，从此绿豆市场流动性瞬间衰竭。绿豆成交量在 1998 年为 5292 万张，到 2000 年只有 12 万张[②]，郑商所按成交量计算的市场份额也从 55% 断崖式下降到 21%（见图 1－7）。

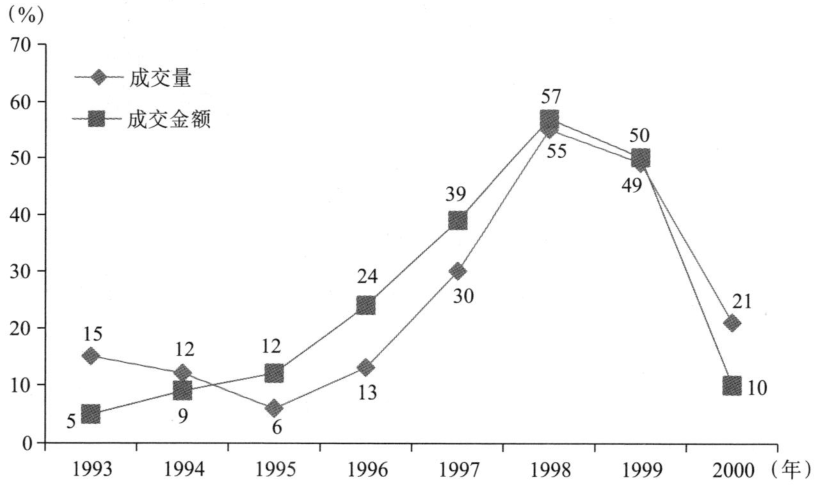

图 1－7　1993—2000 年郑商所市场份额统计

对日内交易来说，平仓后保证金即时释放，马上又可以用于建仓，因此，保证金率提高对日内交易的影响是同等金额保证金的下单数量，但对持仓影响较大，是调控持仓的主要工具之一，比如从交割月前一个月开始

① 《郑州商品交易所年报（1999）》，“1 月 18 日，经理事会紧急会议研究决定，郑商所采取果断措施，将风险较大的 9903、9905、9907 月份的所有持仓全部对冲，同时扩大价幅，将各月份合约保证金比例统一为 10%，扭转了前段市场操纵因素造成的僵持局面。”

② 根据中国期货业协会 1999—2000 年全国期货交易月度状况统计表计算。http：//www. cfachina. org/yjycb/hysj/ydjy/index_3. html。

提高保证金、配合收紧持仓限制，来防范交割逼仓风险。

（2）交易手续费。交易手续费直接增加交易成本。在我国期货市场T+0交易制度下，交易所采取当日开、平仓按开仓量单边收取手续费的减收政策，与很多日内交易者采取的不留隔夜仓以规避隔夜风险的策略相吻合，有利于日内交易。为了支持期货公司开发客户，交易所每年或按一定比例减收交易手续费，或按前期交易量和持仓量从后期月份应收交易收费中扣减手续费。对交易不活跃的近期月份，实行做市商制度。上述措施在一定程度上提高了市场流动性。

在供求关系发生重大变化，价格大幅波动，成交量大幅增加的情况下，交易所又会采取相反措施。2011 年，郑商所为了抑制过高的流动性，采取取消当日开、平仓单边收取手续费制度，取消一切手续费返还政策，把白糖和棉花保证金提高一倍或一倍以上等措施来给市场降温。虽然有的交易品种流动性很高，但期货价格和现货价格并未发生偏离，这种流动性过高的现象被称为“过度交易”。当某一品种出现流动性过剩时，交易所除大幅度提高交易手续费外，也会同时提高保证金来抑制流动性。

近年来，政府监管部门按期货合约“成交/持仓比”进行监管，当一个合约的成交量在规定天数内连续超过持仓量两倍或三倍时，就要采取措施把“成交/持仓”比降下来，交易所的主要措施也是大幅度提高手续费。

手续费对成交量影响最突出的当属韩国指数期权。1997 年，韩国证券交易所推出 KOSPI 200 指数期权。2000 年，其成交量占全球衍生品的5.14%，到 2001 年达到 18.79%，此后多年维持在 20% 以上，排名世界第一。2003 年，其成交量高达 28.37 亿张，占全球市场的 34.87%；买权换手率长期在 200% 以上，甚至高达 500%。多年中，韩国股指期权的成交量占全部成交量的 99%，其成交量排名曾长期雄霸世界各交易所之首。

这么高的流动性，除了交易门槛低外，交易成本极低是主要原因。全球绝大多数交易所按照成交量收取手续费，而韩国证券交易所和证券公司按照期权权利金收取手续费。这种手续费收取方式的创新，极大地刺激了交易兴趣。

KOSPI 200 指数期权采用欧式期权，成交集中在合约到期当月。从 2000 年到 2007 年，当月成交量占成交总量的比重几乎都在 98% 以上。KOSPI 200 指数期权的乘数为 10 万韩元，最小变动价位 0.01 韩元，即一个点的权利金为 1000 韩元，相当于人民币 8 元。① 权利金越小，手续费越低，价格低廉的深度期权成了散户们的最爱。而证券公司收取的手续费低至权利金的 0.1%，一个变动价位的手续费不足人民币一分钱。

韩国股指期权的交易主要集中在虚值期权上。据统计，虚值期权的成交量占个人客户的 52%、证券公司的 55.8%、外国投资者的 53.8%。这是因为虚值期权更具有赌博性，很多期望一夜暴富的投资者都在赌近期的突发事件。例如，美国"9·11"事件发生后的第二天（9 月 12 日），韩国指数大跌 11.96%，行权价为 62.5 的看跌期权价格从 0.01 韩元上升到 5.05 韩元，一夜之间获利 504 倍。② 类似买彩票的暴富效应，比彩票更高的盈利几率，使这种低交易成本的深虚值股指期权成为韩国家喻户晓的明星交易产品。

4. 涨跌停板制度

涨跌停板制度限制了市场流动性。在期货价格触及涨跌停板特别是单边无报价时，市场流动性枯竭，交易无法进行，亏损持仓无法及时平仓因而增加交易风险。因此，在设计期货合约时，交易所根据上市品种现货价格的历史波动，设计的涨跌停板要尽量覆盖最大的现货价格波动，避免频繁出现涨跌停板。欧洲的期货交易所基本没有实施涨跌停板制度。电力期货合约没有涨跌停板制度，是因为电力现货市场受突发事件影响而发生的价格波动更加剧烈，比如，2021 年 2 月美国德州暴发致命寒潮，电价飙升近 200 倍。③

扩大涨跌停板有利于释放市场流动性。在闭市前，单边无报价至少连

---

① 韩国：期权进入寻常百姓家，《大众理财顾问》，2007 年 4 月。

② 韩国指数期权发展的 10 年回顾与创新借鉴，《证券市场导报》，2008 年 1 月。

③ 罕见！美国德州暴发致命寒潮，电价飙升近 200 倍，数百万家庭被迫轮流停电。https：//baijiahao. baidu. com/s? id = 1692088480892672980&wfr = spider&for = pc。

续5分钟才在下一交易日扩大涨跌停板。如果下一交易日不再出现同方向停板，提高保证金就会大幅度增加交易成本，对市场流动性造成不利影响；如果下一交易日很大可能出现停板，不扩大价幅也会再次使流动性陷于停滞，相对于提高保证金增加的交易成本，停板对流动性的不利影响更大，对化解市场风险更加不利。

第二章　保证金与担保品

保证金制度是期货市场最重要的制度之一。保证金制度具有两个基本特点：第一，作为保证市场参与者履行义务能力的履约保证金；第二，保证金要求通过担保品控制金融工具投资中的杠杆率。[①] 保证金自带杠杆的特点，放大了期货交易的收益和风险，为此，期货市场又不得不通过提高保证金、追加保证金等手段来防控被杠杆放大的风险。

第一节　保证金制度的基本规定

保证金制度是以控制风险为初衷的。无论是保证金的定义，还是保证金的基本制度，都把控制风险放在第一位。

一、保证金定义

我国期货法律法规与期货交易所规则没有给出期货保证金的定义。期货交易所的结算制度中只把保证金划分为交易保证金和结算准备金，这只是对会员存放在交易所专用结算账户中的资金进行的内部划分，两者合起来就是会员保证金总和。在保证金缴存关系中，只规定了交易所与会员之

① Report of the Presidential Task Force on Market Mechanisms：submitted to The President of the United States，The Secretary of the Treasury，and The Chairman of the Federal Reserve Board.
https：//www. armstrongeconomics. com/wp－content/uploads/2014/01/BRADY－REPORT－Full－text－of－_Report－of－the－Presidential－Task－Force－on－Market－Mechanisms. pdf.

间的关系：

“交易保证金是指会员在交易所专用结算账户中确保合约履行的资金，是已被合约占用的保证金。买卖双方成交后，交易所按持仓合约价值的规定比率或交易所规定的其他方式收取交易保证金。”①

美国商品期货交易委员会（CFTC）的定义描述了保证金根据结算关系从下往上、逐级上交的缴存关系，而且用另一个术语“履约保证金”点出了保证金的实质。

“保证金（margin）是客户向经纪商、经纪商向清算会员、清算会员向清算机构存放的现金或担保品（collateral）。保证金也称为“履约保证金（performance bond）。”②

CME 集团的定义，除了表述保证金的缴存关系外，重点强调了保证金的作用：弥补亏损的资金，履约担保最低资金要求，确保清算会员履行清算义务的财务保障。CME 规则中没有特指保证金、履约保证金时，都是指初始保证金。

“保证金，或称履约保证金，是保证清算会员能够弥补其潜在交易头寸损失所需要交付的存款。保证金或履约保证金有助于保障清算会员履行其对他们的客户以及清算所的义务，随产品与市场波动性而变化。③

履约保证金是客户向经纪商、经纪商向清算会员、清算会员向清算所缴存的用作履约保证的最低数额的资金（fund）。这是确保清算会员（通常是公司）对其客户的期货和期权持仓合约进行履约的财务保障。”④

二、初始保证金与维持保证金

美国期货市场把基本保证金要求分为初始保证金和维持保证金。尽管

---

① 《郑州商品交易所期货结算管理办法》，自 2022 年 12 月 1 日开始施行。

② Futures Glossary.
https：//www. cftc. gov/ConsumerProtection/EducationCenter/CFTCGlossary/glossary_m. html.

③ Product margins.
https：//www. cmegroup. com/clearing/margins/outright – vol – scans. html.

④ Glossary.
https：//www. cmegroup. com/education/glossary. html.

两者相互联系，但具体要求有所不同。

（一）初始保证金

1. 初始保证金的定义

CFTC 规定，初始保证金（initial margin）是（客户）开仓（initiate positions）时，经纪商向客户收取的保证金，因此，也可以称之为“开仓保证金”。

CME 集团规定，初始保证金是以保证金方式买入时，按照交易价格的一定比例，在交易之前支付的预付款（up－front payment）。

洲际美国清算所要求，“结算会员向客户的非套期保值头寸收取的初始保证金，应高于清算所规定的初始保证金率。”①

2. 初始保证金的作用

初始保证金是应对可能发生的不利价格波动、覆盖持仓或头寸组合最大预期风险的保证金。其主要目的是在会员发生违约时，用于弥补违约损失。预期违约损失的计算依据历史数据推演得出，主要涉及两个要素，一是置信区间②，二是回溯期时间长短。伦敦清算所集团介绍了设置初始保证金的方法与目的：

清算所向会员收取初始保证金，以弥补违约时产生的损失。根据英国和欧盟立法，场内交易和场外衍生品的置信区间分别为99%和99.5%。根据美国立法，最低置信水平为99%。我们将初始保证金要求计算为99.7%的增强置信区间。

我们的专有初始保证金模型具有一致的风险度量、标准化回报和长达

---

① ICE CLEAR US，INC. RULES.
https：//www.theice.com/publicdocs/rulebooks/clear/ICE_Clear_US_Rules.pdf.

② 置信区间是指由样本统计量所构造的总体参数的估计区间。在统计学中，一个概率样本的置信区间（confidence interval）是对这个样本的某个总体参数的区间估计。置信区间展现的是这个参数的真实值有一定概率落在测量结果的周围的程度。置信区间给出的是被测量参数的测量值的可信程度，即前面所要求的“一定概率”。这个概率被称为置信水平。举例来说，如果在一次大选中某人的支持率为55%，而置信水平0.95上的置信区间是（50%，60%），那么他的真实支持率有95%的几率落在50%～60%，因此他的真实支持率不足一半的可能性小于5%。如例子中一样，置信水平一般用百分比表示，因此置信水平0.95上的置信空间也可以表达为：95%置信区间。置信区间的两端被称为置信极限。对一个给定情形的估计来说，置信水平越高，所对应的置信区间就会越大。

10 年的回溯期。这些模型特征旨在确保我们在稳定、保守的保证金之间实现最佳平衡，而不会出现不良的顺周期行为。①

洲际交易所（ICE）把初始保证金列在会员标准、良好的持续信用（ongoing creditworthiness）之后，视为对清算所防范违约风险的第三级保护。②

“初始保证金是一种押金，根据所有未平仓合约进行计算，并由清算所所持有，用于弥补对违约头寸平仓时可能产生的成本。初始保证金在平仓或合约到期时与利息一起返还。”③

“我们根据风险模型为所有未平仓头寸收取初始保证金（initial margin），也称为原始保证金（original margin）。该模型考虑了广泛的压力和/或历史情景。初始保证金标准是由特定合约的历史价格波动驱动的。初始保证金根据历史市场价格及其波动性计算，以弥补清算会员在特定市场风险范围内可能产生的最大理论损失。一般来说，价格波动性越大，需要保证金就越多。每张期货合约的保证金要求会根据市场波动的变化定期调整。”④

（二）维持保证金

CFTC 规定，维持保证金（maintenance margin）是必须在账户中保持的资金。如果由于价格发生不利变化，造成客户账户中的权益下降到或低于维持保证金水平，经纪商必须发出追加保证金通知（margin call），将客户权益恢复到初始水平。

CME 集团也规定，维持保证金是在存入初始履约保证金后，客户账户中为每一合约必须保持的最低权益。如果客户权益下降到这一水平以下，必须存入资金使账户恢复到初始履约保证金水平。

---

① Group Risk Management：Managing and mitigating risk at LCH.
https：//www. lch. com/risk – management/group – risk – management.

② ICE Central Clearing——Proven，Transparent，Regulated Means of Reducing Systemic Risk.
https：//www. lch. com/risk – management/group – risk – management.

③ EUA Futures.
https：//www. theice. com/products/197/EUA – Futures.

④ ICE “MANAGE YOUR RISK——HOW CLEARING WORKS” .

CFTC 和 CME 集团均认为，维持保证金是客户必须在账户中保持的最低资金水平。低于维持保证金水平的，要追加到初始保证金水平。因初始保证金高于维持保证金，这种追加带有惩罚性特点。

（三）初始保证金与维持保证金的关系

CME 在其“芝加哥商业交易所清算风险管理和财务保障”手册中详细介绍了初始保证金和维持保证金之间的关系——初始保证金是履约的基础保障，而维持保证金则为追加保证金到账前提供一个保证金缓冲区域。

履约保证金（也称为初始保证金）是一种善意存款，用于缓解未平仓合约的履约失败，作为一种防范风险的工具，以覆盖未来的潜在风险。

维持保证金是对持仓或投资组合潜在损失的最低保护金额，所有清算会员的账户资金都必须达到 CME 清算所的维持保证金水平。

初始履约保证金和维持履约保证金水平之间的缓冲区（buffer）目前为 10%，CME 清算所有权酌情增加缓冲区间。CME 清算所要求清算会员对新账户或当账户权益低于最低维持履约保证金要求时，向客户收取初始保证金水平的保证金，当客户账户发生损失、再次发出追加保证金通知之前，为清算会员提供缓冲。[①]

从 CME 实际执行情况看，对于套期保值者和清算会员，初始保证金等于维持保证金；对于投机者和非结算会员，初始保证金是维持保证金要求的 110%。从这个意义上讲，维持保证金似乎是一个基准，而初始保证金是针对风险较大客户持仓的一种附加保证金。以下是 CME 在某一品种上规定的初始保证金与维持保证金标准（见表 2 - 1）。

表 2 - 1　　交易所初始保证金与维持保证金

投资者类别	初始保证金（美元）	维持保证金（美元）
投机者/非会员	1540	1400
套保者/会员	1400	1400

① CME Clearing：Risk Management and Financial Safeguards Brochure.

初始保证金提高，维持保证金随之提高。CME 集团至少提前 24 小时发出保证金变动通知，以便让市场参与者有时间评估保证金变动对其所持头寸的影响并安排融资。比如，2018 年 4 月 13 日交易结束时，原油期货的初始保证金为每张合约 2310 美元，维持保证金为 2100 美元；2018 年 6 月 29 日交易结束时，初始保证金为 3245 美元，维持保证金为 2950 美元。[①]

2020 年 4 月 7 日，大商所将 18 个品种的套期保值持仓交易保证金对比投机持仓下降 1～2 个百分点。据大商所介绍，此次下调套保持仓保证金借鉴了国际期货市场的差异化保证金管理做法——通过对投机持仓设置更高的初始保证金水平，体现对套保交易保证金的优惠。[②]

期货合约和规则中的初始保证金是交易所向清算会员收取保证金的标准。清算会员通常会在交易所标准基础上，提高对其客户的初始保证金要求，加收一定数量的初始保证金。比如，交易所规定的初始保证金为 5%，清算会员会在此基础上增加 1～2 个百分点，境外把超过交易所标准向客户收取的保证金称之为“超额保证金”。在境外，超额保证金是用于覆盖会员在向客户收取初始保证金前对中央对手方履行义务的目的；[③] 在境内，超额保证金是期货公司防范个别客户不能及时追加或拒绝追加保证金时可以动用的资金。没有一个客户喜欢超额保证金，在期货价格波动较大时，期货公司希望交易所用较大幅度提高保证金代替期货公司加收的保证金。

三、交易保证金与结算准备金

我国期货交易所的保证金分为交易保证金和结算准备金。两者只是为了区分资金的使用状态而做出的划分，实际上是会员存放在交易所专用结

① Understanding Margin Changes.
https：//www. cmegroup. com/education/articles – and – reports/understanding – margin – changes. html.

② 重磅！大商所率先降低套保交易保证金 降低企业参与期货市场成本。
https：//finance. sina. com. cn/roll/2020 – 04 – 14/doc – iircuyvh7786820. shtml。

③ 乔恩·格雷戈里著，银行间市场清算所公司译：《中央对手方清算——场外衍生品强制集中清算和双边保证金要求》第 247 页，中国金融出版社，2017 年。

算账户中的同一笔资金。

（一）交易保证金

交易保证金是被合约或持仓占用的资金。按照交易风险前端控制要求，交易者在下单交易时按照保证金要求锁定资金，避免透支交易；撤单后释放保证金；平仓或履约前，交易保证金不予释放。

（二）结算准备金

结算准备金是未被合约或持仓占用的保证金，是会员为客户开新仓、为现有持仓追加保证金、违规处罚和交易、交割等各项费用的备用资金。

（三）交易保证金与结算准备金的关系

在交易保证金和结算准备金金额一定的情况下，交易保证金占用增加会同步减少结算准备金；相反，交易保证金占用减少同步增加结算准备金。一旦交易保证金占用增加的数额超出结算准备金余额，结算准备金就会变成负值，此时需要追加保证金。

（四）交易保证金、结算准备金与初始保证金、维持保证金对比

第一，初始保证金、维持保证金是美国期货市场对开仓和持仓两个阶段、不同市场参与者的不同保证金要求。

第二，我国期货合约中没有区分初始保证金和维持保证金，而是将两者合二为一，统称为“最低保证金”。

第三，结算准备金是一个没有意义的概念。因为只要出现会员账户为负的情况就需要追加保证金，而在处于正值时，结算准备金余额的管理与交易所风控关系不大。

四、变动保证金与追加保证金

变动保证金与逐日盯市（mark－to－market）或每日结算相关。在按每日最新结算价计算出盈亏后，持仓价格发生不利变化的一方往往会在当日结算中发生亏损，为了补充和保证履约能力，交易所或清算所要求其追加保证金以弥补这些亏损，这就是变动保证金。因此，变动保证金类似于

我国期货市场的追加保证金。

（一）美国期货市场

CFTC 的定义：变动保证金（variation margin）是清算会员根据其持仓的不利变化，每日或日内向清算机构支付的资金。客户头寸和自营头寸分别计算。

CME 集团的定义：变动保证金是为弥补清算会员持仓受不利价格影响变化造成的损失，而由清算会员向清算所每日或日内支付的资金。

变动保证金是当日结算时产生的持仓损失，只是一个结算结果。既可以用在清算机构预存的保证金来弥补，也可以用新存入的资金作为追加保证金来弥补。但当收到追加保证金通知的时候，说明账户中的保证金已经不够弥补结算亏损。

追加保证金通知（margin call）。一是经纪商要求客户把保证金提高到初始水平；二是清算机构要求清算会员根据其所持头寸价格的不利变化，每日或日内向清算机构支付变动保证金。

（二）我国期货市场

与美国不同的是，我国期货市场是以会员在期货交易所账户中的保证金余额——结算准备金最低余额作为标准，只有结算准备金未能完全弥补当日结算亏损时，才需要追加保证金。如果结算准备金余额足够多，可以随时把结算准备金转变为交易保证金，可以覆盖连续多日的结算亏损，就不会收到追加保证金通知。

1. 会员结算准备金最低余额

结算准备金最低余额是会员存入交易所期货保证金账户中的自有资金，是作为批准成为会员的基本条件之一。《会员管理办法》规定，自收到交易所入会（即成为会员）通知书之日起 30 个交易日内，申请单位应当汇入不低于交易所规定数额的结算准备金。在我国期货市场对外开放后，把境外经纪机构视作一家交易所会员收取结算准备金。

“期货公司会员的结算准备金最低余额为 200 万元；非期货公司会员

的结算准备金最低余额为 50 万元。

期货公司会员每接受一家境外经纪机构委托交易结算的，该会员的结算准备金最低余额应当增加 200 万元。

会员结算准备金最低余额应当以人民币自有资金缴纳”。[①]

2. 低于结算准备金最低余额等于自动发出追加保证金通知

由于结算准备金中既包括会员自有资金，也包括客户保证金，当结算准备金余额出现负数时，说明该会员的保证金已经无法覆盖持仓的风险敞口，存在潜在违约风险，应在下一交易日开市前至少把保证金补足到结算准备金最低余额水平。

“当日结算完毕后，交易所通过会员服务系统向会员发送结算结果。会员的结算准备金低于最低余额时，该结算结果即视为交易所向会员发出的追加保证金通知。”

“会员必须在下一个交易日开市前补足至结算准备金最低余额。未补足的，结算准备金余额大于零而低于结算准备金最低余额时，禁止开新仓；结算准备金余额小于零时，交易所有权对该会员持仓强行平仓。”[②]

（1）当“结算准备金最低余额大于零，但低于结算准备金余额”时，即结算准备金余额低于 200 万元时，不能再开新仓，因为开新仓需要进一步占用本已不多的结算准备金。

（2）当“结算准备金余额小于零”时，会员账户已经出现负数，履约能力已经受到严重影响，交易所可采取强制平仓措施，释放持仓占用的保证金，使结算准备金余额至少恢复到正数。

从目前看，交易所把结算结果视作发出追加保证金通知，简单易行。期货市场发展初期，交易所把纸质结算通知放在会员的资料柜里，让会员自己取回，会员根据结算结果书面通知客户追加保证金。但是，有的客户不接纸质通知，也不追加保证金，还不让期货公司强行平仓。据一个期货公司总经理讲，在没有其他办法而又必须把追加保证金通知送达客户的情

---

①② 《郑州商品交易所期货结算管理办法》，自 2022 年 12 月 1 日起开始施行。http://www.czce.com.cn/cn/flfg/zcjywgz/lsbb/webinfo/2022/08/1655821544002647.htm。

况下，只能通过电报来发出追加保证金通知，而该客户就在期货公司的隔壁办公。

3. 我国会员结算准备金最低余额的实施情况

从我国期货交易所成立至今，一直沿用期货公司会员的结算准备金最低余额200万元、非期货公司会员50万元的标准。初期市场规模小，最低结算准备金标准对控制会员公司风险、维护市场稳定起到了一定作用。目前的期货市场规模已经实现上百倍的发展，这一规定已经失去了原有价值。曾有人建议提高会员结算准备金最低余额要求，有人建议取消这一规定，但至今仍未改变。

4. 日内追加保证金

日内追加保证金是结算规则赋予交易所的一种权利，而不是必须采取的措施，我国的几家期货交易所基本没有实施过。未实施的原因主要是，计算开仓保证金的价格是上一交易日结算价，而当天交易结算价还在形成之中。交易所一般利用结算价计算方法，采用实时测算的方式，动态计算会员在当日价格大幅度波动后某个时点的盈亏，对该时点亏损大的会员有权要求追加保证金。但即使在这个时点上，价格可能正在开始向有利于该会员持仓的方向变化，且期货价格变化太快，也许这个时点亏损大的会员，等不了多久就会变成盈利。

“交易所可根据市场风险和保证金变动情况，在交易期间发出追加保证金通知，会员须在通知规定的时间内补足保证金。”

5. 关于盘中盈利是否可以用于开新仓的讨论

利用盘中盈利开新仓是由期货公司向交易所和证监会提出的。盘中追加保证金是弥补临时亏损，盘中盈利开新仓是利用临时盈利扩大交易，实际上是同一个问题的两个方面。建议者认为，持仓在交易时间段（盘中）的盈利是虚盈，可以通过平仓变成实盈。但平仓需要交手续费，建新仓同样需要交手续费，而且平掉老仓后建新仓时，可能出现价格更差的风险。如果盘中盈利可以用于建新仓，就无须对现有盈利持仓进行平仓。但这一建议最后被否决。其主要原因是，期货价格变化太快，现在的盘中盈利可能瞬间变为亏损，从而造成新仓加老仓的风险叠加。但这一建议也会引起我们更多思考：是否可以对盘中盈利打折处理，是否可以规定建新仓的方向、时间限制等。

五、初始保证金与变动保证金的性质

初始保证金的目的是在未来会员发生违约时，把持仓中所包含的保证金变现用于违约处理，具有将来时的特点；而变动保证金与逐日盯市相结合，要求当日损失、当日补交，不允许亏损不断累积，具有现在进行时的特点。初始保证金与变动保证金相互补充，构建起期货市场履约保证金制度的基础架构。

（一）初始保证金的性质

1. 初始保证金是为了防控期货持仓未来潜在风险

初始保证金在期货合约成交时收取。开仓时谁也不知道未来的价格将会发生怎样的波动，也不知道对手方会造成多大的违约风险，因此，初始保证金有“防患于未然”的特点。初始保证金所应对的这种预期风险由价格波动风险和对手方风险两部分组成。

价格波动风险。在新品种上市时，是对该品种现货价格波动的历史回溯进行计算，使初始保证金能够覆盖规定的置信区间的价格波动风险；对于已经上市交易的期货品种，则是利用期货交易的历史数据进行计算得出。

对手方风险。在实行中央对手方结算的期货交易中，对单个交易者而言，对手方风险都通过约务更替转移给清算所；对整个市场而言，对手方风险依然存在，而且全部集中到清算所。

2. 初始保证金是降低违约风险影响的第一道屏障

当清算会员违约时，首先用违约方缴纳的初始保证金偿付其违约造成的损失，有效降低违约风险对市场的影响。伦敦清算所在处理雷曼兄弟时，只动用了初始保证金就解决了 9 万亿美元的违约风险。

3. 期货合约和规则中初始保证金的不同表达形式

期货合约中的最低保证金是初始保证金的最低标准。交易所可以根据市场风险提高保证金。交易规则规定的在触发涨跌停板时提高的保证金、春节等长假期间临时提高的保证金等，都属于初始保证金。

4. 被会员公司挪用的也是初始保证金

初始保证金是为了防止未来风险而预存的资金。初始保证金不能用于弥补每日结算时产生的亏损，也就是说不能用于变动保证金或追加保证金，这部分资金长期沉淀在会员公司账户上，有时会被不法经纪商挪用。例如，2011 年 10 月，明富环球（MF Global）破产前把客户 1.6 亿美元的保证金非法转移给银行、贸易伙伴，以满足透支和追加保证金要求。1980 年由拉塞尔 · 华盛道夫（Russell R. Wasendorf Sr）创立的美国百利金融（Peregrine Financial）集团，曾在 2010 年美国《期货》杂志公布的经纪公司排名中位列第 26 名，并连续 9 年被《期货》杂志评为世界五十强经纪商。① 2012 年 9 月，百利金融集团首席执行官拉塞尔 · 华盛道夫因盗取客户资金超过 2 亿美元，并对监管部门隐瞒事实被指控。最后，他被迫向法官认罪，承认自己侵占客户资金，被判处 50 年监禁。②

初始保证金采取固定比例或固定金额的形式，长期保持不变或定期进行调整，属于静态保证金。与之相比，变动保证金是一种每日都会发生变动的保证金，是一种动态地覆盖最新风险敞口的保证金。

（二）变动保证金

1. 变动保证金可覆盖新的持仓估值风险

在期货合约成交之后，以平仓或交割方式履约之前，每日的价格波动都会对持仓的市场价值产生影响，需要通过每日结算对持仓进行重新估

① 美国百利金融集团。
https：//baike. baidu. com/item/% E7% BE% 8E% E5% 9B% BD% E7% 99% BE% E5% 88% A9% E9% 87% 91% E8% 9E% 8D% E9% 9B% 86% E5% 9B% A2/3481231？fr = aladdin。

② 百利金融集团 CEO 负罪。
https：//www. yicai. com/news/2071581. html。

值，以及时发现和弥补因价格变化而产生的新风险敞口，具有“亡羊补牢”的特点。

2. 会员不会加收变动保证金

变动保证金是当日已经产生的持仓损失，需要在规定时间内补足。与加收初始保证金可以发挥缓冲作用不同，加收变动保证金只会加重客户的保证金负担，甚至加速客户违约，因此，会员都不会加收变动保证金。

（三）初始保证金与变动保证金的不同作用

为应对2007—2008年的金融危机，二十国集团（G20）授权巴塞尔银行监管委员会（BCBS）和国际证券委员会组织（IOSCO）董事会为非中央清算的场外交易（OTC）衍生品制定一致的全球标准。其对OTC的保证金规定，有助于我们理解期货交易所交易的、集中清算的期货产品的初始保证金与变动保证金之间的关系。①

“变动保证金确保衍生品的当前价值受到担保品保护。初始保证金旨在确保有一个保证金‘缓冲区’，以防止在交易对手违约、守约一方进行平仓，与双方最后一次交换变动保证金之间，因衍生品头寸的价值变化而引发的潜在损失。”

第二节　与期货价格波动相关的保证金

很多情况下，提高保证金是跟随价格变动的被动行为。在扩大涨跌停板或触及阶梯持仓限制红线时，保证金被动跟随提高，以发挥“灭火器”作用。一旦涨跌停板或阶梯持仓恢复正常，保证金便随之恢复正常。在特殊情况下，提高保证金是一种主动行为。交易所根据风险进行判断，既可以针对整个市场、多空双方持仓提高保证金，也可以针对部分会员、多空双方中的其中一方持仓提高保证金。

① BCBS / IOSCO Initial Margin Regulations. Initial Margin Regulations. https：//www. credit – suisse. com/sites/financial – regulations/en/initial – margin – regulations. html.

一、与涨跌停板挂钩的保证金

期货市场在确定保证金水平时通常要考虑两个因素，一是要能够控制期货履约风险，二是要提高保证金利用效率。交易所在制定保证金制度时，需要对市场效率和市场风险管理两个因素同时考虑，进行综合平衡。

（一）每日涨跌停板限制

每日涨跌停板限制，或称每日价格限制（daily price limit）、每日价格最大波动幅度限制，在证券和期货市场都有规定。大商所风控规则规定："交易所实行价格涨跌停板制度，由交易所制定各期货合约的每日最大价格波动幅度。交易所可以根据市场情况调整各合约涨跌停板幅度。"

目前，我国股票交易的涨跌停板以±10%为主，郑商所的商品期货品种一般是±4%，苹果是±5%。过去曾经出现对不同品种设置不同涨跌停板的情况，但随着品种的增加，统一设置指标或时间，便于投资者记忆，成为一种惯例。比如涨跌停板、保证金、最后交易日等。交易所在新品种设计过程中，都要对一个品种过去几年现货市场的每日价格波动进行统计分析，按照现货价格最大波动幅度、出现频率等设置的涨跌停板，能够覆盖绝大多数时间价格的波动。

每日涨跌停板不能以极端行情为依据。尽管期货价格波动的幅度会因投机者的参与而放大，但极端行情的出现往往是在供求关系发生突然变化、累积较大变化、或出现逼仓的时候才会发生，交易所通过出现涨跌停板后扩大停板幅度的方式进行化解。更重要的是，每日涨跌停板是制定初始保证金的重要依据，幅度过大将被动抬高保证金水平，进而增加交易成本。

（二）初始保证金的设置方式

初始保证金有两种设置方式。一种是对每一合约按绝对金额设置，不考虑价格变化；另一种是按合约价值的一定比例设置，其保证金金额随价格升降而自动增减。最初郑商所按绝对金额设置保证金，上期所采取部分按绝对金额、部分按比例设置。

按绝对金额设置保证金，好处是保证金数额稳定，客户对持仓所需保证金可以做到心中有数。缺点是随着价格的缓慢上涨，价格上涨幅度不断累积，在不出现涨跌停板的情况下，保证金也会出现无法覆盖累积风险的情况；在价格下跌过程中，同样金额所覆盖的风险超出了应该涵盖的范围，造成保证金的浪费。由于按比例设置保证金应对期货价格变化更灵活，方法更为科学，最后几家交易所都统一按比例设置保证金。

（三）涨跌停板幅度与最低保证金率

因为现货价格波动已经在涨跌停板制度中得以反映，保证金标准设置考虑的重点主要是涨跌停板幅度。目前，大商所和郑商所涨跌停板多数为4%，对应的一般月份最低保证金为5%（见表2－2、表2－3）；上期所多数品种的涨跌停板为3%，对应的一般月份最低保证金为4%和5%（见表2－4）。保证金较高的品种，主要为价格波动较大的品种，如上期所的线材和燃料油；个别为从未上市过的商品种类，如苹果。①

表2－2　　郑商所涨跌停板与最低保证金

品种	涨跌停板（%）	一般月份最低保证金（%）	保证金—单向停板（%）
普麦、强麦、一号棉、菜油、菜籽、菜粕、动力煤、早籼稻、晚籼稻、粳稻、甲醇、硅铁、锰硅、白糖、PTA、玻璃、棉纱	±4	5	1
苹果	±5	7	2

注：自2018年12月19日结算时起，苹果期货合约交易保证金标准调整为8%。②

表2－3　　大商所涨跌停板与最低保证金

所有品种	一般月份（%）			交割月（%）		
	涨跌停板	最低保证金	保证金—单向停板	涨跌停板	保证金	保证金—单向停板
	±4	5	1	6	20	14

① 根据2019年2月20日各交易所网站整理。

② 关于调整苹果期货合约期货交易保证金和手续费标准的通知。
http：//www.czce.com.cn/cn/rootfiles/2018/12/18/1545632313475141－1545632313492440.pdf.

表 2－4　　上期所涨跌停板与最低保证金

品种	涨跌停板（%）	一般月份最低保证金（%）	保证金—单向停板（%）
黄金、白银、石油沥青、热轧卷板、纸浆	±3	4	1
铜、铝、螺纹钢、天然橡胶	±3	5	2
锌、铅、镍、锡、不锈钢	±4	5	1
线材	±5	7	2
燃料油	±5	8	3

大商所和郑商所最初的保证金比单向停板一般高 2 个百分点，后来降为 1 个百分点。一是为了统一，便于记忆；二是期货公司通常会在交易所规定的标准上再加上 1—2 个百分点，应期货公司和客户要求，在风险基本可控的情况下，把两者之差缩小为一个百分点。

洲际美国期货交易所的二号棉合约2023 年3 月的保证金也高于涨跌停板。该月份的初始保证金与维持保证金分别为每张合约 4950 美元和 4500 美元，而每日价幅限制为每张合约 1500 美元至 3500 美元。[①] 关于 ICE 二号棉每日价幅限制的规定，请参考“价格限制与熔断机制”一章。

（四）最低保证金率是为有效控制正常市况的风险而设置

最低保证金率的设置考虑的是正常市况，即现货价格的日正常波动。如果最低保证金按价格大幅波动、出现停板的特殊市况收取，将形成对市场的过度保护，一是会提高交易成本，二是会降低保证金使用效率。在价格大幅波动甚至停板的特殊市况下，若按正常市况收取保证金，将对市场保护不足，导致抗风险能力下降。如果把期货价格变动放在一个较长的时间段去观察，正常市况是主流，涨跌停板只是极个别现象，因此，对于占主流的正常市况，适当降低保证金比率，能有效控制风险就可以；但出现价格大幅波动的市况时，可以采取提高保证金水平的措施进行补充，异常

① Cotton #2 Mar'23（CTH23）CONTRACT SPECIFICATIONS.
https：//www. barchart. com/futures/quotes/CT ＊ 0/profile #： ~ ： text = The% 20New% 20York% 20Cotton% 20Exchange% 27s% 20futures% 20contract% 20calls，New% 20Orleans% 2C% 20Memphis% 2C% 20and% 20Greenville% 2FSpartanburg% 20in% 20South% 20Carolina.

情况下还可以要求会员日内追加保证金。

（五）新上市合约首日的保证金涵盖不了涨跌停板

为了加快价格发现，新上市合约首日涨跌停板幅度为合约规定的涨跌停板幅度的两倍，保证金仍然按合约规定的最低保证金收取，存在较大的风险敞口，但并没有出现风险。一是新合约上市首日成交量往往不大，且当日开平仓的成交量占有一定比例，新形成的持仓不多；二是参与新品种或新合约交易的客户，基本都是老客户，不仅有足够的经验，也有充足的保证金；三是期货公司对新客户参与新品种比较谨慎，一般会跟踪指导，避免出现较大风险。

《大连商品交易所风险管理办法》规定，“新上市期货合约的涨跌停板幅度为合约规定涨跌停板幅度的两倍，如合约有成交则于下一交易日恢复到合约规定的涨跌停板幅度；如合约无成交，则下一交易日继续执行前一交易日涨跌停板幅度。”

二、价格大幅波动下提高保证金

期货价格大幅度波动，特别是同方向大幅波动会在两种情况下给逆势持仓者带来急剧增加的风险：一是出现涨跌停板；二是连续几日大幅度波动。

（一）单边市的概念及处理方法

1. 单方无报价的判定标准

单方无报价俗称单边市，是指在交易中处于单边没有挂单报价的状态。从字面上讲，单边无报价没有单边市准确，因为买方在涨停板位置上大量挂单买入的情况下，卖方只会选择在涨停板的价位上卖出。以涨停板为例，报价栏中只有大量买单，一出现卖单就被吃掉，交易者看不到卖方新挂单的存在，以为卖方没有新报价，也就是说，卖方可以有报价、有成交，但看不到尚未成交的卖出订单。

作为提高下一交易日价幅的单边无报价，必须是在收盘时价格处于停板位置，而且最后5分钟连续处于单边市状态，其目的是防止在交易结束前，有人故意用大单制造涨跌停板。

“某期货合约在某一交易日收盘前5分钟内出现只有停板价位的买入（卖出）申报、没有停板价位的卖出（买入）申报，或者一有卖出（买入）申报就成交，但未打开停板价位的情况，称为涨（跌）停板单方无报价（以下简称单边市）”①

2. 出现单边市时，先调涨跌停板，再定保证金

从因果关系上看，出现单边市在前，提高保证金在后：在出现单边市后，需要通过扩大价幅来释放价格变化的压力；价幅扩大后，需要提高保证金以应对随之产生的风险，因此，保证金紧随涨跌停板被动进行调整。在实施时间上，先提高保证金，后扩大涨跌停板：在以涨跌停板收盘时，结算部门要等风控部门先确认当天出现了单边市，才在当日结算时提高保证金。涨跌停板在下一交易日扩大，保证金在当日结算时提高，并在下一交易日开仓时按此标准收取初始保证金，其目的，一是防止亏损方在下一交易日一开市就发生爆仓风险；二是覆盖扩大价幅后一个单向停板的亏损风险。

3. 从百分比到百分点调整

在早年的规则中，出现单边市后，涨跌停板和保证金在原来的基础上同比提高50%。比如，原来保证金为7%，涨跌停板为±5%。在出现第一个停板时，保证金提高到10.5%，涨跌幅提高到±7.5%。

2014年6月30日，郑商所修改风险管理办法，把出现涨跌停板后按比例提高保证金修改为按照百分点提高，不再出现小数点问题。② 目前，我国几家期货交易所规则规定，在触发单边市时，按保证金高于涨跌停板2个百分点进行处理，高于平时1个百分点（见表2－5）。

2016年8月22日“大商所修改连续停板下保证金标准和涨跌停幅度”的文章是这样表述涨跌停板和保证金调整的关系：

---

① 《郑州商品交易所期货交易风险控制管理办法》，自2021年11月25日起施行。
http：//www.czce.com.cn/cn/flfg/zcjywgz/ssxz/webinfo/2021/11/1605604185423585.htm。

② 《郑州商品交易所期货交易风险控制管理办法》，自2014年6月30日起施行。

这次调整是“将连续同方向停板下的交易保证金标准和涨跌停板幅度与合约实行的涨跌停板幅度相关联，即当某合约在某一交易日出现涨跌停板单边无连续报价的情况时，其第二、第三个交易日的涨跌停板幅度以前一日标准为基础，以固定比例的形式增加，交易保证金标准随之相应调整。

当出现连续三个同方向涨跌停板情形时，第四个交易日维持第三板交易时合约交易保证金标准和涨跌停板幅度不变，直至合约不再出现同方向停板情况。”①

表 2－5　　郑商所涨跌停板与保证金调整

项目	涨跌停板		保证金	
	调整前	调整后	调整前	调整后
正常标准	±4%	—	5%	单向停板 +1 个百分点
单边市首日	提高 3 个百分点	±7%	9%	单向停板 +2 个百分点
第二日同方向	提高 3 个百分点	±10%	12%	单向停板 +2 个百分点

（二）短期内期货价格累计涨跌幅度较大的风险控制办法

如果期货价格连日涨跌幅度较大但都没有触发停板，则涨跌停板情况下扩大停板幅度、提高保证金的规则无法使用。然而，同方向涨跌累积起来的风险同样不容忽视，于是交易所又出台了针对短期内累积较大涨跌幅度的风控制度。

《郑州商品交易所白糖风险控制管理办法》第十一条规定，当白糖某月份合约按结算价计算的价格变化，连续四个交易日累计达到合约规定涨（跌）幅度的 3 倍、连续五个交易日累计达到合约规定涨（跌）幅度的 3.5 倍，交易所有权根据市场情况对部分或全部会员的单边或双边、同比例或不同比例提高交易保证金。提高交易保证金的幅度不高于合约规定交易保证金的 3 倍。

上期所、大商所与郑商所的规定大同小异。但大商所允许提高的幅度

① 大商所修改连续停板下保证金标准和涨跌停幅度。
http：//www. qhrb. com. cn/2016/0822/201737. shtml。

最小，只有1倍（见表2－6）。

表2－6　　累计涨跌幅与保证金提高幅度

<table>
<tr><th rowspan="2">交易日期</th><th colspan="2">郑商所</th><th colspan="2">大商所</th><th colspan="2">上期所（铜铝锌螺纹钢等）</th></tr>
<tr><th>累计涨跌幅度</th><th>提高保证金</th><th>累计涨跌幅度</th><th>提高保证金</th><th>累计涨跌幅度</th><th>提高保证金</th></tr>
<tr><td>连续3日</td><td>—</td><td>—</td><td>2倍</td><td rowspan="3">不高于合约规定1倍</td><td>7.5%</td><td rowspan="3">不超过20%</td></tr>
<tr><td>连续4日</td><td>3倍</td><td rowspan="2">不高于合约规定3倍</td><td>2.5倍</td><td>9%</td></tr>
<tr><td>连续5日</td><td>3.5倍</td><td>3倍</td><td>10.5%</td></tr>
</table>

（三）单边提高保证金引发的思考

2009年，为了控制绿豆期货交易接连发生的多逼空风险，郑州商品交易所依据规则，先后两次对多头单边提高保证金。1999年1月18日，将绿豆期货保证金统一提高到10%的基础上，又于11月26日结算时起，将绿豆品种多头持仓1000张以上（含1000张）会员多头持仓部分的交易保证金提高至13%；12月3日结算时，郑州商品交易所又将5月、7月、9月绿豆合约所有多头持仓部分的交易保证金提高至15%。①

《上海期货交易所风险控制管理办法》规定，交易所可在出现3天连续同方向停板收盘后决定并公告该期货合约第4交易日继续交易，并可采取一种或多种措施进行风险控制，其中涉及保证金的措施为可以不对称提高保证金，“对部分会员或全部会员、单边或者双边、同比例或者不同比例提高交易保证金。”②

《大连商品交易所风险管理办法》第八条也有类似的规定，“交易所有权根据市场情况，采取单边或双边、同比例或不同比例、部分或全部会员、部分或全部境外特殊参与者提高交易保证金的措施。提高交易保证金的幅度不高于合约正常执行交易保证金的1倍。”③

① 郑商所绿豆期货兴衰史。
http：//finance. sina. com. cn/gnfinfo/20040821/1637965967. shtml。

② 《上海期货交易所风险控制管理办法》，自2020年12月7日起实施。

③ 《大连商品交易所风险管理办法》，自2023年1月12日起实施。
http：//www. dce. com. cn/dalianshangpin/fgfz/6142914/6142922/6262956/index. html。

单边提高保证金的规定，真正实施起来难度很大，处理不好反而会引发市场风险。郑商所曾单边提高白糖期货的保证金引发市场强烈反应，其后在白糖风控规则中取消了不对称提高保证金的规定。

2006 年 1 月 6 日白糖期货挂牌交易，到 1 月 24 日，主力合约 0605 已累计上涨 1050 元，其中 1 月 23 日、24 日更是连续两天涨停（见图 2 - 1）。

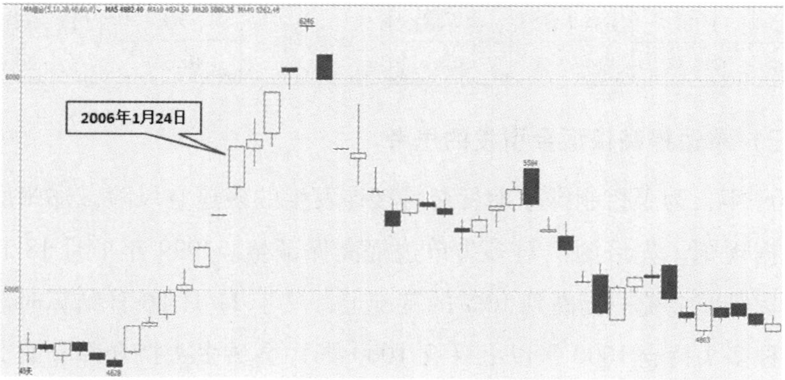

图 2 - 1　2016 年 1 月 24 日白糖期货交易走势

2006 年 1 月 24 日，郑商所发出《关于提高白糖交易保证金的通知》，把白糖期货各合约多头持仓保证金提高至 20%。

“根据《郑州商品交易所白糖风险控制管理办法》第十一条的规定，自 2006 年 1 月 24 日结算时起，对白糖期货各合约的多头持仓交易保证金提高至 20%。恢复时间另行通知。”①

2016 年 1 月 25 日，《中国证券报》以“郑商所单方提高保证金 多方指责不符合三公原则”为标题，对市场反应进行了报道，多头指出交易所这次单边提高保证金违背了“三公”原则，而交易所相关部门否认有偏袒行为，指出提高多方持仓的保证金比例有章可循，依据的是《郑州商品交易所白糖风险控制管理办法》第十一条的有关规定。然而，多头认为，该办法同时还规定，交易所采取上述措施须事先报告中国证监会。在市场多

① 关于提高白糖交易保证金的通知。
http：//www. czce. com. cn/cn/jysdt/ggytz/webinfo/2006/01/1275447732605260. htm。

头讨伐、行业监管部门干预下，这一单边提高持仓保证金的决定仅仅实施了一天，便宣布结束。郑商所于1月25日发布交易提示：

“自2006年1月25日结算时起，白糖期货各合约交易保证金恢复到正常水平。”

郑商所在此后修改规则时，删除了《郑州商品交易所白糖风险控制管理办法》第十一条的相关内容，如若在真正遇到需要动用单边提高保证金这一条款来控制风险时，郑商所将无章可循。个人认为假定这次单边提高保证金的做法有不合理的地方，应进行总结反思，吸取教训，对规则进行相应调整而不是把这一规定从规则中永久性删除。因为不仅我国其他交易所至今仍保留这一规定，洲际美国清算所（ICE Clear US）的规则中也有类似规定：当发生重大风险时，清算所“总裁可要求清算会员在规定时间内追加初始保证金，或限制该会员提取超出初始保证金的资金。追加保证金可针对一个或多个清算会员持有的一个或多个合约，以及多头、空头或双边头寸。”①

（四）法定长假前扩大价幅与提高保证金

法定长假前扩大价幅与提高保证金是为了防控长假期间境外期货价格大幅度波动对我国上市品种产生影响。根据境内不同品种与境外品种的联动性，决定在长假之前是否需要提高保证金以及需要提高的幅度。

郑商所下发“关于2019年春节期间调整交易保证金标准和涨跌停板幅度的通知”，分品种做了区别对待。

“自2019年1月31日结算时起，除菜籽、强麦外，其他品种期货合约交易保证金标准由原比例调整至10%，涨跌停板幅度由原比例调整至7%，其中苹果期货1903合约、1905合约及1907合约交易保证金标准维持不变。”

为什么菜籽和强麦两个品种，以及苹果期货1903合约、1905合约及

① ICE CLEAR US，INC. RULES。
https：//www.theice.com/publicdocs/rulebooks/clear/ICE_Clear_US_Rules.pdf。

1907 合约交易保证金标准维持不变？这是因为菜籽、强麦的保证金已经提高到 20%；苹果 1903 合约、1905 合约的保证金已经提高到 11%，1907 合约挂牌时保证金已经提高到 20%。

据报道，港交所在圣诞节假期前，也会暂时提高恒指期货等合约保证金。港交所 2019 年 12 月 12 日公告，将于本月 23 日 T 时段营业时间结束后暂时提高恒指、国企指数等期货合约的保证金水平，24 日 T 时段营业时间结束后恢复正常。公告指出，香港期货交易所旗下所有市场将于 2019 年 12 月 25 至 26 日及 2020 年 1 月 1 日休市。由于部分主要市场于上述期间仍然开放，采取暂时提高保证金是为确保市场有适当保护措施以应对潜在风险。①

三、香港交易所基于模型的保证金

如果我们把境内几家交易所设置保证金的方法称作比例保证金，那么香港交易所的保证金则是基于模型计算的保证金。

（一）基于变动率指标的简单移动平均法模型

用基于变动率指标的保证金模型来确定基准保证金，首先是要利用历史数据对合约的价格波动率进行估算，然后使基准保证金在 99%（或者更高）以上的情况下，足以覆盖当日价格波动引起的亏损。简单移动平均法（SMA）是在规定时间段（比如 90 天），赋予每天相同的权重进行计算。2000 年 1 月 25 日开始，香港交易所用单指数移动平均法模型替代了简单移动平均法模型。

（二）单指数移动平均法模型

单指数移动平均法模型（EWMA）赋予近期数据更高的权重。由于越近时间的价格走势对当日价格的影响越大，这种方法及时反映出期货价格波动率急剧扩大。模型的估算结果每日更新，加上最新一天的数据，去掉

① 圣诞节假期前，港交所将暂时提高恒指期货等合约保证金水平。
http：//finance. sina. com. cn/stock/relnews/hk/2019 - 12 - 12/doc - iihnzahi7103202. shtml。

最远一天的数据，从而使模型中的数据能够反映最新的市场价格变化。[①]

第三节 与持仓量挂钩的梯度保证金

正常情况下，特别是在一般月份，持仓量与保证金没有因果关系。但在控制市场交易活跃程度时，保证金就会和持仓量挂钩。最典型的是中国金融期货交易所的股指期货。2014 年 9 月 1 日，《期货日报》以“股指期货保证金标准下调至 8%”为题报道了此次保证金下调与持仓量上调的决定：

“上周五，中金所发布修订后的沪深 300 指数期货合约及相关交易细则，将沪深 300 指数期货合约的最低交易保证金由 12% 调整为 8%，持仓限额由 600 手调整至 1200 手。同日，中金所发布通知，从 9 月 1 日（今日）结算时起，沪深 300 指数期货所有合约交易保证金标准统一调整为 10%。”[②]

一、与单月持仓量挂钩的梯度保证金

当单个合约月份持仓量达到一定程度后，开始逐级提高保证金，这是我国期货市场从小品种向大品种过渡期间，为防范逼仓风险采取的一种中国特色的风控措施。在交易者眼中，对部分交易活跃的品种按持仓规模阶梯型提高保证金，是期货市场“持仓恐惧症”长期存在的一种表现，似乎是交易所为持仓规模画出了一条红线，逾越这条红线就成为带有潜在风险的持仓，必须通过提高保证金把持仓减下来。而实际上，在期货市场发展初期，我国期货市场监管者既希望把持仓做大以增加市场深度，又没有与我们国情相似的持仓监管经验可供借鉴，持仓量达到一定规模提高保证

① 香港交易所期货合约保证金水平确定与风险管理。
http：//www.docin.com/p-12458742.html。

② 股指期货保证金标准下调至 8%。
http：//www.qhrb.com.cn/2014/0901/170460.shtml。

金，是在市场规模扩大的过程中，为保护投资者而作出的探索，也是一种审慎决策。

郑商所实施这一制度后，白糖品种曾出现过一次触及第一阶持仓的情况。2009 年 3 月 13 日，白糖 SR909 合约持仓达到 75 万多张，交易所按规定把保证金从 6% 提高到 8%；3 月 16 日，该月持仓下降到 73.8 万张；3 月 17 日就下降到 70 万张之下。在双方大量持仓对峙的高峰期，提高保证金对抑制持仓的作用非常显著。白糖阶梯持仓保证金见表 2－7。

表 2－7　　白糖单个合约月份阶梯持仓保证金

双边持仓量（N 万张）	N≤70	70＜N≤90	90＜N≤100	＞100
保证金标准（%）	6	8	10	12

上期所的阶梯持仓保证金分两种情况。一种是同郑商所一样从合约挂牌之日起实施，如天然橡胶、燃料油；另一种是从进入交割月前第三个月的第一个交易日起开始实施，如铜、铝、锌和黄金等 12 个品种（见表 2－8）。①

表 2－8　　铜期货持仓梯度保证金

从进入交割月前第三个月的第一个交易日起，当双边持仓总量（X）达到下列标准时	交易保证金比例（%）
X≤24 万手	5
24 万手＜X≤28 万手	6.5
28 万手＜X≤32 万手	8
X＞32 万手	10

在经过几年的摸索、产业客户大量增加之后，郑商所、大商所取消了与持仓量挂钩的保证金制度。2019 年 3 月 18 日收盘结算时，上期所取消持仓梯度保证金制度，② 但仍保留了可在“持仓量达到一定水平时”提高保证金制度的规定③。广州期货交易所风控制度中也有这一规定④。取消持

① 《上海期货交易所风险控制管理办法》，自 2018 年 11 月 2 日起施行。

② 上期所：取消持仓梯度保证金制度自 3 月 18 日收盘起施行。
https：//baijiahao. baidu. com/s？id = 1623343816483368665&wfr = spider&for = pc。

③ 《上海期货交易所风险控制管理办法》，自 2020 年 12 月 7 日起施行。

④ 《广州期货交易所风险管理办法》，自 2022 年 6 月 6 日起施行。

仓梯度保证金，标志着我国期货市场从“持仓恐惧症中”逐渐解放出来，拥有了做大、做强、做厚期货市场的制度自信。

二、曾经与交割持仓挂钩的保证金——乙二醇

2018 年 12 月乙二醇期货挂牌上市。作为大商所的首个液体化工品种，大商所基于防范潜在交割风险、保障平稳上市运行的出发点，在乙二醇期货上市初期设计了较为特殊的限仓和保证金规定，在交割月前一个月的两个阶段设置了两道持仓红线。如果持仓限制超出红线，则持仓限制和保证金要求提前进入下一个阶段，以达到对交割月前一个月收紧持仓限制的目的。

交割月份前一个月第一个交易日至该月第十四个交易日的持仓限制为 8000 手，若某日结算时该合约的单边持仓量大于 12 万手，则调整持仓限制，同时提高保证金（见表 2－9）。即：

收紧持仓限制：“自当日结算时起持仓限额为 3000 手，并持续适用至该月第十四个交易日。”

同时提高保证金：“自当日结算时至该月第十四个交易日结算时，该合约的交易保证金按照合约价值的 10% 收取。”

表 2－9　　乙二醇持仓限制与保证金

项目	一般月份		交割月前一个月			交割月
			1 至 14 交易日	15 至最后交易日		
单边持仓量	N≤8 万手	N＞8 万手	N＞12 万手	正常水平	N＞8 万手	
持仓限制	8000 手	10%	3000 手		1000 手	
保证金	5%		10%		20%	

资料来源：大商所网站。

http：//www.dce.com.cn/dalianshangpin/fg/fz/6142970/6142978/614 6956/index.html。

自交割月份前一个月第十五个交易日至该月最后一个交易日期间持仓限额为 3000 手；若某日结算时该合约的单边持仓量超过 80000 手，则：

收紧持仓限制：“自当日结算时起持仓限额调整至 1000 手，并持续适用至该月最后一个交易日。”

同时提高保证金："自当日结算时至该月最后一个交易日结算时，该合约的交易保证金按照合约价值的20%收取。"

乙二醇期货上市后平稳运行，交割业务顺畅有序，未发生交割风险。一方面，交割能力大幅提高。指定仓库已增至15家，协议库容增至126万吨；5家指定厂库最大仓单量增至21.5万吨。另一方面，乙二醇现货库存量总体提升，使可供交割资源更为充足。相关市场人士呼吁，在保持严风控的基础上，取消上述规定。

2021年12月29日，大商所发布公告，取消交割月前一个月起根据合约持仓量变化自动调降该月份限仓标准和提高交易保证金水平的有关规定，乙二醇限仓方式与大商所其他化工期货品种保持统一。①

三、作为交割担保金的交易保证金

鉴于我国期货市场历史上曾经发生过多次逼仓，且主要为多逼空，为了防止逼仓行为发生，保证交割履约，除在交割月前一个月采取收紧持仓限制外，我国期货交易所还通过提高保证金的方式增加潜在交割双方的财务担保能力，同时使不具备交割能力的产业客户因持仓成本提高而提前平仓离场。

（一）阶梯型提高保证金

郑商所在发展初期，从交割月前一个月上旬开始分四次逐级提高保证金，到交割月提高到30%（见表2－10），在不断测试交易双方的履约保障能力的同时，也在反复警示违约风险的处罚力度。

表2－10　　郑商所白糖客户持仓限制与保证金率

项目	一般月份	交割月前一个月			交割月
		上旬	中旬	下旬	
保证金率（%）	6	8	15	25	30
持仓限制（手）	15000	8000	6000	3000	500

资料来源：根据《郑州商品交易所期货交易风险控制管理办法》2009年4月版整理。②

① 大商所修改乙二醇期货限仓标准和交易保证金相关规则。https：//baijiahao. baidu. com/s？ id＝1720472024416857775&wfr＝spider&for＝pc。

② 《郑州商品交易所期货交割细则》，自2009年4月20日起施行。http：//www. czce. com. cn/cn/qsfy/ywgzlsbb/webinfo/2009/04/1252482858731936. htm。

目前，上期所在铜期货等14个品种实行的四个梯度保证金中，自最后交易日前二个交易日起，保证金才提高到20%（见表2-11）。一是为了与交割违约处罚20%相匹配，否则，违约罚金就失去了赔付基础；二是在保障履约的基础上，提高保证金利用效率。

表2-11 铜期货合约不同阶段保证金率

交易时段	交易保证金比例（%）
合约挂牌之日起	5
交割月前第一个月的第一个交易日起	10
交割月份第一个交易日起	15
最后交易日前二个交易日起	20

（二）为违约征购、竞卖担保的保证金

为了防范交割违约，各商品交易所按照监管要求在违约处理中加入征购和竞卖的相关规定。根据当时郑商所《交割细则》规定，计算买方交割违约合约数量时，交易所应对违约部分预扣合约价值30%的违约金和赔偿金。一是在客户违约后，用于首先向守约方支付10%的违约金；二是用于可能发生的征购或拍卖。若守约方选择征购或竞卖继续履约，违约方需要再承担最高20%的合约价值赔偿。

上期所规定，构成交割违约的，由违约方支付违约部分合约价值5%的违约金；征购价格不高于交割结算价的125%，竞卖价格不低于交割结算价的75%。两者合计，违约者的最高赔偿比例也是30%。①

设置这一规定的初衷是保证期货市场不发生违约，若万一发生违约，要对违约方进行惩罚，对守约方进行补偿。然而，连续两个月提高保证金，增加了买卖双方特别是卖方实物交割者的压力。卖方交割者除了需要在交割月交纳30%的保证金外，还要用100%的货款购买现货注册仓单。在出现多逼空时，没有交割能力或没有足够时间组织仓单进行交割的空头将不得不在期价高位平仓，为逼仓者提供了轻易实现平仓盈利的条件。不

① 《上海期货交易所交割细则》，自2009年3月27日起实施。

仅如此，临近交割月交易不活跃、活跃月份不连续，也增加了套期保值者的基差风险。

征购和竞卖规定绑架了交割月保证金。按不高于上一交易日结算价120%进行征购、80%进行竞卖的惩罚性措施，意味着违约者可能承担最高20%的违约罚金；加上一旦出现违约就需要支付10%的违约金，使违约者最高可能遭受30%的违约处罚，相当于6个停板的亏损，这一规定像一把悬在所有交割客户头上的“达摩克利斯之剑”，警示每一个客户不要去冒交割违约的风险。虽然在这一措施实施之后，没有出现过一次竞购或拍卖，但却增加了所有交易者在临近交割月的持仓成本，同时也倒逼交易所在交割月把保证金提高并维持在30%的水平，因为要实施最高30%的违约处罚，就必须有30%保证金作保障。

（三）降低作为交割担保的保证金

在不活跃品种上尝试结束征购、拍卖制度。要降低市场参与者的交割月保证金压力，就必须解除征购、拍卖制度的约束。郑商所开始选择在当时成交最不活跃的期货品种硬麦上进行尝试。据郑商所年报统计，2009年全年期货成交量22707万张，硬麦期货只有1.98万张；2010年全年期货成交量49583亿张，硬麦期货为3.51万张（见表2－12）。[①]

表2－12　　郑商所硬麦成交量与持仓量（2009—2011年）

年份	成交量（万张）		年末持仓量（张）	
	总成交量	硬麦	总持仓	硬麦持仓
2009	22707	1.98	1097484	493
2010	49583	3.51	793956	2084
2011	40639	15.29	935600	1892

2012年12月3日起同时施行的《郑州商品交易所期货交割细则》[②]

① 郑州商品交易所2009/2010/2011年报。
http：//www.czce.com.cn/cn/gyjys/lnnb/H770105index_1.htm。

② 《郑州商品交易所期货交割细则》，自2012年12月3日起施行。
http：//www.czce.com.cn/cn/rootfiles/2012/12/24/1354191082206005－1355402644296854.pdf。

（以下简称郑商所《交割细则》和《郑州商品交易所期货交易风险控制管理办法》（以下简称郑商所《风险管理办法》）[①]，从普麦开始，默默终结征购、拍卖制度。

郑商所《交割细则》首先把违约金从10%提高到20%。在违约金支付给守约方后终止交割，不再进行竞购或拍卖。

“普麦交割（含仓单和车船板）违约的，由违约方支付违约部分合约价值（按交割结算价计算）20%的违约金给守约方。买卖双方终止交割。

普麦之外品种征购价格不高于交割结算价的120%，竞卖价格不低于交割结算价的80%。”

正因为有上述规定做铺垫，郑商所《风险管理办法》及时跟进，把普麦的交易保证金从30%降到20%，与违约金比例相同。

“交割月份普麦期货合约保证金标准为20%，其余品种的期货合约交易保证金标准均为30%。”

推迟提高保证金时间。2011年10月版郑商所《风险管理办法》把甲醇交割月前一个月上旬的保证金调整到与一般月份相同（见表2－13）。2012年8月版的郑商所《风险管理办法》把品种范围扩大到玻璃、普麦等品种。2013年6月版郑商所《风险管理办法》把品种范围扩大到所有品种，并且把交割月的保证金全部调整为20%。

表2－13　2011年10月版阶梯保证金

<table>
<tr><th rowspan="2">品种</th><th rowspan="2">一般月份</th><th colspan="3">交割月前一个月</th><th rowspan="2">交割月</th></tr>
<tr><th>上旬</th><th>中旬</th><th>下旬</th></tr>
<tr><td>普麦、强麦、一号棉、菜籽油、早籼稻</td><td>5%</td><td rowspan="2">8%</td><td rowspan="2">15%</td><td rowspan="2">25%</td><td rowspan="2">30%</td></tr>
<tr><td>白糖、PTA</td><td>6%</td></tr>
<tr><td>甲醇</td><td colspan="2">6%</td><td>10%</td><td>15%</td><td>20%</td></tr>
</table>

资料来源：根据2011年10月版郑商所《风险管理办法》整理。[②]

① 《郑州商品交易所期货交易风险控制管理办法》，自2012年12月3日起施行。
http：//www.czce.com.cn/cn/rootfiles/2012/12/10/1354191081704949－1354191081770111.pdf。

② 《郑州商品交易所风险控制管理办法》，自2011年10月28日起施行。
http：//www.czce.com.cn/cn/qsfy/ywgzlsbb/webinfo/2011/10/1317295049117145.htm。

直到2014年12月12日实施的郑商所《交割细则》才彻底取消了征购和竞卖的规定，统一为违约罚款20%给守约方，终止交割。[①] 但直到2015年6月版的郑商所《风险管理办法》才统一从交割月前一个月下旬提高保证金且把保证金设为10%，把交割月保证金统一成20%。[②]

随着交割月保证金的调整，阶梯型保证金也从5阶减少为3阶，时间划分为三个阶段：第一阶段为一般月份，即自合约挂牌至交割月前一个月第15个日历日期间的交易日；第二阶段为交割月前一个月第16个日历日至交割月前一个月最后一个日历日期间的交易日；第三阶段为交割月份（见表2－14）。[③]

表2－14　　　　菜粕期货阶梯保证金对照表

<table>
<tr><td rowspan="2">一般月份</td><td colspan="4">交割月前一个月</td><td rowspan="2">交割月</td></tr>
<tr><td>上旬</td><td colspan="2">中旬</td><td>下旬</td></tr>
<tr><td>5%</td><td>8%</td><td colspan="2">15%</td><td>25%</td><td>30%</td></tr>
<tr><td colspan="3">自合约挂牌至交割月前一个月第15个日历日期间的交易日</td><td colspan="2">交割月前一个月第16个日历日至最后一个日历日期间的交易日</td><td rowspan="2">20%</td></tr>
<tr><td colspan="3">5%</td><td colspan="2">10%</td></tr>
</table>

资料来源：根据郑商所《风险管理办法》2009年3月版、2015年6月版整理。

交割月及前一个月保证金的降低，在保障交割履约的同时，降低了保证金占用多空双方的资金压力，降低了临近到期合约的交易成本，对促进近月合约活跃起到一定作用，有利于基差趋合。

第四节　提高保证金利用效率

保证金制度对市场的流动性也会产生影响。把同一标的或相近标的持

① 《郑州商品交易所期货交割细则》，自2014年12月12日起施行。
http://www.czce.com.cn/cn/rootfiles/2015/05/21/1431080884346730－1431080884348055.pdf。

②③ 《郑州商品交易所风险控制管理办法》，自2015年6月10日起施行。
http://www.czce.com.cn/cn/rootfiles/2015/06/08/1433152352850766－1433152352852685.pdf。

仓进行组合收取低于双边持仓的保证金，是在有效防控风险的前提下，提高保证金利用效率的措施。CME 集团在介绍其 SPAN 系统时称，“SPAN 基于风险的保证金要求不仅保证了保证金对风险的有效覆盖，同时也提高了资金的使用效率。”

在国内外期货市场上，按持仓组合收取较低保证金通常有以下两种情况，即基于简单双边持仓组合的计算方法和基于风险模型的计算方法。

一、基于双边持仓的保证金

（一）总持仓和净持仓保证金

美国期货市场的总持仓保证金（gross margining）。总持仓是多空持仓的总和，按总持仓收取保证金就是按双边持仓收取保证金。美国期货市场通常是从清算机构的角度出发，把一个结算会员所有客户的持仓合在一起进行考虑。一个结算会员的客户保证金按持仓和可以提交的套利持仓进行计算。比如，如果一个结算会员有两个客户，两个客户分别有一个隔离（segregated）账户，其中一个账户有 3 张多头持仓，另外一个账户有 2 张空头持仓，如果该结算会员没有提交多空套利持仓，那么就按 5 张持仓收取保证金。

净持仓保证金（net margining）。CME 把净持仓（net position）定义为“单个客户或结算会员在任一商品的多空持仓的差额。”净持仓保证金，“是对结算会员按照客户多空持仓相抵后的净持仓（或称剩余持仓）收取保证金的一种方法。比如，如果一个结算会员有两个客户，两个客户分别有一个隔离账户，其中一个账户有 3 张多头持仓，另外一个账户有 2 张空头持仓，那么，只对该会员收取 1 张净多头持仓保证金。”

按净持仓收取保证金是国际主要期货市场的惯例，因为在同一合约的多空持仓基本锁定了期货合约买卖之间的价差，价格波动对双边持仓影响相同，没有风险敞口，因此，对同一合约多空锁仓（concurrent long and short positions）按照净持仓收取保证金，等于不再收取保证金。

（二）我国保证金的收取方法

我国期货市场建立初期是按总持仓收取保证金。一是期货市场还处于不断发展规范过程中，暴涨暴跌行情经常出现，期货市场的主要参与者是散户且承担风险能力差，采取双边收取保证金有利于控制持仓风险。二是我国期货市场保证金绝大多数以现金方式收取，且保证金的利用率很低。在2010年前后，在我国期货市场的保证金总额中，45%保证金存放在期货公司保证金账户，随时准备根据客户交易和持仓投入到期货市场；55%存放在交易所，用作交易保证金和风险准备金，其中只有约70%的保证金被持仓占用。总体算下来，持仓的保证金占用率约为40%。

跨期套利持仓按近月持仓单边收取保证金。郑商所率先对同一商品的套利持仓按近月合约保证金标准单向收取，然后又对同一合约月份的双边持仓按单边收取保证金。

“套利持仓和同一会员、同一客户、同一合约月份双向持仓按照单边收取交易保证金。”①

2014年，郑商所开始对跨品种套利单边收取保证金，首次收取保证金的品种为硅铁和硅锰。

套利持仓单边收取保证金是我国期货市场发展史上的一大进步，是对理性投机的一种激励措施。但在实施过程中发现，客户利用这一制度，规避对触发停板的合约追加保证金：

假如白糖期货远期合约月份（9月）出现了单边市，当日结算时9月合约就要追加保证金，有些客户就会在该品种没有出现涨跌停板的近期合约月份（5月）开新仓使其形成套利持仓，这样就无须对出现单边市的9月合约追加保证金，这对控制9月合约风险非常不利。

对跨品种持仓按大边持仓收取保证金。大商所和上期所采用对套利持仓按大边（保证金高的）合约单边收取保证金的方法，解决了客户利用套利持仓制度规避保证金提高的问题，郑商所随后借鉴两家交易所的经验，

① 《郑州商品交易所期货结算细则》，自2009年4月20日起施行。

也开始按大边收取保证金：

"期货套利持仓交易保证金单边收取，按照套利持仓组合内交易保证金较高的合约收取。"①

二、基于投资组合的保证金

目前，国际期货市场上广泛应用的基于资产组合风险的动态组合保证金模型，是在一定置信水平下依据历史数据对未来可能发生的各项风险进行预测，充分考虑各品种合约之间的风险对冲，以会员的投资组合在下一交易日可能发生的最大损失为基础计算保证金。

CFTC 对"投资组合保证金（portfolio margining）"的定义是，"投资组合保证金是对一组持仓的价值进行评估、把部分持仓亏损与其他持仓盈利对冲纳入计算之后，制定保证金标准的一种方法。投资组合的保证金要求通常等于在假定的市场条件变化情况下，投资组合净值可能发生的最大下降估计值。有时也称之为基于风险的保证金（risk - based margining）。"②

基于投资组合计算保证金，最典型的是 CME 开发的标准投资组合风险分析系统（Standard Portfolio Analysis of Risk，SPAN）。③ 该系统是一个基于模拟几乎所有市场情景的"假设分析"来计算履约保证金要求的复杂算法，市场模拟基于风险值（value at risk）。其通过计算投资组合在一个交易日内可能产生的最大损失来评估投资组合的整体风险，即投资组合在不同市场条件下的收益和损失，得出控制投资组合风险所需的保证金要求。

SPAN 基于风险的保证金要求不仅要求保证金对风险的有效覆盖，同时也要求尽可能降低保证金的无效占用，提高资金的使用效率。

交叉保证金最早由美国期权结算公司（OCC）于 1989 年推出。交叉

---

① 《郑州商品交易所套利交易管理办法》，自 2017 年 3 月 7 日施行。

② Futures Glossary.
https://www.cftc.gov/LearnAndProtect/AdvisoriesAndArticles/CFTCGlossary/index.htm#P

③ 芝商所标准投资组合风险分析（SPAN）介绍。
https://www.cmegroup.com/cn-s/clearing/risk-management/span-overview.html.

保证金制度因为允许同一结算会员或关联结算会员在不同市场的期货期权产品的盈亏互相抵补，计算保证金时也允许风险对冲，大大提高了会员结算效率，促进了财务完整性。上述跨月套利、跨品种套利、组合保证金持仓的保证金减收是在同一家交易所或同一个清算所进行的，而交叉保证金是在不同交易所（清算所）之间完成的。它是对同一结算会员在不同交易所的多空持仓，通过相互对冲后，降低保证金收取的一种机制。OCC 认为，能够通过降低初始保证金要求、减少保证金追加以及净额结算来增强清算会员公司的流动性和融资能力。

CME 集团认为，交叉保证金（cross margining）“是允许降低履约保证金要求的程序。因为当同一结算会员或其关联结算会员结算其对冲头寸时，风险会降低，因此，通过这种方式降低保证金是可行的。”

自交叉保证金推出以来，符合对冲条件的品种数量显著增加。目前 OCC 与 CME 和洲际美国清算所（ICE Clear US）一起参与了交叉保证金计划，并为 OCC 清算的证券交易委员会（SEC）和商品期货交易委员会（CFTC）共同监管的合约提供内部交叉保证金计划。

受结算方式演变历史影响，境外期货市场在控制风险和提高保证金利用效率的平衡上，下了很大功夫。与境外期货市场相比，我国期货市场的保证金收取比例高、使用效率低的现象一直存在，虽然在不断改善，但没有实质性的改变。如果考虑到可以用作保证金的担保品种类，我国投资者用于期货保证金的资金利用效率则更低。

但是，我国期货市场在控制风险的同时，对降低保证金的探索一直没有停止过。除了套利交易、锁仓交易单边收取保证金外，也在研究借鉴欧美期货市场的保证金管理制度。比如，上期所很早就购买了 CME 的 SPAN 系统，持续进行研究。郑商所组合保证金的相关研究最早可追溯到 2010 年，在学习了解国外先进组合保证金管理经验的基础上，结合我国期货市场保证金管理特点、事前逐笔风控监管要求和自身风险管理实践，先后自主研发设计出 PBM 和 SPBM 两套组合保证金算法模型。

两套模型均支持固定比例和风险动态两种保证金计算模式，既能满足保证金风险覆盖的要求，又充分考虑了品种合约之间的风险对冲，可有效提高保证金使用效率。在相同条件下，SPBM 较 PBM 保证金使用效率稍有降低，但是 SPBM 具备算法逻辑简单、计算效率高、维护参数少、支持交易过程逐笔风控等优点，市场更容易接受。

2022 年 7 月 15 日，郑州商品交易所发布通知，对白糖、PTA、甲醇期货期权品种做市商开展组合保证金业务，采用现行固定保证金率下的 SPBM 组合保证金模型，并于 8 月 15 日起实施。这是国内期货市场首次推出组合保证金，是期货保证金计收方式的重大创新，标志着我国期货市场保证金管理模式迈上新台阶。①

第五节 保证金担保品

担保品，也称抵押品（collateral），是贷方接受作为贷款担保的资产。如果借款人拖欠贷款付款，贷款人可以没收抵押品并转售以弥补损失。期货市场的保证金担保品是以交易所或清算所可接受的资产充当保证金，作为履行期货合约的财力担保，来参与期货合约的买卖。从现金作为保证金到其他资产作为保证金担保品，考虑了这些资产作为保证金的同时，不影响其作为投资品可以产生投资效益的作用。本节将围绕期货保证金担保品的种类与折扣率、集中度限制、风险控制和违约处理等几个方面进行讨论。②

一、清算机构认可的担保品

（一）担保品种类

保证金担保品的选择主要考虑以下三个因素。一是高质量，信用评级

① 郑商所首推组合保证金业务 助推国内期货市场保证金管理模式迈上新台阶。http：//www. czce. com. cn/cn/gyjys/jysdt/jysxw/webinfo/2022/07/1655817714874321. htm。

② 部分内容选自郑州商品交易所期货与衍生品研究所田梦等 2015 年撰写的“境外期货保证金担保品研究”。

较好，具备良好信用。二是高流动性，即变现能力强。在走访洲际美国清算所时，当问及为何该所不用期货仓单作为担保品时，得到的回答是，担保品必须具有24小时内变现能力，而期货仓单属于商品，很难达到快速变现要求。三是低市场风险，受市场价格波动影响相对较小。

保证金担保品类别。若按大类和接纳程度顺序划分，接纳度最高的是外币和债券，其次是股票，最后是信用证、基金、黄金。例如香港交易所认可的担保品包括现金、外汇基金票据及债券、美国政府国库票据及债券；CME的保证金担保品更加丰富、更有代表性，包括以下四大类别。

第一类是现金和美国国债。包括美元、澳元、英镑、加元、欧元、日元、新西兰元、挪威克朗、瑞典克朗、瑞士法郎、离岸人民币、墨西哥比索、南非兰特、土耳其里拉。美国国债包括美国短期债券、美国浮动利率债券、美国中期国债、美国长期国债。

第二类是IEF5和信用证。IEF5是CME与五三银行、德意志银行和富国银行合作的固定收益项目，按月支付固定收益。信用证以交易所为受益人由指定银行开立。

第三类是美国政府机构债券、资产支持证券、通胀保值国债、零息国库券。

第四类是IEF2、黄金、ETF、股票、IEF4、加拿大省债券和贴现票据、外国主权债。IEF2主要投资于获批准的货币市场共同基金。黄金即实物黄金。ETF为优选的ETF，股票指优选的S&P 500指数成分股，ETF与股票充抵保证金总额不超过10亿美元。IEF4是CME与纽约银行、布朗兄弟哈里曼公司、摩根大通银行合作的特别质押项目。加拿大省债券与贴现票据包括魁北克省和安大略省债券、贴现票据。

但各交易所均根据各自所在国家、地区和市场特点，选择了一些其他种类的保证金担保品。例如，新加坡交易所选择了银行定期存单、银行保函或信用证（见表2-15）。

表 2－15　　境外交易所接受结算会员担保品的主要类别

交易所	担保品类型						
	外币	债券	信用证	IEF	ETF	股票	黄金
CME	√	√	√	√	√	√	√
ICE	√	√					
Eurex	√	√				√	
新加坡交易所	√	√				√	
香港交易所	√	√					

资料来源：各交易所官网。

我国境内交易所的质押范围较为狭窄，但也在根据市场发展需要不断增加担保品种类；从交易所的标准仓单到增加国债，在推出国际化品种前又增加了外汇。例如，郑商所的《结算细则》规定：

“经交易所批准，以下资产可以作为保证金：

（一）标准仓单；

（二）中华人民共和国财政部在境内发行的记账式国债；

（三）外汇资金（币种类别、折算方式和适用范围由交易所另行公布）；

（四）交易所认定的其他资产。”①

《期货和衍生品法》第二十二条规定，“保证金的形式包括现金，国债、股票、基金份额、标准仓单等流动性强的有价证券，以及国务院期货监督管理机构规定的其他财产。以有价证券等作为保证金的，可以依法通过质押等具有履约保障功能的方式进行。”

目前我国期货保证金仍以现金人民币为主（见表 2－16）。用国债作为期货保证金担保品的，一是金融期货，二是资管业务。

① 《郑州商品交易所期货结算管理办法》，自 2022 年 12 月 1 日开始施行。

表 2 - 16　六家期货清算机构保证金担保品构成

（2023 年第二季度末，折扣后）

担保品 / 交易所	现金		国债		仓单		合计
	金额	占比（%）	金额	占比（%）	金额	占比（%）	
中国金融期货交易所	1770 亿元	78	502 亿元	22	—	—	2272 亿元
上海期货交易所	966 亿元	59	655 亿元	40	9 亿元	1	1630 亿元
大连商品交易所	1149 亿元	89	115 亿元	9	21 亿元	2	1285 亿元
郑州商品交易所	1034 亿元	88	69 亿元	6	67 亿元	6	1170 亿元
伦敦金属交易所	94 亿美元	75	32 亿美元	25	—	—	126 亿美元
洲际美国清算所	48 亿美元	29	117 亿美元	71	—	—	165 亿美元

数据来源：各交易所官网。

（二）黄大豆 2 号仓单能否作为保证金

《大连商品交易所结算管理办法》第七十九条，把黄大豆 2 号标准仓单排除在可以作为保证金的品种之外。《大连商品交易所黄大豆 2 号期货业务细则》也明确规定黄大豆 2 号标准仓单不允许作为保证金。[①]

大商所交易的大豆期货品种有两个，分别为黄大豆 1 号和黄大豆 2 号，就是我们常说的豆一和豆二。豆一合约的交割标准是非转基因大豆；豆二则包含全球各地的大豆，包括转基因和非转基因大豆。黄大豆 2 号仓单不能作为保证金可能有两个原因：

一是黄大豆 2 号仓单每个交割月都要注销，说明其有效期只有一个月。

“黄大豆 2 号标准仓单在每个交割月份最后交割日后 3 个交易日内应当进行标准仓单注销。”

黄大豆 2 号为进口大豆。据了解，南美进口大豆在夏季运到我国的海运途中，船内温度很高，造成南美大豆不如北美大豆耐储存；如果南美大豆运到国内后，在山东以南地区采用筒仓储存，再经过高温暴晒，储存期

① 《大连商品交易所黄大豆 2 号期货业务细则》，自 2022 年 12 月 26 日起施行。http：//www. dce. com. cn/dalianshangpin/fgfz/6142914/6142926/6147526/index. html。

就会进一步缩短，不能因为期货交割而延长进口大豆进入压榨的时间。

二是进口大豆仓单还需经过检疫证明审核后，才能成为可交割仓单。

“若采用仓库交割并且对应货物为进口大豆，除提交仓库标准仓单外，还应当在交易日的14：00前提交相应的检验检疫证明材料，并通过交易所审核后，与其所示数量相同的最近交割月份卖持仓交易保证金在结算时不再收取。”①

（三）为厂库仓单担保的银行履约保函是否属于保证金担保品

用于保障厂库仓单履约的银行保函、银行承兑汇票也应该属于保证金担保品的范畴，但这一担保品的用途是保障交割履约的保证金，而不是用于期货交易的保证金。

二、担保品使用范围、顺序与比例

对于保证金担保品的使用范围与比例，不同交易所有不同的规定。

欧洲期货交易所（EUREX）规定，变动保证金和追加保证金必须用现金支付。Risk网站也指出，衍生品市场的变动保证金支付通常每天以现金形式进行，由持仓亏损一方支付给持仓盈利一方。对集中清算的交易，由对手方支付给清算所。②

关于担保品的使用顺序，香港交易所规定，在结算参与者存放的担保品有盈余的情况下，各类担保品将会按既定的先后次序使用：首先以现金担保品中的本币（港元）支付，继而以本币以外的认可货币（欧元、日元、人民币、美元）作质押，最后可以使用非现金担保品（外汇基金票据及债券、美国政府国库票据及债券）。③

我国境内期货市场的担保品充抵保证金既可以用作初始保证金，也可

---

① 《大连商品交易所黄大豆2号期货业务细则》，自2019年7月1日起实施。

② Risk Glosary.
https：//www. risk. net/definition/variation – margin – vm.

③ 抵押品管理。
http：//sc. hkex. com. hk/tunis/www. hkex. com. hk/services/clearing/listed – derivatives/overview/collateral – management？ sc_lang = zh – cn。

以用作追加保证金。但是，担保品在充抵保证金时占比不得超过80%，其余20%要用货币资金作为配比，充抵保证金可用金额取决于配比的货币资金金额。

“资产充抵保证金的累计总金额以不超过会员在交易所专用结算账户中的实有货币资金的4倍（配比乘数）为限，作为资产充抵保证金的实际可用金额。

充抵期限内，会员配比货币资金不足时，交易所按照充抵保证金配比规定及时对该会员的实际可用充抵金额作相应调减；会员增加货币资金时，交易所按照充抵配比规定及时调增其实际可用充抵金额。”

我国期货交易所对充抵保证金只是象征性地收取手续费，甚至按充抵保证金实际使用金额收取手续费，也就是说，对充抵出来的保证金，不使用的部分不收费。客户可以用充抵保证金把现金形式交纳的保证金置换出来，提高现金收益。

仓单折抵空头持仓保证金，是我国期货市场的一项特别规定。由于仓单的价值远高于交易所收取的保证金率，用一张仓单作为一张空头持仓保证金不会发生交易和交割违约风险。因此，不再对空头持仓收取任何保证金，包括释放初始保证金，不再征收追加保证金。《大连商品交易所结算管理办法》第三十四条也有同样的规定。

“标准仓单交到交易所后，与其所示数量相同的最近交割月份卖持仓交易保证金在结算时不再收取。”

《郑州商品交易所结算细则》第二十五条规定得更加具体：

“持有标准仓单的卖方会员向交易所提交折抵头寸申请并征得同意后，与其标准仓单所示数量相同的卖持仓（不含按照本细则规定已经取得交易保证金优惠的持仓）交易保证金在结算时不再收取。”[①]

广发银行曾带一个客户到郑商所结算部，探讨以其交割货款作担保，要求银行向其高比例贷款问题。这个客户的空头持仓与其持有的仓单完全

① 《郑州商品交易所期货结算细则》，2020年9月9日起施行。

相等，按照折抵保证金规定，在交割之前无须再收取保证金，也没有违约风险。总体而言，这是一个基本可以实施的建议，但有两点需要考虑：一是要通过与期货公司签订三方协议，在交割前锁定持仓和仓单；二是要把与交割相关的仓储费、交割手续费、增值税等问题考虑进去。

三、担保品收益归属

有的保证金担保品在质押期间可产生资产收益。对质押资产产生的收益归属，不同的交易所有不同的规定。

欧洲期货交易所。现金担保品的投资收益在扣除一定费用之后，归清算会员所有。其中，作为结算货币的欧元和瑞士法郎一般扣除 20 个基点，美元和英镑扣除 50 个基点。

新加坡交易所。按加权平均利率支付利息。

我国境内期货交易所的规定。我国境内商品交易所的保证金主要由货币资金构成，其余的是国债和仓单。仓单不产生收益，真正能产生收益的只有货币资金和国债。中金所规定，“国债作为保证金期间发生兑息的，利息归客户所有，并按照托管机构有关规定办理。”我国境内期货交易所对以货币类型的保证金利息收入的规定完全相同，即对持仓占用的交易保证金，不支付利息；对未被占用的结算准备金部分中的货币资金部分支付的利息，虽然在规则中只规定以不低于活期存款利率，但在实际执行中，都在逐步提高。

“交易所根据会员当日结算准备金中的货币资金部分，以不低于中国人民银行公布的同期银行活期存款利率计算利息，并在每年 3 月、6 月、9 月、12 月存管银行支付利息后的下一个交易日内，将利息转入会员结算准备金。具体执行利率由交易所确定、调整并公布。”

对会员公司存放在交易所的保证金，交易所除了预留一定的活期存款，以保证每家存管银行的出金需求外，基本都以定期存款方式存入保证金存管银行。定期存款部分按照人民银行定期存款利率处理，其余部分按活期处理。

结算准备金存款利率的调整经过了两个阶段。第一个阶段，几家期货交易所按活期存款利率向会员支付利息；第二阶段，为提高会员公司结算准备金利息收入，由上期所和中金所作为期货交易所的代表，与保证金存管银行就这部分资金利息进行谈判，然后按高于同期活期存款的利率向存管银行收取利息后支付给会员。

四、担保品风险管理

为了控制担保品的价格变动风险，目前郑商所对担保品实施逐日盯市，期货价格上涨、下跌均对担保品价值作相应调整，包括调增或调减保证金。而在2019年之前，在担保品价值上涨时，不调增保证金金额；在担保品价值下降到一定比例时，要求追加担保品或现金。现在的做法比较公平。

（一）担保品所有权保护

大商所《结算细则》明确规定，“指定存管银行发生破产或者其他债权债务纠纷的，保证金不属于其破产财产，不属于冻结或者划拨的财产范围。

指定交割仓库发生破产或者其他债权债务纠纷的，期货市场参与者存放的非指定交割仓库所有的期货商品，不属于指定交割仓库的破产财产和查封、扣押的财产范围。”

（二）担保品折扣率

担保品折扣率（haircut）是在计算担保品作为保证金的资产价值时，从市场价值中减去的一定百分比，是把该资产可能出现的价值下跌事先计算在内，是交易所或清算所根据各自对担保品风险度的判断，从审慎角度出发而设置的。

尽管保证金担保品的市场价值也会上升，然而对担保品实行折扣是从最坏处考虑，是为了控制担保品价格波动和变现风险。CME清算所确定折扣率时考虑担保品流动性和价值在市场不景气时可能下降的程度，确保折扣率足够保守，符合行业监管标准。除结算货币外，其他担保品都设置有折扣率（见表2－17）。

表2－17　　香港交易所期货保证金担保品折扣率

担保品种类	分类	折扣率（%）
现金	港元	
	欧元	6
	日元	7
	人民币	2.60
	美元	0.50
外汇基金票据及债券	少于1年	2
	1～5年	3
	多于5年	5
美国国债	少于1年	1
	1～5年	3
	多于5年	7

资料来源：港交所官网。

以美国国债为例。香港交易所和洲际美国清算所除了在一年内的折扣率相同外，其他各档的折扣率都不完全相同，ICE的档数更多、更细（见表2－18）。

表2－18　　洲际美国清算所美国国债作为保证金担保品种类及折扣率

到期期限	市值折扣率（%）
小于1年	1.00
1～5年	2.75
5～10年	4.75
10～20年	9.00
20～30年	12.00

境内五家期货交易所与境外交易所的规定基本相同。例如，中金所规定，“有价证券的市值打折后称为折后金额，国债作为保证金的金额为国

债市值的80%（折扣比率）。”郑商所规定，“作为保证金的资产的市值按照折扣比率计算后的金额称为折后金额。具体的折扣比率由交易所确定、调整并公布，其中标准仓单、国债等有价证券的折后金额不高于其市值的80%。”

估值标准以该品种近期合约月份上一交易日结算价为基准计算担保品价值，仓单和国债均有相同规定。

“标准仓单充抵保证金时，以办理日前一交易日该标准仓单对应品种最近交割月份期货合约的结算价为基准价计算其价值，充抵保证金的金额不高于标准仓单市值的80%（折扣比例）。”

（三）担保品的逐日盯市

国内外期货交易所基本都采取逐日盯市的方式对担保品的价值进行每日估值。一般情况下，在担保品价值上涨时，调增保证金金额；在担保品价值下跌时，调减充抵保证金金额。

“充抵期限内，资产的价值发生变化时，交易所可以对充抵金额作相应调整。调整会员充抵金额时，交易所结算部门向会员出具资产充抵保证金调整单，同时调整会员保证金。”

（四）担保品集中度限制

担保品集中度是指单个结算会员允许充抵的担保品在该类担保品中的上限。设置担保品集中度的目的是，防止保证金担保品过度集中在同一类品种、同一家会员，影响担保品变现速度，给清算所带来处置担保品的风险，主要是平仓风险。我国证券市场在《股票质押式回购交易及登记结算业务办法（2018年修订）》中也有类似规定，比如股票质押率上限不得超过60%，单一证券公司、单一资管产品作为融出方接受单只A股股票质押比例分别不得超过30%、15%，单只A股股票市场整体质押比例不超过50%。① 但我国境内的几家期货交易所没有对担保品集中度作出

① 《股票质押式回购交易及登记结算业务办法（2018年修订）》的通知。http：//www.sohu.com/a/216395186_270543。

规定。

期货市场担保品集中度限制的设置方法各有不同。例如，新加坡交易所采取比例设置，接受某一政府债券上限为10%。每个结算会员最多只能充抵一只新加坡股票在前一季度日均成交量的20%。该所最多只接受每只股票总发行量的2%。而CME采取价值总额设置，具体规定见表2－19。

表2－19　　CME部分保证金担保品折扣率与集中度限制

类别		到期期限T	折扣率（%）	单个清算会员集中度限制
现金	美元		0	单种外币上限为2.5亿美元
	澳元		5	
	英镑		5	
	加元		5	
	欧元		5	
	日元		5	
	瑞士法郎		5	
	离岸人民币		10	
美国国债	美国短期债券		0.50	
	美国中长期国债	0＜T≤1	1	
		1＜T≤3	2	
		3＜T≤5	3	
		5＜T≤10	4.50	
		10＜T≤30	6	
	美国浮动利率债券	0＜T≤1	1	
		1＜T≤3	2	
信用证			0	核心保证金的25%或5亿美元中较小值
黄金			15	5亿美元
ETF			30	ETF与股票价值之和上限为10亿美元
股票			30	

资料来源：CME官网。

（五）取消充抵保证金额度或限制充抵

中金所《结算细则》明确规定的只有“会员提取和运用资金出现较大风险并可能危及交易所合法权益的。”

大商所《结算细则》则针对可能发生的注册仓单造假情况，增加了一项规定“作为保证金的资产出现瑕疵或者发生重大风险的。”

郑商所则在大商所规定的基础上，增加了以下两项规定：

“充抵期内，市场出现较大风险并有可能危及交易所合法权益的。

充抵业务申办会员或者客户（资产所有人）存在违规、违约行为嫌疑的。”

这两项规定的增加是因为2008年发生的PTA9月合约（TA809）多逼空事件。临近交割月时，PTA的单边持仓远大于可供交割量，而市场的多头包括一家大型PTA生产企业，主力多头大户存在蓄意逼仓的违规嫌疑。多头大户利用持有的PTA仓单充抵保证金后继续增加多头持仓，有可能加剧PTA的交割违约。交易所希望通过拒绝为这家多头大户办理仓单充抵保证金，使其尽快减仓，以化解交割风险，但由于没有相关限制规定，只得为这位多头大户办理了仓单充抵保证金。在其后修改结算细则过程中，补充了上述规定。

（六）担保品限额

CME规定，每家清算会员使用的美国政府机构债券、资产支持证券、零息国库券、通货膨胀保值国债、IEF2、外国主权债、加拿大省债券和贴现票据、IEF4、黄金、ETF、股票上限为70亿美元。美国政府机构债券、资产支持证券、零息国库券、通货膨胀保值国债以组合形式不得超过结算会员公司核心保证金要求的40%。

香港交易所最多只能接受保证金中50%以非现金担保品充抵。

我国境内交易所规定，按照会员在交易所货币资金的4倍（配比乘数）确定会员有价证券作为保证金的最大配比金额。也就是说，以会员的货币资金为标准计算，有价证券作为保证金的占比小于等于80%。

交易所按照有价证券的折后金额和最大配比金额中的较低金额为会员有价证券作为保证金的实际可用金额。比如，一家期货公司在交易所的货币资金为200万元，有价证券折后金额为900万元，按照上述规定，只有800万元可以作为保证金使用。

（七）违约时的担保品处理

我国境内期货交易所均规定，当会员不能履行合约义务时，交易所有权将充抵保证金的资产变现，用变现所得履约赔偿。中金所规定："当结算会员不履行或不能完全履行交易保证金债务时，交易所有权处置有价证券，从所得的款项中优先受偿交易保证金债务和相关交易债务。结算会员应当承担处置有价证券时产生的损失。"

CME规定，若清算会员发生结算违约，清算所首先使用该清算会员的保证金及其存入清算所的担保基金（guaranty fund），该会员账户中的保证金担保品将归清算所所有，并可在不通知该会员的情况下出售。

欧洲期货交易所规定，当出现清算会员不能履约的情况，首先动用清算会员缴纳的保证金账户中的现金与有价证券担保品，将违约清算会员持有的有价证券全部转换为现金并由欧洲期货交易所清算所持有[①]。

香港交易所规定，将违约清算参与者的非现金担保品变卖，使用违约清算参与者的担保品账户中的存款等。

① 上海期货交易所"境外期货法制研究"课题组编著：《德国期货市场法律规范研究》第33页，中国金融出版社，2007年。

第三章　清算机构与清算会员

本章重点介绍中央对手方结算的发展历史，清算机构的功能作用和组织架构，以及对清算会员的条件要求。

第一节　清算与结算

CME 集团这样描述自己的清算所，“作为交易所的一个部门，对通过交易所达成的所有交易进行确认、清算和结算。”

（一）清算的概念

CFTC：对于清算会员而言，清算是清算机构在期货合约中成为每个买方的卖方和每个卖方的买方的程序。[①]

CME 集团：中央对手方清算简称“清算”，是清算所成为期货合约每个卖方的买方和每个买方的卖方，并承担确保每个买方和卖方履行合约责任的程序。[②]

从上面表述中可以看出，清算是清算机构在买卖双方成交之后，介入到原始合约的买卖双方之间，通过约务更替（novation），把一份原始合约变成两份新合约的过程。比如，在原始合约中，A 是卖方、B 是买方。清

---

① Futures Glossary.
https：//www. cftc. gov/LearnAndProtect/AdvisoriesAndArticles/CFTCGlossary/index. htm#C.

② Glossary.
https：//www. cmegroup. com/education/glossary. html.

算机构 C 介入后，将 A 与 B 最初达成的合约替换成两个合约：A（卖方）与 C（买方）之间的合约、C（卖方）与 B（买方）之间的合约，清算机构同时兼具买方和卖方的角色。A 与 B 不再是交易对手，他们分别与清算机构成为交易对手，这就是约务更替，也称为合约替换。一些清算机构可以作为中介为买卖双方进行清算，但不承担对手方风险。只有通过约务更替、承担对手方风险的清算机构才是中央对手方。通过约务更替，最初合约的一组关系被拆分成三组关系（见图 3－1）。

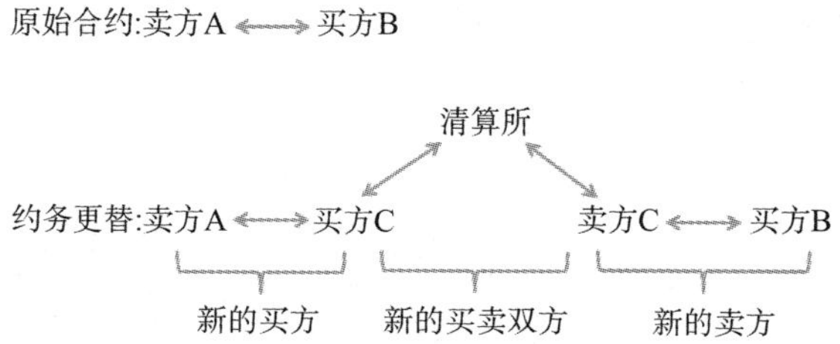

图 3－1　清算所在约务更替后的角色

清算机构与原始买方、卖方之间的两个合约是背对背合约——合约数量相同、到期时间相同但买卖方向相反，形成对冲关系。原始合约中 A 与 B 之间的信用风险，从此转变成他们分别与清算机构之间的信用风险。中央对手方清算机构介入后，如果原始合约的买方违约是对清算机构违约，不会传导至原始合约卖方，从而形成风险隔离。

需要强调的是，由于期货市场实行分级结算，清算所在约务更替后作为交易对手的是清算会员，而不是会员代理的客户。

（二）结算的概念

美国期货市场将结算界定为一种交割行为。这种交割或者是钱货交换，或者是价差支付。

CFTC：结算是履行期货合约交割要求的行为。

CME 集团：结算即根据合约条款规定，买方付款、卖方交货。[①]

① Glossary.
https：//www. cmegroup. com/education/glossary. html.

我国境内期货交易所对结算的定义包括每日无负债交易结算和交割结算。在规则表述中并没有区分结算和清算，而是用结算涵盖了清算。

郑商所："结算是指根据交易结果和交易所有关规定对会员保证金、盈亏、手续费、交割货款及其他有关款项进行计算、划拨的业务活动。"①

（三）交易、清算、结算的关系

哈森普施博士《全球市场的清算服务——清算行业未来发展框架》一书中的清算流程图（见图 3－2），可以清晰地看出交易、清算、结算之间的关系以及各自的主要职能。②

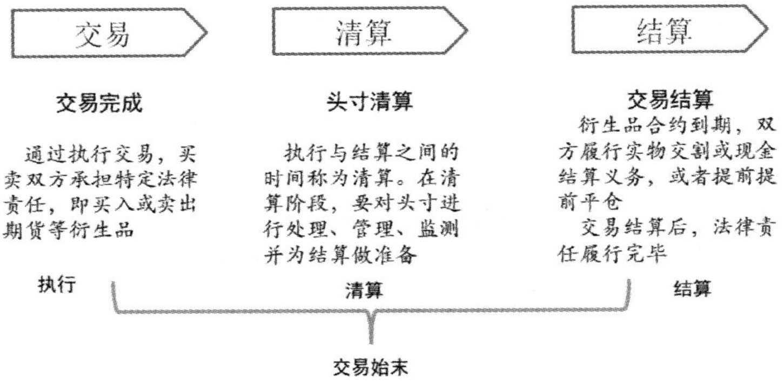

图 3－2　清算流程图

在图 3－2 中，合约的生命周期由交易、清算和结算三个阶段构成。交易达成是合约法律义务建立的开始，结算（包括合约平仓或交割结算）是上述法律义务的终结，而在交易与结算之间的这段时间就是清算。由于清算和结算都是为达成的合约提供服务，都称之为交易后服务。程序化交易是当天开仓、平仓，合约清算的时间很短。如果成交后选择实物交割，合约到期前的时间都是清算时间，这段时间少则几天，多则几个月、一年，欧美一些品种甚至可以长达数年。

众所周知，合约达成后距离合同到期的时间越长，价格波动对履约的

---

① 《郑州商品交易所期货结算管理办法》，自 2022 年 12 月 1 日起施行。

② 蒂娜·P. 哈森普施著，张晓刚等译：《全球市场的清算服务——清算行业未来发展框架》第 13 页，机械工业出版社，2016 年。

影响越大，越需要采取措施对履约前的整个清算过程进行风险管理，比如每日无负债结算等。从发展历史看，清算方式走过了从直接结算、环形结算到全面结算的漫长过程，而每一步都是市场发展推动的结果。

第二节 从直接结算到全面结算

人们通常所说的结算都是对远期合约的结算。在即期现货交易中，一手交钱、一手交货，结算瞬间完成，不存在违约风险。

（一）直接结算

直接结算（direct settlement）或叫双边结算（bilateral settlement），是通过在原始交易对手之间交收实物或合同对冲而了结双边合同承诺和义务的过程（见图3-3）。

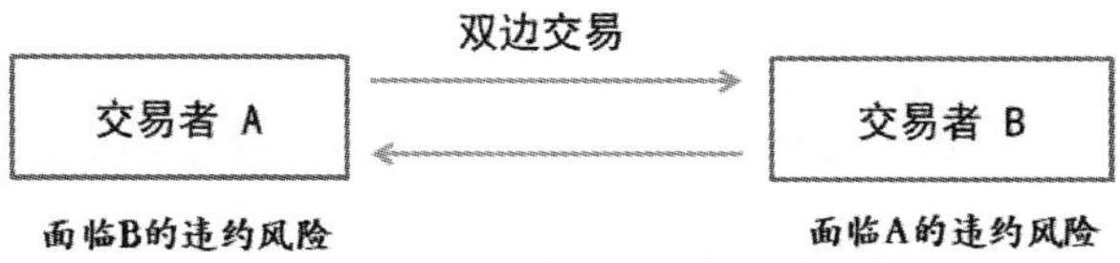

图3-3 直接结算过程

1. 双边结算的形式

自从有了双边交易，就有了双边结算。两个贸易商之间的双边交易通常可以采取三种结算方式。一是直接交割结算（settlement by direct delivery）。在合约到期后，买方付钱、卖方交货，通过交割履行合约义务。二是直接对冲（direct offset）。双方可以在合约到期前，通过协议达成一个价格，按照这一价格了结与对方的义务，并按这一价格进行结算。三是支付差价（payment of difference）。双方在第一个协议之后又达成了一个新协议，两份协议到期时间相同，只不过第一份协议A是卖方、B是买方，在第二份协议中B成为卖方、A是买方。双方同意把两份合同进行对冲——整体亏损一方向盈利一方支付差价款，了结两个合同的义务。

2. 双边结算的弊端

双边结算的对冲和差价结算仅限于相同的买卖双方。由于一个人可以同时和多人进行交易，因此，产生多个结算“对”。每一对结算都是以双方信用作担保，而且要逐个单独进行。比如，B 从 A 处买入 100 手的同时向 C 卖出 60 手、向 D 卖出 40 手，从而形成三份独立的合同。尽管 B 的净持仓为 0，但由于多个双边合同之间无法对冲，B 要同时在与 A、C、D 的三份合同上交存三份保证金。若 A 对 B 合同违约，B 就会同时对 C 和 D 违约，还会造成 D 对 C 合同部分违约（见图 3－4）。这种结算方式保证金成本高，违约风险大。

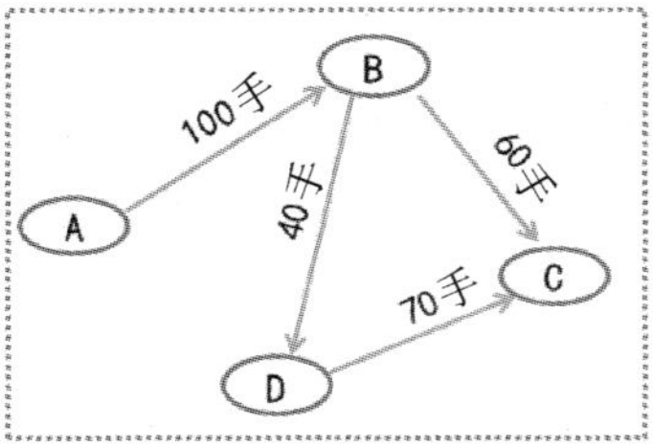

交易者	交易结果（手）
A	-100
B	100-40-60=0
C	60+70=130
D	40-70=-30
合计	0

图 3－4　在双边结算中，不同交易者之间的合约不能对冲

1860 年之前，利物浦棉花协会采取直接结算模式，并积极寻求方法改善合同履约，最早的措施是遇到纠纷，先让买卖双方进行协商，交易所只在纠纷仲裁阶段介入。但在价格动荡时期，比如美国南北战争引发野蛮投机，纠纷、违约不断发生，直接结算不仅效率低下而且没有效果。为了防止违约发生，该协会通过合同条款标准化，提高合同的可替代性（fungibility）或可交换性（interchangeable），以促进合同转让。

19 世纪末，世界贸易快速发展，贸易量大幅增加，很多贸易商希望通过转让合同赚取差价。而直接结算仅限于原始交易对手之间，如果合同对手方不同意，合同对冲就无法进行，这极大地限制了合同的对冲与转让，一方面增加了双边交纳保证金的履约成本，另一方面也增加了长期持有合同的敞口风险。随着合同条款的逐渐标准化，一种可以在多个交易者之间对冲合同的环形结算（ring settlement）模式诞生。

（二）环形结算

环形结算制度的前提是提高合同的可交换性。当所有合同的名义条款都相同时，环形交易的参与者就可以进行合约对冲。由于交易的商品和合约内容基本标准化，在图 3－4B 的一买两卖三笔交易中，B 只需要结清三个合约之间的差价就是履约。随着更多笔交易、更多交易者参与进来，形成连接多个买方和卖方、纵横交错的交易链条（ring），这就是环形结算。

1. 环形结算的特点

环形结算是在三个或更多交易对手之间作出的一种相对非正式的结算安排。加入环形结算是交易者的自愿行为。进入环形结算的动机是降低交易对手风险敞口，降低持仓成本。清算所对交易者的持仓，按照结算价进行净额结算，但对合约双方发生的不履约行为不承担任何责任。

为了实现环形结算的利益，环形结算参与者必须接受对其原始交易对手方的替代。在图 3－5 环形结算中，买方 B 在与卖方 A 达成合约后：

（1）B 把合约转卖给买方 C 和 D 的流程不变。

（2）B 把买入 A 的100 手合约与卖给 C 60 手、D 40 手合约对冲，净持仓为 0，既没有风险敞口，也无须交纳保证金。

（3）B 与 C、D 之间的合约买卖替换为 A 与 C、D 之间的合约买卖。

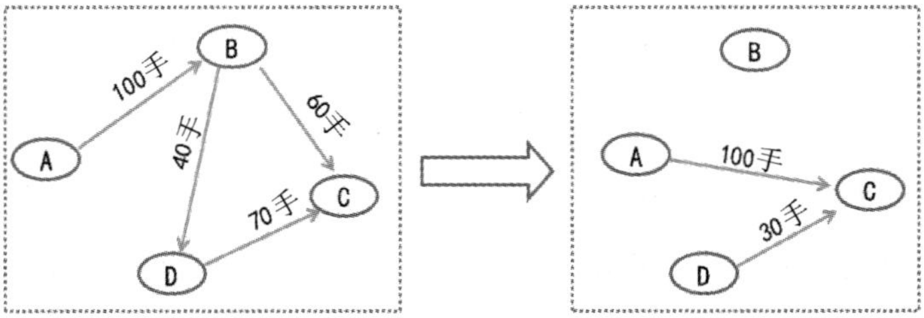

图 3－5 从双边结算到环形结算：对冲结果

环形结算规则为参与环形结算的所有对冲安排提供终局性（finality）。也就是说，如果卖方 A 对买方 C、D 违约，C、D 不能对 B 提出指控。由于环形结算方便了合约交易而使客户受益，这些客户不能在环形结算造成损失时宣布其合约无效。

2. 芝加哥期货交易所从环形结算到全面结算过程

我们以芝加哥期货交易所为例，来了解环形结算的作用、存在的问题，以及向全面结算发展的必然性。

1883 年 9 月 23 日，芝加哥期货交易所（CBOT）内部环形交易清算所开业。据 1883 年 12 月 3 日芝加哥论坛报（Chicago Tribune）报道，该清算所在第一个 14 周时间内共处理了 26986 张会员的支票，如果没有环形结算，需要处理的支票数量要多达 26 万张，结算效率提高近 10 倍。环形结算大大提高了结算效率。

对于已经完成转让或对冲的合约，环形结算消除了对手方的违约风险。然而，对合约持有者来说，不仅对手方风险依然存在，而且交易链条上布满了多个买方和卖方，一旦环形结算中出现一个违约者，就有可能像高速公路汽车连环追尾那样，导致连环违约。1902 年，CBOT 的一个交易者破产，造成的连环违约涉及 748 个会员账户，约占当时会员总数的 40%。[①]

1903 年，CBOT 试图通过修改规则解决这一问题。随着清算所在推动会员履约中的作用不断增加，环形结算系统的交易对手风险问题有所缓解，但信用风险仍然是 CBOT 会员关注的焦点。他们希望清算所可以提供两样东西：一是每笔交易的对手方风险相等；二是当时世界期货市场所尚未达到的清算机构完整性水平。

为了使所有交易对手方的风险相等，CBOT 会员希望清算所使用一种被称为“全面结算（complete settlement）”的全新结算系统，清算所作为每一笔交易共同的交易对手方，即清算所作为每一卖方的买方、每一买方的卖方进行结算。

1925 年 9 月 3 日，CBOT 会员投票通过由独立的清算组织进行全面结算。1925 年 10 月 5 日，交易所清算公司（the Board of Trade Clearing Corporation，BOTCC）成立，作为一个独立实体在清算会员监督下运营。

---

① Stockholders Record—Board Of Trading Clearing Corporation，Chicago.

（三）全面结算

1. 全面结算的概念

1881 年 10 月明尼阿波利斯商会（后更名为明尼阿波利斯谷物交易所）成立。1891 年，该商会通过的规则标志着其清算所开始在美国首次实施全面结算，也就是现在的中央对手方结算。

“除交易双方另有约定外，当日所有粮食交易均应通过清算协会进行清算。一旦结算协会接受这些交易的结算，结算协会就在这些交易中成为买方的卖方、卖方的买方，最后结算价（final settling price）被视为合同价格。”①

上述表述与近 100 年后 CME 在“清算”条目中对中央对手方清算职能的界定不谋而合。“通过清算这一程序，CME 清算所成为期货合约每一个卖方的买方和每一个买方的卖方，并通过保证期货合约的买卖双方都能履约，从而承担起保护买方和卖方免受财务损失的职责。”②

清算所似乎直接介入期货合约的原始对手方之间，承担起本应由交易双方各自承担的对手方风险。在传统的公开喊价期货交易中，买卖双方成交后需要经过交易所的登记确认，可以清楚地知道对方是哪家会员公司。在实行电子化交易后，交易所普遍采取匿名竞价交易，除了交易所（清算机构）之外，买卖双方均不知道成交的对方是谁，甚至连是哪家会员公司都不知道。如果一个交易者违约，即使交易所拿出成交记录，其合约对手方也不会接受。因此，从这种意义上讲，电子化交易从成交之时起，交易所（清算机构）就开始扮演买卖双方对手方的角色，或者说强化了上述定义中的合约对手方关系。

全面结算确立了合约完全可替换的地位。在全面结算中，清算所作为

---

① James T. Moser，“Origins of the Modern Exchange Clearinghouse：A History of Early Clearing and Settlement Methods at Futures Exchanges” P35. Working Papers Series Issues in Financial Regulation Research Department Federal Reserve Bank of Chicago April 1994（WP－94－3）.

② Glossary.
https：//www. cmegroup. com/education/glossary. html.

对手方介入到每一个合约。这种方法确保合约在标的商品和交易对手风险两个方面都是可替代的。交易所会员受益于全面结算，因为合约对冲是自动完成的，而不是依赖对手方对冲合约的兴趣；每个合约的信用风险也是相同的，无须在选择交易对手上大伤脑筋，清算所采用规则来限制其违约损失的风险敞口。

2. 全面结算与环形结算对比

在全面结算中，A、D 支付现金给清算所，清算所转而支付给 C。交易对手 A、D 和 C 的现金流保持不变，三者在环形结算和全面结算之间的角色并未发生变化。

在双边结算中，D 的原始交易对手是 B 和 C。

在环形结算对冲后，D 的交易对手减少到只有一个 C，风险敞口由最初的 110（70 +40）手减少为 30 手。

全面结算后，D 的交易对手变成清算所，风险敞口大小并未发生变化，但其交易对手—清算所信用水平提高了（见图 3 –6）。

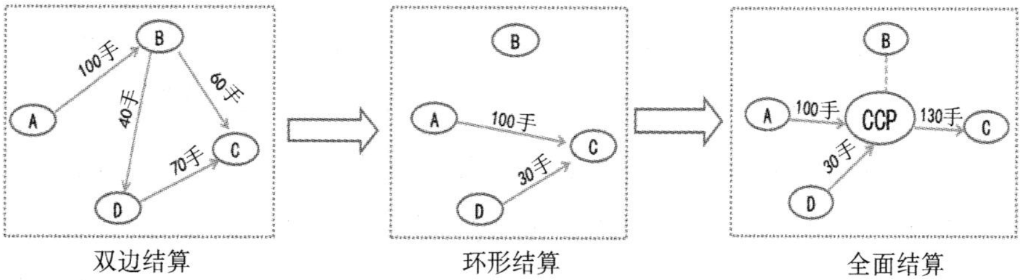

图 3 –6　从双边结算、环形结算到全面结算

如果要在全面结算和环形结算之间作出选择，D 肯定会选择全面结算。通过全面结算，D 可以确保与其他贸易商没有合约依赖关系，既不依赖他们进行合约对冲，也不会受他们违约的牵连。D 与清算机构建立的结算关系，可以通过方便对冲，达到降低保证金成本、减少风险敞口目的。

（四）不同结算模式下的对手方风险

交易违约主要发生在远期合同中。在初期的远期合同（forward contract）交易中，履约在合约到期时进行。虽然远期交易的达成使买卖双方预期可以从交易中受益，但合同签订后，现货价格可能会朝着有利于交易一方的方向发展，待合同到期或临近到期时，处于不利地位的一方可能发现不履约反而更加有利，也许会选择不履约。如果在合同到期前，商品价格大幅上涨，卖方就会受到违约的诱惑。反之亦然。假定卖方违约，受害的就是合同的买方。这就是对手方风险。

美国联邦交易委员会（FTC）1920 年的谷物贸易报告就记载了伊利诺伊州皮奥里亚地区谷物仓储商与当地农民签订远期合同后出现的不履约问题：

“对仓储商而言，签订固定价格合同不是一种令人满意的做法。他们主要反感的是，如果交货时的价格高于合同规定价格，农民就会感到不满，并常常拒绝履约。如果仓储商试图强制执行，农民通常会把业务转到另一家仓储商。一个农民的不满很容易蔓延到其他农民那里，尤其是在当事者是一家独立仓储商或连锁企业时，那么就会遭受严重的业务损失。”①

在不同结算模式下，违约者的对手方也不同。在直接结算模式下，违约者是合约的原始对手方；在环形结算模式下，违约者可能是合约经过多次转让后新配对的对手方；在全面结算——中央对手方结算模式下，期货清算机构是所有违约者的对手方。

第三节　中央对手方

2019 年中国证监会根据金融市场基础设施原则（PFMI），正式批复四家期货交易所为中央对手方。无论中央对手方是内设部门还是第三方清算组织，都要负责保证金管理和交易、交割结算，也要负责结算风险防控。按照国际惯例，谁负责管理交易保证金，谁也要负责管理保证金风险和违约风险。

① FTC（1920），Volume I，p. 113.

一、清算机构

（一）中央对手方

商品期货交易委员会（CFTC）是美国期货市场的政府监管机构，类似于中国证监会。CFTC 对中央对手方（CCP）给出了连环定义：中央对手方是“一个清算组织”；这个清算组织就是清算所；清算所是对期货和其他衍生交易进行清算和结算的实体，并确保每一合约的交割程序得以正确执行，交易要有充足的资金。①

CME 集团在“清算所的清算”词条中，给出了中央对手方的角色定位：“中央对手清算简称‘清算’。清算所通过清算程序成为期货合约每个卖方的买方和每个买方的卖方，并承担确保买卖双方都履行合约的责任。”②

郑商所的定义中主要强调了结算职能及结算相关制度。“交易所作为中央对手方，统一组织期货交易的结算。结算实行保证金制度、当日无负债结算制度和风险准备金制度等。”③

大商所给出的定义中强调了履约保障职能。“中央对手方是指期货交易达成后介入期货交易双方，成为所有买方的卖方和所有卖方的买方，以净额方式结算，为期货交易提供集中履约保障的法人。”④

（二）清算机构的三种组织形式

CFTC 认为，清算机构可以是特定交易所的一个部门、附属机构或分支机构，也可以是独立的第三方实体。清算机构也称为清算所、多边清算组织、中央对手方或清算协会。⑤

---

①⑤ Futures Glossary.
https：//www. cftc. gov/LearnAndProtect/EducationCenter/CFTCGlossary/glossary_c. html.

② Glossary.
https：//www. cmegroup. com/education/glossary. html.

③ 《郑州商品交易所期货结算管理办法》，自 2023 年 6 月 29 日起施行。
http://www. czce. com. cn/cn/flfg/zcjywgz/ywbf/webinfo/2023/06/1689458047659477. htm。

④ 《大连商品交易所结算管理办法》，自 2023 年 8 月 24 日起实施。
http：//www. dce. com. cn/dalianshangpin/fgfz/6142914/6142922/6231817/index. html.

1. 作为交易所内设部门的清算机构

目前，芝加哥商业交易所（CME）、我国境内五家期货交易所的清算所是交易所的一个部门，也叫内设机构。

（1）郑商所结算部。我国境内期货交易所一直采取内设部门的方式进行结算。商品期货交易所的业务创新特别是交割制度创新、风控制度创新都要通过 IT 部门的设计，在结算部门通过模型和参数来逐一实现。创新需要承担风险，作为内设部门，没有风险收益的束缚，有助于与交易、交割和风控等部门业务进行无缝衔接，配合和支持业务创新。

郑商所《结算细则》规定，“交易所作为中央对手方，统一组织期货交易的结算。”在实际运作中，我国期货交易所的结算部门具有结算职能，风控职能相对较少，也没有芝加哥商业交易所（CME）结算部门作为清算所那样复杂的组织架构。

（2）CME 清算所。CME 清算所是在商品期货交易委员会（CFTC）注册的衍生品清算组织（Derivatives Clearing Organization，DCO），也是 CME 交易所的一个内设部门。CME 清算所组织架构见图 3－7。其清算服务包括两个方面：一是为期货交易所提供结算，结算服务对象包括 CME 集团旗下四家交易所；二是为场外交易提供结算，主要是利率掉期（IRS）。

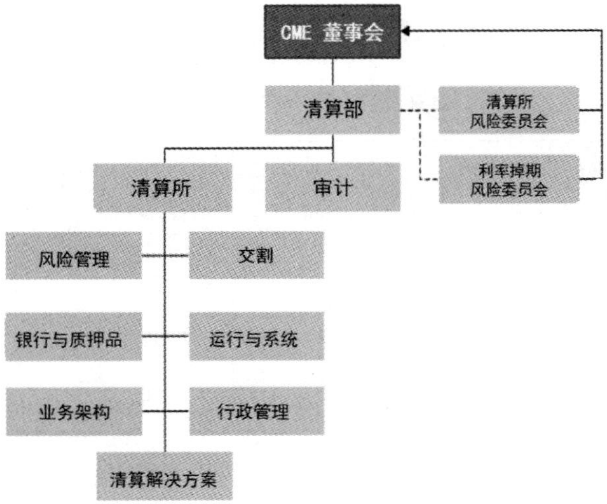

图 3－7　CME 清算所组织架构

与此相对应的是，CME 清算所对两类资产的风险管理完全隔离，清算会员、财务保障体系相互独立。一家企业可以分别成为场内和场外两类资产的清算会员，但其作为期货清算会员的损失不能用其作为场外清算会员的供款来弥补，以防止结算风险在不同市场之间传递。

2. 作为交易所集团内部的独立清算机构

洲际交易所（ICE）为每个地区的交易所都配备了专门的清算所，清算所由 ICE 全资控股。比如，洲际欧洲清算所除了为洲际欧洲期货交易所清算农产品、能源、股票衍生品、利率、碳排放等品种外，还清算美国交易的原油期货和期权合约、信用掉期合约；洲际美国清算所主要为洲际美国期货交易所交易的品种提供清算服务。

LME 清算所也是专为 LME 交易服务的清算机构。LME 曾经通过第三方清算机构——伦敦清算所（LCH）提供结算服务。2012 年 12 月，香港交易所斥资 13.88 亿英镑（166.73 亿港元）收购 LME 后，2014 年建立了 LME 清算所（LME Clear）。

期货交易所建立自己清算所主要是基于成本考虑。由于技术进步，建设清算所的技术门槛和成本大大降低，与此同时，交易所也不希望清算所分享自己的手续费。我们以 2006 年 9 月对冲 50 万欧元的手续费为例，看一下清算费用占比（见表 3－1）。[①]

表 3－1　　结算费用在交易手续费占比

收费	欧洲期货交易所股票期权	伦敦清算所富时 100 股指期货	芝加哥商业交易所标普 500 股指期货	期权结算公司 CBOE 股票期权
结算（欧元）	4.08	0.25	0.3	3.36
交易（欧元）	19.92	2.08	0.74	22.68
合计	24	2.33	1.04	26.04
结算占比(%)	17	10.72	28.85	12.9

① 蒂娜·P. 哈森普施著，张晓刚等译：《全球市场的清算服务——清算行业未来发展框架》，第 339 页，机械工业出版社，2016 年。

3. 第三方清算所

美国的期权结算公司（OCC）和英国的伦敦清算所集团是目前为数不多的独立第三方清算服务机构。

（1）美国期权结算公司（OCC）。1973 年，芝加哥期权交易所（CBOE）及其全资子公司 CBOE 清算公司（OCC 的前身）成立。目前，OCC 为 16 家期权交易所、两家期货交易所和一家证券借贷服务机构提供 CCP 清算和结算服务。

（2）伦敦清算所集团。2003 年位于伦敦的伦敦清算所（LCH）与位于法国的清算所 Clearnet 合并，合并后称为 LCH. Clearnet。该公司 2008 年成功处理了雷曼兄弟的违约事件。2016 年，LCH. Clearnet Ltd 重塑其“市场伙伴”的形象。2012 年伦敦证券交易所集团控股 LCH，2018 年控股增加到 82.6%。伦敦清算所曾为多家期货交易所进行结算，比如伦敦金属交易所、伦敦金融期货与期权交易所（LIFFE）[①]，现在主要为场外衍生品进行结算。

二、分级结算制度

分级风险防范制度。交易所没有能力直接办理上百万交易者的各类期货业务，也没有能力针对不同客户的特点和交易情况进行风险管理。尽管在风控制度上，比如持仓限制和交易限额，以客户为单位作出规定，但在业务和风控上，交易所把期货公司的所有客户当作一个整体来管理，期货公司就是这个整体的负责人。交易所只对会员办理业务，客户的期货业务包括交易、结算、交割等，都必须通过期货公司办理；交易所主要防范会员的风险，客户的风险管理由期货公司负责，也为交易所的风控增加了一道防护墙。

---

① 2002 年，泛欧交易所（Euronext）收购了 LIFFE。2007 年，泛欧交易所和纽约证券交易所合并成立了纽约证券交易所——泛欧交易所（NYSE Euronext），LIFFE 成为纽约证券交易所—泛欧交易所业务的一部分。2013 年，洲际交易所（ICE）收购了纽约泛欧交易所。LIFFE 成为 ICE 业务的一部分，该业务仍在纽约泛欧交易所的保护伞下运营。2014 年，泛欧交易所退出了与 ICE 的关系，开始通过首次公开募股（IPO）进行独立交易。LIFFE 继续留在 ICE，并被命名为洲际欧洲期货交易所。https：//www. investopedia. com/terms/l/liffe. asp。

“期货交易风险防范实行分级负责制度。交易所防范会员风险，会员防范其客户、境外经纪机构的风险，境外经纪机构防范其客户的风险。”①

比如，如果客户发生穿仓，资不抵债，其亏空首先由期货公司弥补；如果客户的亏损超出期货公司能够承担的能力，用自有资金也弥补不了，从而使其自身资不抵债，不能继续承担履行期货合约的义务，交易所在动用强行平仓等措施仍不能弥补会员亏空时，就必须动用拥有的财务资源来填补这一亏空。

分级结算制度。这是期货市场分级管理制度的重要组成部分。我国的商品期货交易所实行两级结算制度，因所有会员都是结算会员，也称“全员结算”制度。境外经纪机构、境外中介机构被视作特殊客户管理，再由其对境外客户进行结算。分级结算的一个主要特点就是交易所只对会员进行结算。

交易所对会员公司的结算以对每一客户在不同品种的结算结果为基础。以银河期货公司为例。交易所在对银河期货公司进行结算时，首先分客户、分品种进行结算；然后，对同一客户不同品种之间的盈亏进行对冲结算后，得出该客户的净盈亏；最后对不同客户之间的盈亏进行对冲后，得出银河期货公司在该日的净盈亏。

银河期货公司对客户进行结算时，则以同一客户在不同交易所的结算结果为基础。由于同一个客户可以参与国内不同期货交易所的交易，银河期货公司在对客户进行结算时，首先根据各交易所对同一客户在各交易所的结算结果进行盈亏加总或对冲后，得出该客户的净盈亏。比如，今天客户 A 在郑商所结算盈利 1000 万元，在中金所亏损 300 万元，在大商所亏损 200 万元，在上期所没有持仓，按照交易所的结算结果，该客户在银河期货公司账户中的盈利为 500 万元。假设扣除当日银河期货公司收取的交易手续费、交割手续费等费用合计 1 万元，该客户今日净盈利 499 万元。

尽管境外清算所和中国金融期货交易所（中金所）采取三级结算模式，增加了结算会员这一层级，使交易所多了一层风险防护，但并未改变

---

① 《郑州商品交易所期货结算管理办法》，自 2022 年 12 月 1 日开始施行。

分级管理的实质。

“交易所实行会员分级结算制度。交易所对结算会员结算，结算会员对其客户、受托交易会员结算，交易会员对其客户结算。”[①]

在三级结算模式下，如果交易会员发生穿仓，首先由结算会员用自有资金进行填补；结算会员发生资不抵债时，交易所（清算所）才挺身而出，代穿仓的结算会员继续履行期货合约义务。

第四节 清算会员

作为紧贴期货清算机构的一道防护墙，清算会员的风险管理水平和抗风险能力，对中央对手方的稳健运行至关重要。CME 集团认为，清算会员资格管理非常重要。因为“清算会员是高度资本化、经过精挑细选、受到密切监控的公司。他们支撑着通过 CME 集团各交易所进行的所有交易。对于通过他们执行并由 CME 清算的所有交易，无论属于会员、非会员客户还是自营账户，清算会员都要承担全部财务和履约责任。”[②]

一、清算会员类型

按照期货市场国际惯例，只有清算会员才能直接参与期货结算，非结算会员和客户必须通过结算会员进行结算。例如，上期所《结算细则》第四条规定，“交易所只对会员进行结算，期货公司会员对客户进行结算。”

在我国期货市场上，同时存在两种类型的结算会员管理制度，而且我们常用结算会员代替境外所称清算会员。一种是商品期货交易所实行的全员结算制度。即所有交易所的会员既是交易会员也同时是结算会员，因此也包括期货公司会员和非期货公司会员——自营会员。另一种是中金所实

---

① 《中国金融期货交易所结算细则》，自 2020 年 12 月 14 日起实施。http：//www. cffex. com. cn/u/cms/www/202012/11192048vobs. pdf。

② https：//www. cmegroup. com/clearing/membership. html.

行的结算会员制度。

“结算会员可以从事结算业务，具有与交易所进行结算的资格。结算会员按照业务范围分为交易结算会员、全面结算会员和特别结算会员。”

（1）交易结算会员。只能作为自营会员为其自身，或作为期货公司会员为受托客户办理结算和交割业务；

（2）全面结算会员。既可以为其自身客户，也可以为其他交易会员办理结算和交割业务。

（3）特别结算会员。主要由商业银行构成，其本身没有参与期货交易的客户，只能为交易会员办理结算、交割业务。①

在结算会员制度下，结算会员需要向期货结算机构缴纳结算担保金——由结算会员依交易所规定缴纳的，用于应对结算会员违约风险的共同担保资金。② 而在全员结算制度下，会员公司无须缴纳结算担保金。

正因为我国期货市场有两种不同的结算会员管理制度，因此，《期货和衍生品法》对结算会员不做分类，统称为“结算参与人”。纳斯达克清算所也把清算会员称为清算参与人（clearing participant）或结算账户持有人（account holder）。

美国期权结算公司（OCC）称，其清算会员包括105家为专业交易商和公众客户提供服务的美国最大的经纪交易商（broker - dealers,）、期货佣金商（FCM）和非美国证券公司。

二、纳斯达克清算会员资质要求

我们以纳斯达克清算所为例进行介绍。纳斯达克制定了一系列清算会员资格要求，确保清算会员有足够的财务资源、运营和风险管理能力，以完成其清算相关任务，并履行在纳斯达克的清算义务。③ 清算会员资格要求主要包括四个方面。

---

① 《中国金融期货交易所会员管理办法》，第三章 结算会员，自2020年3月9日起实施。

② 《中国金融期货交易所结算细则》，第三十条，自2020年12月14日起实施。

③ Clearing Membership Requirements to qualify as a member.
https：//www. nasdaq. com/solutions/nasdaq - clearing - membership - requirements#resource - center.

（一）监管要求

尽管个人可以成为期货交易所的交易会员，但所有清算所都不允许个人申请成为清算会员。因此，清算会员必须是一个法人实体。申请成为清算会员之前，必须获得政府许可。根据清算会员的类型和清算品种类别，清算会员必须符合以下标准之一：

（1）根据欧盟资本要求指令获得许可的信贷机构；

（2）根据欧盟重铸金融工具市场指令获得许可的投资公司；

（3）持有另一司法管辖区类似许可、被纳斯达克清算所批准的实体。

（二）资本要求

资本要求是确保在任何市场条件下，清算会员都有足够的财务能力对其持仓提供履约保障，而不会危及其正常运营。对于不同的会员类别和清算品种类别，资本要求也有所不同。直接清算会员可以清算自营交易及其客户的交易，以及诸如投资公司、信贷机构、保险公司、投资基金、基金会和养老基金等大客户（直接清算客户）的交易；一般清算会员在直接清算会员业务范围的基础上，还可以代非清算会员（交易所的交易会员）进行清算。当然，清算范围越宽风险越大，最低资本要求也越高（见表3－2）。[①]

表3－2　　最低资本要求

品种类别 / 会员类别	金融期货	商品期货
一般清算会员	2亿瑞典克朗	2000万欧元
直接清算会员	5000万瑞典克朗	500万欧元

注：①纳斯达克的主要商品期货品种——电力期货覆盖北欧和德国、法国、荷兰、意大利、西班牙、比利时等欧元区国家，因此，商品期货采用欧元交易和结算。

②纳斯达克金融衍生品在斯德哥尔摩衍生品交易所交易。因此，采取瑞典克朗报价和结算。

③按照2022年10月14日汇率，1欧元＝10.98瑞典克朗。金融期货与商品期货的最低资本要求基本相等。

① NASDAQ CLEARING Capital Requirement Guideline.

（三）信用评分

纳斯达克清算所使用内部信用评分方法计算每个清算会员的信用得分，用于评估和监控清算会员在清算服务中的信用度，以统计分析为基础，利用财务、行为和定性信息为每个会员打分，以评估每个清算会员相对于其他清算会员违约的可能性。信用评分在 0 至 8 分之间，8 分代表最高信用度，1 分为清算会员的最低标准。

1. 信用评分方法

每个信用评级模型都基于具有不同相对重要性的不同风险驱动因素。模型按照公司、银行和政府机构/市政当局等交易对手类型进行细分，根据外部风险评估（机构评级）和内部风险评估（纳斯达克风险评级）对不同交易对手之间的风险差异进行优化。表 3－3 概述了不同模型中使用的关键风险因素。①

表 3－3　不同模型下用于信用评级的风险要素

模型	风险要素类型	风险要素
公司模型	财务	流动性：流动资产/流动负债 规模：总资产 盈利能力：营业利润率 盈利能力：股本回报率 债务覆盖率：息税折旧及摊销前利润/债务 资本结构：股权比例
	行为	逾期付款：逾期付款/平均初始保证金（IM） 损益与初始保证金现状：（损益＋初始保证金）/流动资产
	定性	交易目的（如套期保值或投机交易） 向纳斯达克清算所报告的未遵守规则和要求或 IT 故障情况（根据年度会员尽职调查问卷中的回复）

① NASDAQ CLEARING Credit Score Guideline.

续表

模型	风险要素类型	风险要素
银行模型	财务	流动性：现金/短期债务 规模：营业额 盈利能力：成本/收入比率 盈利能力：净收入/风险加权资产（RWA） 资本结构：一级资本比率
	行为	损益与初始保证金现状：（损益 + 初始保证金）/流动资产
	定性	制裁/反洗钱/金融犯罪合规费用

2. 否决模型评级结果

纳斯达克清算所的信用分析师可以基于模型中未包含的内容，推翻拟议的模型信用评分。包括：

（1）所有权结构：考虑股东所提供的团体支持。

（2）早期预警指标：交易对手可能陷入困境的迹象，但未在信用评分中充分考虑（如负面消息、盈利警示、股票价格恶化、外部评级变化等）。

（3）由于增加了纳斯达克清算所的风险，投机性交易得分降低。

3. 信用评分的运用

信用评分用于纳斯达克清算所风险管理实践的四个领域。

（1）会员资格最低要求：账户持有人至少需要 1 分才能成为纳斯达克清算所的清算会员（相当于标准普尔 B 级或以上）。

（2）风险敞口限额设置：清算会员对纳斯达克清算所的最大风险敞口受其流动资产、资本和信用评分的组合限制。

（3）基于风险的监控和控制：在日常风险管理中，使用信用评分来识别风险较高的清算会员。

（4）风险状况评估：用于评估清算会员的总体风险状况。

4. 风险敞口限额

在纳斯达克清算所，每一家清算会员都有各自的风险敞口限额[①]，确

① NASDAQ CLEARING Exposure Limit and Liquid Asset Guideline.

保清算会员有足够的财务能力为其头寸提供履约保障。清算会员的初始净保证金要求（包括持仓集中度附加保证金）不得超过以下两项中的较低者：

（1）流动资产隐含风险敞口限额：折扣后流动资产的50%。

（2）资本隐含限额：资本乘以信用系数。

流动资产隐含风险敞口限额确保结算会员可以通过其流动资产承受比初始保证金方法假设的时间（2天）更长期限（50%情况下，至少10个交易日）的风险，而资本隐含限额确保清算会员有能力承受其清算操作损失，而不会产生破产风险。信用分数对应的信用系数见表3-4。

表3-4　　信用分数对应的信用系数

信用分数（分）	1	2	3	4	5	6	7	8
信用系数（%）	10	20	30	35	80	80	80	80

纳斯达克清算所每天监控清算会员的风险敞口限额使用情况，并在违反预警阈值以及违反风险敞口限制期间采取风险缓解措施。

风险敞口限额预警阈值：初始保证金（包括持仓集中度附加保证金）/风险敞口限额>85%。

如果突破预警阈值，纳斯达克清算所将要求清算会员对增加限额使用采取限制性措施，或提供更多流动资产或资本提高风险敞口限额。

违反风险限额：初始保证金（包括持仓集中度附加保证金）/风险限额>100%。

如果违反风险敞口限额，清算会员需要在两个交易日内提供额外流动资产或资本的证明，以便提高风险敞口限额。如果未能在两个交易日内提供额外财务资源的证明，清算所可能会采取制裁措施。

（四）运营和风险管理要求

评估清算会员遵守运营要求的目的是确清算会员始终具有运营能力，能够履行其作为纳斯达克清算所对手方的义务。基于风险的评估，要求清算会员必须拥有合适的组织、足够的能力、必要的风险管理程序、安全可靠的技术系统（见表3－5），否则，不适合参与清算业务。①

表3－5　　　　　　　　　　操作要求概览

类别	清算会员应达到的要求
合适的组织：人员配置与能力	确保配备适当的人员执行清算相关任务，包括 • 有足够的后台人员来管理清算相关任务 • 参与清算相关业务的员工具备足够的能力，例如了解所清算的衍生产品、清算系统和应用程序；后台员工熟悉纳斯达克清算所与清算业务相关的自学材料
合适的组织：职责分离	在后台、前台和风险管理部门之间明确划分职责
风险管理程序	设置风险管理部门或风险专员，负责 • 管理和控制风险 • 评估清算会员及其清算业务的风险水平 • 监控财务能力和风险敞口限额 • 在违反限额或保证金要求的情况下采取适当措施
技术系统	拥有执行清算业务的技术系统，并具有充足的备份能力

① NASDAQ CLEARING Operational Requirements Guideline.

第四章　交易结算

本章在讲述中央对手方清算发展历史的基础上，重点分析每日交易的结算和风控，包括结算价、当日无负债结算及其作用。

第一节　保证金账户

按照规定，期货交易所在指定保证金存管银行开设专用结算账户，用于存放会员保证金及相关款项。

一、保证金存管银行

（一）从结算银行到存管银行

我国期货市场的保证金管理通过指定存管银行进行。存管银行是指由交易所指定、协助交易所办理期货交易结算业务的银行业金融机构。保证金存管银行最初称为结算银行，因其主要职能是保证金存管，后改为保证金“存管银行”。

郑商所最初只有交通银行一家“结算银行”。随着期货市场的不断发展，中、农、工、建四大银行也陆续进入期货市场，形成了国有五大银行共同作为期货存管银行的局面。

（二）股份制银行进入期货市场

《指定存管银行管理办法》出台。股份制银行不断通过两会提案，强烈表达要求加入保证金存管银行行列、服务期货市场的愿望。2012 年，中国证监会期货部召集会议，讨论制定指定存管银行管理办法事宜，包括制定存管银行监管制度，提出申请存管银行的基本要求，其中包括对中国农业发展银行等政策性银行成为存管银行的特殊政策等，重点讨论了资金实力、网点数量和技术要求。会议提议由中金所负责起草，各交易所根据各自情况进行修改、补充和完善。2013 年，各期货交易所相继发布《指定存管银行管理办法》，为新增存管银行铺平道路。新增存管银行由交易所负责核准，并报中国证监会备案。目前，每家交易所的存管银行都超过 10 家。首批新增期货保证金存管银行见表 4－1。

表 4－1　　首批新增期货保证金存管银行

公告发布时间	交易所	新增存管银行
2013 年 11 月 26 日	中金所	浦发、兴业、光大、招商、汇丰（中国）
2013 年 12 月 26 日	大商所	浦发、兴业
2014 年 3 月 3 日	郑商所	浦发、兴业、民生
2015 年 7 月 22 日	上期所	浦发、兴业、光大、招商、中信、民生、平安

资料来源：各交易所官网。

二、保证金账户管理

交易所与会员公司之间保证金等资金划转在专用账户之间进行。

（一）交易所的专用结算账户

期货交易所开立的保证金账户称为“专用结算账户”，主要用于存放会员公司的保证金。在专用结算账户下，为每一会员设立明细账户，对会员存入的保证金实行分账管理，按日序时登记核算每一会员出入金、盈亏、保证金、手续费等。

期货交易所在每一家存管银行各开立一个人民币保证金账户，涉及多个币种时，则可以开立一个以上保证金账户，在每家银行可开立保证金账户的数量在规则上没有限制。会员公司可以选择在不同存管银行办理出入金。会员公司通过不同存管银行的入金即时合并计算，得出每一家会员公司的保证金总额。

在分级结算体系下，交易所把某一会员的客户作为一个整体对待，在收到期货公司保证金后，并不知道这笔资金来自这家会员的哪些客户，因此，也不管它被哪些客户使用。例如，假设中信期货在郑商所入金 1 亿元人民币，这笔资金可以被任何进入交易所交易系统的订单所使用。尽管交易所知道下单的是哪些客户，但这些客户在其他交易所是否需要追加保证金，可以使用的保证金余额是多少，只有中信期货公司知道。因此，期货交易所的风控也只对中信期货，而不对每一个客户。

（二）会员公司的专用资金账户

会员公司在交易所存管银行指定分支机构开立用于与交易所办理保证金收付的银行账户称为“专用资金账户”，其目的和用途与交易所专用结算账户相对应。按照我国期货市场的“一户一码”制度要求，为每一客户建立明细账户，在保证金封闭运行监控架构的保护下，客户保证金安全得到了保证。

在境外期货市场，客户可以选择在期货公司的隔离（segregated）账户或非隔离（non－segregated）账户存放保证金。一些境外期货市场允许会员公司给客户融资，选择非隔离账户的客户可以使用同一账户中其他客户的闲置资金，融资成本相对较低，但资金的安全性也同时降低；选择隔离账户的客户融资成本相对较高，但保证了资金的安全性。在我国期货市场允许期货公司给客户融资的情况下，如何保证融出资金的安全，是一个亟须研究的问题。

在引入境外投资者之后，期货公司对境外经纪机构的管理与境内客户基本相同。不同的是，境外经纪机构还代理了不少客户。期货公司对境外经纪机构在资金、结算和风险管理上的处理，与交易所对待期货公司的做法基本相同。

第二节　当日无负债结算

每个交易日闭市后，交易所结算部门开始计算各个会员的当日盈亏。其中持仓盈亏的计算最为困难。因为持仓只有开仓价、没有平仓价，无法计算真正的价差或盈亏。这就需要有一个公允价值，用以评估假定平仓时可能产生的盈亏。用于对持仓进行估值的标准就是交易结算价，按当日交易结算价对持仓盈亏进行的结算就是当日无负债结算。

一、逐日盯市

期货市场常把逐日盯市（mark - to - market）与当日无负债结算替换使用。在 CFTC 和 CME 集团的定义中，我们只看到了每日对持仓盈亏的计算和收付，不知道持仓盈亏如何计算。只有加上会计行业的“按市值计算”，才与我国期货市场的当日无负债结算的含义相同。

CME 集团：逐日盯市是每日闭市后，对保证金账户做借记或贷记处理，以防范买方和卖方可能发生的违约。①

CFTC：在闭市后，通过计算期货价格变化导致的持仓盈亏，并在账户余额中做增减处理。美国期货交易所利用每日现金流系统维持期货持仓的最低保证金水平。②

香港交易所把 mark to market / mark - to - market 翻译为按市价计值；按市值计价；逐日盯市。”③

---

① Glossary.
https://www.cmegroup.com/education/glossary.html.

② Futures Glossary.
https://www.cftc.gov/LearnAndProtect/EducationCenter/CFTCGlossary/glossary_c.html.

③ Glossary (English to Simplified Chinese).
https://www.hkex.com.hk/-/media/HKEX-Market/Global/Exchange/Glossary/glossary_ec_simplified.pdf.

二、当日无负债结算

大商所《结算管理办法》规定，“交易所实行当日无负债结算制度。当日无负债结算制度是指每日交易结束后，交易所按当日结算价结算所有合约的盈亏、交易保证金及手续费等费用，对应收应付的款项实行净额一次划转，相应增加或减少会员的结算准备金。”

当日无负债结算制度的核心有两个：一是用当日结算价计算持仓盈亏；二是当日对持仓盈亏按实盈实亏进行资金划转。

实施当日无负债结算制度的目的，是防止亏损逐日累积增加违约风险。亏损占合约价值的比例越高，选择违约的诱惑就越大。比如，若在交房前，房价跌幅已经远超首付款，购房者就有可能选择违约。

CME 把逐日盯市当作重要的风险防控手段。“清算所的风险管理方法是实时估算潜在市场风险，并通过对未平仓头寸每天至少一次的逐日盯市来防止亏损累积。

CME 清算所通过每日结算的变动保证金来限制亏损的累积，也就是逐日盯市计算，通过结算损益从结算系统中消除债务，而不是让未偿债务在结算系统中累积。CME 清算所对期货和期权每日盯市计算两次，对场外交易产品每日盯市一次，以限制与欧洲和亚洲时区交易时段相关的风险。CME 清算所保留在必要时临时调整结算周期的权利，或要求追加保证金。”① CME 还用图 4－1 描绘了清算机构、清算会员之间变动保证金的划转情况。

对亏损一方来说，当日亏损、当日扣划保证金，增加了追加保证金的压力；但对盈利一方来说，当日持仓盈利、当日入账，平添了可用现金。而这些都是通过变动保证金的一收一付实现。股票只有在卖出后，才能实现利润，在此之前，只是纸上富贵。期货市场持仓盈利当日变现的特点，

① CME Clearing Risk Management and Financial Safeguards. https：//www. cmegroup. com/clearing/files/financialsafeguards. pdf.

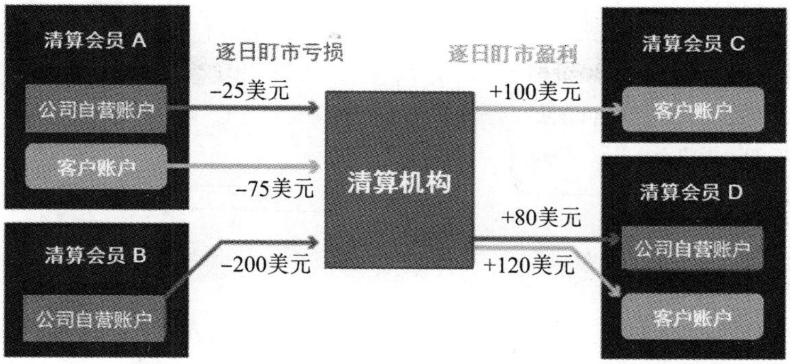

图 4－1　逐日盯市与保证金划转

使一些期货投资者在行情顺意时，不断用当日无负债结算之后增加的盈利开新仓，盈利雪球越滚越大，这可以从林广茂的棉花期货传奇故事中得到验证。

案例一　林广茂复盘 2010 年棉花传奇：从 600 万元到 13 亿元

2010 年，林广茂做多棉花期货，正是利用了当日无负债结算制度。他从 16600 元/吨买入时，投入资金 600 万元，之后不断加仓到 30000 手，高位平仓后获利 13 亿元。[①] 由于最初买入后棉花价格处于上涨过程，他对棉花期货不断加仓的资金应该主要来自持仓盈利。

“林广茂：2010 年全球棉花价格暴涨，我从 16600 元/吨开始买入，直到最后加仓至 30000 手极限（两个主力合约，每个合约限单个客户 15000 手），并在价格暴跌前两天全部平仓，四个月获利 220 倍，扫荡了绝大部分多头利润，（我）不再是谁的操盘手了。”[②]

按照棉花合约 5 吨/张、保证金 5%、期货价格 1.66 万元/吨计算，每张合约需要保证金 4150 元，600 万元仅能买入 1445 张期货合约（见图 4－2）。

600 万元/（1.66 万元/吨 ×5 吨/张 ×5%）＝1445 张

① 期货四绝之“西狂”——林广茂。
https：//www.sohu.com/a/166872880_674105。

② 大战棉花期货！复盘林广茂从 600 万元到 20 亿元交易全过程！
https：//xw.qq.com/cmsid/20210926A01QV500。

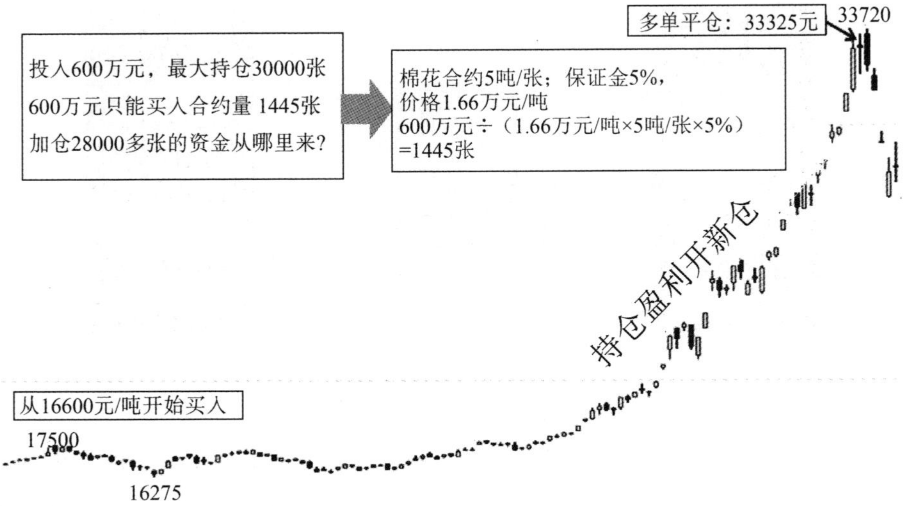

图 4－2　林广茂做多棉花期货过程

第三节　当日结算价

当日结算价（daily settlement price）是用于对当日未平仓期货合约进行结算的价格，确切地说，是当日持仓结算价。它区别于用于实物交割结算、发票开具的交割结算价（delivery settlement price）或最终结算价（final settlement price）。当日结算价直接影响当日持仓保证金的计算和下一交易日基准价的确定。

一、结算价的设计理念

结算价的设计涉及三个要素。一是结算时段（settlement period）。也就是事先设定的计算结算价的时间段，这个时段的成交量、成交价或者买卖报价影响着结算价的形成。二是结算价计算方法。确定用什么公式或方法计算结算价。三是结算价纠偏机制。当结算价缺乏代表性或具有误导性时，如何根据规则规定，修改结算价。

欧美期货市场按照承前启后的理念设计结算价。欧美期货参与者认为，距离收盘越近的价格越能发挥连接今天与明天交易的作用，今天收盘时段的价格既是今天交易的总结，也是下一交易日价格的预示。因此，欧美期货交易所的结算时段距离收盘时间很近且时间段较短，有的就是收盘时点的价格，也许是不想通过扩大结算时段来稀释这些价格信息。

中国期货市场更关注结算价是否容易被市场操纵。把结算时段不断延长，直至全天，是基于当时期货市场推出时间不长，交易规模较小容易被操纵而产生的。

二、结算时段与结算价计算方法

（一）我国期货市场

1993 年推出期货时，郑商所的交易结算价为当日收盘价，而收盘价是当日交易结束前三分钟内成交合约的算术平均价。[①] 然而，1995 年 5 月 23 日的郑商所规则已经显示，当日结算价为所有成交合约的加权平均价。结算价计算方法的修改主要是增加交易结算价的操纵难度。该计算方法一直沿用至今。

计算方法：分合约，按成交量计算加权平均价。

《郑州商品交易所期货结算管理办法》规定，“当日有成交价格的期货合约，其当日结算价是指该合约当日成交价格按照成交量的加权平均价。

违法违规交易行为影响当日结算价格公平产生的，交易所有权消除违法违规交易行为的不利影响。”[②]

中金所《沪深 300 股指期货合约交易细则》规定，“本合约的当日结算价为合约最后一小时成交价格按照成交量的加权平均价。”[③] 中金所当日结算价与证券交易所收盘价的计算方法并不一样。《上海证券交易所交易限制》4. 1. 3 规定，“除本规则另有规定外，证券的收盘价通过集合竞价

① 《郑州商品交易所期货交易规则（试行）》，1993 年 1 月 30 日起发布实施。

② 《郑州商品交易所期货结算管理办法》，自 2022 年 12 月 1 日起施行。

③ 《中国金融期货交易所沪深 300 股指期货合约交易细则》，自 2016 年 1 月 1 日起实施。

的方式产生。收盘集合竞价不能产生收盘价或未进行收盘集合竞价的，以当日该证券最后一笔交易前一分钟所有交易的成交量加权平均价（含最后一笔交易）为收盘价。”①

（二）洲际美国期货交易所（ICE Futures US）

1. 结算时段

《洲际美国期货交易所交易规则》4.25“交易时间”（b）明确不同品种每日结算价的计算时段：有一些是3分钟，还有一些是2分钟（见表4－2）。

表4－2　　ICE部分品种计算当日结算价的收盘时段

品种	结算价计算时段	品种	结算价计算时段
可可	上午11：48～上午11：50	2号棉	下午2：14～下午2：15
咖啡C	下午12：23～下午12：25	菜籽油	下午2：14～下午2：15
11号糖	下午12：53～下午12：55	金融	下午2：59～下午3：00
16号糖	下午12：59～下午1：00	商品指数	下午2：44～下午2：45

2. 结算价确定方法

《洲际美国期货交易所交易规则》4.34指出，除另有规定外，在规定收盘时段内的所有价格、买报价和卖报价均被用于确定特定合约的结算价格。

主力合约（lead contract）② 结算价。《洲际美国期货交易所交易规则》4.34 b（i）规定持仓量最大合约的结算价为收盘时段所有单向交易（outright trades）成交价格的加权平均价。

非主力合约的结算价。根据成交量的特点，可以采用收盘时段成交价的加权平均价或当前价差。

---

① 《上海证券交易所交易规则（2023年修订）》。
http：//www.sse.com.cn/lawandrules/sselawsrules/stocks/exchange/c/c_20230216_5716380.shtml。

② 按照金融词典定义，近月（lead month）是在几种不同的期货合约或期权中，最快到期的合约月份。假设有三个期货合约，分别是3月、6月、9月到期，那么近月月份就是3月。
https：//financial－dictionary.thefreedictionary.com/lead＋month#：～：text＝Lead%20Month%20Among%20several%20different%20futures%20contracts%20or，one%20in%20September%2C%20the%20lead%20month%20is%20March。
但lead contract在此处为主力合约月份。因为是以持仓量最大作为标准。

（三）芝加哥商业交易所（CME）

CME 认为，确定期货上市品种结算价的方法和程序取决于产品种类、交易的活跃程度和流动性水平以及交易场所。CME 确定结算价有以下四种。

（1）结算时段按成交量计算的加权平均价格。纽约商业交易所的 WTI 原油期货采取这一方法，但其结算时段为闭市前最后三分钟。2020 年 4 月 20 日，纽约商业交易所 5 月 WTI 原油期货合约狂跌 300% 多，最终以 -37.63 美元/桶的结算价结束当天交易。

（2）公开喊价交易可采取估算价格而非计算价格。公开喊价在配对时往往会出现差错，因此，难以做到像电子交易一样对交易和价格的统计做到准确无误。

“交易所的配对系统是为最后的结算和交易程序服务的，它要把当天从交易厅收集的全部交易进行匹配。错单检查员每天都要处理很多差错，即不能匹配的交易……例如，不能匹配的价格和数量（在嘈杂的交易大厅，英语中的 15 和 50 听起来好像是一样的），因此，会有一些错单无法纠正。每天早上，在进入交易大厅之前，交易商都要在差错交易台前排队，查看错单交易单上是否有自己的差错交易。”①

（3）结算时点或结算时段买报价和卖报价的中间价（bid/ask midpoint at the settlement or during the settlement period）。

（4）对于未采用上述任一方法的合约月份，将用合约月份之间的相关价差关系得出结算价。②

（四）伦敦金属交易所（LME）

LME 的收盘价实为当日结算价。因为收盘价是 LME 计算保证金的依据，发挥着当日结算价的作用。而其所谓的“结算价”仅是用作现货交易的参考价。LME 专门在术语注释（a note on terminology）中给了解释，其

---

① 迈克尔·戈勒姆、尼迪·辛格著，王学勤译：《电子化交易所——从交易池向计算机的全球转变》第 7 页，中国财政经济出版社，2015 年。

② CME Clearing Rulebook 19，813（2、3、5）.

特殊的专业用语一定搞懵了很多人。

在伦敦金属交易所，16：30 之后发现的用于确定每日保证金的价格称为“收盘价”，而不是“结算价”。

另外，12：30～13：15 在圈内交易中产生的“伦敦金属交易所官方结算价”，被用作实物交易的参考价格。①

根据 LME 官网发布的信息，确定 LME 收盘价（LME Closing Price established）的时段是伦敦时间 15：50～17：00；最终收盘价发布时间（LME Final Closing Price published）从 17：50 开始。②

（五）日本堂岛稻米交易所

1720 年，日本堂岛稻米交易所设定每日官方收盘价和结算价的方式十分戏曲性，但其确定方法依然被现代期货市场所借鉴。

“一个装有导火索的木盒悬挂在交易大厅的横梁上。交易所官员点燃导火索，只要盒子的火一直燃烧，交易就持续不停。火熄灭时点的价格成为当天的官方收盘价，称为‘导火索价格’。

然而，交易员对闭市置若罔闻，不得不让‘水工’在交易厅内到处泼水，驱散交易人群，停止交易。由于交易场地泼水效果有限，水工再次将整桶水泼向人群，这通常会阻断当天的交易。此时的价格，即‘泼水价’，是用于逐日盯市结算的每日实际成交价格。另外，官方收盘价也成为第二天交易的开盘价。

该定价机制包括一项规定：如果火熄灭时没有成交价格，或者盒子由于某种原因没有完全烧毁，当天的所有交易都被宣布无效，隔夜持仓必须

---

① Trade at settlement（TAS）.
https：//cms. lme. com/en/Trading/Contract－types/Trade－at－settlement#：～：text＝%E2%80%9CTrade%20at%20settlement%E2%80%9D%20is%20so%20called%20because%20TAS，as%20the%20%E2%80%9CClosing%20Price%E2%80%9D%2C%20not%20the%20%E2%80%9Csettlement%20price%E2%80%9D.

② LME Official Prices explained.
https：//www. lme. com/en/Market－data/LME－reference－prices/LME－Official－Price.

按照前一交易日的结算价进行结算。”①

三、无成交合约结算价的确定

由于一些远期月份的合约交易不活跃，常出现有报价、无成交，甚至没有报价的情况。对未成交合约按其他合约的成交信息确定结算价，是为了让所有合约的价格保持连续性，防止与有成交合约特别是活跃合约的期货价格严重脱节，避免在新出现成交时与前后期货合约价格拉得太远、需要通过多个停板才能调整到正常价差水平。

洲际美国期货交易所的规定比较笼统。若收盘时段没有成交，该合约的结算价应为收盘时段买报价和卖报价的平均价，或该合约与最近活跃月份在该交易日的差额，具体取决于该合约买报价与卖报价、价差交易的特点。

我国商品期货交易所的结算规则，对无成交期货合约的当日结算价划分不同情况进行处理，更具有操作性。

（一）合约当日有买、卖双方报价，但无成交

“若合约当日有买、卖双方委托报价的，以最高买报价、最低卖报价与该合约上一交易日的结算价三者居中的一个价格作为合约的当日结算价。”

这种处理方法借鉴了交易撮合取中间值成交的方法。

（二）合约开盘就是单边市，当日无成交

这种情况常发生在长假后，由外盘大幅涨跌带动的补涨、补跌。

“若合约出现涨（跌）停板单边无连续报价的，以该停板价格作为合约的当日结算价。”

（三）除上述两种情况外，无成交合约结算价的解决办法

（1）大商所处理方法较为简单，借用前一有成交合约的结算价。

① The Dojima Rice Market and the Origins of Futures Trading. https://edisciplinas.usp.br/pluginfile.php/151297/mod_resource/content/2/Dojima_Rice_Market_Case.pdf.

若合约当日无委托报价，或者有买或卖单方委托报价但未出现涨（跌）停板单边无连续报价的，以当日距无成交合约最近的前一有成交合约作为基准合约计算当日无成交合约结算价。

若无法找到基准合约，则当日无成交合约结算价 = 上一交易日该合约的结算价。

（2）郑商所在大商所的基础上，引入了最活跃合约的概念。[①]

最活跃月份合约是指当日“成交量 × 交易单位”的值最大的合约。当日无成交合约前面所有月份合约不存在或没有成交的，取该品种最活跃月份合约为参照确定结算价。结算价明显偏离公允价格的，交易所可调整结算价。

（3）《中国金融期货交易所结算细则》对该所上市品种在结算时段发生熔断或无成交情况下的结算价计算做了更详细的规定：

“该时段发生熔断、集合竞价指令申报或者暂停交易的，扣除熔断、集合竞价指令申报和暂停交易时间后向前取满相应时段。

合约在该时段无成交的，以前一相应时段成交价格按照成交量的加权平均价作为当日结算价。该相应时段仍无成交的，则再往前推相应时段。以此类推。合约当日最后一笔成交距开盘时间不足相应时段的，则取全天成交量的加权平均价作为当日结算价。”

（四）新上市合约无成交

这种情况在不活跃的品种上很常见。已上市合约在没有成交的情况下，新合约还要不断挂牌上市，出现新合约无成交在所难免。

1. 新上市合约首日无成交

“新合约上市第一日若无法找到基准合约，则当日无成交合约结算价等于挂牌基准价。”

2. 新上市合约连续三个交易日无成交

“新上市合约连续三个交易日无成交，交易所可另外调整结算价。”

① 《郑州商品交易所结算细则》第 30 条，自 2020 年 9 月 9 日起施行。

四、不计入交易结算价的成交量

当日结算价应通过集中竞价交易方式，在合规情况下产生。期货转现货、大额交易、三个同方向停板后强制减仓等双边成交量，违规交易的成交量，最后交易日双向持仓对冲平仓、期权行权后产生的期货合约建仓的成交量，均不计入当日结算价。

一是境外交易所规定的大宗交易（block trade）和我国交易所的期货转现货（exchange for physicals，EFP）。这两种交易的价格是双方协商达成之后，由交易所在当日闭市后输入结算系统，由于不是公开竞价产生的价格，因此不计入结算价。从这个意义上可以看出，交易结算价是每日竞价交易成交价格计算得出的。

《上海证券交易所交易规则》3.6.12 也有类似规定，“大宗交易不纳入本所即时行情和指数的计算，成交量在大宗交易结束后计入该证券成交总量。”[①]

二是违法违规交易行为影响当日结算价格公平产生的，交易所有权消除违法违规交易行为的不利影响。[②]

在郑商所2023 年的硬麦 309 合约交易中，多头故意利用交易所连续三个交易日同方向停板后可以采取强制减仓措施的规定，通过连续高价位对敲后把价格打到跌停板，使当日交易结算价始终处于高位，希望借交易所之手帮助其顺利高位平仓，把盈利落袋为安。[③] 由于当时没有剔除违法违规成交这一规定，郑商所只能被动接受当时不合理的交易结算价，但没有选择强制减仓措施，多头的意图没有得逞。后来增加这一规定，也算是对交易结算价的规定打了个“补丁”。

---

① 《上海证券交易所交易规则（2023 年修订）》。
http：//www. sse. com. cn/lawandrules/sselawsrules/stocks/exchange/c/c_20230216_5716380. shtml。

② 《郑州商品交易所期货结算管理办法》，自 2022 年 12 月 1 日开始施行。

③ “硬麦上演‘生死速度’”。
http：//finance. sina. com. cn/roll/20030830/0246426948. shtml。

五、操纵结算价

（一）结算价交易

欧美期货交易所为迎合交易者需要，设计出针对结算价进行交易的“结算价交易”（trade - at - settlement，TAS）指令，允许交易者在规定交易时段内，按照期货合约当日结算价（或增减若干个最小变动价位）申报买卖期货合约。

2020 年，上海期货交易所在原油期货上推出我国期货市场首个结算价交易指令，只允许进行结算价交易，不允许在结算价上进行增减报价。因此，结算价交易买卖订单采取“先进先撮”的撮合原则。一旦撮合成功，买卖双方都会得到一个与相应合约月份当日结算价相同的价格。

（二）操纵结算价

操纵当日交易结算价，不仅可以使预先埋下的单边持仓盈利，也可以影响结算价交易的结果。虽然操纵结算价不断受到监管部门的惩罚，然而，利益的诱惑仍然让操纵者前赴后继，以身试法。

案例二　Optiver 通过操纵收盘价，操纵结算价

2007 年，世界著名高频交易公司 Optiver 利用俗称“锤子”的快速点火工具，采取“敲定收盘价（banging the close）”手段，操纵 NYMEX 原油收盘价。

2008 年，CFCT 起诉 Optiver 操纵市场。

2012 年，Optiver 与 CFTC 达成和解：接受 1300 万美元民事罚款；2 年内不得参与闭市前 3 分钟交易；对 3 名被告实施 2 ~ 8 年市场禁入。

CFTC “指控被告在 2007 年 3 月的 11 天内，试图操纵上述能源期货合约 19 次。在这 19 次试图操纵中，被告至少有 5 次成功操纵了某些能源期货合约，人为造成价格变化：其中 3 次是推动期货价格下跌，2 次是推动期货价上涨。被告从他们的操纵中获利约 100 万美元。”①

① CFTC Charges Optiver Holding BV, Two Subsidiaries, and High - Ranking Employees with Manipulation of NYMEX Crude Oil, Heating Oil, and Gasoline Futures Contracts.
https://www.cftc.gov/PressRoom/PressReleases/5521 - 08.

案例三 Moor Capital 直接操纵结算价

2007 年 11 月至 2008 年 5 月，世界著名对冲基金 Moor Capital 利用"敲定结算价"手段，在收盘前时段大量交易，试图操纵铂和钯结算价。

2010 年 4 月，Moor Capital 与 CFTC 达成和解。接受民事罚款 2500 万美元；2 年内不得参与铂、钯期货与期权交易。①

案例四 昊羌实业自成交影响上期所沥青期货结算价

2020 年 5 月 15 日，昊羌（上海）实业有限公司（以下简称昊羌实业）在沥青（BU）2005 合约上自成交 1 笔 12 手，影响当日结算价 12.97%。

上期所把其定性为"以自己为交易对象，连续买卖或者自我买卖，影响或者企图影响期货交易价格或者交易量"的违规行为并作出处罚：

（1）通过上期所"会员服务系统"官网给予昊羌实业通报批评。

（2）责令改正，处以 5 万元罚款。②

六、清算所拥有修改结算价的权利

期货市场是发现价格的市场。一旦发现期货价格被人为扭曲，或因种种因素导致结算价失去代表性和公正性，期货交易所（或清算所）就要行使交易规则赋予的监管权力，通过修改结算价，进行价格纠偏。

（一）CME 的相关规定

如果交易所认为，通过规则规定得出的结算价不能准确代表相关市场的价格，则交易所可根据其他市场价格确定结算价格，包括其他交易所交易类似合约的结算价格。

如果按照正常方法计算出的结算价与结算时段其他月份的成交价、买报价或卖报价不一致，或与其他相关市场信息不一致，或者没有成交和报

① Hedge Fund Moore Capital Management, LP, and Its Affiliates Moore Capital Advisors, LLC and Moore Advisors, Ltd., Ordered to Pay a $25 Million Penalty to Settle CFTC Charges of Attempted Manipulation of Platinum and Palladium Futures Settlement Prices.
https://www.cftc.gov/PressRoom/PressReleases/5815-10.

② 违规处理：上期所违规处理决定公告〔2020〕139 号（昊羌实业）——自成交影响价格。
https://www.shfe.com.cn/regulation/marketregulation/regulation/911340837.html。

价发生，交易所可以确定一个结算价格，以便可以更好地反映结算时点或结算时段的真实市场价值。

如果结算价不准确或不能提供结算价，或者结算价对清算所造成风险管理问题，清算所有权用自主确定的替代价格计算结算价。①

（二）洲际交易所的相关规定

1. 洲际美国期货交易所

如果交易所认为，依据规则规定确定的结算价与其他合约的结算价格相比，不能公平地代表相关合约的市场价值，或与交易所已知的市场信息不符，交易所可以把该合约的结算价设置到与其他结算价或市场信息相一致的水平，包括其他市场交易的类似合约，现货、场外和掉期市场的交易活动，远期价格，从场外和掉期市场参与者获取的价格数据，以及交易所认为有可靠来源的其他价格数据。

2. 洲际美国清算所

如果清算所认为，交易所的结算价出现明显错误，或不符合交易所或清算所规则，或不能合理反映合约的价值或价格，清算所将尽最大努力与上市该品种的交易所协商，确定该合约的公平市场价值或价格，作为该日的结算价。②

（三）LME 的相关规定

1. 正常情况

LME 报价委员会（Quotation Committee）由交易所授权，负责确定收盘价和结算价。③ 官方价格和官方结算价格确定之后，交易所应立即提供给清算所。④

2. 清算所有权决定结算价

LME 交易规则规定，只要报价委员会未能根据交易规则确定或向清算

---

① CME Clearing Rulebook 19，813（6、9、10）.

② ICE Clear US Rule 101. Definitions，settlement price.

③ LME Rules and Regulations Part 1，Definition，“Quotations Committee”.

④ LME Rules and Regulations Part 3，Trading Regulations 5. 1.

所宣布收盘价或结算价，则清算所可根据具体情况确定收盘价或结算价，对此，清算所拥有绝对自主决定权，并且在符合《交易规则》和《清算所规则》的情况下，如同这些价格是由报价委员会决定。[①]

LME 清算规则规定，LME 清算所对其认为未准确反映当前市场价格的任何价格，拥有修改价格的权利。[②]

3. LME 取消镍合约交易引发诉讼

2022 年3 月7 日、8 日，LME 镍期货价格突然暴涨。3 月4 日（周五）为29000 多美元/吨，在3 月7 日（周一）最高上涨到55000 美元/吨，3 月8 日最高上涨到超过101360 美元/吨（见图4－3）。

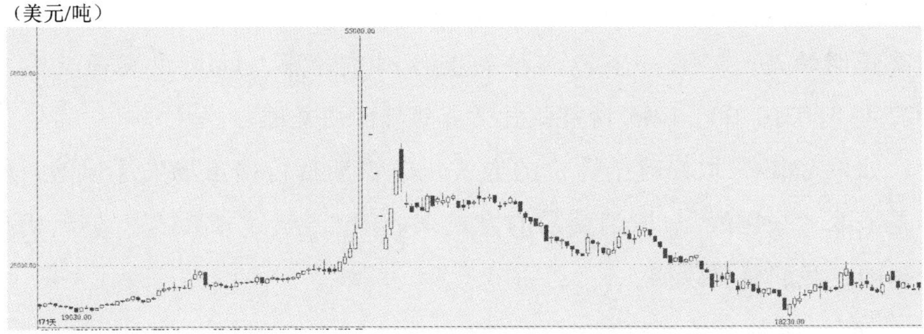

图4－3　LME 镍期货价格走势图

3 月8 日，LME 决定于当日英国时间8 点15 分起暂停所有镍合约的交易，并将所有于当地时间3 月8 日0 点或之后执行的交易取消。LME 在该日发布的会员通知中强调是根据特别委员会（special committee）要求采取的行动，也是行使其权利。LME 致力于与市场参与者合作，确保市场继续有序运行。[③]

然而，因取消3 月8 日已达成的镍合约交易，伦敦金属交易所（LME）连续成为被告，遭遇索赔。Elliott Associates，L. P. 及 Elliott Inter-

---

① LME Rules and Regulations Part 3, Trading Regulations 6. 1.

② LME Clearing Rules 6. 10.

③ LME Member Notice 22 053 Nickel Suspension – Further Information – Delivery Deferral and Trade Cancellation.

national，L. P 向其索赔约 4.56 亿美元。随后，Jane Street 又向其索偿 1534 万美元。原告均声称有关决定根据公法属不合法。

2022 年 6 月 6 日，港交所公告称，“于 2022 年 3 月 10 日发出的 LME 通知 22/057 中所述，在 2022 年 3 月 7 日（英国时间），镍市场价格出现显著上升。然而，LME 认为截至当日晚上收盘时的交易是有序进行。随后在 2022 年 3 月 8 日（英国时间）凌晨，镍价格在短时间内大幅上升。与 LME Clear 商讨后，LME 决定于当日英国时间 8：15 起暂停所有镍合约的交易，并将所有于 2022 年 3 月 8 日英国时间 00：00 或之后执行的交易取消。此暂停交易的决定是因为镍市场已出现失序的情况。LME 追溯性地取消交易，是为了让市场回到 LME 可以确信市场是有序运作的最后一个时间点。需要强调的是，LME 一直以市场的整体利益行事。LME 镍交易其后于 2022 年 3 月 16 日在 LME 所有执行交易的场所恢复进行。”①

如果 LME 采取修改结算价的方式化解镍期货价格市场失序风险，而不是采取“拔网线”、取消交易的方式来处理，会是什么结果？诉讼仍在进行中，我们拭目以待。

（四）郑州商品交易所的相关规定

《郑州商品交易所期货交易风险控制管理办法》第八章“异常情况处理”规定，当发生“地震、水灾、火灾等不可抗力或者计算机系统故障、意外事件等原因导致交易、结算、交割、行权与履约等业务无法正常进行”情形时，交易所可以分别采取措施：

“交易所总经理可以采取调整开市收市时间，暂停交易，调整交易时间，暂停挂牌新合约，调整相关合约最后交易日、到期日、最后交割日等日期，调整标准仓单和交割相关业务，调整期权行权、履约及相关对冲业务，调整资产作为保证金业务，取消未办理的相关业务申请，调整强行平仓实施时间，调整保证金收取标准或者方式、涨跌停板幅度，调整合约结

---

① 涉及附属公司的法律程序。
http://stock.finance.sina.com.cn/hkstock/go.php/CompanyNoticeDetail/code/00388/aid/1073824/.phtml.

算价、交割结算价，调整相关费用收取标准及结算时间，调整结算数据发送方式等紧急措施；出现第一款第一项情形且相关交易指令、成交数据错误、丢失无法恢复的，交易所总经理可以决定取消未成交的交易指令，理事会可以决定取消交易。”

也就是说只有在发生“地震、水灾、火灾等不可抗力或者计算机系统故障、意外事件”时，交易所才可以“调整合约结算价、交割结算价”；而且只有在发生上述情形“且相关交易指令、成交数据错误、丢失无法恢复”时，才可以“取消未成交的交易指令”“取消交易”。

但在“出现结算、交割、行权与履约危机，对市场正在产生或者将产生重大影响”时，交易所并不能采取上述措施。[①] 然而，LME 镍诉讼事件表明，上述规定限制了期货交易所应该行使的监管权力，在必须采取相应措施时缺乏规则依据，容易造成被动。

第四节 当日盈亏结算

本节重点讲解持仓盈亏和平仓盈亏的计算。[②] 无论是现货交易还是期货交易，其盈亏均按照以下公式计算：盈亏 = 卖价 − 买价。我们用一个假设的例子来描述盈亏计算方法。

一、持仓盈亏的计算

今天是 2022 年 9 月 15 日（周四），李明买入 10 张白糖 2301 期货合约（10 吨/张），买入价为 5634 元/吨；卖出 20 张甲醇 2212 期货合约（10 吨/张），卖出价为 2750 元/吨。因为相信自己的感觉，一直到当日交易结束，李明均未平仓。他今天盘中的开仓，在交易结束后变成了持仓。持仓就有

① 《郑州商品交易所期货交易风险控制管理办法》，自 2021 年 11 月 25 日起施行。

② 本节引述内容来自《郑州商品交易所结算细则》第四章第一节“当日结算”，自 2020 年 9 月 9 日起实施。

亏损风险，有风险就要当日计算、当日处理。

（一）当日新开仓的持仓盈亏

李明今天的一卖一买都是开仓交易。在今天结算时，按照“盈亏＝卖价－买价”公式，如何对他的持仓进行盈亏结算？

1. 白糖每吨持仓盈亏

李明在以5634元/吨价格买入白糖后，没有卖出。假定他今天买入平仓，就可以计算出盈亏结果。当天那么多成交价格，包括最高价、最低价、开盘价、收盘价、结算价等，该用哪个价格作为假定的平仓价格呢？郑商所结算细则规定，只能用当日同一个合约的结算价进行持仓盈亏计算，也就是用2301合约的结算价5615元/吨。用结算价代替卖出价计算如下：

盈亏＝卖价－买价

＝结算价－买价

＝5615－5634

＝－19（元/吨）

2. 甲醇每吨持仓盈亏

甲醇持仓盈亏与白糖每吨持仓盈亏的算法一样，因为在本例中只有卖出价2600元/吨和交易结算价2722元/吨，我们就“用结算价代替买入价”进行盈亏计算：

盈亏＝卖价－买价

＝卖价－结算价

＝2750－2722

＝28（元/吨）

3. 分品种计算李明的持仓盈亏

（1）白糖当日开仓的持仓盈亏：

持仓盈亏＝（当日结算价－买入开仓价）×合约单位×买入开仓量

＝（5615－5634）×10×10

＝－1900（元/吨）

（2）甲醇当日开仓的持仓盈亏：

持仓盈亏 =（卖出开仓价 - 当日结算价）× 合约单位 × 卖出开仓量

$= (2750 - 2722) \times 10 \times 20$

$= 5600$（元/吨）

4. 合并计算李明今天两个品种新开仓的总持仓盈亏

当日开仓持仓盈亏 = ∑[（卖出开仓价 - 当日结算价）× 卖出开仓量]

+ ∑[（当日结算价 - 买入开仓价）× 买入开仓量]

按照上述公式，可以计算出 2022 年 9 月 15 日（周四）李明卖出甲醇、买入白糖的持仓盈亏：

当日开仓持仓盈亏 $= \sum[(2750 - 2722) \times 20 \times 10]$

$+ \sum[(5615 - 5634) \times 10 \times 10]$

$= 5600 - 1900$

$= 3700$（元/吨）

（二）历史持仓盈亏

到了 2022 年 9 月 16 日（周五），李明既没有开新仓，也没有平仓，当日闭市后，持仓数量不变。白糖仍然是 10 张，甲醇仍然是 20 张，但昨日的开仓持仓今天就变成了“历史持仓”。对历史持仓来说，又该怎么计算其持仓盈亏呢?

1. 多头历史持仓盈亏结算

以白糖为例，按照时间顺序和逻辑顺序进行分析。

第一，今天交易结束，我们有了一个新的结算价：5627 元/吨。

第二，作为最初的买方，价格上涨，持仓盈利就会增加，反之亦然。无论持仓多久，日日如此，月月如此。

第三，根据上述分析，今天新的结算价就是假定李明把白糖持仓平掉之后的盈亏——那就是一个新的卖价。

第四，那么，买入价在哪里呢？既然是每日无负债结算，昨天的持仓盈亏已经按昨日的结算价结清，因此，昨天的开仓价与今日结算无关。结果只剩下一个价格——昨日结算价。既然今天新的结算价充当了卖价的角色，那么，昨日结算价只能充当买入价。

请记住，对多头历史持仓结算而言，昨天的结算价在昨天充当了卖出价，在今天只能充当买入价；因为假定他今天平仓，所以，当日结算价仍充当卖出价，以后每日如此。2022 年 9 月 16 日成交价见图 4－4。

2022 年 9 月 15 日：当日结算价＝卖出价；

2022 年 9 月 16 日：当日结算价＝卖出价；

（此时 9 月 15 日结算价＝买入价）

我们再次套用“盈亏＝卖价－买价”这一公式，计算李明今天（2022 年 9 月 16 日）的白糖多头历史持仓盈亏。

白糖持仓盈亏＝（当日结算价－上一交易日结算价）×合约单位

×买入历史持仓量

$=(5627-5615)\times10\times10$

＝1200（元/吨）

白糖2301 SR301

卖出	5611	68	
买入	5610	4	
最新	5611	涨跌	-4/0.07%
现手	3	速涨	0.09%
总量	242305	开盘	5622
持仓	428939	最高	5642
日增	-16441	最低	5603
外盘	121561	结算价	5627
比例	50%	昨收	5628
内盘	120745	昨结	5615
比例	50%	涨停	5952
杠杆	—	跌停	5278

甲醇2212 MA212

卖出	2754	20	
买入	2752	1	
最新	2754	涨跌	22/0.81%
现手	24	速涨	0.18%
总量	76368	开盘	2713
持仓	355910	最高	2762
日增	8364	最低	2700
外盘	37676	结算价	2722
比例	49%	昨收	2722
内盘	38692	昨结	2732
比例	51%	涨停	2924
杠杆	—	跌停	2540

图 4－4　白糖期货与甲醇期货成交价

2. 空头历史持仓盈亏结算

在甲醇空头历史持仓盈亏计算中，结算价的位置与白糖多头持仓正好相反。

甲醇持仓盈亏＝（当日结算价－上一交易日结算价）×合约单位

×卖出历史持仓量

$=(2722-2732)\times10\times20$

= －2000（元/吨）

3. 历史持仓盈亏合并计算公式

2022年9月16日，对多头和空头历史持仓盈亏进行合并计算，就可以得出李明当日净盈亏。计算公式如下：

历史持仓盈亏 = Σ[（上一交易日结算价－当日结算价）×卖出历史持仓量] + Σ[（当日结算价－上一交易日结算价）×买入历史持仓量]

由于李明的多头持仓和空头持仓都只各有一个品种，因此，计算起来比较简单。

历史持仓盈亏 =（2722－2732）×10×20 +（5627－5615）×10×10

= －2000 + 1200

= －800（元/吨）

（三）新持仓与历史持仓盈亏合并计算

把历史持仓盈亏和当日新开仓的持仓盈亏进行加总，得到的就是当日持仓盈亏。即：

当日持仓盈亏 = 历史持仓盈亏 + 当日开仓持仓盈亏

二、平仓盈亏的计算

与计算持仓盈亏相对应，平仓盈亏也分为平当日仓（平今仓）盈亏和平历史仓（平旧仓）盈亏。

（一）平当日仓盈亏

平当日仓是指当日开新仓、当日平新仓，不留隔夜仓。短线交易者常采取这种当日开平仓交易（证券市场称为“日内回转交易”）方式。因为有一买一卖两个价格，平当日仓的盈亏计算非常简单。

多头：先买入开仓，后卖出平仓；

空头：先卖出开仓，后买入平仓。

每个人都可以直接用“盈亏 = 卖价 － 买价”这一公式，再乘以平仓数量，即：

平当日仓盈亏 = ∑[（当日卖出平仓价 - 当日买入开仓价）× 卖出平仓量] + ∑[（当日卖出开仓价 - 当日买入平仓价）× 买入平仓量]

（二）平历史仓盈亏

平历史仓盈亏就是把当日之前的持仓通过平仓方法了结。多头卖出平仓，平仓时产生一个卖出价；空头买入平仓，平仓时产生一个买入价。再借用上一交易日的结算价，乘以平仓数量，就可以计算出平历史仓的盈亏结果。上一结算价在平历史仓中的角色如下：

（1）空头买入平仓，产生买入价。上一交易日结算价等于卖出价。

（2）多头卖出平仓，产生卖出价。上一交易日结算价等于买入价。

理解上面原理之后，再看下面的公式，就比较容易理解了。

平历史仓盈亏 = ∑[（卖出平仓价 - 上一交易日结算价）× 卖出平仓量] + ∑[（上一交易日结算价 - 买入平仓价）× 买入平仓量]

（三）结算结果通知

每日闭市后，交易所要先对期货转现货等业务的持仓进行平仓处理，然后再进行结算，发送结算结果。目前郑商所的交易结算基本实现自动化。

在手工操作结算时期，对当日有修改交易或结算参数的合约，郑商所在结算结果产生后，要先对该合约持仓量最大会员的结算结果进行检查复核，复核无误后，再发送结算结果，以便提前发现结算错误，避免进行重新结算、重新发送结算报表。

“当日结算完毕后，交易所通过会员服务系统向会员发送结算结果。会员的结算准备金低于最低余额时，该结算结果即视为交易所向会员发出的追加保证金通知。”①

期货公司是在交易所的结算结果基础上，再对客户进行结算。如果其中一家交易所的结算报表发出太晚，就会影响会员的整体结算时间。特别是在夜盘交易推出后，下一交易日的开市时间提前到结算当日，为交易所结算部门“准时准点、准确无误”地完成当日结算提出了更高要求。因为

① 《郑州商品交易所期货结算管理办法》，自 2022 年 12 月 1 日起施行。

这涉及会员及时追加保证金的时效问题：在夜盘推出前，以下一交易日上午9:00开市为界；夜盘推出后，以结算当日夜盘开市时间为界。

“会员必须在下一个交易日开市前补足至结算准备金最低余额。未补足的，结算准备金余额大于零而低于结算准备金最低余额时，禁止开新仓；结算准备金余额小于零时，交易所有权对该会员持仓强行平仓。

结算准备金未按时补足且余额为负数的，交易所有权对其持仓强行平仓。”①

（四）结算系统故障应急预案

结算参数设置错误导致重新结算、结算系统出现故障导致无法及时产生结算结果，都可能影响夜盘按时开市。只要采取电子化交易方式，出现交易和结算系统问题在所难免（见表4-3），关键是要制定应急预案，采取有效措施，把不利影响降到最低。

表4-3 部分证券、期货交易所技术故障

2010年11月5日	上海证券交易所	系统故障，暂停ETF申购和赎回②
2011年8月1日	上海期货交易所	技术故障，铜、铝部分持仓被误平③，重新建仓的价差损失将由交易所承担④
2011年12月7日	郑州商品交易所	行情两度中断，远程交易服务器异常⑤
2012年5月18日	纳斯达克	交易系统故障，交易延迟，向券商赔偿6200万美元，证监会罚款1000万美元⑥
2014年8月24日	芝加哥商业交易所	技术故障，电子交易暂停长达4小时

① 《郑州商品交易所期货结算管理办法》，自2022年12月1日起施行。

② 上交所因系统故障叫停今日ETF申赎。
https://www.163.com/money/article/6KOBK80C00251LDV.html。

③ 技术故障致铜、铝期货持仓误平。
https://www.yicai.com/news/982799.html。

④ 上期所致歉：交易系统发生故障22分30秒，影响15个品种。
https://baijiahao.baidu.com/s?id=1618461095169123486&wfr=spider&for=pc。

⑤ 郑商所交易行情两度中断 业内人士称损失难统计。
http://news.sohu.com/20111208/n328349698.shtml。

⑥ 背景资料：近年来美国股票市场发生的交易故障。
https://www.163.com/news/article/96VE8F9G00014JB5.html。

续表

2014 年 7 月 30 日	俄罗斯交易所	软件故障，交易突然中断 2 小时。收盘时间顺延 30 分钟①
2015 年 7 月 8 日	纽约证券交易所	技术故障，暂停交易 4 小时。所有未执行的交易委托将被取消②
2016 年 7 月 14 日	新加坡交易所	系统故障，交易全面停摆约 5 小时③
2018 年 11 月 29 日	上海期货交易所	交易系统故障，会员全品种交易权限关闭④
2019 年 2 月 27 日	芝加哥商业交易所	全球电子交易系统暂停交易三小时⑤
2019 年 12 月 25 日	上海期货交易所	结算系统故障。三家期货交易所推迟夜盘开市
2023 年 1 月 24 日	纽约证券交易所	人为失误⑥

2019 年 12 月 25 日，上期所发出“关于调整连续交易开市时间的通知”，“因交易所结算系统故障，导致 30% 以上参与连续交易的会员在开市前不能完成结算工作，根据《上海期货交易所连续交易细则》第七条规定，我所决定延迟连续交易开市时间。”⑦20：18 时完成结算后，宣布连续交易品种 22：30 时开始连续交易，其中 22：25～22：30 时为集合竞价以及不同品种连续交易的结束时间。⑧ 当日，大商所和郑商所也因会员未能

① 俄罗斯交易所受软件故障影响中途暂停交易。
https：//www. chinanews. com/cj/2014/07－31/6445736. shtml。

② 纽交所因技术故障 4 小时暂停交易，虽罕见，但并不是纽交所第一次出状况，近年来，他们可以说是“失误频频”。
http：//www. ittime. com. cn/news/news_ 5325. shtml。

③ 新交所在系统严重故障后恢复交易。
https：//news. cnstock. com/news，bwkx－201607－3845042. htm。

④ 关于 11 月 29 日上海期货交易所交易系统故障的公告。
https：//www. shfe. com. cn/news/notice/911332141. html。

⑤ 芝商所全球电子交易系统恢复交易 各品种“开盘”平稳。
https：//baijiahao. baidu. com/s？ id＝1626596829333923736&wfr＝spider&for＝pc。

⑥ 纽交所技术故障 SEC 介入审查。
https：//www. sohu. com/a/635410775_ 121434705。

⑦ 关于调整连续交易开市时间的通知。
https：//www. shfe. com. cn/news/notice/911335705. html。

⑧ 关于连续交易开市时间的通知。
https：//www. shfe. com. cn/news/notice/911335707. html。

完成结算推迟夜盘交易开市时间。[①]

如果交易所的结算结果错误影响大多数会员对客户的结算，特别在价格波动对保证金影响较大时影响保证金追加，就要采取推迟开市等特殊处理措施。

夜盘的开设缩短了交易所可用于对结算结果差错查找和处置的时间。在交易所出现结算延迟的情况下，由会员单位采用近似参数，对客户当日交易结果进行近似结果结算，只要能控制住大多数结算风险，也不失为一种临时性应急选择。

目前，我国期货市场制定了结算风险隔离措施。对不能在夜盘开市前完成结算的情况，制定了应急处理方案。一是在会员结算系统中实现分交易所隔离，当一家交易所无法提供结算数据时，不影响期货公司对其他交易所业务进行结算；二是当交易所的结算系统过慢、无法按时提供结算结果或者结算数据出现大范围错误的，交易所至少要发布结算价，供会员对客户进行风控结算，等待交易所结算系统修复后再结算；三是对发生地震、水灾、火灾等不可抗力或者计算机系统故障、意外事件等原因导致交易、结算、交割、行权与履约等业务无法正常进行的情形，提出多种可供选择的应急处理措施。[②]

近年来，参数风险管理方式开始从人工向计算机转变。为了解决参数调整中可能出现的差错，郑商所结算部专门制定了《参数管理办法》，把参数进行分类，定期检查，参数调整责任到人、严格核对，最大限度地防控参数错误风险。为更进一步防范参数管理风险，除制度规范外，交易所越来越重视通过“技防”手段防控操作风险。目前，参数管理采取“两录一核”的方式，即双人录入，计算机比对通过，再由一人复核参数方可生效。随着科技进步特别是人工智能的发展，参数风险管理的下一步目标是更多地利用技术手段，进一步减少人为因素影响。

---

① 上期所结算系统故障，三大期货交易所集体推迟夜盘开市时间。
https：//cj. sina. com. cn/articles/view/5044281310/12ca99fde020014u0h。

② 《郑州商品交易所期货交易风险控制管理办法》“第八章　异常情况处理”，自 2022 年 12 月 1 日起施行。

第五节　出入金业务管理

（一）结算与出入金模式

1. 郑商所盘中出金模式

郑商所一直采取每日开市交易前办理入金、交易期间办理出入金的管理制度，俗称“盘中出金”。闭市后，当日结算一次完成。

“会员出金须在每交易日上午 8：30 至下午 3：00 时之间办理。”

2. 上期所盘后出金模式

上期所和中金所规定，当日交易闭市前只允许入金、不允许出金。闭市后，交易所进行两次结算。

第一次是交易盈亏结算。会员根据结算结果显示的结算准备金余额和交易所对出金管理的规定办理出金、入金。

第二次是结算准备金余额结算。在办理出入金后，交易所在第二次结算中更新会员账户中的结算准备金余额。更新后，结算准备金仍低于最低余额要求的，视为发出追加保证金通知。

2010 年前后，期货监管部门认为，上期所模式中不允许在当日结算结果产生之前办理出金的规定，可以有效防止会员在盘中持仓亏损情况下出金，从而降低会员违约风险。2012 年 8 月 20 日，大商所也开始禁止盘中出金，但仍采取一次结算。

“会员应在每个交易日 15：10 之前提出书面、电子等方式出金申请，经交易所审核后，于当日 15：10 后集中办理会员出金划转。特殊情况下，交易所办理出入金业务时间顺延。”①

会员公司欢迎郑商所出金模式。会员同时参加几家期货交易所的交易，保证金也同时在不同交易所之间流动。如果只能在闭市后出金，则在

① 《大连商品交易所结算管理办法》，自 2022 年 7 月 29 日起施行。

一家交易所的闲置保证金无法转移到其他交易所使用，增加了当日资金闲置成本，而郑商所模式正好可以解决这方面的问题。然而，郑州模式的缺点就是监管部门担心的盘中出金对风控的影响问题，交易所利用开发的实时测算系统弥补了这一短板。

（二）实时测算的作用

当日的期货交易同时受到两个结算价影响。

第一个是上一交易日结算价，是一个已知的固定结算价。昨日结算价对今天交易的影响主要体现在两个方面：一是作为设置今日涨跌停板的基准。二是作为今日计算开仓保证金（初始保证金）的依据。一旦下单，无论是否成交，交易所的结算系统均按前一日结算价计算和锁定保证金，这也是我国期货市场风险防控的前端控制。但前一日结算价对今日市场风控已经没有任何实质作用。

比如，2022 年 9 月 15 日（前一日）交易的 2023 年 1 月到期的白糖期货 SR301 合约结算价为 5615 元/吨，涨跌停板为 ±6%，据此计算，16 日涨停板价格为 5952 元/吨，跌停板价格为 5278 元/吨。

第二个是当日的实时结算价，是一个动态结算价（见图 4－5）。我国期货市场的交易结算价是按全天成交量计算的加权平均价，我们看到的移动平均价就是这个正在形成中的交易结算价。

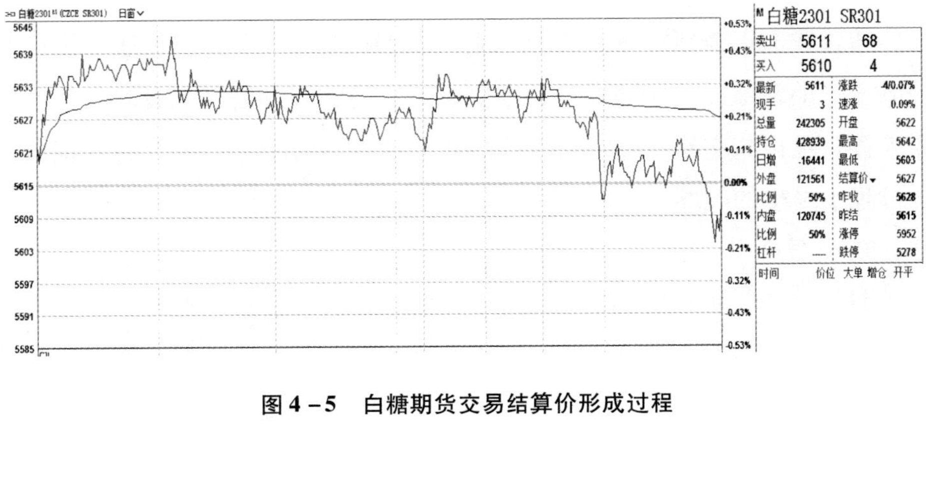

图 4－5　白糖期货交易结算价形成过程

今天的实时结算价正成为度量今日交易过程中（盘中）持仓盈亏的尺子，成为判断当日盘中持仓风险的标准，成为作出是否限制出金，或要求盘中追加保证金判断的重要依据。

“交易所可以根据市场风险和保证金变动情况，在交易期间发出追加保证金通知，会员应当在通知规定的时间内补足保证金。未按时补足的，交易所可以对其采取限制开仓、强行平仓等风险控制措施。”①

实时测算系统的功能之一，就是可以选择任何一个时点，用截止到该时点的动态结算价，计算不同会员公司可能发生的保证金占用和持仓盈亏，进而提示持仓风险和要求会员盘中追加保证金。由于期货价格处于持续快速变化中，对于规则中有权要求会员盘中追加保证金的规定，几家期货交易所在实际执行中慎之又慎，很少使用。但作为限制盘中出金的参考性指标，则行之有效。

实时测算系统的另一个功能是进行压力测试。我们将在“违约风险管理”一章中进行分析。

（三）出入金管理

1. 联合办公

在迁到期货大厦之前，郑商所在未来大厦办公，并在结算部资金窗口内设置了银行办理业务区域，由结算部与存管银行业务人员一起联合办公。

随着线上资金划转业务成为主流，“银期通”系统（交易所与银行间的电子资金系统）功能的提升，柜台模式下的联合办公已无必要，交易所要求存管银行与交易所绑定的支行必须要在交易所附近，以及时处理出入金过程中发生的问题。

2. 会员公司至少要在两家存管银行开户

期货市场发展初期，郑商所出入金采用转账支票和电汇方式。在会员出入金中，保证入金时间和效率至关重要，因为它直接影响着客户是否可

① 《大连商品交易所结算管理办法》，自 2022 年 7 月 29 日起施行。

以及时追加保证金而不被强行平仓，影响着客户是否可以抓住时机及时开仓。

2009 年，为了消除保证金划转中的风险隐患，提升划转效率，郑商所开通“银期通”系统，实现了与保证金存管银行的交易所支行账号绑定。除特殊情况外，会员公司不得使用转账支票、电汇两种出入金方式。但是，部分期货公司在取消资金划转单入金方面不积极，在增加存管银行出入金通道上不主动。鉴于曾经发生过中国工商银行网银全国断网风险事件，郑商所强制要求各期货公司至少在两家存管银行开户，以保证出入金安全与效率。2013 年，郑商所新一期“银期通”系统上线，出入金更加方便快捷，安全可靠。

3. 打击不规范出入金行为

为保证出入金的有序进行，避免存管银行之间的恶意竞争，对多次故意从一家银行入金、从另外一家银行出金的会员公司，通过查询其近 2 ~ 3 个月的出入金记录，确认存在主观故意协助某一家存管银行增加保证金行为的，交易所将强制把这部分保证金从入金银行划回出金银行。

第六节 WTI 原油期货 -37.63 美元结算价的规则分析

2020 年 4 月 20 日，原油市场见证史诗级崩盘，美国 WTI 原油期货 5 月合约价格历史上首次跌入负值，盘中一度触及每桶 -40.32 美元的历史低点；当日结算价为每桶 -37.63 美元，跌幅达 306%。对于 5 月原油期货价格暴跌的原因，人们从不同角度进行了研究。我们从美国 WTI 原油期货相关规则作为切入点，对这一事件进行分析。

一、WTI 原油期货规则制度

（一）5 月原油期货合约到期日

按照 WTI 原油期货合约（见表 4－4）规定，每张原油期货合约单位为 1000 桶。而期货合约的最后交易日（交易终止时间）提前到交割月的前一个月：

“当前交割月份的交易须在交割月前一个月的 25 日之前的第 3 个交易日终止。若该月 25 日不是交易日，则在 25 日前一个交易日之前的第 3 个交易日终止。”

2020 年 5 月原油期货合约的最后交易日为 4 月 21 日。经查，4 月 25 日（周六）不是交易日，因此，最后交易日为 4 月 25 日前一个交易日，即 24 日之前的第 3 个交易日，就是 4 月 21 日。

4 月 21 日交易结束后，所有未平仓合约必须进入实物交割。

表 4－4　WTI 原油期货合约①

合约规模	1000 桶
结算方法	实物交割
交易终止	当前交割月份的交易须在交割月前一个月的 25 日之前的第 3 个交易日终止。若该月 25 日不是交易日，则在 25 日前一个交易日之前的第 3 个交易日终止
交割程序	交割须在俄克拉何马州库欣（Cushing，Oklahom）的任何管道或储油设备按离岸价（“FOB”）条件进行，且有权使用 Enterprise 库欣储油设备或 Enbridge 库欣储油设备的管道 买方有权选择通过下列任一方式完成交割： （1）有权使用卖方进油管或储油设备，在设施之间传输（“泵送”）至指定管道或储油设备； （2）通过管道（或系统）内传输，或向买方转让所有权； （3）若卖方同意上述转让，以及若卖方所使用的设备允许这种转让，则无须实物交割，通过罐内转让所有权予买方
交割期	交割须不早于交割月的第一个日历日，且不迟于最后一个日历日进行

① 部分条款。

（二）原油交割只能在库欣进行

WTI 原油期货实行实物交割制度。该制度中有两项特殊规定：一是交割只能在库欣进行；二是买方有义务提供原油存储设施。

1. 2020 年 4 月库欣可用库容不足

按照规则，被称为“世界管道的十字路口”的库欣（Cushing）是 WTI 原油期货唯一的交割地点。库欣的原油库容决定了 WTI 最大交割量。库欣原油总库容为 7610 万桶。2020 年 4 月 17 日，原油库存已达 5770 万桶，剩余库容 2040 万桶均已出租。库欣没有多余可用库容。

2. 买方有义务提供原油存储设施

据中粮期货原油分析师张铮介绍，库欣地区的剩余库容早在几周前就被套利资金租用或用于临时周转，这导致进入交割月的多头实际上难以找到足够罐容，客观上形成了多头被动平仓的条件。

而 WTI 原油期货交割有两种选择。一是卖方把原油输送到买方指定管道或储油设备；二是把原油所有权转让给买方，完成交割，相当于我国的就库交割。在前一种情况下，买方需要事先搞定原油存储设施，才能完成接货，否则，将发生买方交割违约。①

3. 空头在 5 月合约交割上具备显著优势

2020 年 4 月 17 日（周五）闭市时，距离合约到期还有 20 日（周一）和 21 日（周二）两个交易日。当时持仓仍然高达 14.9 万张——1.49 亿桶。即使库欣 2040 万桶剩余库容全部用于交割，尚有近 1.3 亿桶的原油无处安放。假定库欣总库容 7610 万桶都用于交割，仍有 6290 万桶无法接收。

只要卖方不平仓，坚持交货，买方就必须接货。尽管 5 月的任何一天都可以进行 WTI 原油交割，但若买方不能提供足够的库容完成交割，买方须承担交割违约责任。买方在未来 2 天只有两种选择：一是按卖方的更低卖价买入平仓；二是接下原油现货。根据当时的库容，多头按照持仓量接

---

① 原油价格暴“负”推手：和时间赛跑的油罐。
https：//www. cs. com. cn/xwzx/hg/202004/t20200422_6048620. html。

货几乎没有可能，那就只有听任空头宰割。

（三）NYMEX 交易系统支持负价格交易

在我国期货市场，交易系统不支持负价格交易。然而，各期货交易所的规则均未明确禁止负价格交易，只要交易系统允许接收负价格交易指令并可撮合成交，负价格交易就同时具备了规则要求和技术条件。

2020 年 4 月 3 日，CME 发出通知，4 月 5 日将具备负报价交易的技术条件并通知电子交易客户。然而，这个通知所包含的信息并未马上引起我国一些商业银行及其客户的注意。

（四）交易结算价的结算时段只有三分钟

WTI 原油期货采取每日无负债结算。WTI 原油每日结算价为闭市前最后 3 分钟（14：28～14：30）成交量的加权平均价。

由于结算价是对当日持仓进行盈亏结算的基准，正如本章第三节所述，美国期货市场上通过操纵结算价获取不当利益的事件屡屡发生。

（五）当日四次熔断后取消价幅限制

按照规则，每次触发熔断后，都要开始 2 分钟的观察期，并扩大价幅限制。如果在同一个交易日内，发生四次熔断后，将自动取消价幅限制——在当天的剩余时间内，期货价格可以随意涨跌。

二、WTI 原油期货 5 月合约暴跌

2020 年 4 月 20 日，下午 2：08 至 2：09 的一分钟内，83 张 WTI 原油期货 5 月合约以 0 美元/桶的价格迅速成交。同一分钟，油价毫无阻力地以 -1 美分/桶的价格下跌，引发原油期货价格以前所未有的自由落体速度跌入负价区。

4 月 20 日下午 2：29，也就是周一结算前一分钟，WTI 原油 5 月期货合约暴跌超过 300%，以 -40.32 美元/桶这一令人瞠目结舌的价格成交。

从 2020 年 4 月 17 日（周五）到 4 月 20 日（周一），WTI 原油期货 5 月合约的交易结算价从 18.27 美元/桶下跌到 -37.63 美元/桶，下跌幅度

高达55.9美元/桶。而WTI其他合约月份、布伦特原油期货所有合约月份期货价格都没有变成负数。且在下一个交易日——4月21日，也就是5月合约的最后一个交易日，5月合约收于10.01美元/桶，比4月20日的结算价上涨超过47美元/桶。

2020年5月7日，CFTC委员Dan M. Berkovitz表示，4月20日的WTI期货价格与现货市场价格发生了极端偏离（不聚合）；与现货市场脱节的期货合约不能有效发现价格、管理价格风险；CFTC正在分析WTI 5月合约倒数第二个交易日的期、现货价格偏离和异常价格走势。CFTC必须确定期、现货价格偏离的原因。

5月原油期货合约价格暴跌是否是人为因素所致？

三、加州稀有硬币交易商起诉伦敦维加资本

2020年8月4日，加州稀有硬币交易商Mish International Monetary Inc.，代表自己和所有其他类似情况者向伦敦维加资本（Vega Capital London）等提出集体诉讼，揭开了WTI原油期货5月合约暴跌面纱的一角。原告在“被告操纵概述”中的指控如下：

第一，2020年4月20日，与被告维加资本有关联的至少十几名交易员（以下简称“被告”）合作，大举卖出2020年5月到期的WTI期货合约（以下简称“5月合约”），以压低5月合约价格（包括结算价格）。这种协调一致的抛售行为给5月合约价格带来下行压力。

第二，在2020年4月20日上述大举卖出之前，被告购买了大量“结算价交易”合约。“结算价交易”合约赋予被告购买5月合约的权利，购买价格是该日5月合约的结算价格。

第三，5月合约价格越低，被告购买“结算价交易”合约的价格就越低。换句话说，被告有巨大的财务动机，以尽可能低的价格进行交易并最终结算。

第四，市场参与者的标准和理性做法是尽可能以最高价格卖出。然而，根据其操纵计划，被告多次极不寻常地违反这一标准惯例，试图以尽

可能低的价格不经济地卖出5月合约，以便获得5月合约的最低价和最低结算价。

第五，据金融媒体报道，被告在2020年4月20日的交易中获利高达5亿美元。因为商品期货交易是“零和游戏”，这意味着其他参与者在该日损失多达5亿美元。

第六，在2020年4月20日，5月合约价格走势在多个方面极为异常。一是5月合约价格较前一交易日的结算价格下跌约55.90美元/桶；二是WTI原油期货历史上首次出现以负价格成交，5月合约成交价低至-40美元/桶；三是在最后两分钟的交易中，5月合约价格下跌超过25美元/桶；四是5月合约的交易区间是58.17美元/桶。

第七，2020年4月21日，即5月合约的最后一个交易日，5月合约收于10.01美元/桶，比前一日结算价上涨超过47美元/桶。没有任何基本的供求因素可以解释上述极不寻常的价格变动。被告的操纵行为导致WTI原油期货合约价格的波动，至少从2020年4月20日开始，持续到2020年4月21日。①

原告列举的上述情况表明，2020年4月20日被告对5月合约的价格操纵都是为了打压结算价，以便以最低的结算价买入“结算价交易”合约，并在之后的交易日高价卖出，获取巨额不当得利。而2020年4月21日结算价比4月20日高出47美元/桶，为被告短时间内获利5亿美元作出了贡献。

被告恶意利用了WTI原油期货的交易、交割和结算规则。因为没有四次熔断后取消当日价幅限制，就不会有超过300%的跌幅；如果不允许负价格交易，就不可能有-40美元/桶成交的机会；如果WTI交割库容能够满足任何数量的交割，就会有人在负价格上抄底买入，卖方就不会那么肆无忌惮；如果WTI原油结算价的结算时段不是闭市前3分钟而是全天，被

① MISH INT'L MONETARY INC., on behalf of itself and all others similarly situated, v. VEGA CAPITAL LONDON, LTD. and JOHN DOES 1-100.
https://www.desilvalawoffices.com/documents/Mish-v-Vega-capital-complaint.pdf.

告用很小的成交量就能影响当日结算价的企图就很难实现。

尽管如此，原告也没有以违反交易规则为由起诉被告，而是从是否违法角度向法庭提出质疑：

（1）被告是否违反《商品交易法》，操纵 WTI 原油期货合约；

（2）被告是否违反《谢尔曼法案》，联合、共谋并同意操纵和控制 WTI 原油期货合约价格；

（3）此类操纵是否导致 WTI 原油期货合约产生人为价格；

（4）此类操纵是否造成《商品交易法》规定的可认定法律损害。

到目前为止，我们尚未看到中国银行起诉伦敦维加资本的消息。

第五章　交割区域与指定交割仓库

本章首先分析交割仓库布局的几种模式，然后讨论指定交割仓库在交割区域中的选择与库容总量管理，最后讨论期货仓单安全责任问题。

第一节　实物交割的概念

郑商所：实物交割是指交易双方按照合约和规则的规定，通过该期货合约所载商品所有权的转移，了结未平仓合约的过程。①

CFTC：实物交割（physical delivery）是期货合约或其他衍生产品合约中用交割现货商品履行合约的条款。在金融衍生品中，实物交割就是交割现货基础资产（通常是债券）。与之对应的是现金结算。

CFTC：现金结算（cash settlement）是期货、期权和其他衍生品的一种结算方法，根据合约规定程序，卖方（或空头）向买方（或多头）支付相关商品的现货价值或基于指数或价格水平的现金金额。现金结算也称为财务结算。②

在期货市场，了结未平仓合约的途径有两种，一种是通过交易进行平仓，另一种是实物交割。在商品实物交割时，卖方需要交付标准仓单或者

---

① 《大连商品交易所交割细则》（根据 2018 年 12 月 14 日大商所发〔2018〕499 号文件修订）。http：//www. dce. com. cn/dalianshangpin/fg/fz/jgxz70/6142250/index. html。

② Futures Glossary.
https：//www. cftc. gov/LearnAndProtect/AdvisoriesAndArticles/CFTCGlossary/index. htm.

现货，买方则支付足额价款。实物交割，也叫实物交收。卖方卖出交割（make delivery）是交付实物，买方买入交割（take delivery）是付款提货。

实物交割是促使期货价格与现货价格趋于一致的制度保证。实物交割是期货交易的最后一个环节，当期货市场出现过度投机、造成期货价格严重偏离现货价格时，期货和现货市场的套利者就会在两个市场间进行套利交易。当期货价格过高时，交易者就会在现货市场买入现货，在期货市场卖出期货，从而引起现货需求增加、价格上涨，期货市场供给增加、价格下跌，期货和现货价差缩小。反之亦然。

实物交割也是防控逼仓风险的重要手段和价格发现的制度保障。中外期货市场上屡次发生的多逼空都与实物交割有关，与实物交割的数量、质量有关，与交割相关制度是否合理有关。

商品实物交割在指定交割地点以不同交割方式完成，包括指定交割仓库交割、指定厂库交割和计价点交割等。

第二节　交割仓库布局

在期货合约设计中，期货合约的标的物确定之后，就要确定交割仓库设置的区域。在实践中，对交割区域的选择和交割仓库的考察同时进行。在划出交割仓库设置的区域范围之后，在该区域内择优选择符合要求的交割仓库。这一点与伦敦金属交易所（LME）的思路比较接近：

“LME 在指定交割仓库之前先批准交割地点。一旦交割地点获得批准，LME 将授权仓储公司签发 LME 仓单，并最终列出可以储存金属的仓库名单。”①

一、交割仓库布局的基本原则

从现货角度看，交割仓库的布局应符合商品现货生产、流通和消费格

① LME warehouse network.
https：//www. lme. com/en/Physical - services/Warehousing/Warehouse - network.

局，顺应物流规律和储存特点，避免迂回运输。比如，CBOT 有一个原则，交割仓库的设置不能改变现货的流通规律。

从期货角度看，交割仓库的布局要便利交割，保证期货市场价格发现功能的实现。第一，交割区域要适度集中，有利于期货价格在地理位置上的代表性；第二，交割区域内可供交割量充足，有利于防止多逼空扭曲期货价格。

交割仓库布局要兼顾市场发展需要和中长期发展趋势。交割仓库布局不可能一次到位，但也要尽量避免频繁调整。交割区域中的库点数量和总库容要能满足上市初期的交割需求。因为一个品种的初期仓库布局与对现货市场了解深入程度有关，当发现问题时，要适时进行调整，比如，尿素品种就在上市后不断扩大交割区域。

二、交割仓库布局的几种模式

不同商品的生产、消费和流通往往具有不同的特点，因此交割仓库布局的模式也不尽相同。目前全世界商品交易所的交割仓库布局基本可以分为以下几类：

（一）交割仓库设在主产区

1. 小品种

现货产量小的期货品种适合把交割仓库设置在主产区。其目的是增加仓单注册的便利性及仓单供给，有利于控制多逼空风险。比如早期的绿豆等。

（1）有利于增加可供交割量。商品在主产区的供给不仅数量最大，而且非常集中。把交割仓库设在主产区，只要符合交割商品质量要求的商品都可以交割，可以最大限度地增加可交割商品的供给。

（2）降低主产区卖方异地交割风险，提高注册仓单的积极性。异地交割风险主要包括以下几个方面：一是商品运输费用的不确定性；二是在装卸、运输过程中洒漏造成数量短少的可能性；三是出现质量检验不合格，就地销售等问题。面对不熟悉的现货市场，“货到地头死”是对卖方在销区注册仓单的最大威胁。

（3）增加交割卖方在时间选择上的便利性。卖方在产区仓库的交割，基本不受时间限制，可以选择对自己最有利的时间进行仓单注册和交割。一是可以有效利用自有仓库库容，减少期货仓储费用；二是可以根据自己的现货商品数量与成本，在合适的期货价位随时建仓，随时注册仓单，随时交割。

2. 销区分散品种

苹果和玻璃的交割仓库基本都设在主产区。一是这些品种本地消费量有限，以外销为主且销地比较分散；二是这两个品种都不适合来回搬运。

（二）交割仓库设在主产区与主销区重叠地区

郑州商品交易所的PTA和小麦属于这类品种。

我国小麦的主产区与主销区均在河南省、河北省、山东省、江苏省。据国家统计局统计，2006年，全国小麦产量约为10847万吨，其中上述四省合计产量约为7039万吨，约占全国产量的65%。据中国粮食行业网统计，在全国报送粮油加工业统计报表的粮油加工企业（以下简称入统企业）中，2006年全国入统企业小麦粉总产量4345.8万吨。其中，河南省达937.7万吨，山东省达886.7万吨，江苏省达503.5万吨，河北省达420.3万吨，四省合计占全国入统企业面粉产量的63.24%（见表5-1）。而优质小麦产量，河南省和河北省位居前两名。郑州商品交易所强筋小麦交割仓库也主要设在河南、山东等省区（见表5-2）。

表5-1　　2006年主要省份小麦、面粉产量分布

品种	全国产量（万吨）	河南省（万吨）	山东省（万吨）	河北省（万吨）	江苏省（万吨）	四省合计（万吨）	合计占比（%）
小麦①	10846.59	2936.50	2012.82	1188.64	901.12	7039.08	64.90
面粉②	4345.8	937.7	886.7	420.3	503.5	2748.2	63.24

① 小麦产量数据来源于国家统计局网站。

② 面粉加工数据来源于中国粮食行业网“2006年度粮油加工业统计分析”。面粉产量仅指全国报送粮油加工业统计报表的粮油加工企业产量。
https：//www.docin.com/p-2436160761.html。

表5－2　郑州商品交易所强筋小麦交割仓库分布（2006－9－29）　单位：家

品种	河南省	山东省	河北省	江苏省	陕西省	安徽省	北京市	天津市	合计
强筋小麦①	7	4	4	2	1	1	1	1	21

（三）交割仓库设在集散地

目前，动力煤是交割仓库设在集散地的典型品种。北方动力煤通过铁路、公路运到环渤海港口，特别是北方四港（秦皇岛港、曹妃甸港、京唐港和黄骅港），再通过海运转运到其他消费地区。进口动力煤通过海运到南方港口后，再运销到南方电厂。因此，动力煤期货交割厂库及车船板服务机构都设在集散地港口（见表5－3）。②

表5－3　动力煤期货交割厂库及车船板服务机构（2021－11－11）

秦皇岛港	华能曹妃甸港
国能黄骅港	华电曹妃甸港
国投曹妃甸港	华能太仓港
国投京唐港	浙江舟山六横港
天津港	广州港
唐山港	福建可门港
唐山曹妃甸港	广西防城港

大连曾经是东北大豆集散地，或称中转地。东北生产的大豆，除了本地消费外，通过铁路运到大连地区的港口，然后再通过水运或铁路向全国各地发运。因此，早期大豆1号10家指定交割仓库全部设在大连市。

此后，由于大豆1号作为食用大豆直接用铁路运往各地消费，大连作为中转地的地位下降，产区成为主要交割区域，哈尔滨成为基准交割地，大连作为非基准交割地升水50元/吨。在现有24家交割仓库中，黑龙江

① 仓单日报。
http：//www. czce. com. cn/cn/jysj/cdrb/H770310index_1. htm。
② 动力煤期货交割厂库及车船板服务机构名录。
http：//www. czce. com. cn/cn/jysfw/hyfw/jgywzy/ckml/H7704020409index_1. htm。

16 家、内蒙古 2 家、吉林 1 家、大连只有 5 家。①

（四）交割仓库产销区兼有

郑商所的白糖在产销区兼有交割仓库。广西是中国最大的白糖产区，近年来白糖产量一直占全国年产量的 60% 以上，但本地的消费量却非常有限，绝大多数广西产食糖通过水路和陆路运往全国各地。截至 2012 年 10 月 31 日，在郑州商品交易所的 31 家白糖交割仓库中，有 9 家交割仓库设在广西，其他三大蔗糖产区 8 家，其余 14 家设在全国各地（见表 5－4）。

表 5－4　　白糖交割仓库分布（2012－10－31）

项目	广西	云南	广东	海南	其他地区	合计
仓库数量（家）	9	3	4	1	14	31

资料来源：郑州商品交易所网站。

1. 广西

在白糖上市初期，广西白糖交割仓库数量难以增加的原因是当地缺少符合要求的仓库。为了解决广西白糖交割问题，交易所不得不在白糖销区设置交割仓库。初期在销区大量设置交割仓库的另一个原因是，广西参与白糖期货积极性低，在云南白糖北向运输铁路沿线和其他地区设立交割仓库，以吸引云南糖和新疆糖注册仓单交割。

目前，广西白糖交割仓库仍为 9 家，但经过多次调整优化，总库容已经增加到 60 多万吨，约占广西白糖产量的 10%，足以满足期货交割需求。

2. 云南

早期云南白糖交割仓库设置较少的原因是，该地区很多白糖仓库的经营采取仓库所有者不经营，租给他人经营的模式。所有权与经营权的分离使这类仓库难以满足交易所对交割仓库风控的需要，仓库所有者不愿意为经营者进行担保。

经过多年的发展，云南仓储企业规模和资产质量都得到很大提升，符

① 大连商品交易所黄大豆 1 号指定交割仓库名录。
http：//www.dce.com.cn/dalianshangpin/ywfw/ywzy/nypjgywzy/index.html。

合条件的仓库也越来越多。由于云南白糖的仓单注册量一直不大，交割库容足以满足需求，待市场需求增加时再适时增加交割库容也不迟。

3. 其他地区

近年来，进口糖数量增加，且加工地主要集中在沿海地区。据统计，2022—2023 年度，我国白糖年产量为 900 万吨，进口糖为 500 万吨。原糖加工后就近销售，使白糖主产区的概念开始模糊。

2023 年 4 月，白糖交割仓库数量为 29 家，其中一半以上设在南方甘蔗糖产区之外的地区。但从 2017 年开始，沿海交割仓库升贴水陆续下调、仓单注册量不断减少。目前，白糖仓单注册主要集中在白糖产区。

（五）交割仓库设在主销区

LME 的交割仓库分布在世界各地。最初，LME 的交割仓库全部设在英国，后来 LME 逐步在国外设立交割仓库。截至 2023 年，LME 共在美国、欧洲和亚洲的 32 个交割地点（location）设置 500 多个指定仓库（LME - approved warehouses），而且这些交割地点全部集中在净消费地区。[①]

LME 交割仓库全部集中在净消费地区。LME 一再强调，对于交易者来说，交易所的交割仓库是不得已的一个最后去处。一般而言，LME 金属库存增加意味着市场供大于求，反之亦然。其结果是，当现货市场出现萧条时，有色金属流入交割仓库；当现货市场供给偏紧时，有色金属从交割仓库流出，交割仓库成为现货市场状况的指示器。由于买方习惯及时提货，设立的交割地点就要满足非常便利消费者迅速提货的需求。LME 称，交易所并不打算用期货市场取代现货市场，因此，期货市场不应该比现货市场提供更具吸引力的交割条件。

LME 选择交割地点的条件为：（1）交割地点应为净消费地区，远离相邻的生产地区；（2）已经或者确信能够成为流向最终消费地区的天然补给通道；（3）所在地区政治经济稳定，贸易敏感，财政适宜，法律健全，

---

① Approved warehouses.
https：//www. lme. com/en/Physical - services/Warehousing/Approved - warehouses.

环境安全，管理优良；（4）批准为某一金属品种的交割地点后，除特殊情况外，没有仓储数量限制。①

硅铁锰硅交割区域也设在销区。这两个品种的现货习惯是送货制，而且其钢厂用户都在销区。

三、交割仓库布局的调整

在经过一定时间交割后，如果发现交割仓库的布局影响期货市场功能的发挥，影响交割风险的控制，不能反映正常的生产和流通的变化，那么，交割仓库布局的调整将成为必然。从国内外期货市场发展的历史看，交割仓库布局的调整都是由现货市场变化引发的。

（一）芝加哥期货交易所玉米和大豆交割区域布局的调整

1996 年 12 月，美国期货市场监管机构——商品期货交易委员会（CFTC）向芝加哥期货交易所（CBOT）指出玉米和大豆现货市场发生了很大变化，要求 CBOT 对交割仓库布局进行调整。其原因如下：

一是商品流通主渠道进一步偏离合约规定的交割地点，特别是偏离了芝加哥。合约规定的交割地点，特别是芝加哥的现货市场活动持续下降，在 1996 年 12 月之前的 14 个月里，交割仓库的库容也出现了急剧下降。

二是在过去 20 年里，政府存储计划取消，农场自储数量增加，使芝加哥作为谷物集散地的地位不断下降；铁路运输管制的放松，导致越来越多的谷物直接从产区运送到加工企业和其他地区。存储数量的下降造成芝加哥的几个交割仓库因不赚钱而关闭，从而导致芝加哥的交割仓库库容从 5400 万蒲式耳下降到 1500 万蒲式耳。

为此，芝加哥把玉米和大豆交割地从芝加哥和托利多，改变为伊利诺伊河流域。该地区的交割能力为 1.7 亿蒲式耳，为芝加哥和托利多的两倍。②

---

① 赵文广，“英国期货市场的交割管理制度”，《期货日报》2009 年 8 月 4 日。

② 安妮·派克、杰弗利·威廉斯著，赵文广等译：《期货交割》第 120—121 页，中国财政经济出版社，1998 年。

（二）我国豆粕与棉花交割仓库布局的调整

2002 年，大连商品交易所决定对豆粕合约进行改革，其主要内容就是调整交割仓库布局，增加厂库仓单。改革的动力是豆粕期货交易一直不活跃，大商所不断探寻问题根源，通过反复试错，寻找解决办法[①]。关于豆粕交割方式的调整问题，我们在“仓单类型与有效期”一章中详细探讨。

棉花交割仓库布局的调整是因为现货市场发生了根本性变化。2011 年，新疆棉花产量比重首次突破全国的 50%，达到 59.81%；2020 年更是高达 87.33%。对棉花生产区域的调整直接影响到交割仓库布局的调整。可参看“交割基准价与升贴水”一章。

第三节　指定交割仓库监管

一些省市把在本地发展期货交割仓库，作为促进当地经济发展的一项重要工作，而且写入政府工作报告。在正常情况下，交割区域内的仓库最有可能发展成为指定交割仓库，也就是说指定交割仓库首先要在该品种交割仓库布局范围之内，并且符合交易所要求的条件。但是，交割区域并不是静态的、固定的，是个动态的概念。

一、交割仓库应具备的基本条件

一是经营仓储资质要求。《大连商品交易所指定交割仓库资格与监督管理规定》要求，“指定交割仓库的申请人应当为法人，具有市场监督管理部门颁发的营业执照；涉及国家限制经营、特许经营的，应当获得相应资质。”[②]

比如，经营甲醇等危险化工产品的，要有危险品储运许可证。申请保税交割业务的，应当具有保税仓库经营资质。

---

① “期交所大刀阔斧改革交割制度”，《证券时报》，2002 年 11 月 25 日。

② 《大连商品交易所指定交割仓库资格与监督管理规定》。
http：//www.dce.com.cn/dalianshangpin/ywfw/jystz/ywtz/6302102/2022011115593838144.docx。

二是资产状况要求。首先，交割仓库及其担保单位的注册资金和净资产达到交易所最低要求。其次，交割仓库的经营者同时是仓库的所有者；租用仓库作为主交割仓库的，需要由仓库所有人对其租库业务进行担保或者加倍提高担保要求；最后，交割仓库的土地和库房不得有被质押的情况。随着仓储设施的提升、市场需求的变化，对交割仓库资产的要求也会不断变化。

大商所规定，“指定仓库申请人注册资本或净资产不足10亿元的，还应当提供有关单位（以下简称担保单位）出具的担保函，担保单位的注册资本和净资产应当达到交易所规定的要求。

申请人的财务状况良好，具有较强的抗风险能力，不存在影响持续经营的事项，没有逾期无法清偿的债务，不存在巨额亏损，近两年（成立不足两年的，自成立之日起）由会计师事务所出具的审计报告均为无保留意见。”

“指定仓库的申请人不存在为其他主体提供对外担保的情况。

为关联公司提供担保、遇有新品种上市或某一品种可能出现大量交割等交易所认可的情况除外。”①

大商所指定交割仓库资产及担保要求见表5－5。

表5－5　　大商所指定交割仓库资产及担保要求

<table>
<tr><th rowspan="2">类型</th><th rowspan="2">品种</th><th colspan="3">交割仓库</th><th colspan="2">担保单位</th></tr>
<tr><th>注册资本（万元）</th><th>净资产（万元）</th><th>营业运行年限</th><th>注册资本（万元）</th><th>净资产（万元）</th></tr>
<tr><td rowspan="7">农业品</td><td>豆粕等</td><td rowspan="4">≥1000</td><td rowspan="4">≥2000</td><td>≥2</td><td rowspan="4">≥1000</td><td rowspan="4">≥2000</td></tr>
<tr><td>胶合板</td><td rowspan="2">≥1</td></tr>
<tr><td>纤维板</td></tr>
<tr><td>玉米</td><td rowspan="4">≥2</td></tr>
<tr><td>玉米延伸库</td><td>≥500</td><td>≥500</td><td>—</td><td>—</td></tr>
<tr><td>鸡蛋</td><td>≥500</td><td>≥500</td><td>≥500</td><td>≥500</td></tr>
<tr><td>生猪</td><td>≥1000</td><td>≥5000</td><td>—</td><td>—</td></tr>
<tr><td>工业品</td><td>聚丙烯等</td><td>≥1000</td><td>≥1000</td><td>≥1</td><td>≥1000</td><td>≥1000</td></tr>
</table>

① 《大连商品交易所指定交割仓库资格与监督管理规定》。
http：//www. dce. com. cn/dalianshangpin/ywfw/jystz/ywtz/6302102/2022011115593838144. docx。

2015 年 2 月 13 日，郑商所发布通告，暂停山东省棉麻有限公司棉花交割仓库交割业务。暂停原因是，该库为系统内企业提供担保，在被担保单位出现资金问题时承担连带担保责任，交易所认为该库的交割业务有可能因此受到影响，出于安全考虑及时暂停其交割业务。

三是管理人员要求。交割仓库要配备诚实守信、仓储管理经验丰富的业务负责人。交易所交割部门负责通过与申请单位的法人、负责仓储业务的副总以及交割经理分别进行交流，以判断各自业务能力、管理水平以及谈话中表现出的诚信情况。

四是最低库容要求。每家交割仓库的最低交割库容原则上不低于 2 万吨（见表 5－6），并配备过地磅。

表 5－6　　大商所指定交割仓库最低库容要求

类型	品种	总库（罐）容	最低保证库（罐）容	占地面积（万平方米）
农业品	豆粕	≥3 万吨	≥1 万吨	—
	黄大豆 1 号	散粮≥10 万吨	≥5 万吨	≥10
	黄大豆 2 号	散粮≥10 万吨	≥3 万吨	—
	豆油	≥5 万吨	≥2 万吨	—
	棕榈油	≥5 万吨	≥2 万吨	—
	玉米淀粉	库房≥6 万吨	≥3 万平方米	≥20
	粳米	≥10 万吨	≥3 万吨	—
	胶合板	库房≥3 万平方米	≥0.3 万平方米	≥5
	纤维板	库房≥3 万平方米	≥0.3 万平方米	≥5
	玉米	散粮≥10 万吨	≥3 万吨	≥10
	玉米延伸库	散粮≥10 万吨	—	—

续表

类型	品种	总库（罐）容	最低保证库（罐）容	占地面积（万平方米）
农业品	鸡蛋	≥0.05 万吨	≥0.02 万吨	—
	生猪	—	—	—
	聚氯乙烯等	≥2 万吨	≥1 万吨	—
	焦炭	≥10 万吨	≥5 万吨	—
	焦煤	≥20 万吨	≥5 万吨	—
	铁矿石	≥200 万吨	≥20 万吨	—
	乙二醇	≥4 万吨	≥2 万吨	—
	苯乙烯	≥3 万吨	≥2 万吨	—
	液化石油气	—	—	—

五是检验人员与制度要求。由于部分农产品检验指标简单，交割仓库可以自己完成检验。此类品种的交割仓库需要配备相应的检验设备、计量设备、具有检验资质和经验的检验人员。对于工业品而言，受检验所需的专用设备、检验机构资质要求限制，一般只要求交割仓库需配备有相应的制度，协助抽样、分样和寄送样品。

早在 1858 年，CBOT 就制定了《新小麦检验规则》；任命首席检验员：监督检验人员，统一检验标准；对入库粮食、装船粮食均进行检验；公布仓储商每天上报的交割数量和等级；仓储商与 CBOT 签署以“诚信、公正”为原则的仓库协议。

六是装卸和中转能力要求。交通便利，最好有铁路专用线或码头。郑州商品交易所初期上市的小麦等农产品价值较低，利用自有专用线或所在码头发货可以显著降低出库发运成本，且当时的大型粮食仓库多为国家粮食储备库，大多建有铁路专用线或在港区内，因此，专用线或码头成为小麦交割仓库的重要选择条件之一。随着上市品种的增多，专用线建设和维护费用的提高，把专用线或码头作为交割仓库选择的重要条件已经不符合客观现实。在后来的交割仓库选择条件中，不再把拥有专用线或码头作为交割仓库选择的必要条件。但装卸能力、中转能力影响着仓单注册和提货出库速度，影响着投资者参与交易、交割的积极性，成为国内外商品交易所选择交割仓库的重要条件之一。

七是诚信守法要求。要求交割仓库没有严重违法违纪行为、没有因违法违规等行为被取消交割仓库资格的记录。一旦交割仓库因诚信或违法违规问题被一家商品交易所取消交割仓库资格的，其他商品期货交易所也不会再使用这家仓库作为交割仓库。因为交割仓库布局调整等原因被取消交割仓库资格的，不在此列。

大商所规定，“申请人应当具有良好的商业信誉，完善的仓储管理规章制度，近三年内（成立不足三年的，自成立之日起）无严重违法行为记录或被期货交易所取消指定交割仓库资格的记录。”①

在白糖期货上市之初，昆明当地的期货公司多次推荐一家仓储条件和资产状况都不错的国有企业申请成为白糖交割仓库。在调研过程中，多位糖业人士反映该仓库曾经发生过盗卖客户存储白糖的问题，经与被盗白糖当事人核实后发现情况属实，未同意该库申请。

新品种首批交割仓库不宜设置太多。由于对符合条件的仓库了解不足，交易所会通过公开征集、会员公司推荐等方式尽可能多地了解该商品现货仓库的信息，尽量做到优中选优。鉴于交割区域的选择和总库容的需求要通过交割进行检验，因此，首批交割仓库设置不宜过多，以后可以根据实际需要进行调整。因不少企业对成为交割仓库的益处认识不足，申请不积极，首批交割仓库获批也相对容易。

交易所倾向于选择库容较大、辐射面较广的仓库作为交割仓库。较多的交割仓库意味着交易所要投入较大的监管成本。比如，在交割仓库装备摄像监控设备，对申请注册的商品进行抽样，对已经注册的商品进行抽检。因此，交易所在交割仓库数量的确定上，不仅要确保实物交割需要，而且要在降低监管成本与防止库容闲置之间找到平衡点，交割仓库并非越多越好。

① 《大连商品交易所指定交割仓库资格与监督管理规定》。
http：//www.dce.com.cn/dalianshangpin/ywfw/jystz/ywtz/6302102/20220111155938144.docx。

交割库数量多与少很难有一个明确的标准。由于品种部门和交割部门各自出发点和认识不同，意见也往往不一致，甚至新品种研究人员的观点都会对首批交割仓库设置的数量产生影响，因此，首批交割仓库的设置是否合适需要经过上市后的交割检验。

二、CBOT 农产品指定仓储企业最低财务要求

（一）营运资金

营运资金（流动资产减去流动负债）必须不低于 200 万美元。稻谷和燃料乙醇指定仓储公司的营运资金必须不低于 100 万美元。所有流动资产必须易于出售。营运资金低于 200 万美元（稻谷和燃料乙醇为 100 万美元）的指定仓储公司必须向交易所存入美国国债或交易所认可的其他抵押品，其金额和条件应符合交易所的要求。

（二）净资产

指定交割仓储公司的净资产（总资产减去总负债）除以期货合约数量必须大于 5000 美元/合约。除稻谷外，签发船运凭证交割的仓储公司净资产不得小于 500 万美元。

（三）签发新船运凭证的净资产要求

只有在已注册和新签发的船运凭证总价值低于 100% 净资产时，稻谷仓储公司才可以签发新的船运凭证。其他农产品和乙醇仓储公司签发新船运证书的条件是不超过公司净资产的 50%。想要超过净资产签发船运凭证，就必须向交易所存入美国国债或交易所认可的其他抵押品，抵押品的价值等于超出其 100% 净资产的部分。

（四）财务报表要求

每一家指定农产品或乙醇仓储公司都必须在年终后 90 天内向交易所提交一份经审计的年度财务报表，在非年终的另外三个季度结束后 45 天内提交未经审计的季度财务报表。所有未经审计的财务报表必须附有由首席财务官签署的证明函。如果没有首席财务官，则由有权代表公司签署财

务报表并证明其正确性和完整性的普通合伙人、执行官或管理人员签署。

（五）资产减少报告

若与最近财务报表相比，公司资产出现大幅减少，必须通知交易所。①

三、交割仓库职责

（一）保证交易商品的数量、质量安全

指定商品交割仓库是指经交易所指定的，为商品期货合约履行实物交割提供仓储等服务的经营组织。其中，保证仓储商品的数量安全、质量安全是交割仓库的核心职责。一是通过投保财产险，降低火灾、水灾等自然灾害造成的损失。二是防控盗抢、监守自盗、仓单被非仓单持有人质押等人为因素造成的损失。三是强化入库质量检验、交割商品在库保养，防止交割商品质量出现非正常性下降。

在入库环节，既要防止交割仓库对关联企业或利益相关客户放松入库标准，也要防止交割仓库为了保护自己，在交割商品特别是农产品入库时，故意提高交割商品入库质量标准。

1858 年开始编写的第一份 CBOT 年报记载了交割仓库与 CBOT 签订的协议内容。交割仓库承诺，“我们将随时交付检查员认为与仓单所载等级相同的谷物，通过仓单交付所述谷物（通常的火灾和发热风险除外）；除非我们能令人满意地证明正在交付的谷物在入库时进行了检验，其质量与正在出库的等级相同，否则，我们将认为自己有责任承担等级价差，并立即赔偿。我们将根据 CBOT 的指示要求，把每日装运到每条船上的各种谷物的数量、等级做成备忘录，签字后提交给 CBOT。”②

（二）交割相关服务

交割商品相关的服务主要集中在出入库环节，客户与交割仓库的纠纷也主要发生在这些环节。交易所加强交割相关的服务与收费监管，确保交

---

① CBOT RULEBOOK. CHAPTER 7 DELIVERY FACILITIES AND PROCEDURES 708.

② The First Statement of Trade and Commerce of Chicago for the Year Ending December 31, 1858.

割仓库的利益和投资者的利益不受损害。

一是交割商品出入库时间优先。特别是用于当月交割的商品，由于时间紧迫，入库速度会对卖方客户是否出现交割违约产生较大影响，因此，交割仓库必须确保交割商品出入库时间优先。同时，在交易所与交割仓库签订的协议中，约定每日最小出入库装卸量。

“交割仓库应当保证用于期货交割的商品优先办理入库、出库。”

二是出入库收费合理。交割仓库根据各地劳动力薪资水平自主确定出入库费用，但交易所也要防止在交割库容紧张地区的交割仓库制定不合理的出入库费用标准，对收费标准进行指导，必要时进行干预。

三是根据客户要求，提供农产品整理服务。对已经运入交割仓库但抽样发现达不到交割标准的农产品，比如水分、杂质超标的商品，交割仓库可以提供协助晾晒和整理服务，降低客户损失，并收取服务费用。

四是不能强买强卖。对检验不合格商品或出库商品，不得违背客户意愿，要求客户把商品卖给交割仓库。

五是物流运输服务。特别是异地客户提出要求协助推荐物流公司的，交割仓库要积极予以配合。但要向客户推荐至少两家物流公司供其选择。交割仓库自己有物流公司的，对客户的报价不得高于其他物流公司。

四、交割仓库管理创新

交割仓库的管理创新，一是通过创新处理方法，解决审批中遇到的各种问题，满足交割仓库审批要求；二是利用现有指定交割仓库，提供更多交割服务。

（一）交割仓库主体日益丰富

1. 民营仓库越来越多

我国商品期货市场建立之初，仓库经营以国有企业为主，且因期货交割量小，交割仓库基本全是国有企业。随着民营仓储企业的发展，新品种的不断上市，特别是有些品种的仓库以民营企业为主，比如甲醇、菜籽油等，不选择民营企业仓库就无法满足交割库容需求。在此情况下，国有与民营企业仓库都被纳入交割仓库之中。

2. 事业单位成为期货交割仓库

在棉花期货上市时，第一个事业单位仓库是位于新乡地区的432仓库。这个带有编号的仓库是属于河南储备物资管理局的非独立法人机构，通常以432处相称。这类仓库管理库容大，条件好，管理规范，但不符合当时对于交割仓库一定是企业独立法人的要求。在经过交易所充分调研和论证后，432仓库成为期货市场第一家非法人事业单位交割仓库。其后，三家商品交易所陆续发展了数家此类仓库。

3. 股东以自有房产担保

云南广大储运物资有限公司（云南广大）是一家专门从事云南物资外运的专业公司，与铁路祥云站、大理东站共建了几家中转仓库，在云南西部白糖产区客户群体中声誉很高，注册资金和净资产均符合交易所要求，但没有权属该公司的固定资产。当时该地区缺少符合交割标准要求的仓库。为了解决滇西白糖期货交割问题，郑商所批准该公司法人和主要负责人以自有房产做质押，解决了担保问题。

（二）拓展指定交割仓库业务规模

1. 多品种交割仓库

由于我国信用建设仍处于发展阶段，增加一家新的交割仓库相当于新增了信用不确定性。因此，交易所会在相同的交割区域内，充分利用现有交割仓库，或作为同一交易所其他品种的交割仓库，或与其他交易所共用交割仓库。

2. 集团交割仓库

为解决增加库容和管理困难的矛盾，大商所借鉴期货分级结算业务模式，推出集团交割业务，即选择仓储资源丰富、交割风险承受能力强、能够有效管理的大型企业作为集团交割仓库，集团交割仓库把控股公司、参股公司、分公司或者合作单位设为分库，授权分库办理交割业务，由此产生的交割风险由集团库承担，从而实现交割风险的分层管理。

“集团交割业务有以下三个特点：一是集团信用。交易所选择玉米产业内银行资信好、行业内信誉程度高的大型企业作为集团交割仓库，要求其注册实物仓单前缴纳一定金额的银行保函用于解决交割纠纷，并承担交割风险。二是风险分层。集团交割仓库授权分库办理交割业务、收取相关费用和开具发票，负责对分库进行管理，分库产生的交割风险、交割纠纷引发的赔偿等经济和法律责任均由集团交割仓库承担。三是仓单串换，交易所将以协议的方式规定集团交割仓库在一定限度内提供仓单串换服务，并要求分库向交易所报送每日现货价格，现货价格将成为未来调整升贴水和仓单串换时价差补偿的重要依据。”①

3. 主体库与延伸库

主体库就是指定交割仓库，延伸库是指定交割仓库用于期货交割目的而租用他人的库房。正因为这样的关系，就像集团交割仓库要对分库的交割业务负责一样，指定交割仓库也对延伸库出现的交割风险承担全部责任。

《大连商品交易所指定交割仓库管理办法》规定，“指定交割仓库经交易所批准，可以设立延伸库区。设立延伸库区的指定交割仓库包括主体库区和延伸库区。主体库区是指定交割仓库自身设立，并由指定交割仓库经营管理的交割库区；延伸库区是指定交割仓库通过协议方式在其他企业设立，并由其他企业经营管理，指定交割仓库进行监督的交割库区。

货物存放在延伸库区的，指定交割仓库应当保证货主在规定期限内提到符合期货合约要求的货物。货主未能在规定期限内提到符合期货合约要求的货物，造成货主损失的，由指定交割仓库承担全部责任。”②

设立延伸库区的目的有两种：第一种是解决临时增加库容需求的临时性措施，延伸库在集中交割结束后即被取消；第二种是作为解决基准交割区域交割库容不足的长期规划，通过借助现有指定交割仓库的管理经验、

① 大商所玉米期货集团交割相关规则落地实施。
http：//www. dce. com. cn/dalianshangpin/xwzx93/jysxw/6028772/index. html。

② 《大连商品交易所指定交割仓库管理办法》，自 2020 年 12 月 31 日起实施。
http：//www. dce. com. cn/dalianshangpin/fgfz/6142914/6142922/6163315/index. html。

风险承担能力等，在异地长期增加交割仓库库容。2008年，郑商所允许棉花交割仓库临时租用周边仓库属于第一种。大商所修改交割制度并开始长期实施的玉米延伸库属于第二种。

2008年，棉花交割预报量和入库量大幅度增加，库容需求突然扩大。考虑到这种大交割缺乏持续性，增加交割仓库后可能出现长期空置、取消困难的问题，为此，郑商所通过交割仓库时刻了解交割意向数量变化，判断需要临时增加多少库容，鼓励现有交割仓库临时租用附近仓储条件较好的仓库用于期货交割、派人驻守，以解决交割仓库临时库容不足和监管问题。2007/2008年度结束时，实际注册仓单从上一年度的14.4万吨增加到22.1万吨。2009年，棉花仓单注册量大幅减少，临时租用的仓库被取消。2016/2017年度之前，仓单注册量均未超过2007/2008年度（见图5－1）。

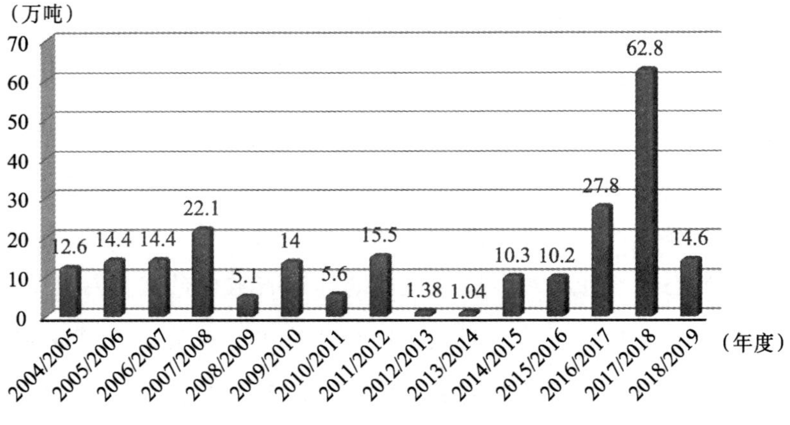

图5－1　2004—2019年棉花仓单注册量

2015年12月23日，大商所发布通知，对指定交割仓库管理办法和交割细则进行修改，允许玉米品种的指定交割仓库设立延伸库区。

“玉米期货上市十年来，随着市场结构的变化，港口库容紧张和交割区域覆盖面不足问题已显现出来。大商所相关负责人表示，大商所结合市场变化，允许资质较好的指定交割仓库在吉林和辽宁产地设立异地延伸库区，以增加库容，解决上述矛盾。货主若选择在延伸库区入库，升贴水可由客户与交割仓库协商确定。”

（三）建立厂库交割制度

1997 年，芝加哥准备新建一个机场，拒绝续租两家大交割仓库占用的土地，由此可能造成交割量的大量减少，迫使 CBOT 改革实施了 130 多年、本已与现货市场脱节的交割制度。

1997 年春，CBOT 向 CFTC 提交了在芝加哥西南 150 公里沿途的船运站（shipping station）签发船运凭证（shipping certificate）制度的改革方案。按照这一方案，登记注册的船运站允许签发船运凭证的数量等于其每月船运数量的一个既定百分比。“无论船运站手头是否有玉米和大豆，船运凭证使他们承担了必须根据空头通知装船的责任。”由于有多个船运站可以签发船运凭证，希望马上装运的多头需要对收到的多个船运站签发的船运凭证进行交换，以便在同一个地点集中整船装货。[①]

我国的厂库交割制度也受到 2000 年 CBOT 伊利诺伊河流域交割制度的启发。2004 年 7 月，大商所在豆粕期货交割中首次实行厂库交割。此后，厂库交割制度在几家商品期货交易所的多个品种实施。目前，又在生产型交割厂库基础上发展了贸易商厂库。

生产型厂库实际不是仓库，而是一家生产企业，一个以厂为单位的交割地点。生产企业通过缴纳规定金额的银行保函（130%）或现金（100%）作为信用担保，以将来的产品作为客户提货的保障注册成仓单，并按照买方要求在规定时间内交付厂库仓单对应数量的实物，履行交割义务。正因为厂库可以签发厂库仓单并参与期货交易，曾经颁布多年的“交割仓库不得违规参与期货交易”的规定就此结束。

贸易型厂库实际上只是借用了厂库可以开具信用仓单的特点，在贸易商缴纳规定金额的银行保函或现金作为信用担保后，也可以提前注册厂库仓单，按照买方要求，在规定的提货仓库交付仓单对应的商品来履行交割

---

① 安妮·派克、杰弗利·威廉斯著，赵文广等译：《期货交割》“中文版后记”，中国财政经济出版社，1998 年。

义务。贸易型厂库主要是应期货公司风险子公司的要求设立的。

（四）提高交割库容利用率

提高交割库容利用率一直是交易所和交割仓库探索的问题。其目的是降低交割成本，防止库容资源浪费。

1. 期货交割不确定性影响交割仓库决策

交割仓库在判断未来库容利用情况时，会遇到各种不确定性，直接或间接影响着交割仓库的决策，更影响着仓单的形成和交割风险控制。一是仓单注册数量的不确定性。在长期的交割实践中，可以用于判断交割数量的因素有两个，一个是期现货价差，另一个是近月合约的持仓数量。即便如此，某一交割仓库仍无法事先知道一定时间内可能注册的仓单数量，从而无法准确地预留出交割仓库库容。因为客户可以选择任何一家仓库注册仓单，历史上的交割数量也只能作为参考。二是仓单在库时间的不确定性。即使注册了期货仓单，也可以随时被注销、提货。郑州商品交易所的白糖和棉花期货仓单曾经发生过注册后不到一周即被注销的情况。三是库容闲置没有补偿与收入的不确定性。即使交割仓库为保障最低仓库库容要求而闲置，交易所也没有义务对其进行补偿，交割仓库的收入直接或间接受到期货交割影响。

在开展期货交割业务之后，交割仓库对整体库容的分配一般都要考虑以下因素。第一，留一部分库容，以满足政策性库存需求。政策性库存相对稳定，时间较长。特别是农产品，在定期轮换中，仓库还可以利用轮换时间差，赚取一定轮换费用。因此，政策性储备是仓库最基本也是最稳定的收入来源，仓库一般不愿意轻易失去储备。第二，为维持传统客户而留出的库容。尽管传统客户的库容需求没有政策性储备稳定，但收费标准高于政策性需求，而且对存储条件的要求相对灵活，一般情况下，仓库都会为这些多年来支持过他们的客户留下部分库容。第三，预留给期货交割的库容。从最低库容要求上看，最低交割库容属于刚性库容；从交割库容利用的不确定性上看，这部分库容又属于弹性库容。交割库容使用的不确定性，迫使交割仓库在不同需求和不同时间上对库容的用途进行调整，以保证库容利用率的最大化和仓储收益的最大化。

2. 利用交割预报，预判交割库容需求

交割预报由期货公司或自营会员代客户直接向交割仓库申报提交交割意向，包括交割数量、到库时间等，交割仓库接到交割预报后，可以提前在交割库容、入库接收等方面做好准备。与客户持仓对比，交割预报可以真实地反映交割意向，交易所可以根据交易预报情况，及早判断交割库容整体利用率，防范交割库容不足导致的交割风险。

3. 借鉴现货习惯，改进农产品期货交割商品存储

现货存储时间的确定性为合理有效地利用库容提供了条件。最有代表性的是国家储备粮的存储。一般情况下，存储商品的质量范围比较宽，存储仓库对储存时间、轮换时间都比较明确，仓库可以用散装的方式储备粮食，使库容利用率实现最大化。

几年前，为适应现货存储方式变化，郑州商品交易所在小麦和稻谷上开始实行散装交割。通过麻袋隔离进行分区散存，实现分区抽样，代替了原来的分垛位存放。在搬运工人越来越难找、码垛成本越来越高的新形势下，散装方式的优势充分发挥出来。一是节约了包装物成本。随着物流业的不断发展，散存散运已经成为潮流。为交割而买卖麻袋不仅增加了双方的包装成本，而且仓单注册方还会因麻袋难以大量购买而影响仓单注册时间和数量，仓单注销方也会因一时难以找到麻袋买家，增加持有麻袋的资金占压。二是增加了库容利用率。用麻袋包装码垛存放时，垛位与垛位之间、垛位与墙壁之间都要保持适当的距离，用于抽样、出入库和熏蒸杀虫。在采取散装存放之后，这些空隙要么被隔离麻袋所替代，要么被散装粮食填满，空间利用率大幅度提高。在不增加库房的情况下，可以增加仓单注册数量。三是散装存储采取机械化出入库。增加每日出入库数量，降低出入库成本。入库速度的提高，可以提升交割商品入库效率，缩短仓单注册时间。

五、交割仓库调整

交割仓库调整主要基于以下考虑：第一，保证交割需要，促进价格发

现，防止多逼空；第二，为了防控仓库风险进行调减，为了促进产业客户参与进行调增。

在我国商品期货市场发展的早期阶段，交割仓库的调整还曾经承担过平衡多空双方力量、促进交易活跃的任务。2002 年硬麦产区库容限制为 10 万吨就属于这种情况。

随着绿豆期货逐渐退出历史舞台，小麦期货承担着巨大压力前行（见图 5－2）。从郑商所年报可以看出，2002 年郑商所的成交量已经跌至 1994 年的水平，以成交量计算的市场份额更是从 1998 年的 55% 下降到 2002 年的 6%（见图 5－3）。据期货市场人士反映，小麦期货市场卖方力量过大，影响了买方参与积极性。

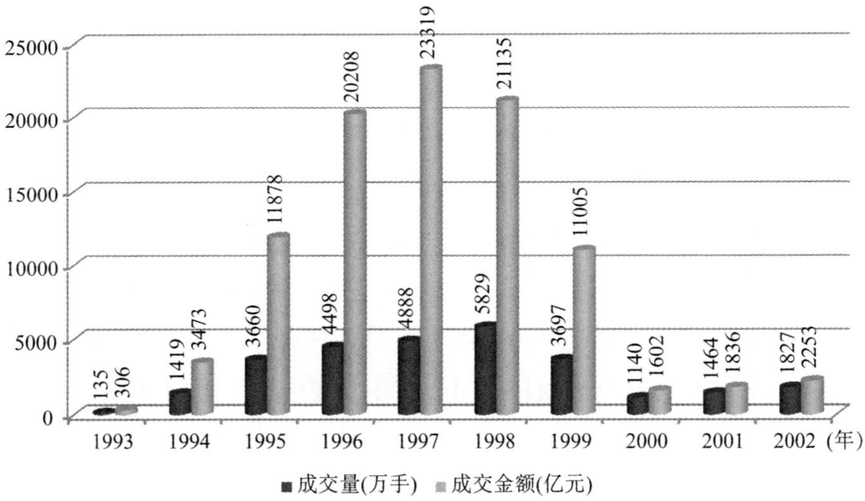

图 5－2　郑商所历年期货成交量、成交金额对比图

注：2000 年开始的成交量、成交金额下降，原因是主要交易品种发生转换，由绿豆转变为小麦。

2003 年，从方便买方企业接货、减少买方交割风险着手，平衡买卖双方力量，郑商所把小麦主产区（河南、河北、山东、江苏、陕西）的交割仓库库容限制在 10 万吨，并按上一年度仓单注册量和库容在产区交割仓库之间进行分配。销区仓库库容不受限制，但小麦销区仓库大多库容较小。

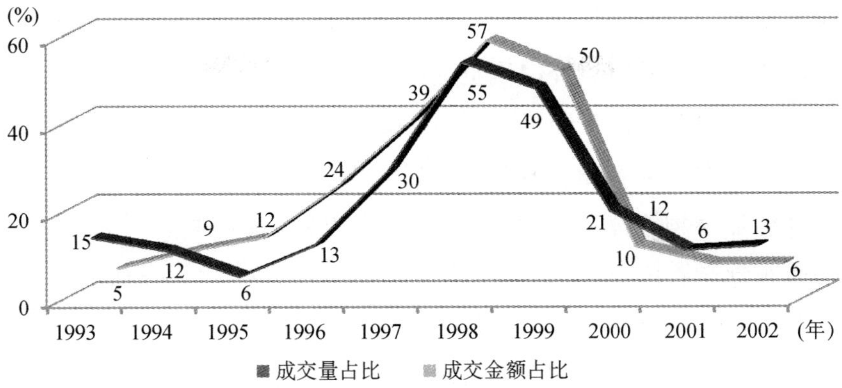

图 5－3　郑商所成交量、成交金额占全国市场份额

注：2000 年以来成交量、成交金额在全国期货市场所占份额出现大幅度下降，主要原因是交易品种出现调整。

恰逢 2003 年小麦逼仓，期货价格曾经达到每吨 1500 多元，而现货价基本在每吨 1200 元左右。因此，卖方交割意愿强烈，而销区交割仓库公布的库容多被现货商品占用，库容严重不足。由于硬麦多年来交割量不大，交易所对每家交割仓库公布的库容没有及时核查，导致一些交割仓库实际可提供库容少于公布库容。为了满足交割需要，一方面交易所快速增设新的交割仓库。在寻找到符合条件的仓库后，马上对这些仓库进行资料审核、培训并公布使用，保证每周增加 10 万吨交割库容；另一方面要求交割仓库增加交割库容，满足交割需求。比如，交易所在发现重庆交割仓库库容低于公布库容后，随即批准该库启用山洞仓库。要求该库把交割小麦从火车上卸下降温后，再送往山洞仓库存放，防止温度太高遇冷结水造成小麦萌动。该年，天津、太原、长沙、武汉交割仓库注册仓单量最大。

2003 年 11 月 3 日，郑商所第五届理事会通过了交割委员会提出的“放开产区硬冬白麦交割仓库库容”的议案，交易所放开产区小麦交割仓库库容限制，销区小麦交割仓库基本不再发挥作用。

取消公布交割仓库剩余库容信息。我国几家商品交易所为保证交割库容，增加库容透明度，方便卖方就近选择交割仓库，在期货市场发展初期每日公布各交割仓库库容。依据交易所对交割仓库保证最低库容的规定，即使没有交割发生也不给予交割仓库任何补偿，因此，长期交割量小或没有交割的指定仓库通常会存储现货商品，在发生交割需求时再根据情况决定是否可以腾出库容用于期货交割。2003 年硬麦大交割时，发生了几起销区交割仓库公布的库容无法兑现的情况，引起客户的极大不满。为此，郑商所所在增加交割仓库、备选库等一系列措施保证交割总库容的基础上，停止公布各交割仓库库容。

第四节　期货仓单安全责任问题探讨

随着上海钢贸事件、青岛港融资诈骗案、广东铝锭仓单爆雷事件等商品存储风险事件频发，特别是近年来在库商品一货多押的风险，单靠物联网等技术监控手段难以发挥保障交割商品安全的作用。商品交易所是否应该承担交割商品安全责任，成为近期讨论的一个热点。

一、国内外假仓单事件

（一）美国早期假仓单事件

1871 年 8 月 5 日，一场大火烧出了休·马赫尔在衣阿华仓库的假仓单。该仓库向州粮食登记注册官报告的存储玉米 128065 蒲式耳，然而，仓单持有者对玉米的保险数量为 373000 蒲式耳。调查结果表明，马赫尔接到谷物仓单后，把谷物运出衣阿华粮库，交割经纪人再次卖出，只要同一仓单卖给同一客户不超过一次就不会被查出。

芝加哥最大仓储企业芒恩·斯科特公司仓单也发现造假。受到衣阿华仓库欺诈事件的警示和市场传言的影响，伊利诺伊州检察官对芒恩·斯科特粮库进行了检查，检查中发现了仓单造假。根据资料，该库存储有 169734 蒲式耳小麦，479448 蒲式耳玉米。但在检查中检察官发现粮库好几个粮仓用木板堵着，漫过木板的粮食给人留下存储很多粮食的感觉。大家认为这些木板下面应该存储着 20 万蒲式耳粮食，但其实木板下面空空如也。其罪责是，在没有注销仓单的情况下，把仓单对应的粮食运出仓库，与休·马赫尔的行为一样，是重复签发仓单。

1872 年 12 月 3 日，芝加哥期货交易所开除了芒恩·斯科特粮库的股东芒恩、斯科特两人的会员资格。①

（二）长春联合商品交易所假仓单事件

1995 年 4—7 月，长春联合商品交易所定点交割仓库——洮南国家粮食储备库与部分会员私下签订协议，在没有交割商品实际入库的情况下，开具 8 万吨的玉米标准仓单，从中牟利。会员用虚假仓单进行抵押和实物交割，而长春联合商品交易所未经验证批准了 6 万吨虚假仓单作为保证金抵押品，并在交割中因无法提取仓单对应的商品，引发重大经济纠纷。

1996 年 6 月 19 日，中国证监会发文把长春联合交易所并入北京商品交易所。长春联合商品交易所因交割风险而被取消交易所资格，也为其他交易所敲响了交割商品安全的警钟。②

（三）LME 镍变石头事件

2023 年 3 月 17 日，华尔街见闻报道，伦敦当地时间 3 月 17 日（周五），LME 宣布发现一个仓库的库存镍不符合合约规格，并决定将重启亚洲时段镍交易的时间推迟一周，延至 3 月 27 日。LME 提到的镍不符合合约规格是指在荷兰鹿特丹的一个 LME 仓库中，有一小部分镍仓单对应的镍竟然变成几袋石头。

2023 年 3 月 17 日，LME 向全体会员和交割仓库发出题目为“9 张镍仓单作废及亚洲时段镍交易延期”的通知，LME 得到信息，一家指定交割仓库共 9 张镍仓单不符合合约标准要求。现有镍库存中共有 6337 张仓单，不合格仓单占镍库存的 0.14%。

9 张镍仓单已经作废，不能再用于 LME 合约交割，并已通知仓单持有人。LME 有具体程序，确保采取适当的调查行动并在必要时采取执法

① 威廉·法龙著，王学勤译：《市场缔造者》第 94—100 页，中国财政经济出版社，2011 年。

② 常远著：《中国期货史（1921—2010）》第 108—109 页，天津古籍出版社，2011 年。

行动。

本次违规与袋装镍有关，从每袋重量就可以明显看出与仓单不符。LME 提醒持牌仓库运营商（指定交割仓库），在签发仓单之前，必须对所有金属进行称重。①

按目前价格估算，这 9 张镍仓单价值约 130 万美元。

二、关于仓库相关责任的规定

（一）《美国仓库法条例》相关规定

《美国仓库法条例》（Regulations for The United States Warehouse Act）要求依本条例许可的仓库经营者必须“应存货人要求，按照规定向存货人开具仓单。

除非在开具仓单时，这些农产品已经实际储存在仓库中，否则不得为农产品开具仓单。

在持牌检查员和称重员确定农产品的质量、状况和重量之前，不得开具仓单。

如果特定批次或混合批次的农产品尚未兑付，不得根据本法为这些货物额外签发仓单。仓库经营者开具的两张仓单不得具有相同的仓单编号或代表相同批次的农产品。”

在“违规行为处罚”中规定，

“如果违规行为未涉及农产品，每次罚款不超过 25000 美元；

如果违规行为涉及农产品，罚款不超过农产品价值的 100%。”②

（二）洲际清算所规则

洲际美国清算所（ICE Clear US）在规则 602“交割责任　保证金”一

---

① 23 044 Invalidation of Nine Nickel Warrants and Asian Hours Nickel Trading Postponement. https：//www. lme. com/en/News？ page =4.

② PART 869—REGULATIONS FOR THE UNITED STATES WAREHOUSE ACT，869. 300 Warehouse receipt requirements. https：//www. ecfr. gov/current/title –7/subtitle – B/chapter – VIII/subchapter – B/part –869.

款中用大写字母强调，清算所“公司没有义务在履行合约中交付或接收商品，也不为清算会员或任何人未能交付或接收商品承担责任。”

在规则603“破产情况下的交割”一款中再次用大写字母强调，“公司不对任何人负责调查或以其他方式验证交付给公司或由公司交付的任何文件或支票的准确性、真实性或完整性，也不为交付商品的数量或质量对任何人承担责任。”①

ICE清算所既不为交割违约负责，也不为交割过程中的钱款和商品的真实性负责，也就是说，清算所在交割中不是作为中央对手方发挥履约担保作用。

（三）我国关于交割仓库责任的司法解释

《最高人民法院关于审理期货纠纷案件若干问题的规定》（以下简称司法解释）明确了交易所在交割中的中央对手方责任。②

司法解释第四十五条规定，“在期货合约交割期内，买方或者卖方客户违约的，期货交易所应当代期货公司、期货公司应当代客户向对方承担违约责任。”

第四十七条进一步规定，“交割仓库不能在期货交易所交易规则规定的期限内，向标准仓单持有人交付符合期货合约要求的货物，造成标准仓单持有人损失的，交割仓库应当承担责任，期货交易所承担连带责任。

期货交易所承担责任后，有权向交割仓库追偿。”

（四）境内交易所规则

鉴于司法解释的上述规定，交易所在规则中也作出相应表述。

1. 关于交割违约

与司法解释第四十五条规定相对应的是交割违约。《大连商品交易所交割管理办法》“交割违约”一章中作出如下规定：

---

① ICE CLEAR U. S. , INC. RULES, Part 6 Deliveries.

② 最高人民法院关于审理期货纠纷案件若干问题的规定（2003年5月16日最高人民法院审判委员会第1270次会议通过）法释〔2003〕10号。

“具有下列行为之一的，构成交割违约：

（一）在规定期限内，卖方未能如数交付标准仓单的；

（二）在规定期限内，买方未能如数解付货款的。

交易所对提货单交割违约、车板交割违约等另有规定的，适用其规定。

构成交割违约的，由违约方支付违约部分合约价值20%的违约金给守约方，买卖双方终止交割。

按本办法规定出现终止交割情形时，交易所的担保责任了结。”①

由于进入交割月时，买卖双方的保证金为20%，足以作为违约金支付守约方。在交割结算环节，交易所无须自掏腰包为交割违约担保。

2. 关于交易所补充赔偿责任

与司法解释第四十七条规定对应的是因交割仓库原因导致不能交付规定实物的情形。

2006年7月26日起实施的《上海期货交易所指定交割仓库管理办法》第二十五条规定，“由于指定交割仓库的过错造成标准仓单持有人不能行使或不能完全行使标准仓单权利的，指定交割仓库应当承担赔偿责任；赔偿不足的部分由交易所按有关规定补充赔偿，补充赔偿后交易所有权对指定交割仓库进行追偿。”②

2008年12月25日，上期所在交割仓库管理办法中去掉了“赔偿不足的部分由交易所按有关规定补充赔偿，补充赔偿后交易所有权对指定交割仓库进行追偿”的表述。③ 在司法解释依然生效的情况下，交易所是否可以不承担规则中未明确的责任？

与上期所不同的是，郑商所在不同规则中一直保留着兜底条款。在不同交易所的规则之间存在明显差异的情况下，交易所是否承担规则中未明确的责任，需要法律法规或部门规章进一步明确。

---

① 《大连商品交易所交割管理办法》，自2022年12月26日起施行。

② 《上海期货交易所指定交割仓库管理办法》，自2006年7月26日起施行。https：//www. shfe. com. cn/regulation/regulation/gather/11600012. html。

③ 《上海期货交易所指定交割仓库管理办法》，自2008年12月25日起施行。

郑商所在2020年10月21日的交割仓库管理办法中仍有类似规定，差别在于首先使用交割仓库的交割担保金进行赔偿。“因交割仓库的原因致使标准仓单持有人不能及时行使或不能完全行使标准仓单权利的，交割仓库应当承担赔偿责任。赔偿不足的部分由交易所首先用其所缴纳的交割担保金赔偿；交割担保金不足以赔偿的，由交易所按有关规定补充赔偿；补充赔偿后，交易所有权向交割仓库追偿。”

2022年的《郑州商品交易所标准仓单管理办法》进一步规定，“仓库、厂库或者标准仓单转让人、仓单质量免检承诺人不能向提货人交付符合交易所规定出库标准的商品，造成提货人损失的，应当承担赔偿责任。仓库或者厂库不能履行其债务时，交易所仅对交割商品的重量和质量承担相应补充赔偿责任。”①

3. 郑商所的实质举措

2014—2015年，江苏华邦物流PTA仓单被盗卖事件及广西九三一库白糖仓单被法院保全查封事件发生后，郑商所用行动履行了法律法规和交易所规则规定的履约担保责任，同时在交割商品风险管理上进行了创新。

（1）征购仓单。

①PTA仓单征购。2017年5月底，郑商所向其会员发布了《关于竞买PTA标准仓单的公告》，向市场公开竞买PTA标准仓单，旨在保证期货交割顺利完成。

由于郑商所指定PTA交割仓库江苏华邦物流有限公司进入破产重整程序，造成相关PTA货物不能正常进行实物交割，为履行《期货交易管理条例》中规定的集中履约担保责任，郑商所向会员发布竞买PTA标准仓单的公告，向市场公开竞买400张PTA期货标准仓单，以保证期货交割安全，切实维护投资者合法权益。

本次竞价申报数量为100张的整数倍，最大不超过400张仓单，竞价申报价格（含税价格）以申报日TA706合约结算价为基础价，浮动上限不

---

① 《郑州商品交易所标准仓单管理办法》，自2022年12月15日起施行。

超过4%。[①]

②白糖仓单征购与拍卖。郑商所对白糖仓单先进行征购，保证交割正常进行，然后对解封后的期货白糖通过拍卖变现。

2015年8月下旬，郑商所对不当申请司法保全被有关银行查封、导致不能正常实物交割的6000吨期货白糖，通过公开竞买600张白糖标准仓单的方式，以保证期货交割顺利完成，防止发生系统性市场风险，切实维护投资者合法权益。竞价申报价格以郑商所SR1509合约8月17日至21日五个交易日结算价的算术平均价为基准。[②]

2015年11月，因已经用公开竞买的600张白糖标准仓单顺利完成了期货交割，被不当申请司法保全查封的部分白糖也已依法解除，郑商所用集中竞价方式公开出售了上述白糖现货。[③]

（2）集中统一投保

2017年，郑商所创新对指定交割仓库仓单进行统一保险。中国大地财产保险股份有限公司河南分公司中标，涉及财产一切险及附加险，保险公司按交割商品在库天数计算保费。由于仓储费中包含保险费，保费由交割仓库缴纳，且财产险与责任险合二为一，虽由交易所统一投保，但保险受益人为交易所和交割仓库。

附加险险种包括交割仓库员工忠诚险和仓单保兑保险。以解决交割仓库玩忽职守、监守自盗等人为原因造成的期货交割商品的灭失，解决交割仓库因法律诉讼等造成期货仓单被查封、扣押等造成无法按时出库、无法按时履行实物交割的问题。2021年8月19日，郑商所在“关于公开征集期货标准仓单责任险相关合作单位的公告”中，明确了征集内容：

“1. 承保由于期货标准仓单对应商品被查封导致无法出库等行为给郑

① 郑商所公开竞买PTA标准仓单。
https：//www.163.com/news/article/CLQD6H7000018AOP.html。

② 郑商所将公开竞买白糖标准仓单。
http：//finance.sina.com.cn/money/future/fmnews/20150823/234023041568.shtml。

③ 郑商所将公开竞卖白糖现货。
http：//finance.ce.cn/rolling/201511/04/t20151104_6895304.shtml。

商所造成的经济损失。

2. 承保由于交割仓库及其经营方、管理方的过失或故意造成交割商品不符合期货规则及合约要求从而导致郑商所承担司法解释规定的连带责任损失。保险人赔付给郑商所后，获得受损财产的代位追偿权，有权向仓库经营方或者管理方，或仓库经营方或者管理方的担保单位追偿。”

三、取消仓单安全兜底责任问题的思考

（一）《期货及衍生品法》生效后的仓单安全责任

2022 年 8 月 1 日起施行的《期货及衍生品法》没有司法解释中的相关规定。《期货及衍生品法》实施后发生因指定交割仓库过错产生的交割商品损失，是否依然适用司法解释中的相关规定？

（二）取消仓单安全兜底可能对交易的影响

对交割商品的兜底担保是在我国信用建设发展过程中，我国商品交易所打造的一个期货仓单安全的避风港，商业银行也在借助交易所对期货仓单的增信开展仓单融资业务。在大量仓单中，一部分期货仓单注册的目的可能是融资，不是用于实物交割，但仍要由交易所承担这些仓单存储过程中的信用风险，也使交易所难以区分到底哪些仓单、到底有多少仓单最终将用于期货交割（见图 5 -4）。

	仓单量（张）	折合吨	期货价（元/吨）	在库货值（亿元）
棉花	16765	670600	21700	145.52
白糖	47586	475860	5781	27.51
PTA	33338	166690	6550	10.92
红枣	19004	95020	11680	11.1
锰硅	26553	182765	8432	15.41
硅铁	10047	50235	9460	4.75
甲醇	4604	46060	2753	1.27
合计	157897	1687230		216.48

图 5 -4　郑商所部分上市品种在库商品数量与价值（2022 年 5 月 6 日）

截至 2023 年 5 月底，大商所交割仓库有 527 家，郑商所交割仓库有

470 家。从交易所角度看，交割仓库是仓单存储的受益方，是安全储存所需人员、仓房、设施的实际控制方。交易所既没有经济利益，又不能直接控制仓库工作人员和仓储设施，承担安全兜底责任确实勉为其难。

假定取消交易所对仓单兜底，要提前进行论证、做好预案，以应对一定时期内对仓单的影响，包括仓单注册、注销时间及其数量变化，跨月套利，仓单/持仓比，多逼空出现的概率。

目前，不少仓储机构实现了大型化、集团化，与期货市场发展初期相比发生了根本性改变，有利于增加期货市场对交割商品存储安全的信心。但 2022 年广东中金圣源等仓储企业发生的铝锭爆雷事件，使不少现货企业和期货公司的风险子公司中招，损失严重，又会增加市场对期货交割商品存储安全的担忧。

按照国际惯例，仓储企业必须承担起存储商品的数量和质量安全责任，并不因成为期货指定交割仓库而有所改变。交易所再加强监管，也代替不了交割仓库自身的信用和责任。据 LME 介绍，该所在全世界各地的交割仓库，全靠交割仓库自身管理。随着上市品种和仓库数量的增加，单靠交易所自身努力和技术手段，难以防控住交割仓库的信用风险，特别是商品在库内不动、却被重复质押的风险，因此，取消交易所对仓单安全兜底只是时间早晚的问题，交割仓库和仓单持有人必须事先做好心理准备。我国商品期货市场必须经过这一考验，才能使实物交割制度更加成熟。

第六章　交割基准价与升贴水

交割基准价是期货挂牌交易的价格。郑商所白糖期货价格是广西壮族自治区交货的一级白砂糖含税价格。在郑州交割的二级白糖，通过地区升水和质量贴水，使白糖仓单注册方和注销方的成本与在广西交割一级白砂糖基本相同。升贴水（加扣价）成为解决商品质量差异与交割地点差异、实现期货合约标准化的重要方法。大多数交易者只关心期货价格，只有现货企业关心交割商品质量、交割地点和升贴水。

第一节　交割基准价

交割基准价也是实物交割的基准价格。糖厂在注册仓单、饮料厂或贸易商在交割提货时，都要据此计算交割成本。如果交割仓库不在广西，或者是二级白糖，在交割时要额外加价或者扣价。

交割基准价包括四个因素：基准交割品、基准交割地（仓库、计价点）、交货方式、是否含税。[①] 前两个因素与升贴水有关，第三个因素与出库费用由买方或卖方承担有关。

强麦、一号棉、白糖各期货合约的交割基准价为该期货合约的基准交割品在基准交割仓库交货的含税价格。

PTA、甲醇期货合约的交割基准价为该期货合约的基准交割品在基准

① 《郑州商品交易所交割细则》，自2018年11月9日起施行。

仓库出库时的汽车板交货的含税价格。

菜籽期货合约的交割基准价为该期货合约的基准交割品在基准交割计价点或基准交割仓库出库时汽车板交货的含税价格（含包装）。

与交割基准价相对比，升贴水主要体现为质量升贴水、交割地点升贴水和交割时间升贴水。交割基准价与升贴水的设计，关系到期货价格的代表性，影响着可供交割量和期货市场供需力量的平衡，也影响市场流动性和风险防控。

交割基准价包括的出库费用承担问题，在本书“第七章 仓单注册与注销”中讨论。

第二节　基准交割品与升贴水

期货交易的是期货合约，而期货合约的标的物（underlying product）是现货商品。在现货市场上，商品会有质量差异，但总有一个等级的商品是这种商品中最有代表性的主流商品。那么，期货市场就是要把这一等级的商品确定下来，作为一个标杆等级，明确在期货合约和规则中，让投资者来交易。这种等级的商品就是基准交割品（或称“标准品”）。

一、基准交割品的选择

1. 选出产量最大的品种

以苹果为例。我国苹果约有几十个品种，但有逐步向优势品种集中发展的趋势。根据原农业部 2008 年制定的《苹果优势区域发展规划（2008—2015）》统计，富士是我国栽植面积最大的优势品种，产量占全国总量的 70%；新红星、首红等元帅系品种比重为 9.2%，居第二位；秦冠和华冠产量分别为 6.8%、2.1%。其他主要品种包括嘎拉、华夏、藤木一号、红将军等中、早熟品种，金红、青苹等适宜加工品种。由于红富士是富士系苹果的主要品种，因此，将苹果期货合约交割品定为红富士。

但像玉米、小麦等农产品，品种较多，即使最大的品种也难以在产量中占据主导地位，因此，无法用具体的品种作为基准交割品，只能从等级指标上进行选择。

2. 选择数量最大的等级

每个上市品种的等级标准中，都有一个核心指标。选择交割基准品时，首先要根据核心指标，选出该品种中产量最大的等级。例如，《中华人民共和国国家标准鲜苹果》（GB/T10651－2008）将苹果品级分为优等、一等、二等和等外果，其中红富士一等品及优等品的占比在50%以上。并且随着近年来种植技术的不断提高及优质优价的发展趋势，一等品及以上的等级占比将进一步提高。因此，在苹果期货合约设计时，把符合《中华人民共和国国家标准鲜苹果》（GB/T10651－2008）一等及以上等级质量指标的红富士苹果作为基准交割品。①

3. 制定标准

根据《中华人民共和国国家标准鲜苹果》（GB/T10651－2008）规定，红富士作为大型果，优等果和一等果的果径（最大横切面直径）为≥70mm。近年来，在现货市场上，主流苹果品种的果径已经达到或超过80mm，为了与现货市场接轨，在确定基准交割品时，把红富士苹果的果径指标从国标的≥70mm提高到≥80mm（见表6－1）。②

表6－1　　苹果期货合约基准交割品品质技术要术

允许指标范围	仓库入库	仓库出库	车板交割
其他指标	符合《中华人民共和国国家标准鲜苹果》（GB/T10651－2008）一等及以上等级质量指标的红富士苹果		
果径（mm）	≥80		
硬度（N/cm^2）	≥6.5	≥6	≥6

① 《中华人民共和国国家标准鲜苹果》（GB/T10651－2008）。
http：//down. foodmate. net/standard/yulan. php？itemid＝16154。

② 苹果期货宣传材料。
http：//www. czce. com. cn/cn/uploadfile/2018/08/20/20180820222620226. pdf。

4. 适应现货市场变化，对基准交割品标准进行调整

2009 年，大商所的玉米标准与玉米国标（GB 1353 – 2009）相同，基准交割品为三级玉米，核心指标容重（g/L）为 650。2013 年，大商所在国标的基础上，把三级玉米的容重（g/L）从≥650 提高到≥675（见表 6 – 2）。其原因如下：

“2004 年玉米期货上市以来，东北玉米作为玉米期货合约交割的主要标的，容重水平发生了较大变化。2010 年和 2011 年，东北玉米平均容重分别为 709g/L 和 702g/L，650g/L 及以下玉米占现货市场的比重均不足 10%。大连、锦州、营口三大港口的玉米容重均值约为 680g/L，同时，饲料企业主流采购标准为 680g/L 以上。

卖方交割备货时，备货质量会略高于交割质量标准。如交割标准品容重设为 675g/L 时，实际交割能够达到 680g/L 左右，甚至更高。同时，从交割库所在港口 2009 年至 2012 年玉米相关数据来看，容重在 675g/L 以上的玉米总量比容重在 680g/L 以上的玉米总量平均每年多出 10 万余吨，有利于特殊年景时可供交割量的相对充足。基于上述考虑，我们将玉米标准品的容重最低标准从 650g/L 提高到 675g/L。”①

表 6 – 2　　玉米期货合约基准交割品品质技术要求

容重（g/L）	杂质含量（%）	水分含量（%）	不完善粒含量（%）		色泽、气味
			总量	其中：生霉粒	
≥675	≤1.0	≤14.0	≤8.0	≤2.0	正常

二、替代交割品与升贴水

（一）替代交割品

基准交割品确定之后，交易所将明确可交割商品的质量范围。根据不

① 关于修改玉米期货合约交割质量标准的通知。
http：//www.dce.com.cn/dalianshangpin/yw/fw/jystz/ywtz/2048858/index.html。

同品种的特点，把与基准交割品有一定等级、质量差别的商品纳入可交割商品范围，允许参与仓单注册和期货交割，这种商品在期货市场上称为“替代交割品”。增加替代交割品的原因，一是防止在特殊情况下，基准交割品的数量不能满足交割需要；二是满足现货市场需求的多样化。

1. 设置替代交割品质量下限

设置下限的目的，一是发挥期货市场对现货生产的引导作用，鼓励企业提高商品质量。二是质量较差的商品，将会遭到现货企业拒收。比如，品位低于60%的铁矿石微量有害元素相对较高，对高炉冶炼有较大的负面影响，当这些有害元素含量超过一定数值时，钢厂会拒绝接受这一批次铁矿石。因此，将铁矿石最低品位定在60%。[①] 三是使交割商品的质量与现货市场主流品质相一致，减少买方接货质量的不确定性。例如，在玉米交割基准品标准提高之后，大商所同时提高了替代交割品的标准下限，低于该下限标准的不得交割。

“在调整玉米期货合约标准品容重指标的同时，我们相应调整了替代品的容重指标。考虑到容重650g/L的玉米一般是饲料企业能够接受的最低标准，且容重在650g/L以上的玉米占东北地区现货市场的比重已超过90%。因此，我们将玉米期货合约替代品的容重最低标准由620g/L调整为650g/L。”[②]

2. 对替代交割品的限制

一是品牌交割品种，如上期所的铜、铝等商品。只有品牌目录上的商品，才能用于期货合约的实物交割。

二是对于某些类型的产品进行限制。由于加工设备和加工工艺的不同，95型与200型等其他型号菜粕相比，蛋白质溶解度低，口感差，现货

① 《铁矿石期货合约制度设计说明》。
http：//www. dce. com. cn/dalianshangpin/resource/cms/2016/11/% E9% 93% 81% E7% 9F% BF% E7%9F% B3% E6%9C%9F% E8% B4% A7% E5%90%88% E7% BA% A6% E5%88% B6% E5% BA% A6% E8% AE% BE% E8% AE% A1% E8% AF% B4% E6%98%8E. pdf。

② 关于修改玉米期货合约交割质量标准的通知。
http：//www. dce. com. cn/dalianshangpin/yw/fw/jystz/ywtz/2048858/index. htm。

价格也比正常菜粕价格低，不受消费企业欢迎。①

“95 型菜粕、进口菜粕不允许交割。”

三是政策限制。比如，进口棉花不能替代交割。根据《农产品进口关税配额管理暂行办法》等相关政策要求，配额主要分配给最终用户——棉纺企业。② 2018 年，发改委在“关于2018 年棉花关税配额外优惠关税税率进口配额申请有关事项的公告”中要求，“申请者通过使用获得的棉花进口滑准税配额进口的货物由本企业加工经营，不得转卖”。③

四是特殊品种仓单标准严格，车船板交割标准宽泛。这种情况主要针对农产品。以仓单形式进行交割的商品，客户在入库前都按照交割标准进行预检或进行整理；由于存储时间较长，因此，要求相对严格。而车船板交割大都是在卖方仓库进行交割，买方提货后很快进行加工，存储时间较短。放宽车船板交割标准可以降低整理费用，同时以贴水形式，对买方进行补偿。

比如，菜籽在生产下来之后水分较高，如果高水分存储容易发生霉变，如果降低到 9% 的安全水分则大幅增加成本，在现货市场上，菜籽收购后一般采取榨油后存放而非直接存放菜籽。若采取车船板交割，买方在接到菜籽后也同样采取榨油的方式，即便菜籽水分较高也可以交割。在交割制度设计中，要同时兼顾两种情况，并在替代品与升贴水的规定中体现出对仓单交割标准较为严格、对车船板交割要求相对较松的特点。

对于菜籽杂质，仓单最高不超过 3%，而车船板不高于 4%。“杂质以 3.0% 为基准，每低（高）0.5 个百分点升水（贴水）30 元/吨，不足 0.5 个百分点的无升贴水，低于 2.0% 的按照 2.0% 升水。

采用标准仓单交割的，杂质高于 3.0% 的不允许交割。采用车板方式

---

① 2008 年 10 月 30 日国内部分地区菜粕价格行情。
http：//finance. sina. com. cn/money/future/20081030/13475449700. shtml？from = wap

② 中华人民共和国国家发展和改革委员会公告（2018 年第 7 号）。
http：//www. ndrc. gov. cn/zcfb/zcfbgg/201806/t20180614_889421. html。

③《农产品进口关税配额管理暂行办法》。
http：//www. waizi. org. cn/law/14434. html。

交割的，杂质高于4.0%的不允许交割。”

对于菜籽水分，仓单最高为9%，车船板最高为12%。“采用车板方式交割的，水分以9.0%为基准，每高0.5个百分点贴水30元/吨，不足0.5个百分点的无贴水，水分高于12.0%的不允许交割。采用标准仓单交割的，水分高于9.0%的不允许交割。”

（二）替代交割品升贴水的设置原则

替代交割品升贴水，也称质量升贴水、等级升贴水，是对质量等级高于或低于基准等级规定的等级价差。替代品质量标准高于基准等级的给予加价，即为“升水”（premium）；质量标准低于基准等级的给予扣价，即为“贴水”（discount）。升贴水标准的确定，主要参照现货市场不同等级和质量标准之间的价差。对于有国家收储的品种，同时参照收储价差方面的规定。

1. 有利于价格发现原则

要有利于鼓励卖出交割基准品，使基准交割品在交割量中占据主导地位，这样期货成交价格才具有代表性。如果替代交割品成为交割的主流，那么，期货价格就成了替代交割品的价格，增加了买方交割的不确定性，影响了买方参与的积极性。

铁矿石期货上市后，新矿种不断增多，而且一些杂质含量高、市场流通性小的非主流矿种与主流矿间的现货价差不断扩大，导致期货最便利交割品发生变化，冲击了期货价格代表性和稳定性，不利于套期保值等市场功能发挥。

“在I1705合约以前，铁矿石期货累计交割321万吨，其中主流矿比例占90%以上，期货价格基本稳定代表主流矿种价格。在I1701合约临近交割时，随着最后交易日的逼近，期货价格与基准品的基差逐步收敛。

而在I1705合约中，非主流矿的比例达到了53%，大大高于以往交割中非主流矿的比例。I1705在临近交割月时，期货价格与基准品的基差没有回归，影响期货价格代表性和稳定性。2017年1—5月，铁矿石期货与基准品价格相关性下降到0.908。

这些低质矿进入交割以后，直接影响下游贸易商或钢厂接货预期，对铁矿石期货原有稳定价格体系产生冲击，降低了期货价格代表性，在一定程度上影响了铁矿石期货市场功能发挥。”

大商所通过对“硅+铝”以及单硅、单铝指标分别设置上限，加大了对硅和铝的扣罚力度，使不同品质和杂质含量的可交割矿种间期货价差拉大，更加贴近两者在现货的升贴水。①

2. “少升多贴”原则

少升多贴可以促进替代交割品优先出库，避免出现剩余交割商品以替代交割品为主、期货价格反映的是替代品价格的现象，有利于价格发现，同时也符合现货贸易习惯。

“在实际现货贸易中，买卖双方会在贸易合同中规定一个铁品位，等货物被买方接收并由质检机构出具最终报告之后，如果实际铁品位与合同品位不符，多数情况会实行‘奖一罚二’制度，即如果实际品位高于合同品位，则买方会给予卖方一定的‘奖励’，但奖励幅度没有实际一个品位价差这么大；如果实际品位比合同品位低，则买方会对卖方进行‘惩罚’，惩罚力度比一个实际品位的价差大。”②

（1）贴水大于现货市场。对于质量低于交割基准品的，扣价幅度大于现货市场。也就是说，替代交割品相对于交割基准品的贴水幅度大于现货市场上两者之间的价差。仍以玉米为例，2013 年对玉米替代品标准调整时，对替代品容重的贴水显著高于国家临时收储的贴水标准。

“玉米期货合约标准品与替代品容重指标调整后，替代品容重最低标准650g/L，将比标准品低25g/L。参照2012/13 年度国家临时收储规定（容重相差1g/L，价差约1.143 元/吨），替代品的容重贴水应为28.6 元/吨。由于

---

① 关于调整铁矿石交割质量标准的说明。
http：//www. dce. com. cn/dalianshangpin/resource/cms/2017/09/2017091409133043286. pdf。

② 铁矿石期货合约制度设计说明。
http：//www. dce. com. cn/dalianshangpin/resource/cms/2016/11/% E9% 93% 81% E7% 9F% BF% E7%9F% B3% E6% 9C% 9F% E8% B4% A7% E5% 90% 88% E7% BA% A6% E5% 88% B6% E5% BA% A6% E8% AE% BE% E8% AE% A1% E8% AF% B4% E6% 98% 8E. pdf。

容重为675g/L以上的玉米标准品是市场主流产品，为市场普遍接受，因此，为了鼓励交割标准品，使交割标的清晰、明确，我们通过调研并征求市场意见，适当提高了贴水水平，将新的容重替代品贴水设置为40元/吨。”①

（2）升水小于现货市场。对高于基准品质量标准的，少贴水，或不予升水。这一规定适用于交割基准品占比绝对大的品种。高于基准品的商品数量较少，只有在出现价格偏离时才会用这种商品进行交割。菜籽油就是这样。

菜籽油“基准交割品：符合《中华人民共和国国家标准 菜籽油》（GB1536－2004）四级质量指标的菜油。符合GB1536－2004规定的三级、二级、一级质量指标的菜油可以替代交割，无升贴水。”

我国一般是把菜籽榨油后存储，然后再进行精炼做成小包装，在现货市场销售。初榨的菜籽油一般都符合四级油标准，四级以上菜籽油都属于精炼油，随产随销，库存较少。

（3）设置升水上限。对质量指标高于交割基准品一定范围内的，按规定进行升水；高于这一范围的，不再升水。一是因为很高质量标准的商品数量较少，成交价格信息缺乏，制定升贴水没有充分的参考依据。二是大多数商品的生产消费以主流商品为主，质量高于一定范围的商品可能无法单独使用，并不能带来相应价格的提高。以铁矿石为例，高品位铁矿石可以提高生产效率，降低人力成本，提高铁水质量，延长高炉寿命。因此，在一定区间范围内，品位与价格具有很强的相关关系，品位过高（超过68%）对高炉经济技术指标改善有限。②

① 关于修改玉米期货合约交割质量标准的通知。
http：//www.dce.com.cn/dalianshangpin/yw/fw/jystz/ywtz/2048858/index.htm。

② 铁矿石期货合约制度设计说明。
http：//www.dce.com.cn/dalianshangpin/resource/cms/2016/11/%E9%93%81%E7%9F%BF%E7%9F%B3%E6%9C%9F%E8%B4%A7%E5%90%88%E7%BA%A6%E5%88%B6%E5%BA%A6%E8%AE%BE%E8%AE%A1%E8%AF%B4%E6%98%8E.pdf。

三、质量升贴水的表现方式

交割商品的质量标准中有很多指标，其中一些指标对销售价格会产生直接影响，交易所一般都要对这些指标实施质量升贴水。

（一）以交割基准品为标准，对各项指标分项计算升贴水

多数情况下，以交割基准品为标准，对超过该标准的，按单位进行加价，对低于该标准的，按单位进行降价。这种情况在农产品上最为突出。例如，棉花基准交割品为符合《棉花第 1 部分：锯齿加工细绒棉》（GB1103.1－2012）规定的 3128B 级，且长度整齐度为 U3 档，断裂比强度为 S3 档，轧工质量为 P2 档的国产棉花。[①] 2022 年 11 月 8 日，郑商所发布了“关于调整棉花期货替代交割品升贴水的公告”，明确了 2023/2024 年度生产的棉花开始实施的替代交割品升贴水标准（见表 6－3）。[②]

表 6－3　　棉花期货替代品升贴水标准

序号	指标	升水替代品（元/吨）		基准品	贴水替代品（元/吨）		
1	颜色级	11	21	31	41	12	22
	升贴水	300	150	0	－300	－250	－500
2	长度（mm）	≥30	29	28	27		
	升贴水	400	150	0	－250		
3	马克隆值	A		B（B1、B2）	C2		
	升贴水	100		0	－150		
4	断裂比强度	S1	S2	S3	S4		
	升贴水	350	150	0	－250		
5	长度整齐度	U1	U2	U3	U4		
	升贴水	250	200	0	－200		
6	轧工质量	P1		P2	P3		
	升贴水	100		0	－300		

① 《郑州商品交易所棉花期货业务细则》，自 2022 年 12 月 1 日开始施行。
http：//www.czce.com.cn/cn/flfg/zcjywgz/pzxz/webinfo/2022/08/1655821547381701.htm。

② 关于调整棉花期货替代交割品升贴水的公告。
http：//www.czce.com.cn/cn/gyjys/jysdt/ggytz/webinfo/2022/11/1655827511702190.htm。

续表

序号	指标	升水替代品（元/吨）	基准品	贴水替代品（元/吨）
7	异性纤维	—	发现未超过1包的	发现超过1包的，每多发现1包增加贴水
	升贴水	—	0	-200

（二）从安全存储角度考虑，以扣量代替扣价

考虑出入库时的计重问题。入库时扣减标准与出库时扣减标准相同，这样才能保证交割仓库在存储过程中既不吃亏，也不占便宜。

“1.0% < 杂质≤1.5% 的，以 1.0% 为基准，杂质每超 0.5%，入库扣量（出库补量）1%；不足 0.5% 的，入库不扣量（出库不补量）。”

考虑安全存储问题。早籼稻国标水分的要求是≤13.5%。交割标准的规定，一是鼓励按照标准入库，有利于商品的安全保管；二是提高交割商品整体质量水平。

“早籼稻入库时：水分≤13.5% 的，足量入库；13.5% < 水分≤14.5% 的，以 13.5% 为基准，水分每超 0.1%，扣量 0.2%。早籼稻出库时：水分 <13.5% 的，足量出库；13.5% < 水分≤14.5% 的，以 13.5% 为基准，水分每超 0.1%，补量 0.2%，由仓库承担（仅适用于江西、湖南、湖北等主产区）。”

（三）季末年初，对陈年作物进行时间贴水

对农产品的时间贴水主要针对新作物年度（new crop year）开始前后时段进行。[①] 以白糖为例。

（1）在特别时段，对基准品实施贴水。从新作物年度开始前的 9 月合约开始实施。因为新糖口感好，糖厂存储能力有限，白糖生产出来后会迅速投放市场，给陈糖造成价格上的压力。对 9 月合约贴水，主要考虑现货市场新糖与陈糖之间的价差。另外，允许陈糖进入新作物年度 11 合约月

① 《郑州商品交易所交割细则》，自 2018 年 11 月 9 日起施行。

份进行交割，主要是考虑新作物年度的白糖生产可能会因特殊原因（如天气）开榨较晚，容易引发逼仓（一些电子市场曾经多次出现对 11 月白糖合约进行交割逼仓）。

“N 制糖年度生产的白糖，只能交割到 N 制糖年度结束后的当年 11 月，且从当年 9 月合约交割起（包括 9 月合约交割）每交割月增加贴水 20 元/吨，即 9 月贴水 20 元/吨，11 月贴水 40 元/吨，贴水随货款一并结算。”

（2）在特别时段，允许非基准品交割但实施贴水。白糖的等级指标是色值。色值（IU）越低，等级越高。其中一级白糖的色值为 150 IU，二级为 240 IU。白糖在存储期间会随存储时间的延长而发生等级下降。除原糖加工成的白糖外，在作物年度后期达到一级标准的白糖数量不多。《交割细则》规定，仅在 9 月、11 月期货合约上允许交割二级白糖，但色值要求仅与一级白糖相差 20IU，且大幅度贴水。

“色值小于等于 170IU，其他指标符合《白糖国标》的二级白糖，可以在本制糖年度（每年的 10 月 1 日至次年的 9 月 30 日）的 9 月和该制糖年度结束后的当年 11 月合约替代交割，贴水标准为 50 元/吨。”

棉花也是这样。棉花作物年度为每年的 9 月 1 日至次年的 8 月 31 日。2017 年（N 年）生产的棉花，虽然可以交割到 2019 年（N＋2 年）3 月，但从 2018 年（N＋1 年）8 月 1 日起开始贴水，而且是按日计算。

第三节　基准交割仓库与升贴水

《大连商品交易所玉米期货业务细则》第六条规定，“玉米指定交割仓库分为基准交割仓库和非基准交割仓库，交易所可视情况对玉米指定交割仓库进行调整。”①

① 《大连商品交易所玉米期货业务细则》，自 2019 年 7 月 1 日起实施。

一、基准交割仓库

所有的基准交割仓库都在基准交割区域内，但在基准交割区域内也有非基准交割仓库。虽然交割制度中从未提及“基准交割区域”的概念和范围，但从升贴水的设置中可以清楚看出。

（一）基准交割仓库的地点交割升贴水为零

在基准交割区域内，所有的交割仓库之间没有升贴水。比如，白糖的基准交割地为广西；强筋小麦的基准交割地为河南、河北、山东、江苏和陕西五省。

（二）在基准交割区域内，少数仓库设置有升贴水

1. 以 PTA 为例

2006 年 12 月 18 日，PTA 期货合约正式在郑州商品交易所挂牌上市，成为我国首个化工类期货品种。PTA 上市之初，郑商所把江苏、浙江、上海设为基准交割区域，首批 5 家交割仓库升贴水均为 0。其后，交易所发现，宁波是 PTA 的主要生产地而非消费地，宁波交割仓库的 PTA 仓单在库（从入库到出库）时间远大于其他交割仓库，为了促进 PTA 及时出库，交易所把宁波的 PTA 交割仓库升贴水设置为 –20 元/吨，成为非基准交割仓库。而杭州萧山是 PTA 的主要消费地。目前，PTA 贴水交割仓库在宁波，升水交割仓库在杭州萧山（见表 6 –4）。

表 6 –4　　PTA 交割仓库与升贴水（2023 年 4 月 4 日）

仓库编号	仓库简称	品牌	仓单数量（完税，张）	仓单数量（保税，张）	当日增减（吨）	有效预报	升贴水（元/吨）
0314	江阴协丰		0	0	0		0
0503	太仓新港		0	0	0		0
0504	张家港华瑞		0	0	0		0
0505	杭州临港物流	逸盛石化	6050	0	–204		30
小计			6050	0	–204	0	
0506	宁波高新		0	0	0		–20

续表

仓库编号	仓库简称	品牌	仓单数量（完税，张）	仓单数量（保税，张）	当日增减（吨）	有效预报	升贴水（元/吨）
0508	平湖华瑞		0	0	0		0
0509	张家港港务		0	0	0		0
0513	嘉兴石化		0	0	0		0
0514	江苏恒科	恒力石化	9340	0	0		0
小计			9340	0	0	0	
0515	海伦石化		0	0	0		0
0516	张家港外服		0	0	0		0
0517	逸盛石化（厂库）		0	0	0		－20
0519	荣盛石化		0	0	0		30
0523	苏州港口		0	0	0		0

注：每张仓单＝1手合约×5吨/手＝5吨。

2. 以棉花为例

随着我国棉花种植补贴政策和棉纺产业扶持向新疆倾斜，调动了新疆棉花种植积极性，棉花产量占全国的份额不断提高（见表6－5）。

表6－5　　新疆棉花产量在全国占比（2010—2020年）

年份	全国产量（万吨）	新疆产量（万吨）	全国占比（%）
2010	577.04	273.63	47.42
2011	651.89	349.89	59.81
2012	660.8	388.48	58.79
2013	628.16	393.56	62.65
2014	629.9	411.87	69.39
2015	590.7	419.1	70.95
2016	534.3	407.8	76.32
2017	565.3	456.6	80.77
2018	610.3	511.1	83.75
2019	588.9	500.2	84.94
2020	591	516.1	87.33

资料来源：国家统计局。

2014 年 12 月 3 日，郑商所发布在新疆设置棉花中转交割库的通告，批准新疆农资集团北疆农佳乐、石河子天银物流、库尔勒银星物流为棉花中转库，自 2015 年 11 月 18 日开展中转交割业务。①

2016 年 11 月 11 日郑商所发布通告，把上述指定中转库转为指定棉花交割仓库，升贴水为 0，新疆正式成为基准交割地；对内地交割仓库的升水方式设置为该库的“升贴水—运费补贴”。自 2017 年 9 月 19 日起执行。② 截至 2023 年 4 月 8 日，26 家棉花交割仓库中，新疆地区的交割仓库占 11 家，只有 3 个仓库设置了贴水。

（三）非基准交割仓库是与基准交割仓库相对的概念

基准交割仓库之外的其他仓库均为非基准交割仓库，最明显的标志是非基准交割地仓库都有升贴水。例如，由于云南白糖通常需要运往其他地区销售，运费高于广西白糖，因此，对云南白糖交割仓库进行贴水，对北方省市的交割仓库设置升水。

二、非基准交割仓库

非基准交割地包括非基准价区域的交割地点和交割仓库。设置非基准交割仓库的原因，一是基准交割地的仓库库容难以满足交割需要；二是因为交割仓库之间在交通条件（是否有铁路专用线或码头）或距离消费地的远近存在差别，导致交割成本上的差异。比如，云南是白糖主产区，云南的白糖运到北方同一地区的运费要比广西白糖多 100 元/吨以上。因此，在云南交割的白糖只有在贴水后，买方在云南和广西提货的成本才能保持一致。

设置非基准交割仓库的目的是增加可交割库容，满足可能增加的交割需要。美国期货专家在研究 CBOT 交割制度改革时认为，非基准交割地主

---

① 关于在新疆设立棉花中转库的通告。
http：//www. czce. com. cn/cn/rootfiles/2014/12/03/1415698820587502 - 1415698820589737. pdf。

② 关于调整指定棉花交割仓库升贴水的通告（2016）18 号。
http：//www. czce. com. cn/cn/rootfiles/2018/08/20/1533011781725843 - 1533011781755220. pdf。

要发挥蓄水池作用，只有在基准交割地的库容难以满足需要时，非基准交割地才可以更好地发挥作用。[①] 在我国期货交割实践中，希望非基准交割库能够正常发挥作用，但又不影响基准交割仓库的价格基准地位。

三、非基准交割仓库升贴水的确定

（一）交割仓库升贴水的概念

交割仓库升贴水，也称区域升贴水、交割地点升贴水，是在非基准交割仓库交割时需要支付或收取的与基准交割仓库之间的地点价差。通过交割仓库升贴水调整后，在不同仓库注册仓单和注销仓单提货的成本基本相同。比如，买方在郑州白糖交割仓库提货需要支付升水（加价），在昆明仓库提货则可以得到贴水（扣价），在广西南宁提货则无须支付升贴水。

（二）影响交割仓库升贴水的因素

影响交割仓库升贴水的因素主要是运费和现货价差。

一是从产区运往销区的运输费用。一般而言，若以产区作为基准交割地，那么，销区仓库因增加了运输费用而升水；若以销区仓库作为基准交割仓库，那么，产区仓库也因没有支付运输费用而被贴水。

二是产销区交割仓库之间的现货价差。如果非基准交割仓库与基准交割仓库之间的价差小于或大于运输费用，有可能是受到进口、本地生产或消费等其他因素的影响，从而使运输费用不能完全体现在非基准地的价格之中。

三是进口交割商品的影响。比如，我国原糖的进口和加工企业主要位于沿海地区，贴近白糖销区。进口白糖加工数量的增加和市场份额的扩大，改变了以往现货市场上由运费影响产销两地价差的定价模式，也对交割仓库升贴水产生了直接影响。沿海白糖加工及在周边省区的销售份额增加，挤占了国内产区的市场份额，俨然成了另一个主产区。因此，近年来，沿海白糖交割仓库与销区省份交割仓库的升水不断降低，2020 年把以

① 安妮·派克、杰弗利·威廉斯著，赵文广等译：《期货交割》第 67 页，中国财政经济出版社，1998 年。

存放进口糖为主的交割仓库的升水降为0（见表6－6、图6－1）。[①]

表6－6　白糖进口量与营口港务交割仓库升水变化（2016—2020年）[②]

年度	产量＋进口（吨）	产量		进口量		营口港务
		数量（吨）	占比（%）	数量（吨）	占比（%）	升水（元/吨）
2016	1176	870	74	306	26	200
2017	1157	928	80	229	20	90
2018	1311	1031	79	280	21	90
2019	1415	1076	74	339	26	50
2020	1568	1041	66	527	34	0

注：产量的年度（2014/2015），按结束年份（2015年）统计。

关于调整指定白糖交割仓（厂）库升贴水的公告

来源：办公室 发布日期：2020-11-13　　打印此页

〔2020〕93号

经研究决定，对中糖世纪股份有限公司湖北分公司等8家交割仓（厂）库升贴水进行调整，自2021年12月1日起执行，升贴水标准调整具体内容如下：

仓（厂）库名称	原升水	调整后升水
中糖世纪股份有限公司湖北分公司	240元/吨	100元/吨
营口港务集团有限公司	50元/吨	0元/吨
营口新北方制糖有限公司	50元/吨	0元/吨
中粮糖业（唐山）仓储物流有限公司	50元/吨	0元/吨
中粮屯河糖业股份有限公司	50元/吨	0元/吨
日照市凌云海糖业集团有限公司	50元/吨	0元/吨
秦皇岛冀盛物流有限公司	50元/吨	80元/吨
北京中糖物流有限公司	50元/吨	80元/吨

特此公告。

郑州商品交易所
2020年11月13日

图6－1　关于调整指定白糖交割仓（厂）库升贴水的公告

（三）制定交割仓库升贴水的原则

制定交割仓库升贴水的原则与交割品升贴水原则基本相同。在制定交

① 关于调整指定白糖交割仓（厂）库升贴水的公告。
http：//www. czce. com. cn/cn/gyjys/jysdt/ggytz/webinfo/2020/11/1605571657017455. htm。

② 2006—2022年制糖期我国榨季食糖产量总计以及各产区查询。
http：//www. yntw. com/chart/2010－2021chanlian。
2015—2020年中国食糖进口数量、进口金额及进口均价统计。
https：//www. sohu. com/a/454204757_121014057。

割仓库升贴水时，交易所往往采取适当少升多贴的方法，防止非基准交割仓库仓单占比过大，影响基准交割地价格的代表性。基准交割地应该发挥在价格发现中的作用，避免因升贴水设置不当引起期货价格代表性混乱。

（四）仓库升贴水的两种模式

一是固定升贴水模式。绝大多数交割仓库升贴水采取这一模式。这一模式的特点是简单明了，便于记忆和计算。

二是棉花期货的“升贴水—运费补贴”模式。这一模式是在正常升贴水的基础上，扣除政府运费补贴（见表6－7）。“运费补贴”是新疆维吾尔自治区政府发布执行的出疆棉花运费补贴标准。

表6－7　　棉花交割仓库升贴水标准[①]

交割仓库名称	升贴水（元/吨）
国家粮食和物资储备局河南局四三二处	900 减去“运费补贴”
河南豫棉物流有限公司	
中储棉漯河有限公司	
衡水市棉麻总公司储备库	950 减去“运费补贴”
菏泽市棉麻公司巨野棉麻站	
菏泽市棉麻公司菏泽转运站	
滨州中纺银泰实业有限公司	
中棉集团山东物流园有限公司	
国家粮食和物资储备局湖北局三三八处	
中储棉菏泽有限责任公司	
中储棉武汉有限公司	
江阴市协丰棉麻有限公司	1000 减去“运费补贴”
江苏银海农佳乐仓储有限公司	
中国供销集团南通供销产业发展有限公司	
江苏银隆仓储物流有限公司	
张家港保税区外商投资服务有限公司	

注：上述标准自2022年10月18日开始执行。①

① 关于调整内地指定棉花交割仓库升贴水的公告。
http：//www. czce. com. cn/cn/gyjys/jysdt/ggytz/webinfo/2022/10/1655825174248018. htm。

三是动态升贴水模式。无论采取哪种措施，提前一年或数月确定升贴水，且在规定的时间内不再变更，增加了制定升贴水合理性的难度。动态升贴水不失为一种有益探索。

《大连商品交易所豆油期货业务细则》规定，“豆油指定交割仓库分为基准交割仓库和非基准交割仓库。豆油指定交割仓库的升贴水可以采用固定升贴水或者动态升贴水。动态升贴水按照《大连商品交易所豆油动态升贴水标准》执行。”①

按照《大连商品交易所豆油动态升贴水标准》规定，动态升贴水由两部分组成，是非价差固定值和价差动态值之和。其中：

非价差固定值：为突出基准交割仓库所在区域的主体地位而确定的固定值。

价差动态值：在规定时间段内，根据非基准交割区域与基准交割区域现货两地之间的价差（以下简称现货两地价差）而确定的动态数值。动态值是现货两地价差、交易所公布的价差区间的最小值和最大值三者之间，居中的那个数值。

现货两地价差：交易所指定平台公布的交割月前月第 1 个交易日至第 10 个交易日两个区域现货价差的算术平均值。②

2018 年 1 月 19 日，大商所在“关于豆油华南地区新设交割库采用动态升贴水制度有关事项的通知”中介绍了实施动态升贴水的原因和具体规定：

实施原因。“豆油期货 2006 年上市时，华南地区已设为交割区域，但是由于华南地区与基准交割区域价差不稳定，难以制定华南地区升贴水，导致该地区一直未设立交割库。为适应市场需要，我所在豆油期货合约上增加动态升贴水制度，解决华南地区设立豆油交割库所遇到的升贴水难以

---

① 《大连商品交易所豆油期货业务细则》，自 2022 年 12 月 26 日起施行。http：//www. dce. com. cn/dalianshangpin/fgfz/6142914/6142926/6146521/index. html。

② 《大连商品交易所豆油动态升贴水标准》。http：//www. dce. com. cn/dalianshangpin/fgfz/6142914/6142926/6146521/2018122715062089727. docx。

确立的问题。”

豆油华南地区新设交割库动态升贴水标准。非价差固定值为 -50 元/吨；价差区间值：最小值为 -200 元/吨，最大值为 -100 元/吨。

现货两地价差计算方法。现货两地价差 = 非基准指定交割仓库所属交割区域的现货价格 - 基准交割仓库所属交割区域的现货价格。

交割区域的现货价格 = （∑区域内工厂申报价格 + ∑第三方网站上区域内工厂报价平均价）/（区域内工厂数量 + 第三方网站数量）。[①]

从 2023 年 4 月的豆油指定交割仓库中可以看出几类交割仓库的明显区别：嘉吉粮油（南通）有限公司等升贴水为 0 的基准交割仓库；邦基三维油脂有限公司等升贴水为 -50 元/吨的非基准库；中储粮油脂工业东莞有限公司等非基准库中的动态升贴水仓库（见表 6-8）。

表 6-8　　部分豆油指定交割仓库与升贴水

交割厂库名称	基准库/非基准库	与基准库升贴水（元/吨）
中粮东海粮油工业（张家港）有限公司	基准库	0
嘉吉粮油（南通）有限公司	基准库	0
九三集团天津大豆科技有限公司	非基准库	0
邦基正大（天津）粮油有限公司	非基准库	0
河北嘉好粮油有限公司	非基准库	0
益海（连云港）粮油工业有限公司	非基准库	-50
中纺粮油（日照）有限公司	非基准库	-50
中粮黄海粮油工业（山东）有限公司	非基准库	-50
中粮油脂（龙口）有限公司	非基准库	-50
邦基三维油脂有限公司	非基准库	-50
中储粮油脂工业东莞有限公司	非基准库	动态升贴水
中粮（东莞）粮油工业有限公司	非基准库	动态升贴水

① 关于豆油华南地区新设交割库采用动态升贴水制度有关事项的通知。http：//www.dce.com.cn/dalianshangpin/ywfw/jystz/ywtz/6085411/index.html。

续表

交割厂库名称	基准库/非基准库	与基准库升贴水（元/吨）
益海（广州）粮油工业有限公司	非基准库	动态升贴水
东莞路易达孚饲料蛋白有限公司	非基准库	动态升贴水

资料来源：大商所官网。http：//www. dce. com. cn/dalianshangpin/ywfw/ywzy/nypjgywzy/index. html。

河北嘉好粮油有限公司等非基准交割库升贴水为0。据介绍，豆油上市时，以江浙沪为基准交割地，其他地区为非基准交割地。此后，计算完价差又发现，天津现货价格和华东差不多，就设为非基准0，方便以后调整。

四、交割仓库升贴水调整

交割仓库升贴水的调整是期货市场为适应现货市场已经发生的重大变化而在交割制度上作出的反应。

（一）玉米交割仓库升贴水调整事例

2016年大商所发布通知，调整玉米指定交割仓库升贴水（见图6－2）。[①]

关于调整玉米品种指定交割仓库升贴水的通知

大商所发〔2016〕11号

各指定交割仓库、会员单位：

经研究决定，我所对玉米品种指定交割仓库升贴水进行调整，现通知如下：

一、指定交割仓库营口港务集团有限公司与基准指定交割仓库的升贴水调整为0元/吨。

二、指定交割仓库锦州港股份有限公司与基准指定交割仓库的升贴水调整为-5元/吨。

三、指定交割仓库辽宁锦州锦阳国家粮食储备（中转）库与基准指定交割仓库的升贴水调整为-15元/吨。

四、上述指定交割仓库升贴水调整自2017年4月1日开始实施。

大连商品交易所

2016年1月15日

图6－2 关于调整玉米品种指定交割仓库升贴水的通知

① 关于调整玉米品种指定交割仓库升贴水的通知。
http：//www. dce. com. cn/dalianshangpin/ywfw/jystz/ywtz/5034316/index. html。

《中国证券报》在“大商所调整玉米交割仓库升贴水”一文中，通过采访交易所和市场人士的方式，从以下两个方面对通知进行了解读。

（1）考虑因素。大商所农业品事业部相关负责人表示，近年来，现货市场发生较大变化，原有地点升贴水已经不能适应新情况的需要，此次调整是贴近现货市场变化对期货品种进行优化。一是主要基于大连、锦州和营口等交割区域的现货价差；二是剔除三地集港玉米品质差异对价格的影响；三是集中反映近年来的运费、港杂费和客户的集港偏好等多种因素。

（2）实施时间。上述指定交割仓库升贴水调整自2017年4月1日开始实施。升贴水的调整在未上市合约上实施，不会影响现有玉米合约正常运行。[①]

（二）交割仓库升贴水对交割的影响

升水高于正常值的交割仓库注册仓单数量会相应增加，导致该交割仓库的仓单注册快，注销慢。如果期货市场剩下的都是升水偏离较多的交割商品，那么，期货价格就会降低，以扣除这种不合理的升水部分。反之亦然。调整升贴水，可以使交割商品的注册、注销和在库时间恢复到正常水平。

2005/2006年度，衡水棉麻库的仓单一直约占15家棉花交割仓库仓单总量的1/3。2006年7月17日，郑商所发出“关于调整部分棉花交割仓库升贴水的通知”（郑商发〔2006〕50号），从2006年棉花年度（9月1日）起，把衡水棉麻仓库的升贴水从基准价调整为－200元/吨，并在2006年9月起的新棉花年度发挥了立竿见影的作用：不仅占全部仓单量的比例基本都在15%以下，还出现了加速出库的现象（见表6－9）。[②]

① 大商所调整玉米交割仓库升贴水。
https：//www. cs. com. cn/zzqh/201601/t20160118_4886551. html。

② 数据来源：郑商所官网，“仓单日报”。

表 6－9 调整仓库升贴水对衡水棉麻库仓单的影响

时间	衡水棉麻库仓单（手）	棉花仓单总量（手）	衡水棉麻库占比（%）
2005/2006 年度			
2005 年 9 月 30 日	415	726	57.16
2005 年 10 月 28 日	197	360	54.72
2005 年 11 月 25 日	390	977	39.92
2005 年 12 月 30 日	868	2393	36.27
2006 年 1 月 20 日	1168	3303	35.36
2006 年 2 月 24 日	1361	4083	33.33
2006 年 3 月 24 日	1433	4596	31.18
2006 年 4 月 28 日	1537	5085	30.23
2006 年 5 月 26 日	1546	5093	30.36
2006 年 6 月 23 日	1510	5054	29.88
2006 年 7 月 28 日	655	1944	33.69
2006 年 8 月 25 日	31	412	7.52
2006/2007 年度			
2006 年 9 月 29 日	0	156	0
2006 年 10 月 27 日	0	151	0
2006 年 11 月 24 日	48	521	9.21
2006 年 12 月 29 日	207	1671	12.39
2007 年 1 月 26 日	488	3229	15.11
2007 年 2 月 16 日	553	4487	12.32
2007 年 3 月 23 日	520	5288	9.83
2007 年 4 月 27 日	422	5626	7.50
2007 年 5 月 25 日	0	4319	0
2007 年 6 月 29 日	0	3567	0
2007 年 7 月 27 日	0	1231	0
2007 年 8 月 31 日	0	563	0

（三）升贴水调整的实施时间

如大商所玉米调整通知中所述，由于交割仓库的升贴水是期货基准价格的影响因素之一，为了不对已经上市交易的合约特别是持仓产生影响，交易所选择从某一个新挂牌的合约月份开始实施。由于农产品具有季产年销的特点，农产品交割仓库的升贴水调整从下一作物年度开始的合约月份实施。[①]

此外，升贴水调整会影响当前仓单的价值，对仓单持有人的利益带来影响，因此，无论是质量升贴水还是地区升贴水的调整，一般在仓单有效期到期后的下一个月开始实施。

第四节　交割升贴水发票

同任何收入一样，交割升贴水也要开具增值税发票。由于期货交割的特殊性，升贴水增值税发票尤其是贴水款项对应的负数专用发票（红字发票）的开具存在一定障碍。为解决红字发票开具难的问题，把交割规则变得更加复杂。

一、升贴水的收取与支付

在期货交割实践中，升贴水的收取与支付，在通用仓单和非通用仓单中存在明显差异。

（1）非通用仓单的等级和交割仓库升贴水，在结算交割货款或仓单转让时，由买卖双方客户一并结算。

（2）通用仓单的地区升贴水和等级升贴水采取下述方式处理：仓单注册时，交易所通过记账方式，增加或减少注册方所在会员资金；仓单注销时，对应增减注销方所在会员资金。指定交割仓库代收代付升贴水押金。

（3）大商所仓单对库不对垛，等级升贴水无法在交割结算时处理，只能在注销出库环节处理。

---

① 关于调整指定白糖期货交割仓库（厂库）升贴水的通告〔（2016）27 号〕。http：//www. czce. com. cn/cn/rootfiles/2018/06/12/1527574052511235 - 1527574053406337. pdf。

二、通用仓单升贴水发票的开具

（一）国家税务总局的有关规定

对于期货交割中发生的仓单升贴水及其增值税专用发票的开具等问题，“国家税务总局关于增值税一般纳税人期货交易有关增值税问题的通知”规定如下：①

“对于期货交易中仓单注册人注册货物时发生升水的，该仓单注销（即提取货物退出期货流通）时，注册人应当就升水部分款项向注销人开具增值税专用发票，同时计提销项税额，注销人凭取得的专用发票计算抵扣进项税额。

发生贴水的，该仓单注销时，注册人应当就贴水部分款项向注销人开具负数增值税专用发票，同时冲减销项税额，注销人凭取得的专用发票调减进项税额，不得由仓单注销人向仓单注册人开具增值税专用发票。注册人开具负数专用发票时，应当取得商品交易所出具的《标准仓单注册升贴水单》或《标准仓单注销升贴水单》，按照所注明的升贴水金额向注销人开具，并将升贴水单留存以备主管税务机关检查。”

（二）红字发票开具存在的难点

尽管有国家税务总局对于升贴水发票开具的规定，然而，在贴水仓库注销的仓单，常常会遇到卖方红字发票开具难的问题，因为开具红字发票相当于减少了销项税额，对销售方所在地的税收带来不利影响，因此红字发票开具难，成为长期困扰期货市场的一个问题。

（三）红字发票问题的解决方法

2014 年 6 月，郑商所在把白糖仓单从通用改为非通用后，仓库升贴水

---

① 国家税务总局关于增值税一般纳税人期货交易有关增值税问题的通知。
http：//www. chinatax. gov. cn/n810341/n810765/n812188/n812900/c1198911/content. html。

就可以随货款一并结算，红字发票开具难的问题也随之解决。[①] 但也同时丢掉了通用仓单给买方带来的便利，使交割配对异常复杂。

2018 年 4 月 2 日起，大商所开始在交割货款中结算地区升贴水，即交割货款按交割结算价加上非基准交割仓库与基准交割仓库的升贴水结算，而质量升贴水仍然由货主向指定交割仓库结算。大商所认为，将地区升贴水纳入交割货款一并结算，可以省去买卖双方通过仓库结算地区升贴水的过程，有效解决地区升贴水结算争议问题，简化买卖双方的交割流程。同时，交割货款中结算地区升贴水业务的推出，也将为动态升贴水结算提供便利。[②]

① 关于甲醇期货合约及部分品种业务细则修改事项的通知。
http：//www.czce.com.cn/cn/rootfiles/2014/06/13/1402482218812025－1402482218815763.pdf。

② 大商所将在交割货款中结算地区升贴水。
https：//baijiahao.baidu.com/s？id＝1594699057779359381&wfr＝spider&for＝pc。

第七章　仓单注册与注销

期货市场的实物交割大多以交收标准仓单的方式完成，而仓单注册是实物交割准备的第一个环节，也是最关键的一个环节。卖方在规定时间内能够生成的标准仓单注册数量，决定着期货市场在一定时间内的实物交割量，影响着交割环节买卖双方力量的平衡，影响着期现价格回归。

第一节　仓单的概念

据记载，1733 年东印度公司的仓单就开始交易了。仓单是无记名票据，赋予未来某一日期一定数量金属的所有权，用背书表示仓单售出。这些仓单的早期形式是针对特定批次的金属，后来采用的通用仓单（general warrants）赋予一定数量特定等级金属的所有权。[①] 在不同的仓单定义中，仓单都是一种所有权凭证或提货凭证。不同之处在于对形成仓单过程或用途的表述。

一、一般品种仓单

《期货和衍生品法》所称标准仓单，是指交割库开具并经期货交易场所登记的标准化提货凭证。

---

① Origins of the Modem Exchange Clearinghouse: A History of Early Clearing and Settlement Methods at Futures Exchanges.

郑商所：标准仓单是指仓库或厂库按照交易所规定的程序提交仓单注册申请后，经交易所注册，可用于证明货主拥有实物或者可予提货的财产凭证。

但在实际操作中，标准仓单持有人必须先完成仓单注销，换成提货单后才能到指定交割仓库提取交割商品。

大商所：标准仓单是交易所指定交割仓库按照交易所规定的程序提交注册申请后，经交易所注册的符合期货合约规定质量标准的实物提货凭证。该定义强调了仓单要符合期货合约的质量要求。

上期所：仓库标准仓单是指依据上期所的有关规定，由指定交割仓库完成入库商品验收、确认合格后，在交易所标准仓单管理系统中签发给货主的，用于提取商品的凭证。

CME：仓单（warehouse receipt）是一种特定合同和载明存储商品位置信息的凭证；在现货和期货交易中，通常用作所有权（ownership）转让的工具。

CFTC：仓单是一种证明在特许仓库（licensed warehouse）中拥有被交易所认可、用于“交割”目的商品所有权（possession）凭证。

维基百科：仓单是期货市场中使用的一种凭证，用于保证在经批准的设施内储存的特定商品数量和质量。仓单的重要性在于，它们可以证明商品在仓库内，并且相关文件已经过验证。商品需要符合特定的质量标准才能作为期货合约进行交易，而仓单在验证是否满足必要条件方面发挥着作用。①

二、金属仓单

期货行业常用不同术语表述相同的内容，LME 实行品牌交割，在有色金属期货中常用 warrant 而非 warehouse receipt 作为仓单的专用术语。

LME：仓单代表的是 LME 批准的金属（LME - approved metal）特定

① Warehouse Receipt.
https：//www. investopedia. com/terms/w/warehousereceipt. asp.

批次所有权（entitlement）凭证。只有当标的金属符合 LME 规定的质量要求时，才能签发仓单。因此，除了作为所有权凭证外，仓单还是对买方所接收金属的一种质量保险。①

CME：金属仓单（warrant）是仓库或存托机构为符合相应交易所金属期货合约规格要求的特定批次储存金属签发的所有权（title）凭证。已注册成仓单（on warrant）的金属才能在交易所用于空头头寸的交割。

CFTC：金属仓单是对交易所批准仓库（exchange - approved warehouse）中的实物金属签发的实物存储所有权证书（certificate）。

三、仓库仓单与厂库仓单

本章讨论的主题是仓单的注册和注销，因此，只涉及与申请注册主体相关的仓库仓单和厂库仓单；通用仓单和非通用仓单是按流通特点进行的分类，将在“仓单类型与有效期”一章中讨论。

以郑商所仓库标准仓单为例，仓单注册一般要经过“商品准备→交割预报→入库验收→质量检验→仓库申请注册→交易所办理注册”等多个环节。在上述环节中，交割商品的购入并运往交割仓库的时间占卖方仓单注册中的时间最长，时间也最难以确定。

第二节　仓库仓单的交割预报

客户应在向仓库发货前，通过期货公司填写《交割预报单》，向交割仓库预报拟入库信息。提交交割预报单前，客户应准备好用于注册仓单的交割商品。

一、交割商品准备

用于仓单注册的交割商品可以来自企业自产、进口、贸易、自行收

① LME warrants.
https：//www. lme. com/en/Physical - services/Warehousing/LME - warrants.

购、仓单注销后的再注册等不同渠道，但都要符合仓单注册要求的质量标准和其他相关要求。

（一）国产商品

1. 工业品

工业品的质量比较稳定，但新企业生产的商品质量稳定性较差。对于实行品牌交割的工业品，不仅要注意是否属于交割品牌，还要注意是否属于贴水品牌。对于由农产品作为原料生产出的工业品，如白糖，要注意开榨初期设备生锈、运行不稳定带来的质量降低问题。

2. 农产品

我国农产品生产存在规模化经营程度较低，品种多而杂，商品质量差异较大等问题。部分粮食品种，如小麦，出现了不少优良品种。但优良品种中，有的是产量高，质量一般；有的则是质量高，但产量较低。符合仓单注册的品种，属于整体质量较高的品种。即使优质品种也在不断淘汰、更换。

3. 商品预检验

农产品在仓单注册前，一般要以期货交割商品质量标准为依据进行预检，达到标准的才送往交割仓库。我国期货市场发展初期，现货市场不发达，商品质量意识差，用于仓单注册的农产品往往经过千挑万选，行内人士一看就知道是专门用于期货交割的商品，并把这些商品称为期货红小豆、期货绿豆、期货棉花等。由于农产品的抽样和检验存在抽样误差、检验误差，一些有经验的仓单注册人对准备注册仓单的农产品抽样，进行预检验。检验结果往往比期货交割质量标准卡得更严一些。一是为了提高仓单注册成功率，二是减少入库检验不合格而增加的商品整理费用，三是防止质量贴水损失。

（二）进口商品

允许进口商品用于期货交割的品种，交易所通常会根据海关和相关政府部门的规定，要求提交报关单、原产地证明、质检证书等，可以直接食用的商品如白糖，还需要卫生检验证书。

（三）注册品牌与免检品牌

1. 注册品牌

伦敦金属交易所是国际上最早实行品牌交割的交易所，有色金属也是最早实行品牌交割的品种。LME 仓管部（Warehousing Department）有专人负责交割品牌管理。上海期货交易所是我国最早实行品牌交割的交易所，有色金属也是最早、普遍实现品牌交割国际化的品种。在上期所《有色金属系列期货合约交易操作手册（2019 版）》所列 59 个铜品牌注册厂家中，我国 29 家，国外 30 家。①

实施品牌交割的目的是防止在同样达到规定交割标准的情况下，发生“劣币驱除良币”的情况，把市场接受度较低的品牌挡在期货交割市场之外，避免影响买方企业参与的积极性。

2006 年，PTA 期货在郑商所上市之初就开始实施注册品牌交割。在 PTA 上市期货合约、规则设计阶段，交易所工作人员广泛走访生产企业和消费企业，听取他们对世界各地 PTA 的生产质量和使用情况的看法和建议。据众多化纤企业反映，世界各地 PTA 的产品质量都能达到国标要求，但是用户还是能感觉到其中的质量差别，比如，我国台湾地区、韩国和日本企业生产的 PTA 很受欢迎，进口量也很大；而东南亚国家不少企业生产的 PTA，因质量体验较差，不受国内化纤企业欢迎，基本上没有进口。因此，不能因为 PTA 期货上市而导致不受欢迎的产品进口并通过期货实物交割，迫使国内企业接收使用。在 2021 年 10 月 20 日郑商所发布的“交割及免检品牌”27 个注册品牌中，8 个是境外品牌，暂没有东南亚国家品牌；其中 11 个是免检注册品牌。

2019 年 6 月发布实施的《郑州商品交易所期货交割品牌及免检品牌管

① 《有色金属系列期货合约交易操作手册》（2019 版）。
https：//www. shfe. com. cn/upload/20190919/1568892459158. pdf。

理办法》[①] 把交割品牌和免检品牌进行了区分：实施品牌交割的品种可以同时实行免检品牌；没有实施品牌交割的品种也可以实行免检品牌。郑商所的交割品牌中增加了短纤品种；免检品种增加了硅铁、锰硅、纯碱和尿素。[②]

2. 免检品牌

交易所对市场认可度较高的一些品牌实行免检。一是降低仓单注册成本；二是缩短仓单注册时间，提高仓单注册效率。郑商所最初希望在白糖交割上，对当时的国家优质品牌采取免检。但考虑到食品安全问题，最后放弃这一想法。PTA 成为第一个实行免检品牌制度的品种。

为了控制免检品牌的质量风险，交易所都要求免检品牌企业具备健全的产品流向追溯机制，交割纠纷及赔偿应急处置制度等。在质量问题的防控上，郑商所和大商所提出了不同的要求：

（1）《郑州商品交易所期货交割品牌及免检品牌管理办法》要求申请免检品牌资格的企业“书面承诺承担期货交割环节的商品质量责任。”

（2）《大连商品交易所期货交割注册品牌工作办法》没有要求其作出承担交割商品质量责任的承诺，而是要求以真金白银进行担保，体现出担保比承诺更重要的风控理念：“免检注册品牌申请企业还应以现金、银行保函或其他交易所认可的方式作为品牌风险担保。”

（四）再注册商品

再注册商品通常是在规定时间点、“一刀切”地对所有仓单全部注销后，对统一注销前新近注册的仓单允许继续交割所采取的一种变通方式。交割商品被注销后，如果希望再通过注册程序成为仓单，需要注意以下两个问题。

第一，质量是否达标。特别是农产品的出库标准要求通常低于入库标

① 关于发布《郑州商品交易所期货交割品牌及免检品牌管理办法》的公告。
http：//www. czce. com. cn/cn/gyjys/jysdt/ggytz/webinfo/2019/06/1558749330628720. htm。

② 交割及免检品牌。
http://www. czce. com. cn/cn/jysfw/hyfw/jgywzy/jgjmjpp/H7704020411index_1. htm。

准。比如，菜油期货对酸价和过氧化值出入库标准的规定：

“菜油入库时，酸价不得超过 2.3mg/g，过氧化值不得超过 0.10g/100g。菜油出库时，酸价不得超过 3.0mg/g，过氧化值不得超过 0.16g/100g。”①

第二，生产时间是否在规定范围内。对 PTA 注册时间有如下规定：

“生产日期超过 90 天的境内生产的 PTA 和自境外发运之日起超过 60 天的进口 PTA，仓库不得接收入库。”②

发展初期的一些要求。为了防止存放过久的小麦进入期货市场，影响小麦的正常消费和面粉加工企业参与积极性，交易所明确规定已经注销的强筋小麦仓单不得再用于仓单注册。在出现期货价格高于现货价格的情况下，有的客户仍然冒着违规风险，用交割过的小麦进行仓单注册。为了防止这些小麦大量流入期货市场，交易所采取了种种防范措施：在麻袋里塞上写有注册信息的纸条，在仓单注册时抽取一些麻袋过筛，检查是否属于已注销商品；跟踪检查交割小麦去向，防止其从一家交割仓库转移到另一家交割仓库。

二、交割预报

交割预报是解决交割仓库对卖方客户注册仓单预留库容确定性的一项制度，同时也是交易所预判在一段时间内可能形成的仓单数量、交割库容是否能够满足仓单注册需求的重要数据来源。交割预报有效期和交割预报定金的规定为这一制度的实施提供了保障。

（一）交割预报的申请与审批

交割预报，上期所称之为入库申报，是交易所会员应客户要求提出的拟入库商品情况的预先通报。郑商所规定，交割预报直接向交割仓库提出；上期所、大商所则要求向交易所预报。

---

① 《郑州商品交易所期货交割细则》，自 2022 年 6 月 24 日起施行。

② 《郑州商品交易所标准仓单管理办法》，自 2022 年 6 月 24 日起施行。

1. 审批权限

在交割预报阶段，规则规定谁接收仓单预报，谁拥有库容审批权。审批单位在接到《交割预报单》后，应就是否接收、接收多少，在规定时间内予以回复。批准交割预报的，要根据接收数量，提前空出库容。

大商所：交易所接收交割预报，拥有审批权和库容分配权。

"货主向指定交割仓库发货前，应当由会员向交易所办理交割预报。交易所应当在收到办理交割预报申请后的3个交易日内予以答复，并按'择优分配、统筹安排'的原则安排指定交割仓库。货主应当向交易所安排的指定交割仓库发货。未办理交割预报的商品不得用于交割。"①

如果货主把商品发运到非交易所安排的仓库，将受到严厉惩罚。"货主未向交易所安排的指定交割仓库发货的，应当重新办理交割预报，同时该批商品应当运到交易所新安排的指定交割仓库进行交割，由此产生的费用及出现的后果由货主承担。"

交易所担心，在入库环节，卖方客户与自行选择的交割仓库可能会有某种关联。仓库只有拉到客户才会有收益，所以，在仓单质量的把控方面容易与卖方客户利益一致，从而损害买方客户利益，甚至对交易所产生不利影响。参考客户在交割预报中的意愿，由交易所分配入库仓库，就是要隔断这种可能发生的勾结行为。

上期所：同大商所一样，接收交割预报并拥有审批权。《上海期货交易所标准仓单管理办法》作出如下规定：

"第十四条 货主向指定交割仓库发货前，应当办理入库申报。

第十五条 交易所在库容允许情况下，考虑货主意愿，在3个交易日内决定是否批准入库。

第十六条 货主应当在交易所规定的有效期内向已批准的入库申报中确定的指定交割仓库发货。未经交易所批准入库或未在规定的有效期内入库

---

① 《大连商品交易所标准仓单管理办法》，自2022年4月28日起施行。
http：//www. dce. com. cn/dalianshangpin/fgfz/6142914/6142922/6187897/index. html。

的商品不能用于交割。”①

郑商所：把交割预报接收和审批权放给指定交割仓库。

“自接到会员《交割预报单》之日起 2 个工作日内，仓库应当以书面形式或者交易所认可的其他形式回复会员能够接收的商品数量。”

2. 2008 年郑商所参与白糖交割库容审批

2008 年之前，白糖交割数量较少，库容储备不足，当时交割仓库只有 11 家，基本以产区仓库为主，而产区仓库库容一般较小。

（1）交割库容需求突然增加，其中包含非理性需求。2008 年 1 月 12 日至 15 日，广西大部地区日平均气温下降幅度达 8℃ ~18℃，在一共 90 个县市中有 63 个县市达到寒潮天气标准。② 白糖期货价格因历史罕见的冰冻天气可能对糖产量产生严重影响而大幅上涨后，又因增产的现实而大幅下跌，糖厂卖出期货后交割踊跃，同时担心库容不足无法交割。

针对当时库容需求猛增的形势，交易所以每周 10 万吨的速度增加白糖交割库容，但仍出现糖厂疯抢库容现象，而客户在进行交割预报时往往超出其交割能力，且其预报数量往往超过其近月持仓数量，其中广东一家期货公司的客户一次交割预报量就达数十万吨。根据以往类似情况的处理经验，这种疯抢库容的现象将随着期货价格下跌到正常水平而消失，持续时间最长不超过三个月。由于交易所要求交割仓库随时保证合同中承诺的库容（最低两万吨），因此，每次遇到类似情况，既要快速增加库容、满足交割需要，又不能盲目增加库容、造成腾挪出的库容后期长期出现闲置。

（2）优先批准近月持仓交割预报。为了有效分配交割仓库库容，郑商所采取临时措施，要求各交割仓库把可供交割库容与每个客户的交割预报申请报送交易所，交易所提出分配意见，交割仓库再向客户开具入库通知单。交易所分配库容的做法是，把每个客户的库容申请数量与其空头持仓

---

① 《上海期货交易所标准仓单管理办法》，自 2023 年 4 月 2 日起实施。

② 2008 年罕见低温冻害对广西甘蔗及蔗糖业的影响。
https：//wenku. baidu. com/view/f456504e767 f5acfa1c7cd44. html。

数量以及在不同月份的分布进行对比分析，以“先满足近月交割、再逐步满足远月交割”为原则，优先批准近月持仓交割库容，再逐步批准远期月份持仓交割库容。对申报数量过大的，要求其提供拥有现货而且已经建立近月空头持仓的证据，说明预报量大的原因。

由于客户持仓属于涉密信息，这一阶段的库容分配只能以交易所为主，交割仓库配合。交割仓库仍按照规定接收交割预报申请，并以《交割预报单》方式通知客户审批结果。

（3）完善规则，体现流程合规性。随着2008年3月19日陕西白糖交割库的批准，白糖交割仓库增加到23家，增加的交割库基本为销区库容较大的粮食仓库、白糖储备库和少量棉花库，可用交割库容增加数倍。特别是日照库10万吨可供交割库容的启用，使白糖库容紧张的状况很快得到缓解。随着白糖价格逐渐下跌，交割预报数量不断减少，甚至出现不少缴纳预报定金后放弃入库的情况。

尽管交易所采取果断措施化解了非理性交割预报问题，并向市场参与者做了耐心解释，但这种紧急情况下采取的措施缺少规则依据，当时部分会员单位和客户表现出不满情绪。为此，交易所在2009年11月11日修订的《郑州商品交易所标准仓单管理办法》中做了如下补充规定：

“预报数量较大的，交易所可以要求货主提供拥有商品的相关证明。特殊情况下，交易所可以要求仓库优先批准有近期月份持仓的交割预报。”①

（二）交割预报（入库通知单）有效期

大商所规定，所有品种的交割预报有效期均为30个自然日。郑商所则根据入库通知单开出时间计算有效期，并对不同上市品种和交割仓库作出不同规定：对与上市品种主产区距离较近的交割仓库，入库通知单的有效期为15天，其他仓库均为40天。上期所石油沥青和燃料油的入库有效期为交易所批准之日起15天。

---

① 《郑州商品交易所标准仓单管理办法》，自2009年4月20日起施行。
http：//www. czce. com. cn/cn/qsfy/ywgzlsbb/webinfo/2009/04/1252482858738214. htm。

"《入库通知单》有效期（公历日）分别为：

（一）仓单普通小麦、优质强筋小麦（以下简称强麦）、菜籽、菜油、菜粕、早籼稻、晚籼稻、粳稻、甲醇、硅铁、锰硅、棉纱为 40 天。

（二）一号棉仓库为 40 天、中转仓库为 15 天。

（三）白糖每年 11 月 1 日至次年 4 月 30 日，广东、广西及云南三省（区）等交易所认可的白糖主产区仓库为 15 天（公历日）；其他时间和其他地区仓库为 40 天。

（四）精对苯二甲酸、苹果为 15 天。"①

郑商所预报有效期的区分始于 2008 年。最初，郑商所对入库通知单的有效期统一规定为 40 天。2008 年在白糖大交割中，为了避免客户以交割预报定金为代价恶意虚占交割库容，加快交割商品入库，避免产糖季节库容长期闲置，把白糖产区交割仓库的交割预报有效期缩短为 15 天；其后，对产糖季节和销糖季节做了区分。PTA 的交割预报改为 15 天，是因为 PTA 的主产区和主销区均为江、浙地区，运输时间较短。棉花的中转仓库均设在新疆产棉区，入库方便，启用之日起就规定为 15 天。

（三）简化在库商品预报流程

白糖期货上市后，曾经出现白糖期货价格高于广西糖网同月价格 300 元/吨～500 元/吨的情况，但糖厂和贸易商不敢贸然卖出白糖期货合约，也不敢在两个市场之间进行套利交易。

一个重要原因是现货商品与期货要求不完全一致，如在平均包重方面，现货市场普遍包重不足，期货市场则不允许缺斤短两；对污包等要求，期货市场的要求也比现货市场更严格。

另一个原因是基于防范风险考虑，交易所不允许现货与期货混仓存放。产区白糖仓库在榨季开始前就把库容签约给了糖厂，但并非整库房出租。尽管交易所允许在库白糖整仓注册仓单，但绝大多数客户做不到。郑

① 《郑州商品交易所标准仓单管理办法》，自 2009 年 4 月 20 日起施行。
http：//www.czce.com.cn/cn/qsfy/ywgzlsbb/webinfo/2009/04/1252482858738214.htm。

商所当时要求交割仓库提供 2 万吨未被占用库容用于不同客户交割商品存放与注册，白糖产区仓库也做不到。在这种情况下，大部分在库白糖无法按照交割制度规定的“交割预报→商品入库→抽样检验→注册仓单”顺序注册仓单，因此，白糖产区客户迫切希望卖出期货白糖，又担心注册不了仓单而被逼仓。

我们在对广西调研时了解到，广西糖网对交割白糖的管理贴近现货实际，交割规模很大。昆明、南宁两家白糖电子交易市场也有一定数量的白糖交易和交割。我们学习借鉴了白糖电子交易市场的交割管理经验，从一个市场竞争者的角度出发，向交易所提出了两项解决建议。

一是广西新增白糖期货交割仓库主要从三家白糖现货交易市场的交割仓库中选择，降低跨市场套利成本。

二是允许在库商品就库交割。要求在库商品申请期货交割的，仍需提交交割预报，主要用作统计预期可形成仓单数量使用，无须缴纳预报定金。

上述两项建议被交易所采纳后以通知方式快速实施，并添加到《郑州商品交易所标准仓单管理办法》中：

“对已存放在仓库的商品申请期货交割的，仍应提交交割预报，无须交付交割预报定金。”

三、交割预报定金

在我国期货市场发展初期，经常出现虚占库容的情况，特别是出现多逼空时，多头恶意虚占库容的事情时有发生。当时，客户对交割仓库预留库容损失没有补偿责任，虚占库容的结果，一方面是交割仓库库容的浪费和仓储费的损失，另一方面也在一定程度上留下了一个制度漏洞，放纵了交割预报客户的不负责任。

（一）收取交割预报定金的目的

收取交割预报定金的目的很明确。一是遏制不负责任地虚占库容，或者利用虚占库容操纵市场；二是给交割仓库挪腾库容吃下一颗定心丸；三是在客户放弃入库时，给交割仓库一定的经济补偿。目前，郑州商品交易所的交割预报定金的标准为30元/吨，相当于两到三个月的仓储费。

在现货市场上，商品入库也需要提前向仓库打招呼，签协议，交付定金。期货交割预报在本质上与现货习惯相同，只是对时间、流程、定金等进行了明确和规范，有助于入库客户事先安排交割事项，减少扯皮。同时也便于交易所把握交割数量和进度，便于投资者分析交割预期。

（二）交割预报定金收取标准

交割预报定金标准与预报有效期相关，至少能够覆盖因放弃入库造成的交割预报有效期间库容空置的损失。上期所的燃料油仓储费1.4元/吨·天、石油沥青1.5元/吨·天，入库申报有效期为15天，押金30元/吨足以覆盖期间空置费用。郑商所的品种大都为30元/吨，按白糖、苹果最高标准0.5元/吨·天计算，也可以覆盖预报有效期内的库容空置费用。

大商所按品种制定标准。比如玉米、黄大豆等为10元/吨，焦煤、棕榈油等为30元/吨。由于所有品种的交割预报有效期均为30个自然日，那么，按规定的仓储费标准10元/吨的交割预报定金显然覆盖不住30天的库容空置损失（见表7-1）。

表7-1　　部分品种仓储费收取标准

<table>
<tr><th rowspan="2">品种</th><th colspan="2">期货仓储费</th><th rowspan="2">质检费</th><th rowspan="2">交割手续费</th><th rowspan="2">杂项作业费</th><th rowspan="2">商品入出库费</th></tr>
<tr><th>5月1日—10月31日</th><th>11月1日—4月30日</th></tr>
<tr><td>黄大豆1号</td><td>0.5元/吨·天</td><td>0.4元/吨·天</td><td>2元/吨</td><td>4元/吨</td><td colspan="2" rowspan="3">—</td></tr>
<tr><td>黄大豆2号</td><td>1元/吨·天</td><td>1元/吨·天</td><td>6元/吨</td><td>1元/吨</td></tr>
<tr><td>玉米</td><td>0.6元/吨·天</td><td>0.5元/吨·天</td><td>1元/吨</td><td>1元/吨</td></tr>
<tr><td>豆粕</td><td colspan="2">0.5元/吨·天</td><td>3元/吨</td><td>1元/吨</td><td rowspan="4">参照有关行业规定的收费标准收取</td><td rowspan="3">—</td></tr>
<tr><td>豆油</td><td colspan="2">0.9元/吨·天</td><td>3元/吨</td><td>1元/吨</td></tr>
<tr><td>棕榈油</td><td colspan="2">0.9元/吨·天</td><td>3元/吨</td><td>1元/吨</td></tr>
<tr><td>鸡蛋</td><td colspan="2">6元/吨·天</td><td>参照有关行业规定的收费标准收取</td><td>1元/吨</td><td>—</td></tr>
<tr><td>纤维板、胶合板</td><td colspan="2">0.035元/张·天</td><td>—</td><td>0.01元/张</td><td colspan="2">—</td></tr>
<tr><td>玉米淀粉</td><td colspan="2">0.8元/吨·天</td><td>—</td><td>1元/吨</td><td colspan="2">—</td></tr>
</table>

（三）预报定金的收取

上期所：直接从会员结算准备金中划转。比如，交易所对石油沥青的规定如下：

“货主提交的入库申报资料应当属实，并交纳30元/吨的申报押金，申报押金由交易所从会员结算准备金账户中划转。”①

大商所：由会员向交易所缴纳。“会员办理交割预报时，应当按30元/吨向交易所交纳交割预报定金。”

郑商所：由交割仓库收取。“自接到仓库同意入库的回复之日起2个工作日之内，会员应当向仓库缴纳30元/吨的交割预报定金。仓库在收到交割预报定金的当日（工作日），开具《入库通知单》。”

郑商所曾临时要求统一管理交割预报定金。2008年，白糖交割库容紧张之际，为了防止交割仓库与关系户一起提前占据库容，郑商所临时要求交割仓库把收取的交割预报定金全部交由交易所统一管理，根据预报期内入库情况，由交易所核查后返还。

事后证明，这一做法没有必要。一是交割仓库没有动力向没有入库的客户返还预报定金。据交割仓库反映，兄弟单位申请库容后没有按时入库的，也不能返还交割预报定金，无故返还预报定金将造成交割仓库收入损失，面临合规和审计风险；二是浪费交割仓库和交易所大量人力和时间来处理上交、清退问题。仅清退这些预报定金就花费了几个月时间。

（四）交割预报定金的返还

上期所、郑商所、大商所的规定相同。只要在规定时间内入库，无论是否检验合格，均表明该交割预报是真实的，将根据入库数量返还对应数量的交割预报定金。客户未按申报入库的，入库申报押金不予返还，补偿给该指定交割仓库：

“货主在有效期内按已批准的入库申报执行的，交易所在货主取得标

① 《上海期货交易所石油沥青期货交割实施细则（试行）》。http：//www. shfe. com. cn/regulation/ineregulation/Implementingrules/911327848. html。

准仓单后将申报押金清退至会员结算准备金账户中。部分执行的，按实际到货量返还；未按申报执行的，入库申报押金不予返还，由交易所支付给指定交割仓库。”①

第三节　入库检验

入库检验包括重量检验、质量检验、规定证书检验、出厂时间检验等。如果交割商品有包装规定的，还应包括包装验收。

一、重量检验

重量检验在交割仓库内进行。正常情况下，由卖方、交割仓库一起当场抽样、当场称重。棉花属于公检商品，由中国纤维检验局主持棉花入库检验。液体商品的检验通常以打尺为主，固体商品的重量检验通常采取过地磅方式进行。对于已经码垛的商品，采取扒垛抽样方式检验在库商品重量。

防范过地磅时出现作假行为。有的交割仓库发现，棉花入库过地磅时，驾驶室坐两个人；出库过地磅时，驾驶室坐一人。有的交割仓库发现，驾驶员在出库前把水箱里的水放出。类似的做法都是为了增加价值较高、非标准包装商品的入库重量。因此，交割仓库在过地磅的基础上，采取流动抽包检斤的方式再次检验入库商品重量，抽检率不低于15%，抽检样包的平均值作为该垛商品的平均包重。

二、包装检验

期货市场发展初期，农产品基本以包装运输为主，期货交割也是如此。因为合约标准化的需要，对期货交割用的包装物也做了详细规定，包

① 《上海期货交易所石油沥青期货交割实施细则（试行）》。
http：//www. shfe. com. cn/regulation/ineregulation/Implementingrules/911327848. html。

装不符合标准的不能注册仓单。目前，对能够散装交割的商品，正常情况下不再采取包装交割，以降低交割成本。但有些交割商品，如豆粕、白糖等，仍需采用包装交割。因为对包装物的规定无法设定精确的标准，难以准确把握，容易引起纠纷，比如如何划分严重污染的边界。

“豆粕包装为新的编织袋，编织袋的有效宽度为625mm～725mm，有效长度为1075mm～1225mm。编织袋要求不破、不漏。对包装物的卫生要求为无毒害物质污染，无油污，无霉变，无严重的煤灰、石灰、铁锈、泥土、水渍等污染。”①

包装物污染造成的入库拒收事件。对于必须以包装方式交割的商品，比如棉花，直接食用的白糖，包装物是否污染及污染程度，成为该批商品能否注册仓单的因素之一。曾经有一个客户用火车把白糖从新疆发往山东一家白糖交割仓库，因车厢刚刚装载过煤炭，尽管车厢底部铺垫了纸板等隔离物，但部分白糖卸车后，包装是灰黑色的。交割仓库根据规定，拒收了该批白糖。客户向交易所提出申诉，交易所管理人员到现场查验后，依然认定该批白糖包装不符合仓单注册规定。

大商所仓单管理办法中也有对包装物不合格拒收的规定，“入库过程中，包装不符合相关品种期货业务细则有关规定的，指定交割仓库应当拒收并及时通知货主。”②

三、质量检验

入库质量检验分为两种：交割仓库检验、指定质检机构检验。

（一）交割仓库自检

一种是交割品种全部指标由交割仓库检验。该类品种的检验设备要求低，检验方法简单，误差相对较小。比如，郑商所的菜籽、菜油、菜粕、早籼稻、晚籼稻、粳稻、苹果等。

---

① 《大连商品交易所豆粕期货业务细则》，自2022年12月26日起施行。

② 《大连商品交易所标准仓单管理办法》第十八条，自2022年4月28日起施行。http：//www.dce.com.cn/dalianshangpin/fgfz/6142914/6142922/6187897/index.html。

另一种是对交割仓库有能力检验、检验结果很少存在异议的指标以及感官指标、经验指标进行检验。

“硅铁入库时，包装物应干燥、结实耐用、适宜储存。

硅铁生产（出厂）日期超过 90 天的不允许入库。

硅铁有粉化现象的不允许入库。”

（二）质检机构检验

对于交割仓库没有检验能力、未配备检验设备的项目，或按交易所规则规定须由质检机构检验的项目，由指定质检机构检验。交割仓库负责检验的指标合格后，向质检机构报检。

指定质检机构是交易所指定、负责交割商品入库检验或出库复检的专业质检机构。指定质检机构一般不少于 3 家。棉花由国家纤检局检验，但由不同分支机构承担。

1. 指定质检机构的选择

（1）样品比对。交易所选定指定质检机构之前，会向 3 家以上拟选质检机构，寄送几份相同的样品，比对检验结果。对于寄样比对结果差异小的质检机构，再组织他们进行现场比对。一般而言，工业品的样品对比相对比较容易，农产品则相对困难。

现场比对前，几家质检机构按照国标要求统一检验方法和检验流程。对国标规定不科学或表述模糊的，几家质检机构现场商定统一的方法与流程，作为本次及以后的检验标准。例如，PTA 拟选指定质检机构在进行现场对样时发现，国标规定的检验方法缺乏操作性，交易所接受大家建议，指定一家机构牵头，共同对检验方法和流程进行统一和细化，并形成 PTA 期货交割检验流程。从某种意义上讲，期货交割促进了商品检验机构业务的规范化和精准化。

质检机构使用不同品牌试剂的，规定在期货检验中统一试剂品牌。在菜籽油拟选指定质检机构对样中发现，除了检验流程外，不同品牌的试剂成为影响检验结果的重要原因之一，因此，交易所要求几家质检机构统一试剂，以解决不同试剂造成的检验结果差异。

（2）公布质检机构名单。比对结果在误差范围内、被明确为指定质检机构的，须与交易所签订指定质检机构协议，并对外公告。不同品种共用一家质检机构的，要分别比对，分别公告。

2. 指定质检机构检验的品种或项目

（1）工业品。如郑商所的白糖、PTA、甲醇、硅铁、锰硅、棉纱等。

（2）特殊指标。如强筋小麦的降落数值、稳定时间、拉伸面积和湿面筋。

（3）棉花。属于法定公检品种。由中国纤维检验局负责检验，国家财政承担公检费用。

3. 送检机构

因为交割仓库要对出库质量负责，所以质检机构一般由交割仓库选择。强筋小麦检验机构由交易所每次指定。棉花检验机构由中纤局指定下属机构，一般采取异地机构检验。

检验费用。同一品种的质检费用相同。交易所公布分项检验收费标准，供入库检验、入出库复检时使用。检验费用由客户承担。

对交割仓库自检项目，入库检验费用包含在入库费用中，不再另外收取。

（三）抽样与送检

1. 抽样与分样

样品的代表性是决定质量检验的重要因素。正常情况下，交割仓库或质检机构在客户监督下完成抽样（钎样、取样）、混样、分样，经客户签字、交割仓库盖章后封样。

抽取的样品一般分成两份。全部指标均由交割仓库检验的，每次采取的样品分为两份，仓库任选一份用于检验，另一份由货主和仓库签字封样，由仓库妥善保存。入库初检和复检均由同一质检机构检验的，如白糖、PTA 等，寄（送）两份样品给质检机构。

“交割商品入库时，商品的重量、包装相关单证等的验收及扦（采）样由仓库或指定检验机构按照本办法的规定实施，货主应到场监督，验收结果须经仓库和货主认可。仓库、货主应对验收结果签章确认，并共同对入库商品的真实性负责。入库商品未经仓库、货主签章确认的，不得用于期货交割。

棉花样品的扦（采）取由承检机构实施，仓库应当予以协助配合。仓库及货主有权对样品扦取进行监督。”

2. 抽样单位

抽样单位是指每个样品所能代表的最大商品数量。抽样单位过大，样品代表性差；抽样单位过小，会增加检验时间和检验费用。因此，要根据现货市场惯例，结合期货市场出库要求，制定合理的抽样单位。

比如，白糖以一个垛位为一个抽样单位。尽管规则没有明确垛位大小，但是实际执行中，要求一个垛位不能超过 800 吨。

PTA 一个垛位不超过 550 吨。因为 PTA 为编织袋包装，每包重达一吨或一吨多，垛高不宜超过四层，否则存储时间较长容易崩包。

3. 强筋小麦是唯一由交易所参与监督抽样、交易所直接寄送样品的品种

因强筋小麦品种的特殊性，在期货发展初期，曾经发生过因抽样不合理、同一批次小麦由不同人员抽样、产生不同检验结果的情况，也发生过市场人士怀疑质检机构检验不公的问题。交易所采取对抽取的样品重新包装使包装上不显示交割仓库名字，不同客户和不同批次样品编号后一起混送检验，本次样品同时送检两家质检机构等方法，使质检机构无法判断样品的来源和归属，无法判断送检样品是否为曾经检验过的留样样品，以保证检验结果的公正性，解除市场参与者的疑虑。

“强麦入库质量检验由交易所组织实施。强麦降落数值、稳定时间、拉伸面积和湿面筋指标由质检机构检验；其他质量指标由交割仓库或质检机构检验。

需由质检机构检验的小麦质量指标，样品由交割仓库扦取，交易所、客户到场监督。客户未到场监督的，视为对扦样无异议。样品扦取后由交

易所进行封样，并寄（送）质检机构。”①

（四）检验时间与结果通知

质检机构按送样要求进行检验，并出具检验报告。因不同指标所需检验时间不同，交易所根据质检机构的检验能力和样品检验所需时间，确定收到样品后出具检验结果的时间要求。

特别是在邻近最后交易日时，是否能够在规定时间内出具检验结果，在一定程度上决定了该笔仓单是否能够用于该合约月份的实物交割；检验结果是否合格，将影响该客户是选择平仓了结还是实物交割。在出现期现货价格偏离的情况下，能否交割决定了持仓的盈亏幅度。因此，质检机构要尽早提交检验结果并第一时间告知客户。

“入库商品质量检验结束后，检验单位将检验报告以数字认证方式上传至交易所仓单注册注销系统。由指定质检机构检验的，指定质检机构应当及时将检验报告寄送仓库或由仓库领取。标准仓单注册人或者仓库业务急需的，指定质检机构可以先行告知检验结果。②

（五）入库复检

入库复检主要由对检验结果不合格或检验等级不满意的货主提出。由于交割仓库要对交割商品的质量负责，对于检验结果高于自身判断结果的，交割仓库也可以提出复检。

1. 规定时间内提出复检项目

复检要在检验报告出具后随即提出。为了提高复检效率、节约检验资源和复检费用，只对有异议项目复检。

“货主或者交割仓库对入库检验结果（强麦除外）有异议的，应当自收到检验结果之日起 3 个工作日内向交易所书面提出复检申请，并预交复检费用。

---

① 《郑州商品交易所标准仓单管理办法》，自 2009 年 4 月 20 日起施行。http：//www. czce. com. cn/cn/qsfy/ywgzlsbb/webinfo/2009/04/1252482858738214. htm。

② 《郑州商品交易所标准仓单管理办法》，自 2022 年 12 月 15 日起施行。http：//www. czce. com. cn/cn/flfg/zcjywgz/ywbf/webinfo/2022/11/1655827143314182. htm。

复检仅限于复检申请方提出的有异议的项目。

未在规定时间内提出复检申请的，视为同意检验结果。”①

2. 确定复检机构

以郑商所的交割品种为例。根据不同品种的入库检验机构分别确定复检机构：

（1）入库指标全部由质检机构检验的，复检为原质检机构。为了避免同一检验人员检验方法不标准引起的误差，交易所可以要求质检机构加强对复检人员和复检流程的管理。

“白糖、PTA、甲醇、硅铁、锰硅、棉纱复检机构为原质检机构，交易所可调换或增加质检人员。”

（2）入库指标全部由交割仓库自检的，复检机构由双方商定。

“菜籽、菜油、菜粕、早籼稻、晚籼稻、粳稻、苹果复检机构由货主和仓库协商确定，协商不成的，由交易所指定。”

（3）入库检验由交易所同意交割仓库检验的，复检由交易所指定。

“交易所同意由交割仓库检验的仓单普麦、强麦质量指标，复检机构由交易所指定。”

3. 明确复检样品

由交易所指定复检机构的品种，复检样品由复检机构重新扦（采）取，仓库应予以配合。

复检机构为原质检机构的品种，复检机构只对其保留的样品进行复检，不再重新扦（采）样。

入库检验时，质检机构作出的检验结论为强麦入库质量检验的最终结果，不予复检。

复检结果为解决争议的依据。

4. 复检费用承担

复检费用的承担规定体现以下原则：既要解决商品质量异议、不无故

① 《郑州商品交易所标准仓单与中转仓单管理办法》，自2018年11月9日起施行。

扩大复检范围，又要根据复检结果，明确复检费用承担主体。

（1）交易所指定复检机构的品种。复检结果与原检验结论一致的，由货主承担相关费用（检验费、抽样费、差旅费、交通费等）；复检结果与原检验结论不一致的，相关费用由仓库承担。

（2）复检机构为原质检机构的品种。复检结果与原检验结论一致的，由复检申请方承担相关费用；复检结果与原检验结论不一致的，相关费用由质检机构承担。

第四节　仓库仓单注册

一、提交仓单注册申请

（一）交割仓库不能拖延仓单注册申请提交时间

仓单注册能否成功决定着客户是否敢于建立空头头寸，或者继续在交割月持仓。在临近最后交易日时，交易所要求交割仓库在收到检验结果当日、最迟在下一工作日提交注册申请。

提交注册申请时，除郑商所目前采取统一投保外，其他交易所要求同时提交该批商品的财产保险单。

郑商所规定，“自出具或者接到质检机构的检验结果之日起1个工作日内，仓库对检验结果进行确认并通知货主。对于质量符合交割规定的货物，货主无异议的，自通知货主之日起2个工作日内，仓库应当向交易所申请注册仓库仓单。”①

（二）用于当月交割的仓单注册要为交易所抽检留出时间

郑商所早期曾发生过多次在已经注册的农产品期货仓单抽检中发现质量不合格情况。为了堵塞这一漏洞，交易所对申请注册的农产品进行抽

① 《郑州商品交易所标准仓单管理办法》，自2022年6月24日起施行。

检，抽检合格的，才予以注册仓单。而规定中的这 7 天时间正是交易所对提交仓单注册的商品进行抽样、检验所需最长时间。

“交易所可在自仓库提出仓单注册申请之日起 7 个工作日内予以注册。”①

受单个样品所需检验时间、质检机构最大检验能力限制，交易所对用于本月交割的商品注册申请受理时间，作出提前到最后交易日（交割月第 10 个交易日），甚至交割月第 5 个交易日截止的规定，同样是为交易所在仓单注册前的抽检留出充足时间，也是与收到仓单注册申请 7 个工作日的规定相呼应。虽然对工业品抽检结果很少出现问题，但也同样适用这一规定。

“自交割月最后交易日（强麦、白糖、菜油为第 5 个交易日）下午 3 时起，交易所不再受理仓库提出的用于当月交割的仓库仓单注册申请。”②

最后交易日受理用于当月交割仓单注册申请的规定，存在较大隐患。在最后交易日，客户已没有平仓机会。如果抽查不合格，交易所不能批准仓单注册，客户就没有足够的仓单用于交割，就会发生交割违约。如果不抽检，此后发现质量不合格怎么办？无论是抽检还是不抽检，都把交易所置于非常尴尬的境地。

（三）赶在截止时间前注册仓单

2003 年，硬麦 WT309 合约交割中，入库最晚的南方交割仓库乘飞机送样，在规定日期截止前出具了检验结果，从而使所有入库并检验合格的硬麦都注册成仓单。由于硬麦检验的指标是硬度，主要靠肉眼判断麦粒横切面的玻璃状透明体覆盖面积，检验相对比较快。但是连续数十天的检验，最后检验人员已经累得都快睁不开眼睛了。

2008 年 PTA809 合约交割中，出现了短期内集中入库问题。由于交割仓库没有足够时间把 PTA 码垛在库房内，交易所根据申请批准交割仓库临

---

① 《郑州商品交易所标准仓单管理办法》第二十一条，自 2022 年 6 月 24 日起施行。

② 《郑州商品交易所标准仓单及中转仓单管理办法》，自 2018 年 10 月 22 日起施行。http：//www.czce.com.cn/cn/flfg/zcjywgz/lsbb/webinfo/2018/10/1538462535314731.htm。

时在院内码垛、提前出库的申请；为了提高 PTA 灰分检验中坩埚利用率，交易所派专人协调在同一时间段集中向一家质检机构送样，使一个坩埚同时可以检验几份样品的灰分，才保证了在规定时间内完成仓单注册。

（四）免检产品注册申请的截止时间

郑商所的免检品牌制度是从 PTA 开始的。免检品牌都是市场上公认的好品牌。一是产品质量稳定，二是汲取 PTA809 合约交割检验时间紧张的教训。对于免检品牌，交易所在入库环节和注册环节均提出具体要求：

“免检交割品牌生产厂家直接申请入库的，入库 PTA 质量可以免检；货主向交易所和仓库提交指定生产厂家出具符合交易所要求的产品质量责任承诺书及相关材料的，入库 PTA 质量可以免检。”

“交易所规定的可予质量免检的商品用于期货交割的，最迟应当在合约最后交易日前一日申请注册。”

据了解，对于免检产品在最后交易日前一日而不是最后交易日申请注册，是为了给查验免检单据证明预留一天时间，比如与免检厂家核验批号信息等，所以，在 PTA 规则里进行了明确，后来其他免检产品也照搬了这一规定。在实践中，因为免检证明有企业盖章，不存在造假风险，交易所也很少专门进行核验，一般情况下，申请注册当日就予以审批。

（五）不允许 8 月 1 日前注册二级白糖仓单

郑商所规定，“每年 8 月 1 日之前不得申报注册二级白糖仓单。”

第一，过早允许二级白糖注册仓单，有可能使二级白糖仓单数量增加，影响期货价格的代表性。

第二，白糖质量随着存放时间的延长而下降，特别是经过夏季高温、高湿之后，市场上的一级白糖逐渐减少，二级白糖逐渐增多。因此，限制二级白糖只在生产年度后期用于交割，一是符合白糖市场实际，二是有利于防范交割逼仓。

二、仓库仓单注册

按照管理职能要求，郑商所交割部门负责交割仓库和交割商品的监管。如果是由交割仓库提交仓单注册申请，交割部门在注册申请审核合格后，完成仓单注册。

（一）郑商所和大商所仓库仓单的注册流程

从本章第一节对标准仓单的定义中看出，郑商所和大商所均是由交割仓库提交仓单注册申请，由交易所进行注册。郑商所白糖仓单注册流程图 7－1，也清楚地显示了这一点。

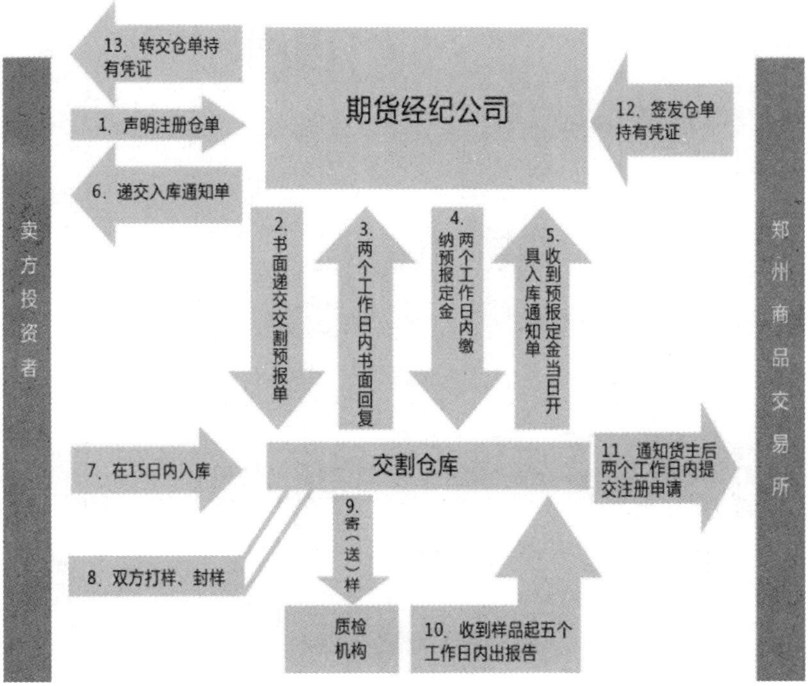

图 7－1　郑商所白糖仓单注册流程

（二）上期所仓单生成流程

仓单由交割仓库签发。以仓库仓单为例，《上海期货交易所标准仓单管理办法》第十三条规定，“标准仓单生成包括交割预报（入库申报）、商品入库、验收、指定交割仓库签发、确认等环节。”

交割仓库负责数量、质量验收并向交易所提交验收结果。会员向交易所提交制作仓单申请获得批准后，交割仓库才能制作仓单（见图 7－2）。

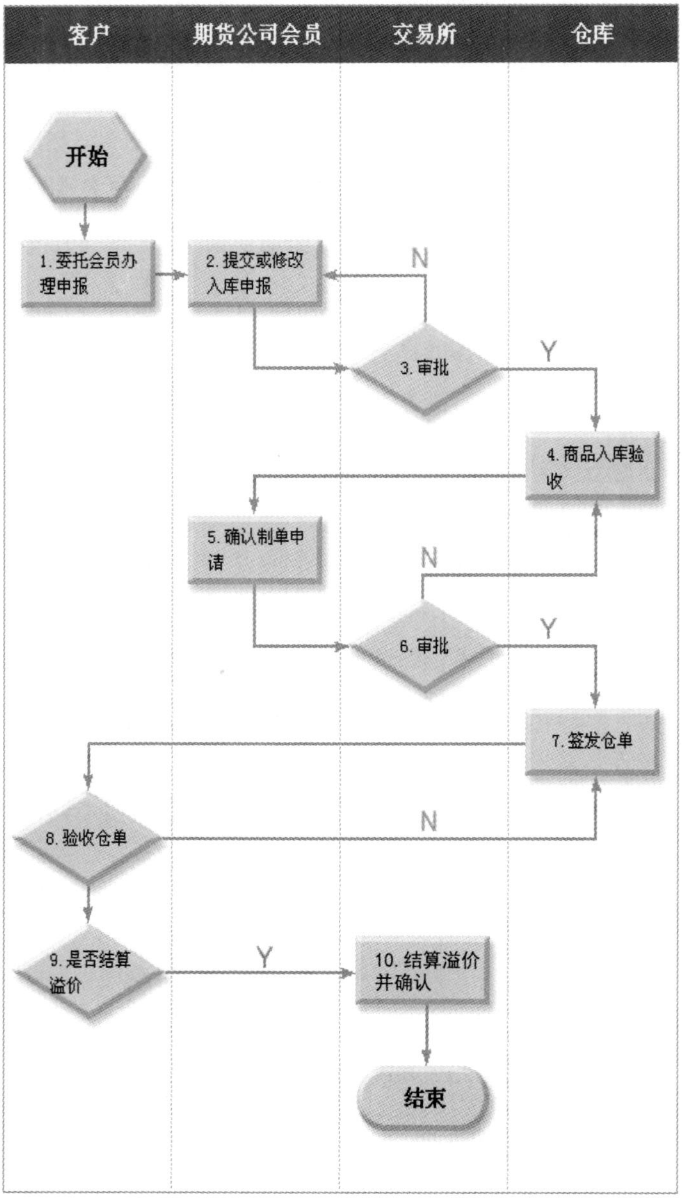

图 7－2　上期所有色金属仓单生成流程

资料来源：上期所“标准仓单指引”。

https：//www. shfe. com. cn/bourseService/delivery/warehouse/。

“验收合格后，指定交割仓库应当将入库检验的结果输入标准仓单管理系统，再由会员向交易所提交制作标准仓单申请。

交易所批准制作标准仓单后，指定交割仓库核对入库申报数据并制作仓单。指定交割仓库审核人员应当复核仓单数据。

仓单所有者对新签发的标准仓单进行验收确认。”

第五节 厂库仓单注册

厂库仓单，顾名思义，是对在厂库交割的商品签发的所有权凭证。大商所和郑商所厂库仓单与仓库仓单的不同之处，是提货地点的不同，而非批准注册主体的不同，因为仓单的注册是在交易所，仓库只是提交仓单注册申请而已。

一、厂库交割

（一）厂库交割的优势

2004 年，大商所将豆粕期货首次引入厂库交割。而玻璃期货成为我国第一个自上市起，全厂库交割的期货品种。

厂库交割是以生产厂家取代第三方专用仓库，以生产能力和相应的信用保证作为签发厂库仓单的依据，按照买方要求，在规定时间内交付相应质量和数量的交割商品。

很多期货品种选择厂库交割都是为了适应其产品特点，贴近现货需求。比如：

（1）玻璃在运输中易碎，不适合转运；存放时间较长容易发霉，影响使用。

（2）刚生产的豆粕口感更好，更受养殖企业欢迎。

（3）苹果属于生鲜果品，转运会造成损伤。

与仓库交割相比，厂库交割具有以下优势：一是节省交割商品运到指定交割仓库的运输成本、装卸及短途倒运成本以及入库商品的检验成本等；二是省去交割预报、商品入库、入库验收三个环节，交割过程与现货购销基本相同；三是期货市场与现货市场共用一个流通渠道，实现两大市场在交割环节无缝对接，有利于消除期、现价格背离。①

（二）增加贸易商厂库的原因

2017 年 8 月，郑商所增加两家贸易商为玻璃交割厂库。一家是玻璃销售企业——武汉众恒创景新型材料有限公司；另一家是期货公司风险子公司——浙江永安资本管理有限公司。增加贸易企业为玻璃期货厂库主要是解决玻璃仓单注册中遇到的新问题：

第一，玻璃生产企业资金紧张，很难有充足的资金作为保证金向交易所申请注册厂库仓单，又难以开具银行保函。即使客户向其支付货款作为保证金，厂库也要为仓单存续期间的价格波动准备追加保证金，因此，生产企业作为指定交割厂库，注册仓单积极性不高。

第二，玻璃生产企业更愿意期货价格保持高位，因此，注册仓单压制期价的动力不足。②

第三，玻璃生产企业注册仓单后，如果客户不提货，仓单会存续较长时间，而企业因库容有限而为了保证品质，不可能存货。另外，以当前价格注册仓单，以未来的成本交货也使玻璃生产企业面临价格波动风险。

第四，交割厂库比较集中的河北沙河地区玻璃生产企业，因销售业务外包，对销售远期商品的热情不高，使注册的玻璃仓单量无法满足市场的需要。

（三）作为贸易商的厂库，买方如何提货

贸易商厂库是一个虚拟工厂。贸易商厂库可根据期现货市场变化，适时购买指定生产厂库的商品，注册成厂库仓单，买方需要提货时，仍然是去玻璃厂库提货。

---

① 关于厂库交割制度之新手必读。
https：//xueqiu. com/8144065515/29263430。

② 贸易商厂库将极大促进玻璃期现融合。
http：//www. sohu. com/a/167087050_114984。

二、厂库仓单属于信用仓单

厂库签发仓单后，生产厂家能否按规定时间交付仓单对应的商品，一方面取决于生产企业生产规模、财务状况、企业信誉；另一方面取决于交易所对生产企业和交割环节的制度规定和监管。因此，在选好生产企业的基础上，交易所对生产企业可签发的厂库仓单数量从单一厂库仓单最大数量和信用担保两个方面作出具体规定要求，确保厂库仓单的信用得到切实保障。

（一）单一厂库标准仓单最大数量

郑商所将单一厂库标准仓单的最大数量，称之为允许注册的最大仓单量，是指经交易所批准并予以公布的现有最大仓单量。限制厂库注册仓单量的目的，是防止厂库注册仓单数量超出规定时间的供货能力，出现交割违约。厂库的日加工能力、日常库存状况以及日装运能力等条件是交易所综合考虑的重点要素。

大商所规定，“单一厂库标准仓单的最大数量是指当前已注册且尚未注销的标准仓单的最大数量。厂库标准仓单的最大数量的确定和调整，须经交易所批准并予以公布。”①

（二）厂库仓单保证金

厂库申请仓单注册时，必须提供交易所认可的银行履约保函、现金或交易所认可的其他担保方式。2011 年 8 月，郑商所增加银行承兑汇票作为厂库仓单担保方式。

1. 交易所认可的银行履约保函

银行履约保函的实质是把企业信用转变成等级更高的银行信用，用来代替现金用于履约担保。它是应申请人请求，由银行作为担保人，向受益人开立的一种书面信用担保凭证，保证在申请人未能按双方协议履行其责任或义务时，由银行代其履行一定金额、一定时限范围内的支付或经济赔偿责任。

注册厂库仓单时需要提交的银行保函是由交易所认可的银行开出的、

① 《大连商品交易所标准仓单管理办法》，自 2022 年 4 月 28 日起实施。

不可撤销的银行履约保函，申请人是厂库，受益人是交易所。一旦厂库不能交付规定的仓单，交易所可以要求银行即时足额赔付，而不需要提供任何证明材料。目前，郑商所认可的银行履约保函只能由本所期货保证金存管银行开立，以方便对保函验伪。

银行履约保函的验伪。考虑到银行履约保函的金额可能会比较大，郑商所在推出银行履约保函之前，曾期望利用技术手段来保证保函的真实性，同时提高验伪效率。

首先，探索使用环球银行金融电信协会（SWIFT）的传输系统进行验伪。据介绍，SWIFT 传输的文件不能篡改，能够确保银行履约保函系统的真实性。由于 SWIFT 系统只能传送英文，郑商所与交通银行河南分行合作设计了中英文保函文本。但在与 SWIFT 中国区代表沟通后得知，开通使用和维护这一系统的费用为每年数十万元，这对于刚刚开始的厂库交割业务来说，在无法预知银行保函业务规模的情况下，存在成本/收益不成比例的问题，最后决定放弃。

其次，探索使用深圳证券交易所子公司——深圳证券通信有限公司的交易、结算通信网络实现保函的发送与收取，但因该系统布点太少，不方便操作，随即决定放弃。

最后，别无选择，只能采用最原始的方法，也是这几年一直采取的方法——由交易所派人到保函开立行在郑州的交易所支行进行现场验伪。

2. 银行承兑汇票

2021 年 8 月 9 日，郑商所发布“关于增加银行承兑汇票作为厂库仓单担保方式的通知”，从即日起实施。

“作为厂库仓单担保品的银行承兑汇票承兑行应为郑州商品交易所存管银行，且与出票行为同一家银行。”

要求承兑行是交易所的保证金存管银行，主要是便于合作；要求承兑行与出票行是同一家银行，是指同一家总行，比如交通银行。银行承兑汇票操作比银行履约保函简单：采用电子方式开具，不需要验伪；通过网银兑付。

3. 履约保证金的逐日盯市

交易所采取逐日盯市的方法评估厂库仓单风险，判断履约保证金是否充足。当商品期货价格上涨幅度超出规定范围时，交易所可要求厂库调整银行履约保函、银行承兑汇票、现金或交易所认可的其他支付保证方式的数额。由于开具履约保函所需时间较长，为了避免厂库频繁申请作为追加保证金的银行履约保函，交易所要求提交的保函价值为130%。判断是否需要追加厂库仓单保证金的计算办法如下：

上一交易日结算价×厂库仓单数量≥银行保函金额＋现金

需要追加保证金金额较小时，厂库一般选择追加现金。据统计，在2012年3月到2016年8月期间，郑商所共有106笔用现金作为厂库仓单保证金，其中较大一部分应该是用作追加厂库仓单保证金。在这些现金保证金中，单笔最小金额为3.04万元，单笔最大为8800万元；平均每笔690万元；100万元以下20笔（见表7－2）。

表7－2　　厂库仓单保证金缴纳方式比较

缴纳方式	总笔数（笔）	总金额（万元）	单笔最小金额（万元）	单笔最大金额（万元）	平均每笔金额（万元）
银行履约保函	76	319686	180	20000	4207
现 金	106	72247	2.96	8800	589
保函/现金（倍）	0.72	4.25	60.81	2.27	7.14

（三）CBOT签发仓单和船运凭证的担保要求

指定仓储机构要签发仓单或船运凭证，必须向交易所提交足够的担保品，担保金额和条件符合交易所的要求。

一是向交易所提供的担保品包括现金、以CBOT为受益人的不可撤销信用证、美国国债或美国农业部仓单。

二是担保品价值必须为签发船运凭证当前市值的110%。当担保品金额低于当前市值100%时，必须及时补足到110%。[①]

① CBOT RULEBOOK. CHAPTER 7 DELIVERY FACILITIES AND PROCEDURES. 712. B.

三、厂库仓单注册

厂库仓单主要由厂库自行注册，少数由自营会员或者客户通过厂库注册。厂库自身注册厂库仓单，也是以期货客户名义通过厂库申请。会员或者客户与厂库结清货款等费用后，厂库可以通过电子仓单系统提交标准仓单注册申请。

大商所规定，“会员或者客户与厂库结清货款等费用后，厂库可以通过电子仓单系统提交标准仓单注册申请。

申请注册标准仓单的厂库应当向交易所提供交易所认可的银行履约担保函或者其他担保方式。

标准仓单注册申请经会员确认，且厂库已经向交易所提供相关担保后，交易所对标准仓单进行注册。”

郑商所规定，“厂库最迟应当在合约交割月最后交易日前3个交易日下午3时前提交仓单注册申请。厂库提交的支付保证方式符合规定的，交易所可在自厂库提出仓单注册申请之日起3个工作日予以注册。”郑商所厂库仓单注册流程如图7－3所示。

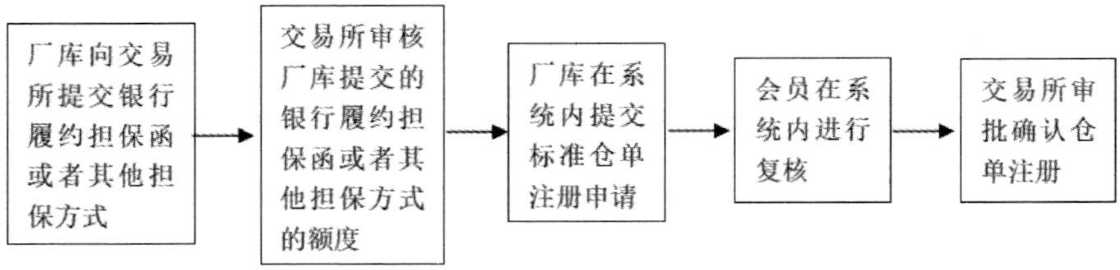

图7－3　郑商所厂库仓单注册流程

第六节　标准仓单注销

标准仓单注销是期货商品转变为现货商品的过程，也是从库存进入现货流通或消费的过程。

一、注销仓单的几种情况

（1）仓单到期。到期仓单不能再继续用于交割或流通，必须在规定时间内注销，交易所才能保证其对应的交割商品质量符合规定的标准。“标准仓单到期日前未办理注销手续的，交易所可在到期日将其注销，由此造成的一切损失，由标准仓单持有人承担，交易所不保证全部交割商品质量符合规定标准。”

（2）期货价格低于现货价格。此时仓单再用于继续交割将失去意义，不仅要支付仓储费，而且还要支付银行利息。如果直接注销仓单后提货，则可以实现期现货之间的价差收益。

（3）就近提货。即使期货价格与现货价格相同，也可以买入仓单，就近从交割仓库提货，节约运输时间，降低时间风险、运输过程中的价格变化风险、货物丢失风险。

（4）生产或贸易需要。若现货商品供应不及时，可用期货商品临时补充现货需求。期货商品保证质量也是企业选择的因素之一。

（5）逼仓者制造恐慌。特别是在“仓单/持仓比”严重失调时，注销仓单可以打击空头信心，逼迫其高位砍仓。

二、注销业务的办理

（一）标准仓单注销

标准仓单的注销是指仓单持有人委托会员到交易所办理仓单提货手续的过程。郑商所的标准仓单注销在结算部门办理。结算部在客户完成仓单注销、办理仓单升贴水结算后，把相关信息发给交割部，由交割部开具对应的《提货通知单》。

（二）通用仓单注销

通用仓单的持有者持有的仓单不对应具体仓库、具体垛位的商品，因此，在通用仓单注销之后、形成《提货通知单》之前，买方需要在所有存放该种交割商品的仓库中进行选择。

“适用通用标准仓单的商品需要提货的，交易所根据会员申请及仓库或厂库的具体情况，确定《提货通知单》对应的商品。”①

1. 仓单注销，实行“时间优先”原则

郑商所最初的品种均为通用仓单，且很多卖方客户选择在最后交易日配对交割，客户几乎在同一时间拿到仓单。因此，在仓单注销时，根据客户的要求，抢到合适地点、合适品级、合适产地的商品成为出市代表的一项重要任务。如果有多个客户选择同一个仓库提货，那么，先来先选，后来后选，选完为止。交易所无法保证客户希望提货的仓库一定有足够的商品可供选择。仓单注销的同时需要选定所需商品，因此，在最后交割日，各期货公司要求出市代表抢先选货，俗称“抢仓单”。

现在“抢仓单”更多被市场理解为在集中交割的第二交割日买方根据卖方公布的交割信息，“抢注销”。

2. 最初的仓单注销在交易所现场办理

为了完成抢先注销仓单、抢先选择商品的任务，出市代表很早（有时6点多）就开始在结算部门口排队。在抢到客户需要的商品后，出市代表就会受到总部表扬和客户感谢；抢不到客户要求商品的出市代表，往往会受到埋怨。

3. 网上办理仓单注销发生抢错单问题

为解决出市代表起早排队抢仓单问题，郑商所在广泛调研并征求意见之后，在会员服务系统上开发了一套仓单线上注销功能，在交易时间内使用，受到会员欢迎。但使用后不久，就有期货公司反映，由于缺少复核功能，致使仓库抢错、商品抢错的现象时有发生，有时还要为抢错单向客户赔偿。

当时，抢错品种最多的是棉花。由于当时棉花是小包棉交割，初检由轧花厂自己完成并自我定级，出于销售考虑，轧花厂通常把等级定得相对

① 《郑州商品交易所标准仓单管理办法》第一百一十七条，自2022年6月24日起施行。

高一些，而公检结果往往会比轧花厂的检验结果低一个等级。受等级升贴水影响，棉花仓单的注销一般是从四级（最低可交割等级）开始，然后是三级，最后是二级、一级。尽管新疆棉升水 200 元/吨，需要纺高支纱的棉纺厂还是对新疆棉感兴趣，因此，也会要求提到新疆棉。

4. 强制复核功能

有的期货公司向交易所提出建议，在仓单注销系统上增加强制复核功能，减少抢仓单出现错误的概率。然而，在交易所征求意见时，约 50% 的期货公司赞成增加强制复核功能；50% 的期货公司反对增加这一功能，其反对理由是，公司在抢仓单过程中没有发生过误操作，公司要求的是抢时间，而不是低差错率。

2011 年 1 月 30 日，郑商所下发“关于仓单注销强制复核功能上线的通知”，要求会员公司自行选择是否启用仓单注销强制复核功能，提交书面申请后才能开启使用。其结果是，要求开通复核功能者寥寥无几，就连最初提出这一建议的会员公司也未开通复核功能。

“一、在默认情况下，会员单位注销仓单时的强制复核功能为未启用状态。如果会员单位需要开启该功能，须向郑州商品交易所结算部提交书面申请。二、仓单注销强制复核功能开启后，需要一名操作员输入需要注销的仓单信息，经另一名操作员复核无误后，才能最终完成仓单注销申请提交工作。”①

5. 仓单注销错误后的补救措施

当仓单注销出现误操作后，除了与客户协商解决外，可以视情况采取以下措施进行补救：一是重新申请注册成仓单。这类商品的最初检验结果在有效期之内，且商品在存储期间基本没有变化。二是通过交易所的场外平台，换成所需要的仓单。三是给客户补差价，弥补客户损失。

随着棉花、白糖、甲醇、玻璃等已上市品种的仓单通用改为非通用，新品种基本采取非通用仓单，抢仓单基本成为可以馆藏的历史。

---

① 关于仓单注销强制复核功能上线的通知。
http：//www. czce. com. cn/cn/rootfiles/2011/01/31/1294827879461064 - 1294827879468796. pdf。

6. 优化通用仓单选垛处理

郑商所规定，仓单注销时首先由会员申请，依次经郑商所结算部及交割部两个部门审批后，仓单转为提货单，最后由交割仓库办理出库。通用仓库仓单与具体仓库及垛位没有对应关系，办理注销申请时需要临时分配垛位，为避免选中无法出库的垛位，要先和交割仓库联系确认具体垛位，由人工进行审核，因此办理时间较长。

2017 年 9 月 29 日，郑商所发布通告，进一步优化审批环节，合并部分结算和交割工作，提高工作效率——当注销仓单时，提货通知单只显示仓库、品牌、等级和数量等，不再显示垛位。客户提货时，改由交割仓库按实际货物存放情况确定具体垛位，以有效提高通用仓单注销时的办理效率，缩短提货通知单生成时间。①

郑商所提货单由既对库又对垛，改为只对库不对垛，与大商所对库仓单在提货时的特点相同，区别在于，郑商所的通用仓单在注销前不对库，而大商所的对库仓单在注册时已经对库。

三、办理提货手续与提出复检

（一）及时办理提货手续

客户在拿到《提货通知单》后，必须在提货和提出复检之间作出选择。但无论作出哪种选择，都要在规定时间内办理相关手续。否则，交易所对该批货物不再接受复检，同时免除交割仓库的质量责任。

“逾期未办理相关手续的，按现货提货单处理，仓库不再保证全部商品质量符合规定标准；厂库不再保证按期货规定承担日发货速度责任，具体提货事宜由货主与厂库自行协商。”

（二）在“规定时间、规定地点”提出复检

客户在提货前，一般都要对交割商品，特别是农产品自行抽样检查。

---

① 2017 年 10 月 8 日，新华网：郑商所优化仓单注销流程提升交割效率。http：//www.czce. com. cn/cn/mtzq/mtkzss/webinfo/2017/10/1501757056461560. htm。

当发现有质量、数量问题的，必须在收到《提货通知单》后及时提出复检。因为在提出复检前，客户会事先抽样自行检验，发现问题才向交易所提出复检，因此，对不同品种和不同交割方式提出复检的时间一般是基于入库检验所需时间。

仓库仓单：复检时间是10个工作日；“自《提货通知单》开具之日起10个工作日内，仓单持有人对商品质量有异议的，可向交易所申请一次复检，并预交复检费用。

未在规定时间内提出异议的，视为确认出库商品质量。”①

厂库仓单：“重量异议，应在货物出库前或交货时提出。

质量异议：玻璃、晚籼稻、粳稻、棉纱、苹果、短纤、花生应在货物出库前提出；动力煤应在收到质检报告之日起5个工作日内提出；其他品种应在货物出库或交货之日起5个工作日内提出。

未在规定时间内提出异议的，视为确认出库商品的重量或质量。”

需要特别注意的是，对于已经出库的交割商品，因无法确定是否为《提货通知单》对应的商品，更难以确定责任归属。

“交易所不受理超出规定时间或者已经出库的交割商品的质量和数量复检，不承担由此产生的一切责任。”②

即使规则已经作出明确规定，一家浙江期货公司的负责人在交割棉花出库半年之后，竟然代表客户向郑商所投诉一家位于河南的棉花交割仓库出库的棉花质量不合格。交割部门接到投诉后，要求其书面写出如此之久才投诉的理由，但自始至终未得到答复。

四、仓库商品出库注意事项

商品出库的规定主要涉及以下五个方面：重量问题、质量问题、包装问题、发货速度问题和费用问题。

---

① 《郑州商品交易所标准仓单管理办法》第一百六十八条，自2022年6月24日起施行。

② 《郑州商品交易所标准仓单管理办法》第一百七十条，自2022年6月24日起施行。

（一）出库商品数量检查

出库数量短少一般发生在粮油等农产品以及甲醇等液体产品上。出库数量短少由交割仓库补足，不能补偿的部分折算成现金赔偿，按最近交割月最高交割结算价核算短少商品价款。

对于菜油出库的规定："出库数量发生损耗造成短少的，仓库应及时补足。不能及时补足的，仓库按《提货通知单》开具日（含当日）之前菜油期货最近交割月最高交割结算价核算短少商品价款，赔偿货主。"

对于出库数量短少也要划清责任。非交割仓库的数量责任由货主承担，这是对交割仓库的一种正当保护。例如，菜粕在交割仓库存储过程中会发生水分自然蒸发，造成商品数量减少（水分减量），而且这种水分减量可以通过测量菜粕水分得到验证，交割仓库无须为水分减量承担赔偿责任。但是，如果数量的减少不是因水分减量造成的，交割仓库就要进行赔偿。为此，交易所作出如下规定：

"仓库菜粕出库水分溢短数量由货主承担，非水分减量的货款由仓库赔偿买方货主。出库水分检验费用由仓库承担。"①

防止把运输途中偷窃行为造成的数量短少归罪到交割仓库。PTA 期货上市不久，一家浙江客户通过期货公司向交易所反映，其出库的 PTA 在运到化纤厂抽样时，发现有不少包袋出现重量不足问题。因为 PTA 是工业品，正常情况下经过入库重量过地磅后，出库时不会发生重量不足问题。交易所邀请期货公司、客户代表到交割仓库，共同对该厂生产的、还未提取的交割商品随意抽样进行称重，结果发现每一包都未出现重量缺失的情况。客户后来调查后发现，一名司机在运输途中偷盗了 PTA，于是，对司机依法进行了处理，并撤销了投诉。

（二）出库商品质量检查

1. 出库商品免责范围

根据农产品在正常保管过程中所发生的质量下降（变异）幅度，交割

① 《郑州商品交易所标准仓单管理办法》第一百三十二条，自 2022 年 6 月 24 日起施行。

规则对容易发生变化的指标（常常是核心指标）规定了出库标准可以低于入库标准的幅度，为交割仓库划出免责范围。一是避免交割仓库承担不应该承担的质量责任；二是防止交割仓库利用免责条款放松商品养护。

比如，按照白砂糖国标（GB/T 317－2018）规定，一级白糖的色值小于等于150IU，二级白糖的色值小于等于240IU。[①] 尽管交易所规定，因自然变异导致白糖色值变化在规定范围的，仍可正常出库，货主不能拒绝接货。但根据色值变化区间，就可以判断交割仓库对白糖正常保养所尽的责任，因此，对不同的色值划分了不同档次的赔偿责任，使对自然变异的免责发挥鼓励交割仓库勤勉尽责的作用。

按照交易所规定，一级白糖出库时，色值从150IU以内升到190IU，虽然落在二级白糖范围之内，但处于一级到二级色值区间的下轨，交割仓库无须承担责任；但若色值上升到190IU至240IU，处于一级到二级色值区间的上轨，交割仓库就应该适度赔偿。色值大于240IU的属于三级白糖，不允许在期货市场交割，交割仓库应该按规定向提货人进行赔偿。

“一级白糖的色值小于等于190IU的，由货主承担；大于190IU小于等于240IU的，色值每增加10IU（不足10IU按10IU计），仓库给提货方每吨10元的补偿。白糖色值大于240IU时，仓库承担赔偿责任。”[②]

2. 出库商品复检

（1）复检仅限于有异议的项目。复检机构由仓库检验的项目，参照入库复检进行；质检机构检验的项目，由交易所指定的质检机构进行复检。

自收到书面异议之日起2个工作日内，交易所通知仓库。复检机构在仓库协助下重新扦（采）样，样品经三方共同认可后封样。复检结果由交易所通知会员与仓库。复检结果为解决争议的依据。

（2）复检费用的承担。由于对复检结果是否会符合出库标准存在不确定性，交易所规定，谁提出复检，谁预交复检费用，复检费用的实际承担以检验结果为准。

---

① 《中华人民共和国国家标准》（GB/T 317－2018）白砂糖。

② 《郑州商品交易所标准仓单管理办法》第一百二十五条，自2022年6月24日起施行。

“复检结果符合交易所出库规定的，复检及相关费用由复检申请方承担。复检结果不符合出库规定的，复检及相关费用由过错方承担。”

（3）复检不合格问题的处理规定。

①商品调换。在双方约定或规定时间内，调换符合出库标准的商品，提货方不得拒绝。在双方约定或者规定的出库时间内，仓库或者标准仓单转让人可以用符合出库规定的商品调换，提货方不得拒收。商品调换不得影响商品及时出库，调换增加的运输、检验等费用由仓库或者标准仓单转让人承担。

洲际美国期货交易所也有类似关于换货的规定。咖啡 C 规则 8. 13“换货（substitution）”一节作出具体规定：

“如果交割通知中规定的咖啡无法根据咖啡期货合约交货，则该交付通知的签发人必须替换并交付其他咖啡，这些咖啡不需要具有相同的产期或质量。

（1）用于换货的咖啡必须与交割通知中最初指定的咖啡存放在同一港口。

（2）用于换货的咖啡必须已经签发了等级证书，符合咖啡期货合约的最低交割标准。

（3）之前没有发生过试图对交割通知中的咖啡换货的事件。

（4）可在交割日前的第二个工作日下午 5：00 之前换货。”①

②协商处理。未能用符合标准的商品调换的，双方可以协商处理。

③加工处理。把不合格商品加工整理到符合出库标准，并向提货方支付 3% 的赔偿，提货方不得拒绝接收。“加工整理后符合出库规定”的基本上属于未经加工的农产品。3% 的赔偿是对不重视交割商品质量和在库商品保养进行的惩罚性规定，体现出交易所对交割商品质量的监管导向。

④按交割违约处理。无法加工整理或加工整理后仍不达标的，仓库或仓单转让人应向提货人支付按上述方法计算的 120% 的赔偿，商品归仓库

---

① ICE Futures U. S. ®，Inc. COFFEE “C”® RULES 8. 13.

或仓单转让人。这和交割违约处理的标准相同。[①]

（三）包装问题

正常情况下，买方关心的是商品质量而非包装，但包装物的破损会对商品运输、储存甚至销售造成较大影响。由于出库时发现的包装物破损是在存储和搬运过程中造成的，一般要求交割仓库更换包装。

“出库过程中，发现硅铁包装破坏，不适宜再次装卸及运输的，仓库应当免费提供包装物并重新灌包。”

而像白糖这样的食品包装发生污染，则有可能影响商品的质量甚至销售。而包装的污染一般是因入库把关不严造成的，交割仓库也应承担赔偿责任。

“白糖出库时，出现包装霉变、严重污染，潮包、流包、真结块、异味的，仓库应当承担赔偿责任。”

麻袋封口针数不足曾引发索赔。郑商所小麦采取包装交割期间，要求包装物——麻袋的缝口为手工缝针 24 针死扣缝包。2003 年 9 月合约交割期间，一个买方客户发现不少麻袋缝口不到 24 针，并向交易所反映该交割仓库违约，交割仓库最后以赔偿了结此次索赔事件。一般情况下，只有在买方不以生产贸易为目标在期货市场接货，如逼仓失败发生重大亏损、被迫大量接货的情况下，才会对不影响出库和运输的包装物进行如此严格的检查并索赔。

（四）出库流程与费用

1. 出库装运

（1）郑商所的相关规定

郑商所对仓库仓单的出库规定了正常的发运完成时间——汽车、船舶 10 日，火车 20 日。至于能否在规定时间内完成发运，一方面取决于货主（提货人）。如果他们不能及时安排运输工具提货，交割仓库再着急也完成

---

① 本部分引用条款均取自《郑州商品交易所标准仓单管理办法》“第二节 仓库商品出库复检”，自 2022 年 6 月 24 日起施行。

不了发货任务。另一方面取决于交割仓库。如果提货方的运输工具到位，交割仓库不能很好地安排装货发运，照样无法完成发货任务。为此，交易所根据不同情况规定了提货方和交割仓库的责任划分和解决方案。

“货主提供运输工具的，自货主凭《提货通知单》与仓库联系出库事宜、运输工具到达仓库之日起，仓库开始发货，并停止收取已装运货物的仓储费；货主委托仓库代办运输的，自客户凭《提货通知单》与仓库联系出库事宜、指定运达地点并预交各种费用（包括铁路代办费、港杂费等）之日起，仓库不能在规定时间内（汽车、船舶10日，火车20日）发出商品的，不得再收取其后的仓储费。

由于货主变更发货方式、提货手续不全、费用未按时缴纳、特殊要求等原因，致使商品装运推迟的，不受前款限制。”

为了保证期货交割商品的出入库，《郑州商品交易所指定商品交割仓库管理办法》要求指定交割仓库对交割商品优先办理。

“交割仓库应当保证用于期货交割的商品优先办理入库、出库。

交割仓库应当积极配合货主发运商品，无正当理由不得延迟发货。”①

代办发运曾经发生过投诉问题。一家白糖交割仓库受客户委托代办发运后，客户向交易所投诉，交割仓库介绍的汽车货运公司收取的运输费用有些高。鉴于此类问题属于交割仓库的延伸服务，且各地运费相差较大，交割仓库积极提供代办运输服务的同时，还应想办法解决客户关于运价透明度的疑虑。

（2）CBOT 的相关规定

CBOT 在其规则中也明确提出，指定交割设施运营商有义务优先安排装运船运凭证所代表的商品，并规定了不同情况下的装运数量。② 例如，芝加哥和伯恩斯港指定交割设施的装船率应取决于运输工具和谷物的类型，每个工作日不得低于规定标准（见表7-3）。

---

① 《郑州商品交易所指定商品交割仓库管理办法》，自2020年12月30日起施行。

② CBOT Rulebook “Delivery Facilities and Procedures”. https://www.cmegroup.com/content/dam/cmegroup/rulebook/CBOT/I/7.pdf.

表 7－3　　不同品种的船运数量要求

品种	当船运凭证持有人以书面形式要求			轮船（万蒲式耳）	驳船（船）
	分车称重分车验级（车）	批量称重批量验级（车）	单位平均重量等级（车）		
玉米、大豆	25	35	—	30	3
软红冬小麦	25	35	45	30	3
燕麦	15	20	—	18	2

对于堪萨斯城的硬红冬小麦，CBOT 规定了日最低 30 车的装出量（见表 7－4）。

表 7－4　　硬红冬小麦最低装出量

已根据装运证书交割，但尚未装船	按车装出要求	
	每日（车）	每周（车）
300 万蒲式耳	30	150
300.5 万～400 万蒲式耳	40	200
400.5 万～500 万蒲式耳	50	250
以此类推增加	10	50

2. 出库费用的承担

出库费用的承担方包含在对基准价的表述中。比如：

“强麦、一号棉、白糖各期货合约的交割基准价为该期货合约的基准交割品在基准交割仓库交货的含税价格。

菜油期货合约的交割基准价为该期货合约的基准交割品在基准仓库出库时的车船（汽车、火车、轮船）板交货的含税价格。”

“在基准交割仓库交货”，简称仓库交割，指买方到交割仓库自提货物，出库费用由买方承担。

“在基准仓库出库时的车船（汽车、火车、轮船）板交货”，简称车船板交割，要求交割仓库把货物交到买方的车船板上，费用由仓单注册方承担。

郑商所的车船板交割是从 PTA 期货交割开始的。在现货市场上，PTA 采取送货制，无论买方与卖方距离有多远，卖方都要把 PTA 送到买方指定地点，而且价格不变。在设计 PTA 交割制度时，有人建议采取现货市场的送货制，卖方把交割商品送到买方指定地点。由于送货制缺乏交割商品注册环节，且没有任何信用担保，发生违约风险不易处理，交货过程中数量和质量检验涉及区域大、处理难度大，因此，交易所采取了一种折中办法，让卖方承担出库费用，并在仓单注册时交给交割仓库。此后，一些其他品种也采用车船板交割。

五、厂库交割商品交付

厂库向买方客户交付交割商品，涉及的问题主要包括发货速度、商品数量和商品质量三个方面。① 复检规定与仓库交割大同小异，不再展开。

（一）出库发货速度

交易所对不同品种确定日发货速度。“厂库出库时的发货速度是指厂库在 24 小时内安排期货商品发货的最低数量。厂库日发货速度由交易所确定和调整。”

鼓励货主与厂库协商发货速度等事宜。“货主办理提货手续后，应就发货速度及最后完成出库时间与厂库协商一致，协商不成的，厂库应按照交易所批准的日发货速度发货。”

多人同时提货的发货原则。“多个货主同时提货时，厂库可按货主预约时间及办理提货手续的先后顺序等合理安排发货。”

发货滞纳金。“厂库或货主因故不能按照约定的发货计划发货或提货的，双方应及时协商并妥善调整发货速度或发货计划，并且过错方应付滞纳金。

滞纳金额 =5 元/吨 × 按日发货计划应发未发或应提未提商品数量 × 该批商品滞留天数。”

（二）重量验收

（1）厂库重量验收。对于不会出现重量溢短的商品，数量验收由提货

---

① 《郑州商品交易所标准仓单管理办法》“第十章 厂库交割商品交收”，自 2022 年 6 月 24 日起施行。

人与厂库共同实施，以厂库检重为准，足量出库。出库数量发生短少的处理办法与交割仓库出库时规定相同，即厂库应及时补足，否则，厂库应按规定的结算价向提货方赔偿短少数量的价款。

（2）玻璃溢短处理。在现货贸易中，玻璃以标准箱为计量单位，而期货合约设计中，因考虑到不同用户对玻璃厚度的需求、玻璃生产成本与原料重量相关的特点，期货合约与交割以吨为计量单位。交割的箱数与合约单位的重量要求不会正好相同，出现的重量偏差称为“溢短”。

“玻璃每次提货（指一张提货单）的溢短不超过一个包装单位（架），由买方决定。溢短部分由双方自行结算，结算价格参考最近交割月交割结算价。”

（三）质量验收

监督抽样与留样。“厂库应在提货人监督下，在货物运到买方运输工具前进行抽样，经双方确认后共同封样。样品一式三份，一份由货主保存，两份由厂库保存，厂库应将样品保留至发货后30个日历日，作为发生质量争议时的处理依据。”

（四）厂库交割、仓库交割相关规定

针对由贸易商作为厂库发货的情况，交易所专门作出规定：

（1）交割仓库发货。“在交割仓库发货的，货主应在每批货物运达交割仓库后3个工作日（不含送达日）内完成验货、提货或存储手续，逾期未提货产生的费用及质量责任由货主承担。”

（2）重量验收。硅铁、硅锰在交割仓库交货。“称重由交割仓库负责，费用由厂库承担；在其他地点交货的，称重实施及费用分担由厂库与货主协商确定。”

第八章 标准仓单类型与有效期

标准仓单按不同分类方法可以划分为三种类型。按申请注册的主体，可分为仓库标准仓单和厂库标准仓单；按期货商品完税状态分为保税标准仓单和完税标准仓单；按流通性质，分为通用标准仓单和非通用标准仓单。由于保税标准仓单仅在完税方面与其他仓单形式存在差异，本章不再进行讨论；仓库仓单与厂库仓单在仓单注册、注销提货方面的异同，在“仓单注册与注销”一章中已有讨论，本章不再重复。本章重点讨论通用仓单和非通用仓单、对库仓单、退出历史舞台的棉花中转仓单，同时讨论仓单有效期问题。

第一节 通用仓单与非通用仓单

通用标准仓单（以下简称通用仓单）和非通用标准仓单（以下简称非通用仓单）是按照流通性质和范围，对仓单进行的分类。这一分类关系到交割配对方法和客户对交割商品的选择。

一、通用仓单

1997 年，郑商所实现仓单计算机管理（电子仓单）和仓单通用，解决了买方无权选择交割地和多库提货问题。[①] 通用仓单是郑州商品交易所

① 《郑州商品交易所年报》（1997），“工作报告”。
http：//www. czce. com. cn/cn/administrator/AdminArticle/editor/UploadWord/2004923162446101. pdf。

的创始人在借鉴美国期货市场经验的基础上，结合中国现货市场发展实际所作的交割制度创新。电子仓单有效提高了仓单管理效率。LME 2021 年 3 月 1 日才取消纸质仓单，实现仓单管理电子化。①

（一）通用仓单的概念

通用仓单是在同一交易所、同一期货品种的所有交割仓库之间可以通用的仓单。就像当年凭全国粮票，可以在任何国有粮库、任何商店购买粮食一样，持通用仓单也可以在所有交割仓库、所有未注销的商品中进行选择，包括交割仓库、等级、品牌等，类似于期货商品的通存通兑。

“通用标准仓单是指标准仓单持有人按照交易所的规定和程序可以到仓单载明品种所在的任一仓库或厂库选择提货的财产凭证。”

“通用标准仓单载明的内容包括：会员号、会员名称、客户交易编码、品种、标准仓单数量、冻结数量、作为保证金数量等。”②

不少交易者很好地利用了仓单通用的优点。如前所述，郑商所规定广西为白糖基准交割地，广西各地交割仓库之间没有升贴水，在广西任何一个白糖期货交割仓库提货的成本都一样。一天上午，一个贸易商在柳州交割仓库刚注册了白糖仓单，就接到了一个沿海客户的电话，要他抓紧发一批白糖过去。这个贸易商发现钦州白糖交割仓库还有不少白糖期货仓单没有注销，于是，当天下午选择钦州港的期货白糖并把刚注册的仓单注销，在钦州港提货后海运给了客户，节约了白糖从柳州运往钦州的运费和时间。

（二）通用仓单对注销方和注册方的影响

1. 通用仓单的初衷是解决仓单注销方选择难的问题

通用仓单适用于交割仓库和消费地区非常分散、商品价值低、运费占比较高的品种，给予仓单持有人在选择交割地点、品牌和等级等方面较大

---

① LME warrants.
https：//www. lme. com/Physical - services/Warehousing/LME - warrants.

② 《郑州商品交易所标准仓单管理办法》，自 2022 年 6 月 24 日起施行。

的主动权，降低交割成本，在一定程度上满足买方的个性化要求。郑商所初期上市的正是这类品种。通用仓单是在保证卖方利益不受损害的基础上，实施更有利于买方的交割制度创新。但是，买方的需求只是在现有仓单范围内进行选择，包括仓库、产地、等级、年度、品牌等。

2. 通用仓单使仓单注册方失去了对自己商品的控制权

卖方在仓单注册中拥有极大的选择优势，比如选择注册时间，选择距离最近的交割仓库，选择用于仓单注册的品牌和等级，选择注册的数量等，无论仓单通用还是非通用，对其没有任何影响。

仓单注册完毕后，通用仓单注册人就会陷入某种被动。他只是拥有了该品种仓单中相应数量（或者说相应比例）的商品，而瞬间失去了对其原有特定商品的控制权。如果卖方注册的仓单只是用于期货交割，他不会在乎是否失去对应商品的控制权。但对于只想利用期货市场的信用、用期货仓单进行质押融资的卖方来说，通用仓单也许不是他们的最佳选择。对于既想在合适的期货价格上卖出交割，又想在期货价格达不到心理价位时拿回自己商品的投资者，也难以做到两全其美。

生产企业还曾因拿不回自己品牌的商品而受到税务部门的质疑。广西一家头部糖厂在白糖期货价格处于高位时卖出白糖并注册了仓单，但注册后并未进行卖出实物交割，而在糖价下跌到现货价格之下时进行平仓。当该糖厂注销仓单选择白糖时，自己品牌的白糖已经被提货，只能提取其他厂家生产的白糖。当地税务部门在进行税务检查时发现了这种情况，认为这种情况不符合生产企业的特点，生产企业只应该销售自己生产的白糖。经过交易所反复解释后，税务部门才恍然大悟。

在通用仓单制度下，交易所在进行交割配对时不用考虑买方的选择。买方对交割商品的选择发生在拿到仓单之后、注销仓单之前，也就是我们前面说的“抢仓单”。

3. 贴水发票问题难以解决

贴水发票也是仓单通用特有的问题。我们在“交割基准价与升贴水”一章中进行过讨论。

二、非通用标准仓单

目前，绝大多数商品期货市场都采用非通用标准仓单。非通用仓单持有人是仓单对应商品的唯一所有者，拥有对这一商品的任意处置权。

“非通用标准仓单是指标准仓单持有人按照交易所的规定和程序只能到仓单载明品种所在的仓库或厂库提取所对应货物的财产凭证。”

“非通用标准仓单载明的内容包括：会员号、会员名称、客户交易编码、品种、标准仓单数量、仓库或厂库、检验时间、标准仓单编号、冻结数量、作为保证金数量等。”①

我国期货市场上最初主要在价值比较高、运输成本占比相对较小、交割仓库相对集中的有色金属等工业品上采用非通用仓单。这种制度的优点是仓单与仓库、库房和垛位一一对应，产权清晰，质量和数量责任明确，仓单升贴水问题易于解决。特定品牌的客户（仓单注册人）在注册成非通用仓单之后，既可以用于期货交割，也可以提取该仓单对应的特定品牌商品。

非通用仓单制度下，难点在于交易所在进行仓单配对时，难以兼顾每一个买方对仓库、品牌等个性化要求。如果注销仓单的客户（仓单注销人）接收的仓单不是其希望提货的仓库、不是想要得到的品牌，则需要通过仓单串换方式解决。近年来，上海、郑州和大连三家期货交易所都建立了场外平台，其职能之一就是提供交割延伸服务，组织非通用仓单串换。这种串换不仅包括期货仓单之间的串换，还包括期货仓单与现货商品之间的串换。

欧美商品期货市场普遍使用非通用仓单。欧美交割仓库的仓单均为交割仓库签发，交割仓库对商品的质量和数量承担最终责任，这可能与这些国家信用体系比较健全有关。

三、对库仓单

2006 年，大商所把在交割仓库之间可以随意提货的通用仓单，改为只

① 《郑州商品交易所标准仓单管理办法》，自 2022 年 6 月 24 日起施行。

在库内通用的对库不对垛仓单。

据了解，大豆交割仓库发生的一次风险事件导致了这一改变。位于大连的一家大豆期货交割仓库贷款逾期，银行通过司法程序对该仓库储存的商品进行查封保全，不分现货还是期货。该库被整体查封后，影响了大豆期货的正常交割。交易所担心的是，如果一个客户的大豆不对库仓单因诉讼事件要被查封，司法机构有可能任选一家交割仓库，查封与客户持有仓单对应数量的交割商品，这种不确定性风险同样影响实物交割的进行。为了降低类似事件对整个交割仓库的影响，同时保留通用仓单方便交割商品出库安排等优点，大商所决定把不对库仓单改为只对仓库、不对库房和垛位的仓单。买方只能到仓单上载明的交割仓库提取大豆，但不能再像通用仓单那样拥有选择交割仓库的权利。大商所从未在其规则中对这种仓单命名，为方便与另外两种仓单进行比较，暂把这种仓单称为“库内通用仓单”或“对库仓单”。

对库仓单适宜用途基本没有差异、交割仓库比较集中的品种。如果交割仓库位置比较分散，或交割品种具有品牌性质，库内通用仓单的缺点就会显现出来：对仓单注册人来说，不能保证在交割仓库拥有对应商品的权利，同时也失去了在众多仓库中进行最优选择的权利。如果仓单对应的交割地点不是最佳选择，仓单注销人也许要像持有非通用仓单那样，通过仓单串换来达到目的。

2006 年 12 月 29 日，大商所在“关于《大连商品交易所结算细则修正案》等业务规则的修改说明”中，称把仓单不对库改为仓单对库主要是为了方便仓单交易：

“目前各品种仓单都不对应仓库，买方在交割买入仓单时不确定仓库，在注销仓单提取货物时由交易所分配仓库。这种管理方式导致仓单交易无法形成，仓单流通性变差，不利于吸引买方客户参与，影响了市场流动性。仓单对库管理方式下，仓单标明了存货地点，仓单持有者可以随时买卖流通，有利于提高买方客户参与的便利性和积极性，也有利于仓单的管理。

实行仓单对库后，买方在交割买入仓单时即可确定仓库，分配原则是：卖方仓单分配给配对的买方，如果某个卖方交割了多家仓库的仓单，按照‘最少配对数’的原则将各仓库仓单分配给对应的配对买方，以此确定买方仓单所对应的仓库。”①

四、从通用走到非通用：原因分析

从棉花开始，郑商所标准仓单开启了从通用走向非通用的大门。截至2023 年 4 月，郑商所 22 个适用仓单交割的上市品种中，非通用仓单品种13 个，通用仓单只有 9 个，非通用仓单已经超过通用仓单的数量。不仅棉花、白糖等老品种从仓单通用转为非通用，很多新品种直接采取非通用仓单。通用仓单遇到了什么过不去的坎?

（一）郑商所现有上市品种适用仓单分类

通用标准仓单品种，包括普麦、PTA、菜油、菜粕、早籼稻、晚籼稻、纯碱、短纤、花生。同一品种的完税标准仓单与保税标准仓单之间非通用。

非通用标准仓单品种，包括棉花、菜籽、动力煤、粳稻、甲醇、玻璃、白糖、硅铁、锰硅、棉纱、苹果、红枣、尿素。②

（二）棉花仓单改为不通用的过程

2004 年，棉花成为我国清理整顿后上市的第一个新品种。虽然清理整顿后，郑商所保留了 4 个交易品种，但真正有些交易量的最初是绿豆，后来是小麦，期货市场对棉花期货充满了期待。由于政府一直采取保护价政策，价低收购、价高抛售，加上进口棉花等供给措施，棉花供求基本平衡，现货市场价格一直比较平稳，到 2008 年底之前的 5 年中，有 3 年的成交量在 500 万张左右，有 2 年超过 1000 万张。

---

① 2006 年 12 月 29 日，关于《大连商品交易所结算细则修正案》等业务规则的修改说明。http://www.dce.com.cn/dalianshangpin/ywfw/jystz/ywtz/2046248/index.html。

② 《郑州商品交易所标准仓单管理办法》，自 2022 年 6 月 24 日起施行。

从欧美期货市场上市新品种的培育周期看，我国棉花期货市场已经相当成功，但我国业内对棉花期货的成交现状并不满意：一是美国上市品种采用备案制，程序简单，上市容易。在《期货和衍生品法》颁布之前，我国期货上市品种需要征求相关部委和行业协会意见，由国务院批准，上市难度大，因此，对成交量的期望始终高于欧美国家。二是当时对自成交还没有限制，受手续费减免政策驱动，做市商的成交量中有一部分自成交，交易量中的含金量有所降低。

交易所对活跃棉花期货的心情也很迫切。各部门都开始查找该品种不够活跃的原因，无论是内部讨论分析，还是征求会员公司和产业链企业意见，始终找不到一个大家公认的原因。有一些市场人士认为，现货市场没有发展到一定程度，规避风险的需求还没有大量产生，要耐心等待。部分客户反映，自己注册的棉花仓单不希望在交割前被别人注销，影响了参与积极性；长江流域棉花仓单贴水造成的红字发票开具难、棉花溢短部分升贴水难以合理确定的问题长期得不到解决，影响了参与的积极性等。交易所内部也有不少人认为，仓单通用影响了棉花交易活跃。棉花仓单通用成为众矢之的。

在把棉花仓单改为非通用之前的最后一次专题会议上，不少参会者仍对通用仓单影响棉花期货活跃半信半疑，对采用非通用仓单搞活棉花期货交易信心不足。在找不到其他原因、找不到更好解决办法的情况下，交易所最后决定冒险尝试一下，把棉花仓单由通用改为不通用。

2009 年 11 月 11 日，郑商所下发了“关于修改一号棉期货部分实施细则及管理办法的通知”。[①] 在《交割细则》中，重点修改了棉花最后交易日的配对原则；增加了“期货交割棉实行分级计价”。

“期货交割棉实行分级计价。分级计价按重新检验的结果计算：

（一）有主体品级的棉花，各品级棉花分级计价。主体品级确定方法：按批检验时，占 80% 及以上的品级，其余品级仅与其相邻。

① 关于修改一号棉期货部分实施细则及管理办法的通知。
http：//www. czce. com. cn/cn/administrator/AdminArticle/editor/UploadWord/200911129425 7551. htm。

（二）无主体品级的棉花，以累计方式产生结算品级，累计棉花按结算品级与未累计棉花分级计价。结算品级确定方法：根据按批检验结果，从高品级起依次降级累计，直至累计比例大于等于80%的品级，且未累计品级仅与其相邻。”①

同日发布“关于棉花仓单非通用的通告”，自2010—2011棉花年度起，棉花期货品种标准仓单实行非通用。② 此后的事实证明，棉花仓单改为不通用确实解决了卖方客户反映的控制仓单对应商品所有权和红字发票问题，但与交易是否活跃似乎关系不大。

2010—2011年成交量突然暴涨，主要原因是棉花现货市场的暴涨暴跌激活了企业的套期保值需求，也激发了投机商的交易欲望。待这波行情归于平静后，2012年的成交量快速回落到2100万张，2013年进一步下跌到745万张（见图8－1）。

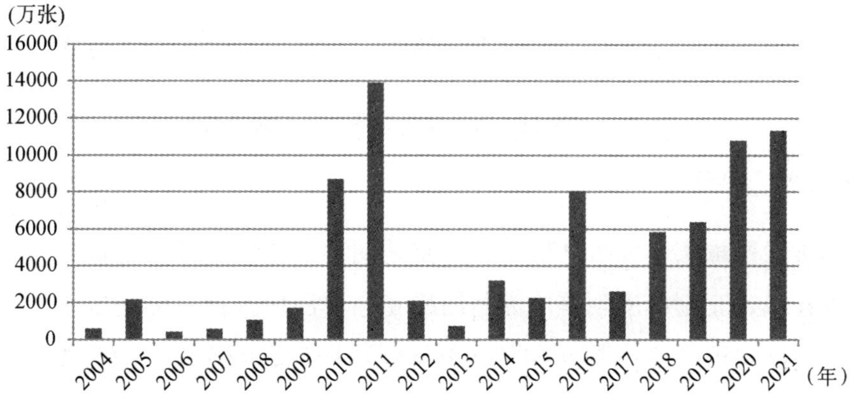

图8－1 棉花期货年成交量（2004—2021年）

数据来源：中国期货业协会官网。③

① 《郑州商品交易所期货交割细则》，自2009年4月20日起施行。
http：//www. czce. com. cn/cn/qsfy/ywgzlsbb/webinfo/2009/04/1252482858743550. htm。

② 关于棉花仓单非通用的通告。
http：//www. czce. com. cn/cn/administrator/AdminArticle/editor/UploadWord/2009111114276354. htm。

③ 根据中国期货业协会官网发布的统计数据整理。
http：//www. cfachina. org/servicesupport/researchandpublishin/statisticalsdata/。

在图 8－2 中，横轴上方为主力连续合约月 K 线图，下方柱状图为月度成交量。从上下图对比中可以看出，成交量与棉花期货价格波动呈现出正相关关系。也有棉花期货专家表示，棉花期货成交量增减似乎与仓单转为不通用没有多大关系。

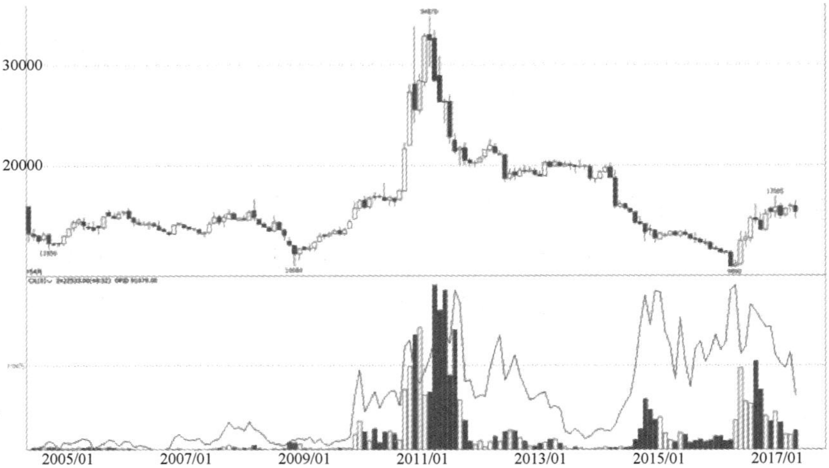

图 8－2 棉花主力连续合约月 K 线与成交量

资料来源：文华财经。

期货交割棉实行分级计价后，只要是期货合约规定等级的棉花都可以注册成仓单，交割标准不再成为制约棉花仓单注册数量、影响空头交割的因素。2011—2012 年的棉花期货仓单量分别只有 5144 张、11600 张，在如此大的行情中，市场参与者对棉花期货价格涨跌均能以正常心态对待，棉花交割制度对树立市场信心发挥了积极作用。

（三）玻璃通用仓单改为非通用

2012 年 12 月 3 日，玻璃期货上市。2014 年 6 月 13 日，郑商所发布“玻璃期货通用标准仓单修改为非通用标准仓单的说明”称，“玻璃期货由目前的通用标准仓单修改为非通用标准仓单，自 2015 年 5 月第 16 个交易日开始实施。”

修改说明列举了这次修改的理由，主要是仓单交易和融资需求的增加，提出了对仓单确定性的要求。

“随着市场发展，仓单交易、融资需求越来越大，特别是期货公司风险管理子公司的出现，仓单业务是其主要经营内容之一。目前郑商所实施的仓单通用制度难以满足仓单业务发展的需要。”

修改说明还提出了玻璃仓单改成非通用的两个原因。一个是存在大量升贴水余额增值税发票开具问题这个共性原因；另一个是品牌之间升贴水难以适时调整、影响优质品牌注册仓单积极性。

“玻璃个性化较强，不同厂家的货物存在一定的品牌、质量差异。以玻璃为例，山东地区相同规格的玻璃，山东金晶玻璃公司比山东巨润玻璃公司价格高200元/吨～300元/吨。由于交易所规定的厂库升贴水难以跟上现货市场价格的变化，在仓单通用下，仓单无法实现自身价值，导致厂库注册仓单积极性不高。而采用非通用仓单……仓单注册人可以通过仓单串换、仓单交易等方式实现优质优价。[①]

玻璃期货上市后长达9个月（2013年12月—2014年8月）的火爆行情结束后，接着是连续9个月（2014年9月—2015年5月）的沉寂（见图8-3），随后郑商所把玻璃仓单由通用改为不通用。从接下来几年的交割情况看，这一修改也达到了一定效果——年仓单交割量增加到5000张左右（见图8-4）。但是若按满足融资需求的初衷看，并非如此——5000张仓单交割量（20吨/张），即使按平均2000元/吨计算，仓单价值只有2亿元，对解决仓单融资需求、解决对升贴水价差的影响作用都不大。

新品种上市仅一年半就修改交割规则，在过去非常少见，但随着新品种的不断增加，一旦在交割中发现较大缺陷时及时修改交割制度的事情也时有发生。比如苹果期货在2017年12月22日上市，2018年10月17日新年度苹果上市前就修改了交割规则。[②]

① 玻璃期货通用标准仓单修改为非通用标准仓单的说明。
http：//www.czce.com.cn/cn/rootfiles/2014/06/13/1402482218876265-1402482218878506.pdf。

② 终于改了！苹果期货交割规则大幅修改，三处标准大变样，交割范围明显扩大。
https：//baijiahao.baidu.com/s？id=1614583443818870232&wfr=spider&for=pc。

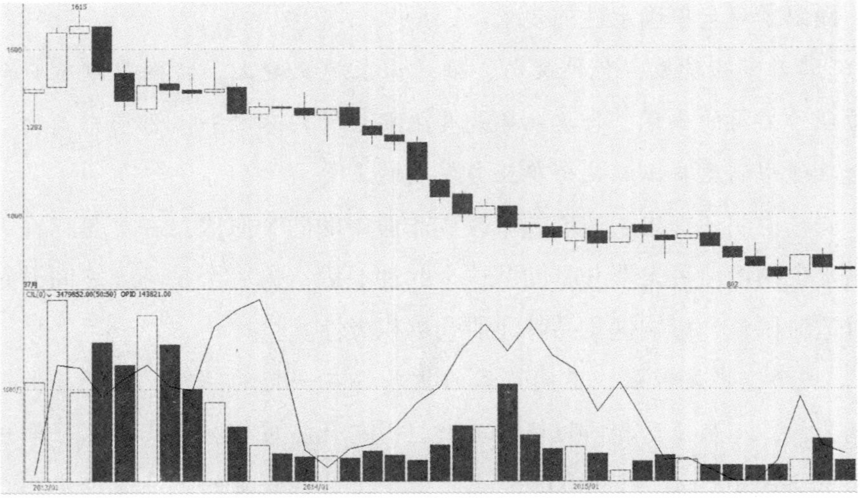

图 8－3　玻璃期货月成交价格与成交量（2012 年 12 月—2015 年 12 月）

资料来源：文华财经。

这次玻璃交割制度修改，包括发展仓单业务需要、解决交割仓库升贴水难以及时调整，都是解决少数企业个性化需求问题，而修改仓单交割方式是全局性问题，这次规则修改带有一定冒险性质。因为修改规则就是纠错，任何规则修改都可能达不到预期效果，就怕老错没有纠过来，又纠出了新错。但交易所内部对仓单非通用的共识很强，因此把仓单由通用改为了非通用。

2016 年后玻璃成交量开始处于下滑状态，2020 年 4 月才开始量价齐升，持续活跃。玻璃交易的活跃，到底是仓单改为不通用引起的，还是市场供求变化引起？值得分析总结。但如果这次修改能够推动机构投资者参与玻璃期货交易、优化投资者结构，也达到了修改规则的目的。

我们从图 8－5 中，似乎看到了比棉花期货更清晰的画面——成交量与价格波动的高度相关性。期货交易不活跃不要总是从交割制度上找问题，多看一下价格波动能否引起套保企业和投机者的参与，也许更有利于找到问题的症结。坐等市场变化，也是一种不错的选择。

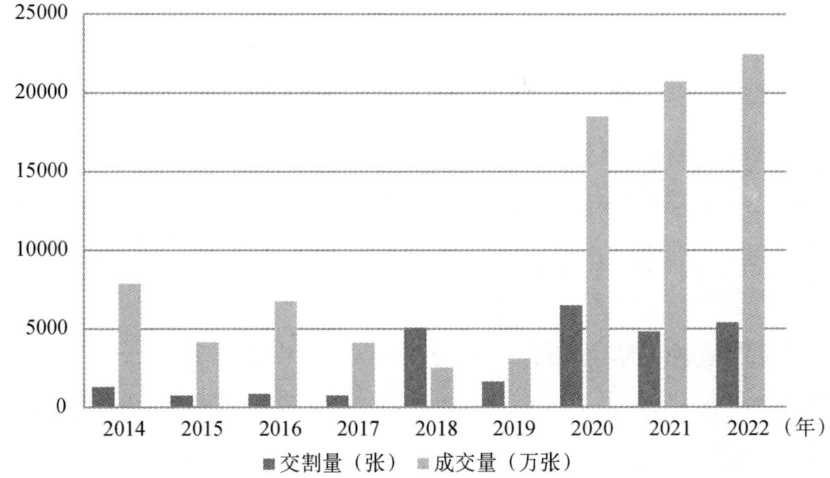

图 8－4　2014—2022 年玻璃期货交易量与交割量

资料来源：1. 郑商所年报。

2. 月度交割查询。http：//www. czce. com. cn/cn/jysj/ydjgcx/H770316index_1. htm。

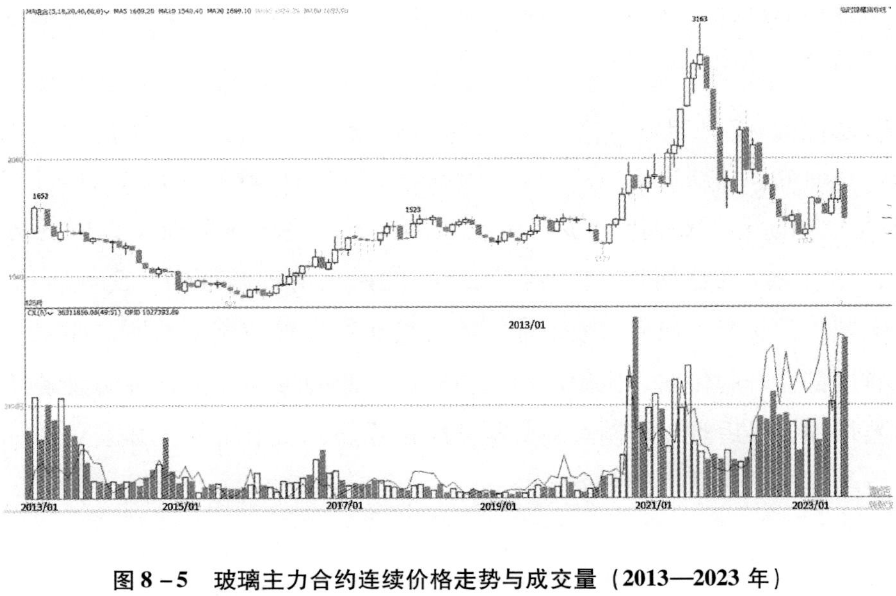

图 8－5　玻璃主力合约连续价格走势与成交量（2013—2023 年）

第二节　棉花中转仓单

中转仓单是郑商所根据棉花交割需要而作出的交割制度创新。其目的是在新疆未设置交割库的情况下，解决新疆棉花可能出现的质检不合格给卖方带来的期货交割风险。在新疆棉花产量占据主动地位、交易所开始在新疆设置交割仓库并以新疆为基准交割地进行交割的情况下，中转仓单作为历史的产物已经退出了历史舞台。但作为一种过渡性的交割制度设计，仍然值得分析研究。

一、我国棉花期货的两个品种

郑商所的棉花期货于2006年上市交易，是我国期货市场清理整顿后上市的第一个新品种。翻开早期的交易规则，我们发现，郑商所交易的是二号棉期货合约。那么，一号棉是什么品种、为何没有挂牌交易？为何没有在新疆设立交割仓库？

（一）一号棉与二号棉

在研究棉花期货的过程中，新疆维吾尔自治区政府多次上书国务院，新疆人大代表、政协委员多次通过大会提案，要求在新疆设立期货交易所，专门交易棉花期货。但在刚刚结束的两次清理整顿中，交易所从50多家减少到3家，如果为一个地区的特色品种设置一家交易所，那么，其他省区都会群起仿效，比如广西的白糖、山西的煤炭，交易所的数量又会重新增加，最后难以控制。除交割仓库设置外，一个品种在哪家交易所上市，与其产销地基本没有关系。

交易所在棉花期货合约设计中，采取以下措施：一是把新疆生产的棉花作为一号棉合约，把其他地区生产的棉花作为二号棉合约；二是先上市二号棉，同时对新疆棉进行品种升水；三是先积累棉花期货运作管理经验，再根据市场发展需要，决定上市一号棉的时间。这一做法既得到了新疆维吾尔自治区政府的理解与支持，又解决了新设交易所、同时上市两个棉花期货合约分散市场流动性的问题。

（二）二号棉上市后，未在新疆设立交割仓库

没有在新疆设立棉花指定交割仓库，主要有以下两个方面原因：第一，新疆设库不符合贸易流向。除新疆外，当时棉花的生产与消费主要集中在山东、江苏、河南等省区。新疆是棉花集中调出地区，大型棉花企业通常采取在新疆以外设置“移库”的方式，提前把棉花运至消费地，择机择价销售。第二，在新疆设置交割仓库，会影响期货买方参与交割的积极性。新疆是资源外调地区，在生鲜瓜果上市季节，新疆维吾尔自治区政府要求集中运力运送瓜果出疆，而其他商品的运输必将受到影响。如果在新疆设置交割仓库，买方接到的仓单不能及时出疆，必将受到棉花价格波动影响，在交割后面临更大的价格不确定性风险，这也是棉纺厂和棉花贸易企业强力要求不在新疆设置交割仓库的主要原因。

然而，不在新疆设置交割仓库，增加了新疆棉花仓单注册的风险。在其他地区设库，解决了买方交割后的价格风险，却增加了卖方仓单注册和交割风险。如果新疆棉花运到其他地区后检验不合格，卖方没有足够的时间更换棉花用于仓单注册，可能遭遇交割违约风险。在此情况下，新疆涉棉企业多次向郑商所提出，要求在新疆设立交割仓库，解决卖方面临的交割风险问题。

二、中转仓库与中转仓单

（一）中转仓库

2014 年 12 月 3 日，郑商所发布通知，在期货交割细则中增加了指定商品交割中转仓库（以下简称中转仓库）新类型、中转仓库交割方式。并对中转仓库交割作出定义：

“中转仓库交割是指卖方通过将中转仓库开具的相关商品中转仓单转移给买方以完成实物交割的交割方式。”①

① 《郑州商品交易所期货交割细则》第三条，自 2014 年 12 月 12 日起施行。

郑商所发布在新疆设立棉花交割中转库的通告，指定新疆农资集团北疆农佳乐有限责任公司、石河子天银物流有限公司、库尔勒银星物流有限责任公司为新疆棉花交割中转库。

（二）中转仓单

中转仓单是指在交割中转库中注册的期货仓单，其特点是新疆产、新疆检、新疆注册。郑商所把《郑州商品交易所标准仓单管理办法》修改为《郑州商品交易所标准仓单及中转仓单管理办法》，在仓单类型中增加了中转仓单：

“中转仓单是指中转仓库按照交易所规定的程序提交仓单注册申请后，经交易所注册，用于证明货主拥有实物或者可予提货的财产凭证。

中转仓单所对应的货物从中转仓库运至仓库后，经验收合格可转为标准仓单。”①

三、中转仓单交割的局限性

用中转交割仓库解决卖方的质检风险。在新疆设立中转交割仓库，可以在新疆本地进行棉花质量检验。检验合格的，注册成中转仓单。中转仓单既可以用于在本地提货交割，也可以运往其他地区的交割仓库，注册成标准仓单。设置中转交割仓库，解决了新疆棉花仓单注册成功的不确定性问题，有助于新疆棉进入期货市场，平衡期货市场买卖双方的力量，有利于控制期货交割风险。

中转仓单在交割中也会面临风险。首先，中转仓单能否在新疆直接用于期货交割，取决于买方的选择。2014 年 12 月《交割细则》规定，“中转仓单不得用于交割月最后交易日下午闭市后的配对交割”。2020 年 7 月 14 日版《交割细则》第六条规定，“中转仓单不得用于集中交割”，两者表述不同，意思相同。这就是说，中转仓单的交割只能以期转现方式，或者在交割月第 1 ~9 个交易日，以挂牌交割的方式让买方选择交割，不能参

① 《郑州商品交易所标准仓单及中转仓单管理办法》第五条，自 2014 年 12 月 4 日起施行。

与集中交割。中转仓单在最后交易日被配对后，将按违约处理：

“最后交易日下午闭市后被配对交割的卖方，仅持有中转仓单或同时持有中转仓单和标准仓单，但持有的标准仓单数量不能满足交易所规定的交割要求的，视为违约。由交易所对卖方的违约持仓部分处以合约价值（按配对日交割结算价计算）20%的违约金，违约金支付给买方，终止交割。”①

其次，中转仓单所对应的棉花必须运至内地交割仓库后，经验收合格后转为标准仓单。但若出现下述情况，就会给中转仓单持有人带来不能成功注册仓单的风险。

“中转仓单对应的货物从中转仓库运至仓库转为标准仓单前出现下列情况之一的，仓库不得将其转存为期货交割商品，并应及时通知会员或者客户：

（一）棉包存在严重污染、水渍，发现火烧、霉变，有异味或者包装不完整等情况的；

（二）崩包率大于5%的；

（三）棉花质量指标不符合仓单注销出库规定的；

（四）因自然变异而导致棉花颜色级指标达到或超出仓单注销出库规定80%的；

（五）中转仓单从中转仓库出库之日起，到运至仓库之日止汽车运输超过10天或者铁路运输超过25天的；出现不可抗力情况的除外。”②

再次，如果卖方在最后交易日配对后尚未把中转仓单转为标准仓单的，将构成违约。卖方将向守约方支付20%的违约金。

最后，中转仓单转为标准仓单后的亏重风险。

“中转仓单对应的货物从中转仓库运至仓库出现亏重的，仍可正常办理出库手续，买方客户不得拒绝接货。

亏重在1.3%及以内的，由买方客户承担。

---

① 《郑州商品交易所期货交割细则》第六条，自2014年12月12日起施行。

② 《郑州商品交易所标准仓单及中转仓单管理办法》第三十条，自2014年12月4日起施行。

亏重超过 1.3%的，由最初的中转仓单持有人按最近交割月最高交割结算价对买方客户进行补偿，补偿不足部分由注册该中转仓单的中转仓库按最近交割月最高交割结算价补偿。"[①]

四、中转交割退出历史舞台

2020 年 7 月 28 日，郑商所发布"关于发布棉花期货、期权合约规则修订案的公告"，[②] 取消中转仓库和中转仓单的相关规定，并把一号棉修改为棉花。

第三节　仓单有效期

仓单有效期是交易所规定的已注册仓单允许交割或流通的最后日期。农产品的仓单有效期按生产（作物）年度计算，工业品通常按年度、季度、月度计算。仓单有效期规定了仓单从生产到强制退出期货市场的时间，而仓单全部注销日期的规定则明确了仓单必须注销的最后时间点。

一、设置仓单有效期的目的

对期货交割商品设置仓单有效期，一是为了保证交割商品质量。农产品一般是季产年销，当年生产、当年消费，存储时间过长会造成质量下降。有的商品，如白糖等本身就有有效期。为了保障供给的国家储备农产品，也需要定期轮换。二是促进交割商品流通，防止非正常性长期存放。使期货交割商品的库存周期与现货市场的正常周转时间相一致，与现货企业的消费习惯相一致。三是不同生产年度的农产品存在价差。把不同生产年度的商品放在一起交割，会影响期货价格发现功能。

① 《郑州商品交易所标准仓单及中转仓单管理办法》第一百零一条，自 2014 年 12 月 4 日起施行。

② 关于发布棉花期货、期权合约规则修订案的公告。
http：//www.czce.com.cn/cn/gyjys/jysdt/ggytz/webinfo/2020/07/1597081909231281.htm。

二、仓单有效期的设置与表述

每个品种的仓单有效期都是综合考虑了诸多因素后审慎设置的，经过实践检验证明设置有误的，需要及时调整。仓单有效期设置方式及其背后的原因五花八门，也是几家商品交易所规则中差异最大的一部分。

（一）有色金属仓单不设有效期

有色金属和贵金属存储时间长短不影响质量变化，所以，这类商品不设有效期，可以用于常年交割。

（二）玉米仓单有效期设在3月

玉米仓单有效期最长为1年，在3月最后交易日之前到期。这里的“注销”就是“到期”。

“玉米标准仓单在每年的3月份最后1个交易日之前应当进行标准仓单注销。”①

据介绍，玉米仓单最初没有设效期。后来大家认为玉米长期存放总会影响内在品质，因此，决定每年注销一次。那么，为何选在3月注销呢？一是玉米收获之后水分太高，只有等到严冬季节（大概11月）把玉米棒子冻成“冰棍”才能脱粒，然后烘干注册成期货仓单。若在11月或之前注销仓单，将很难用新产玉米填补，容易引发多逼空。二是在东北地区，每年3月底以前的天气适合保管。习惯上把水分降到15%左右，降水太多会消耗更多能源、增加成本，同时会产生糊焦粒等，影响使用品质。3月以后，随着气温上升，高水分粮食不利于保管。为防止库存仓单质量发生变化，需进行存量仓单注销。三是玉米期货交易的活跃月份是1月、5月、9月，仓单的注销要避开这三个月份。那么，就只剩下3月、7月两个交割月份可供选择。考虑到前年生产的玉米到今年7月才注销，存储时间太长，除了3月合约别无选择。

---

① 《大连商品交易所玉米期货业务细则》，自2019年7月1日起实施。

（三）今年（N 年）生产的白糖，可以交割到明年（N+1 年）11 月

《郑州商品交易所白砂糖期货业务细则》规定，“N 制糖年度生产的白糖所注册的标准仓单，有效期为该制糖年度结束后当年 11 月的最后一个工作日（含该日）。本细则所称制糖年度，是指每年 10 月 1 日至次年 9 月 30 日。”①

正常情况下，我国白糖生产以甘蔗糖为主，糖厂 11 月才集中开榨。比如，2020/2021 榨季糖厂开榨进度如下：

“预计 2020/2021 榨季广西开榨糖厂为 82 家，较上榨季同比持平。南宁糖业股份有限公司明阳糖厂率先开启本榨季生产序幕，开榨时间为 11 月 9 号凌晨，同比上榨季广西最早开榨时间提前 1 天。除此之外，各糖厂集中开榨时间在 11 月下旬之后，具体预计开榨时间分布如下：

预计 11 月中下旬试榨/开榨的糖厂约 40 家，占比约五成；12 月预计开榨 20 家，占比约三成，1 月开榨糖厂家数占比约两成。”②

如果按照制糖年度设置仓单有效期，很容易发生老仓单到期注销后，新仓单注册数量不足，引发逼空。今年（N 年）生产的白糖，可以交割到该制糖年度结束后当年 11 月份，也就是说，白糖仓单有效期比制糖年度延长了两个月，就是让陈糖可以再交割一个交割月份（11 月），算是对新产白糖期货交割“扶上马，送一程”。

（四）每年 9 月第 15 个交易日（含该日）之前注册的 PTA 标准仓单，须在该月第 15 个交易日（含该日）之前全部注销

PTA 是郑商所上市的第一个工业品期货品种。在现货市场调研过程中，没有发现该品种包装上印刷有效期，国标也没有有效期的规定。尽管当时尚未发现 PTA 存放市场过长会引发质量变化、影响使用等问题，然而，化纤厂普遍不喜欢使用存放时间长的 PTA。他们担心，一是灰尘会进入包装；二是水分增加后容易结块，影响投料和化纤加工质量；三是 PTA

① 《郑州商品交易所白砂糖期货业务细则》，自 2022 年 12 月 1 日起施行。

② 必看！广西 2020/2021 榨季糖厂开榨进度总览。
http：//tyfzb. gxzf. gov. cn/xwzx/zxzx/rdyw/t6953920. shtml。

现货存放时间一般为3个月，很少超过半年。在交易所内部讨论中，部分人员表示要尊重化纤企业对PTA的消费习惯，设置仓单有效期；部分人员强烈希望在PTA上进行不设仓单有效期的尝试，因为没有有效期的仓单更利于吸引跨期套利者参与。最后，郑商所决定在PTA上试一试。

PTA期货上市初期，国内市场供求关系整体处于供不应求状态。绝大部分PTA的产量都被以"合同货"的形式，通过产销双方签订的年度长协提前锁定，只有新建的PTA生产企业——华联三鑫合同货占比较低，因为大部分化纤厂认为新厂的商品质量不一定稳定，不愿意大批量使用华联三鑫生产的PTA。

在期货仓单以华联三鑫为主、化纤企业不愿使用的情况下，部分华联三鑫的PTA仓单长期滞留在交割仓库，而且滞留时间越长，越没有企业愿意接这些仓单。PTA的外包装为1吨、1.05吨或1.1吨的编织袋，长期存放容易发生氧化，存在承重能力下降、在吊装中破损的风险，在此情况下，交易所根据市场各方意见，对PTA设置有效期。

"PTA：每年9月第12个交易日（不含该日）之前注册的PTA标准仓单，在该月第15个交易日（含该日）之前全部注销；该月第16个交易日（含该日）之后开始受理新仓单的注册申请。"①

为何选9月？一是9月之前长江流域阴雨天气比较多，在9月注销PTA仓单可以有效降低PTA因前期水分过大造成的结块风险。二是冬季需求旺盛。PTA注销出库后，正好满足企业生产需求。

为何选第15个交易日？PTA的最后交割日是第12个工作日。"9月第15个交易日（含该日）之前全部注销"给参与9月交割的买方留下3天时间办理仓单注销手续。

（五）菜粕仓单每年强制注销3次

"菜粕：每年3月、7月、11月第15个交易日（含该日）之前注册的标准仓单，应在当月的第15个交易日（含该日）之前全部注销。"

---

① 《郑州商品交易所标准仓单管理办法》，自2009年4月20日起施行。

菜粕作为饲料，存放时间过长容易造成口感下降，甚至发霉变质，不能作为饲料消费。现货市场也没有长期存放菜粕的习惯。菜粕的交割月份为1月、3月、5月、7月、8月、9月、11月，其中1月、5月、9月是活跃月份，7月、8月是相邻月份，因此，要缩短菜粕仓单有效期，只能选择3月、7月、11月。

（六）鸡蛋有效期不到一个月

鸡蛋不易储存，食用时越新鲜越好。虽然《大连商品交易所鸡蛋期货业务细则》中始终没有提到鸡蛋的仓单有效期，但我们仍然可以读出这样的意思：鸡蛋仓单只能用于当月交割。

“鸡蛋标准仓单的最早申请注册日为交割月的首个交易日。

对于在最后交易日前一交易日闭市后注册的标准仓单，卖方可以使用其参与一次性交割，所有标准仓单在最后交割日闭市后且当日内予以注销。”①

（七）不锈钢也设置仓单有效期

“不锈钢仓库标准仓单有效期限为该批次产品最早生产日起的360天内。不锈钢厂库标准仓单的有效期为厂库标准仓单生成之日起的315天内。”

近年来，我国不锈钢粗钢产量持续增长，2022年达到3197.5万吨，表观消费量2757.0万吨。② 设置仓单有效期，有助于加快不锈钢期货仓单流通。

三、仓单有效期对交易的影响

到期仓单质量影响期货价格。仓单有效期到期前，在库仓单质量对交割月及前一个月的期货价格影响较大。如果大部分仓单是现货市场不受欢迎的品牌，或不受欢迎的品种，期货价格就会出现下跌，以反映这些仓单

---

① 《大连商品交易所鸡蛋期货业务细则》，自2019年7月1日起实施。

② 2022年中国不锈钢粗钢产量、进出口量、表观消费量统计数据。http://www.ferro-alloys.cn/News/Details/317257。

注销后在现货市场销售的价格。

到期仓单数量影响期货价格回归。在过去多年中，规则规定硬麦仓单有效期为7月，到期的仓单必须注销，仓单小麦不得再用于重新注册。在仓单到期前的合约月份，比如5月合约，多头所接仓单可以在接下去的合约（7月合约）上交割，不用担心接了小麦仓单后要到现货市场销售。然而，到了7月，硬麦仓单到期必须注销，加之新产硬麦大量上市，投机商已经远离，现货商等着捡漏，在多种因素作用下，经常出现硬麦5月合约和9月合约同时高于7月合约价格100多元/吨的情况，甚至出现7月合约期货价格低于现货价的过度回归。

不了解仓单有效期付出高昂代价。仓单有效期影响跨月套利。一个浙江期货公司的投机客户看到硬麦7月合约价格分别低于5月、9月两个合约月份，感觉遇到了难得的套利机会，大量买入硬麦7月合约、卖出9月合约。当日闭市后，期货公司发现该客户在7月合约新建大量持仓，提醒硬麦仓单7月到期不能继续交割，该客户才如梦初醒。该客户亡羊补牢，在下一交易日全部平仓，净亏损100多万元，在仓单有效期上交了一大笔学费，但避免了接下仓单、销售现货的风险。非现货企业的交易者，应归避快到期仓单。

四、调整仓单有效期

郑商所2017年8月8日发布通知，对玻璃期货仓单管理办法部分条款进行修改，其中包括缩短玻璃厂库仓单有效期。《期货日报》等新闻媒体进行了报道。

“根据新规，在玻璃期货仓单有效期方面，郑商所将当前有效期6个月（5月、11月规定时间集中注销）缩短为2个月，逢单数月注销。郑商所相关负责人对期货日报记者表示，此举一是能够有效降低厂库注册仓单的机会成本和资金成本，便于企业合理安排生产和库存，同时加快仓单流转速度，提高市场效率。二是利于期现基差收敛。仓单有效期越长，影响价格的不确定性因素越多，厂库面临的风险也越大，开具仓单的意愿随着有效期的延长而不断下降，仓单有效期由6个月缩短为2个月后，注册仓单的机会缩小，有利于期现基差的收敛。”①

第四节　豆粕厂库交割与仓单有效期调整

从2000年豆粕合约上市到2007年，是豆粕交割规则的剧烈变动期，目的是通过规则反复调整、不断试错，探寻最适应豆粕期货的交割制度，调整的重点是交割方式和仓单有效期。

一、大连为单一交割地点，仓单每月注销

2000年之前，东北地区豆粕产量占全国产量近30%，大连是我国豆粕主要生产地和集散地。因为豆粕在储存过程极易发生变质、不易储存，与南方潮湿气候相比，大连更适宜储存期货交割豆粕。

2000年7月豆粕期货上市，第一批8家豆粕交割仓库全部设在大连。豆粕仓单在交割期结束后全部注销，期货仓单豆粕的储存期约为一个月。上市初期的考虑是维护市场稳定，检验合约规则是否可行。

二、在江浙地区设立替代交割仓库，形成两地交割格局

2001年以后，江浙地区的油厂数量不断增多，区域性豆粕生产和消费中心进一步稳定，而大连地区的价格影响力不断减弱。江浙是参与期货交易最活跃的地区，但当地企业和投机商参与豆粕期货交易的积极性不高，并把原因归结为当地没有豆粕交割库。

2002年开始，大商所开始在江浙地区设立6家异地交割仓库，并根据两地现货市场价差，确定江浙地区交割仓库升水60元/吨，大连仍为基准交割地。

---

① 2017年8月9日，期货日报：郑商所修改玻璃期货交割业务规则。
http://www.czce.com.cn/cn/mtzq/mtkzss/webinfo/2017/08/1501756994305577.htm。

三、取消大连豆粕交割仓库，仓单有效期延长到一年

（一）适应现货市场变化，取消大连交割仓库

2002年以后，全国四大油脂生产区域中，东北地区豆粕加工份额不断下降。位于江浙地区张家港的东海油厂，因拥有每天近万吨的加工能力，市场辐射力强，东海价格逐渐取代大连价格，成为全国豆粕现货的代表性价格。60元/吨的升水也不足以反映江浙沪地区与大连之间的价差。针对豆粕现货市场生产、流通格局的这一重要变化，2002年12月26日，交易所发出通知，决定自2003年8月上市交易的M0308合约起，取消大连地区交割仓库，将豆粕交割基准地改为江浙沪地区，并把当地交割仓库由4家增加到8家。①

（二）延长豆粕仓单有效期，解决豆粕仓单跨期套利交割问题

豆粕期货合约上市后的三年，市场交投清淡，投资者参与较少。交易所听到的反馈是，规则规定豆粕仓单只能用于当月交割，跨月交割须重新检验才能再注册，这一规定增加了跨月套利成本，阻碍了没有现货背景的投机者参与。

把豆粕仓单有效期延长到一年，超过了豆粕半年保质期。2002年下半年，为了增加持仓、活跃市场，大商所听取市场意见，取消了豆粕仓单月度注销的规定，改为每年5月31日集中注销一次。② 这意味着豆粕仓单注册后，在交割仓库最长可以存储一年，而豆粕保质期只有半年。投资者本月接的仓单可以在以后月份卖出，无须再经过检验，也无须承担仓单豆粕在存储期间的质量变化风险。但是，豆粕存储风险总要有人承担。

交易所承担豆粕轮换费用。面对江浙地区高温多湿的气候，交割仓库对于保证豆粕质量长期不变缺乏信心。为此，交易所承诺，一旦交割仓库

---

① 关于调整豆粕期货合约交割地点的通知。
http：//www. dce. com. cn/dalianshangpin/ywfw/jystz/ywtz/1986771/index. html。

② 安泰每日理财12/30。
http：//finance. sina. com. cn/jsy/20021230/1638296433. shtml？from = wap。

发现期货豆粕即将变质，即可以进行轮换，轮换费用由交易所承担。但是，这一规定不能解决另一个问题，即豆粕的主要用户——下游饲料厂对豆粕新鲜度有一定要求。豆粕长期储存后新鲜度下降造成使用价值下降，靠轮换解决豆粕新鲜度和质量问题成本很高。拉长仓单有效期并不惜承担轮换成本，都是为了吸引投资者参与，促进豆粕交易活跃。

四、推出厂库交割，仓单不设有效期

选择厂库交割方式。面对延长期货仓单有效期与保持豆粕新鲜度之间无法调和的矛盾，大商所在研究 CBOT 的船运凭证交割后，选择用大豆压榨厂作为交割主体、买方通过提前预约提取新鲜豆粕的厂库交割模式，一举解决豆粕在仓储期间质量变化的难题。

在广东设立豆粕交割厂库。厂库交割制度突破了高温高湿的气候限制，极大地扩展了豆粕可供交割的区域范围。除把东海油厂的豆粕交割仓库设成豆粕厂库外，还把广东地区的植之元、东莞华农、统一嘉吉、东莞中谷 5 家油厂作为第一批豆粕交割厂库。考虑到广东与江浙两地间价格关系基本趋同，两区域之间未设置地区升贴水。

豆粕仓单有效期从一年改为不设有效期。既然厂库交割的豆粕是边生产、边提货，基本没有储存期，也就不存在质量变化问题，交易所希望把豆粕仓单改为永久有效。然而，一个不容忽视的问题是，在这一时段，仓库交割与厂库交割并存，取消仓单有效期将增大仓库仓单质量变化的风险和轮换成本。由于在此之前采取的种种措施都未能达到活跃市场的预期效果，厂库交割能否担当这一重任尚需市场检验，在对仓单不设有效期可能带来的套利交易与仓库仓单轮换成本增加的风险进行利弊权衡后，大商所决定不计成本，采用期货史上唯一不设有效期的豆粕仓单。

五、交易所不再承担仓单轮换费用，仓单有效期缩短为一年

厂库仓单成为主流。厂库交割推出后获得意想不到的成功，豆粕期货市场交易量从此再上一个台阶，并且一直保持着油料油脂类当家品种的稳

定地位。各地油厂纷纷申请设立厂库，厂库交割已成为主流交割方式，厂库仓单在仓单总量中的比例高达90%，豆粕储存的难题已经化解。

仓库仓单轮换面临资金来源问题。在豆粕期货发展历史中，只发生过一次仓库仓单的轮换，支出的成本来自于厂库仓单中收取客户的仓库仓储费与付给厂库的仓储费之差，没有使用交易所的风险准备金。随着风险准备金的使用对象更加明确，豆粕仓库仓单轮换费用已经没有合理的来源渠道。

实行厂库交割后，豆粕期货市场逐渐达到相对理想的运行状态——交易活跃，交割顺畅，参与者结构合理。仓库仓单的比例已经降到10%以下，并显现出持续下降趋势，具有非正常轮换和超长有效期特点的豆粕仓单到了该退出的时机。2006年12月，交易所出台政策，不再负责仓库仓单轮换，仓单有效期又改回到一年。

“豆粕、豆油的发展趋势是取消仓库，全面实行厂库交割。厂库卖出仓单后即面临敞口风险（厂库卖出仓单后销售价格已固定，但买方提货时间不确定），如提货时豆粕的原料成本较卖出仓单时大幅上涨，会导致油厂出现较大亏损。

基于上述情况，增加了豆粕仓单有效期的规定。考虑到12月份合约相对不活跃，在该月份注销仓单对客户影响较小，因此规定豆粕、豆油仓单的注销日期为每年12月的最后一个工作日之前。”①

六、缩短仓单有效期，豆粕交割走上正规

2007年，交易所再度调整仓单有效期，自2009年1月开始交易的M0901合约开始，豆粕仓单由现行的每年12月注销改为每年3月、7月、11月注销，② 结束了为活跃豆粕采取的非常规政策，豆粕交割走上正常运行轨道。③

---

① 2006年12月29日，关于《大连商品交易所结算细则修正案》业务规则的修改说明。http://www.dce.com.cn/dalianshangpin/ywfw/jystz/ywtz/2046248/index.html。

② “关于调整豆粕仓单注销日期的通知”大商所发〔2007〕149号。http://www.dce.com.cn/dalianshangpin/ywfw/jystz/ywtz/2046699/index.html。

③ 本节内容由大商所陈伟博士友情提供。公告、通知由本书作者补充添加。

第九章　交割配对与交割结算

在期货实物交割中，卖方在仓单注册时间、地点、品级选择上始终处于主动地位，而买方则只能被动地在卖方交付的商品中选择。不仅如此，卖方选择最经济的商品用于期货实物交割，而买方的需求往往体现出个性化，从而产生结构性供需错配。[①] 交割配对的目标就是要努力从制度上解决这种错配造成的不经济。本章重点讨论不同交割方式的配对原则与方法、交易所对主动参与配对的激励机制，以及配对完成后的交割结算。

第一节　滚动交割配对

滚动交割有两层含义，一是进入交割月第一天就可以进入交割流程，直到最后交易日前一日；二是多头在买入交割后所接仓单，马上可以再通过交割卖出。“滚动”就是让交割的买方转身成为交割的卖方——让同一张仓单在同一个交割月反复用于交割。

“滚动交割是指交割月第一个交易日至最后交易日的前一交易日，由卖方提出交割申请，并由交易所组织配对双方在规定时间内完成的交割。”[②]

① 徐春雷：期市创新须把握好基准、精确、连续三要素。《期货日报》2018 年 3 月 19 日。

② 《郑州商品交易所期货交割管理办法》“第二章 交割流程”，自 2022 年 12 月 1 日起施行。

一、让交割滚动起来

（一）实行滚动交割的意义

在我国期货市场发展初期有计划的市场经济时代，大部分活跃品种都是不受计划调控的小品种，如绿豆、红小豆等。小品种容易发生多逼空。交易所希望用同样的注册仓单量，通过重复交割，满足交割需求。滚动交割也有利于防控多逼空：

“因为滚动交割表现为增加了交割月的可供交割量，所以在可交割商品量较小的品种上，采取滚动交割更有利于控制交割风险。”

“与集中交割相比，多逼空的可能性小得多。因为一旦有多逼空的趋势时，期货价格将高于现货，而多方将不能形成坚固的联盟，存在有‘囚徒困境’的博弈，投机主力并不想接到现货，所以其希望将实盘压力由跟风散户来分担。但在滚动交割情况下，一旦部分多头接到仓单后，因为期货价格高于现货，其在现货市场处理交割商品必然造成重大损失，所以，最佳的方法就是马上抛到交割当月，部分多头就变成了空头。由于担心在类似‘击鼓传花’的游戏中接到‘烫手的山芋’，部分不坚定的多头就会择机平仓，从而瓦解多头联盟。”①

与此同时，滚动交割增加了交割日期选择的灵活性。买卖双方都可以选择合适的日期提出交割。持有仓单的卖方希望早日通过交割，减少仓储费支出，也希望在交割月择机提出交割，尽早收回交割货款。需要实物的买方也可以尽早拿到交割商品，或转手卖个好价，或拿去工厂使用，而不必等到最后交易日。

（二）三日交割法与滚动交割

1. 三日交割法

最初的实物交割多以仓单交割形式进行，从配对到完成交割需要三个交易日，也称三日交割法。我国期货市场的三日交割法借鉴了 CBOT 的做

---

① 常远著：《中国期货史（1921—2010）》第 218—219 页，天津古籍出版社，2011 年。

法。CBOT 利用 CME 清算所进行清算，其配对和交割结算均通过 CME 清算所完成。

（1）CME 的三日交割法流程。CME 的谷物和油脂期货合约交割采用三日交割法，卖方交货使用的是船运凭证，不是仓单。[①]

第一日为配对日（position day）。清算所对买卖持仓进行配对。

“交割流程开始的第一日称为配对日。在该日，空头头寸持有者向 CME 清算所表示，他打算对其期货头寸进行卖出交割（make delivery），并在 CME 清算所的交割系统中注册了仓单或船运证书。

CME 清算所按多头头寸的持有时间进行排序，并将持有时间最长的多头头寸分配给打算交割的空头。”

第二日是通知日（notice day）。

“在第二日，空头和多头均收到配对通知，多头从 CME 清算所收到发票。”

第三日是交割日（delivery day）。

“第三天是实际交割日。多头向 CME 清算所交付货款，CME 同时把收到的货款从多头转给空头，并把船运证书从空头转给多头。”

（2）郑商所的三日交割法流程

第一交割日（配对日）。自进入交割月第一个交易日起至最后交易日的前一交易日，持有交割月合约且持有标准仓单或车（船）板交割货物的卖方会员可在每个交易日下午 2 时 30 分之前，通过会员服务系统提出交割申请。

当日闭市后，交易所按规定原则进行配对。

第二交割日（通知日）。买卖双方通过交易所会员服务系统收取《交割通知单》。交易所在网站上发布会员配对信息。比如，在 2023 年 3 月棉花期货交割中，华融融达期货既有买方客户，也有卖方客户参与交割。在

① Understanding the Grain Delivery Process.
https：//www. cmegroup. com/education/courses/introduction – to – agriculture/grains – oilseeds/understanding – the – grain – delivery – process. html.

配对中，既作为买方与财信期货配对，也作为卖方与华泰期货等四家期货公司配对。棉花 CF303 合约配对结果见表 9－1。

表 9－1　　棉花 CF303 合约配对结果

配对日期：2023－03－10　　合约代码：CF303				
卖方会员	会员简称	买方会员	会员简称	交割量（单边，手）
0007	华泰期货	0069	华融融达期货	8
0043	国元期货	0069	华融融达期货	8
0069	华融融达期货	0226	财信期货	8
0069	华融融达期货	0226	财信期货	8
0069	华融融达期货	0226	财信期货	8
0069	华融融达期货	0226	财信期货	8
0101	国贸期货	0069	华融融达期货	8
0163	五矿期货	0069	华融融达期货	8
0163	五矿期货	0069	华融融达期货	8
0163	五矿期货	0069	华融融达期货	8
合计				80

资料来源：交割配对。http：//www. czce. com. cn/cn/jysj/jgpd/H770308index_ 1. htm。

由于期货交易采取多对多的匿名竞价交易方式，你根本不知道和谁成交、赚了谁的钱，只要拿到赚取的价差就行。到通知日这一天，买卖双方客户终于知道要把货物交给谁、向谁收取交割货款。

第三交割日（交割结算日）。交易所对买卖双方进行交割结算。在交割结算日，买方付完全款、拿到了仓单，但卖方交出仓单后只能拿到 80% 货款，剩余 20% 待交付增值税发票后再付清。

车（船）板交割、厂库非标准仓单交割、甲醇保税交割因涉及后续卖方交货、报关等流程，交割当日不向卖方付货款。

2. 如何让仓单交割滚动起来

根据三日交割法，买入交割者最早可以在第二交割日（通知日）提交卖出交割申请，进入下一个循环。

对于参与滚动交割的客户而言，首先是以“买入交割”者的身份参与第一个三日交割流程。该客户在收到配对通知的当天，便可以“卖出交割”者的身份提出交割，开启第二个三日交割流程。

仓单滚动交割的前提是让每一个交易日滚动起来。在最后交易日之前的多次配对中，许多交易日可以同时成为不同配对交割的第三交割日、第二交割日、第一交割日（见图9-1）。

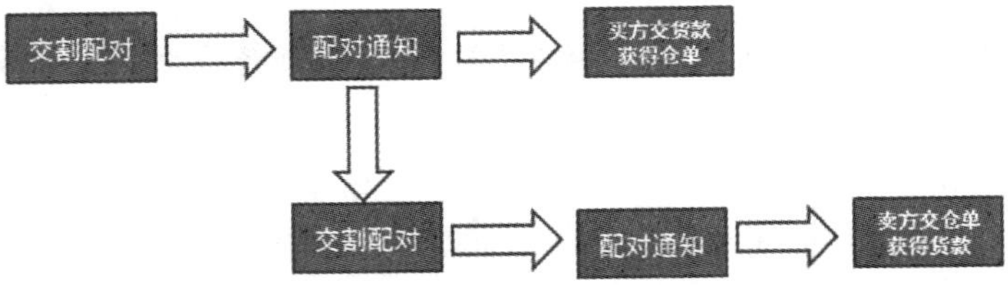

图9-1　三日交割法流程图

二、滚动交割的配对原则

（一）CBOT的卖方优先配对原则

CBOT《交易规则》7.13“交割流程”中的交割配对方法可以概括成一句话，即把空头提交的交割申请数量分配给持仓时间最长的多头。在实物交割中，空头在仓单注册时间、交割地点和交割等级选择上具有天然优势，而多头一直处于相对劣势。在交割时间的选择上，CBOT找出持仓时间最长的多头强行配对、满足卖方交割需求的规定，使多头再次处于被动地位。

（二）郑商所交割配对原则

1. 兼顾买卖双方意向原则

郑州商品交易所初期的交割配对原则与CBOT基本相同。不少市场人士对卖方优先配对原则不满：一是本打算在交割月找机会平仓的持仓被强行配对交割，违背多头持仓意愿。二是即使对准备交割的多头来说，也增加了配对时间不确定性所造成的压力——如果多头尚未准备好交割货款就被强行配对，将面临交割违约风险。三是当一个多头不清楚自己是否为建仓时间最早的持仓，则会采取平老仓、建新仓的方法保留原有持仓数量，同时规避被强行配对的风险，不仅增加交易成本，同时也增加买卖价差风险。

郑商所听取市场意见后，修改滚动交割配对制度，取消了强行找出持仓时间最长的多头进行配对的规定，按买方当日响应数量确定配对数量。卖方交割申请未得到买方响应的部分，不参与当日配对。

“（一）自进入交割月第一个交易日起至最后交易日的前一交易日，持有交割月合约的买方会员和持有交割月合约、标准仓单的卖方会员均可在每个交易日下午2时30分之前的交易时间内，通过会员服务系统提出交割申请。

（二）买方会员在会员服务系统响应卖方会员的交割申请；未得到买方会员响应的，卖方会员可于申请当日下午2时30分之前撤销交割申请，没有撤销的，由计算机系统判为作废；买方会员响应的，即视为确认，买卖双方均不得撤销。申请当日闭市后，交易所依据买卖双方相对应的持仓量、买卖双方确认申请量和卖方持有标准仓单量，取最小数进行配对。”①

由于郑商所对卖方提出的交割申请无须向大商所那样先进行审批，然后再发布，同时允许卖方在提交交割申请、买方响应卖方申请后，仍可以进行平仓和仓单转让，最后有可能造成买卖双方最初的持仓量、确认的申请量和卖方持有的仓单量发生变化，三者之间无法做到完全匹配，按买方当日响应数量确定配对数量的原则，最后变成了在上述三要素中“取最小数进行配对”的原则。

2. 对建仓时间长的多头强行配对原则

2017年12月22日苹果期货上市，随后又上市了红枣和花生等特色农产品。

2018年10月22日起施行的《郑州商品交易所期货交割细则》根据苹果品种不易长期保管的特性，在兼顾买卖双方意向原则的基础上，对买方响应后的剩余卖持仓，增加了按建仓时间最早的买方强制配对的规定，以

① 《郑州商品交易所期货交割细则》，自2009年4月20日起施行。

满足卖方交割需要，此后这一规定延伸到红枣和花生。

“苹果品种当日闭市后，对于未得到买方会员响应的交割申请，交易所通过计算机系统，先按照‘建仓时间最早的法人持仓优先’原则，确定参与配对的买方持仓，后由计算机按先车（船）板后仓单的原则予以配对（配对日）。”①

《期货日报》评论称，“新的交割流程有利于满足产业客户连续交割的实际需求，更为贴近苹果生鲜品种的特点。”

（三）大商所交割配对原则

大商所把交割月最后交易日之前的配对分为“滚动交割配对”和“每日交割配对”两种方式。

1. 滚动交割配对

大商所的滚动交割配对仅限于仓单交割，并采取“申报意向优先、含有建仓时间最早的持仓优先”原则进行配对。它类似于郑商所的兼顾买卖双方意向的配对原则，不对没有得到买方相应的卖持仓进行强行配对，属于“自由恋爱”式。

（1）先按“最少配对数”对买方和仓库进行配对。

一是以仓库为单位汇总卖方申报交割的仓单数量。二是按照“申报意向优先、含有建仓时间最早的持仓优先”原则，确定参与配对的买方持仓数量。三是在买方和仓库之间按照“最少配对数”原则进行配对，确定买方交割对应的仓库和在该仓库交割的数量。

（2）再按“最少配对数”对买方和卖方进行配对。

一是把配好仓库的买方与申请交割且持有该仓库仓单的卖方以“最少配对数”原则进行配对，确定交割对应的买卖双方。二是在上述配对原则下，当卖方申请交割数量小于等于买方申报意向数量的，卖方交割申请均可以被配对交割。当卖方申请交割数量大于等于买方意向数量时，其中多出来的那部分卖方交割申请就成为单向交割申请，交易所不对单向交割申

① 《郑州商品交易所期货交割细则》，自 2018 年 10 月 22 日起施行。

请与未提出交割意向的持仓进行强制配对。

2. 每日选择交割配对

每日选择交割包括仓单交割和车船板交割，因在交割月的最后交易日之前进行，也属于滚动交割。每日选择交割配对原则与郑商所的苹果交割买方强制配对方法相似，仅是为了区分交割配对方式而选用的一个术语而已。在每日选择交割中，买卖双方都可以提出两个交割意向，并排出先后顺序，交易所优先满足第一意向。当出现买卖意向数量不匹配时，交易所采取“平均持仓时间长优先”原则，确定优先次序，进行配对。

平均持仓时间长优先。因买方持仓不一定是在同一时间建仓，也可能出现其中一张持仓建仓很早、其他持仓刚刚建仓的情况，若按第一张持仓的建仓时间对买方持仓进行排序有失公平，按平均持仓时间进行排序则可以解决这一问题。平均持仓时间是以“天”为单位，计算每手持仓时间的加权平均数。平均持仓时间相同的，持有建仓时间早的买方优先。具体公式为：

$$买方平均持仓时间=\frac{\sum 买方每手持仓时间}{买方总持仓量}$$

（1）当买方意向数量大于卖方交割意向数量时，部分买方交割意向得不到满足，持仓时间优先原则属于奖励性质。

“若提出交割意向买方持仓数量合计大于其相关标准仓单或车板交割意向数量，则按照‘平均持仓时间长优先’的原则确定参与交割配对的买方。”

（2）当买方意向数量小于卖方交割意向数量时，卖方交割意向必须得到满足，此时，建仓时间最早优先原则属于强制配对性质。

“对于满足买方意向后剩余的标准仓单和车板交割意向，交易所再按照‘含有建仓时间最早的持仓优先’原则，从未提交割意向和所提交割意向未被满足的买方持仓中确定参与配对的买方。”①

① 《大连商品交易所交割管理办法》，自2022年12月26日起施行。

上述规定的差别在于，当买方意向小于卖方意向时，还是要从没有提出意向的多头中找出持仓时间最长，即建仓时间最早的买方强行配对。为什么要选择持仓时间最长（最早）者？因为多数人都会认为，一个交易者建仓后长期持有不动，参与交割的意愿肯定会大于近期建仓者，在需要强行找出配对交割者的时候，错判的几率相对较低。

大商所在“每日选择交割”中是由卖方在上午 11：30 提出交割意向后，让买方在下午进行选择。交易所根据卖方持仓对其交割申请进行审核，并在每个交易日 13：30 后公布通过审核的卖方交割申请。公布后的交割申请不得撤销，当日有效。

卖方交割申请被批准并公布后，如果卖方交割意向得到买方响应，相当于自行选择成交；若在配对时，因卖方盘中平仓造成持仓不足、配对失败，则是对买方的严重误导，类似于卖方故意违约。为了保证买方选择后能够实现交割，大商所对卖方申报通过审核后又平仓的行为作出惩罚性规定，是一种严肃交割行为的制度约束：

“交割配对时卖方客户单向卖持仓小于卖方客户申报并通过审核数量的，交易所将禁止该客户在该品种上每日选择交割的卖方申报，期限为自本次申报之日起一年。”

（四）最小配对数原则

郑商所在“集中交割”中提出按“按数量取整、最少配对数”原则进行配对；[①] 大商所在“每日选择交割”中，对最小配对数原则作出明确说明。

一是按最少配对数原则，匹配买方与交割仓库。这是最小配对数原则的核心，其目的是方便买方安排运输工具，减少提货地点，降低提货费用。特别是船板交割时，让一艘货船在不同港口或码头排队装船，将延长装船时间，增加租船费用。

“按最少配对数原则确定买方交割对应的指定交割仓库或车板交割场

① 《郑州商品交易所期货交割细则》，自 2022 年 6 月 24 日起施行。

所，以及在该指定交割仓库或车板交割场所交割的数量。”

二是按最少配对数原则，匹配买卖双方持仓。这是服务上一最小配对数原则，一方面是为了保证接货地点尽量不分散，另一方面是为了减少配对记录数，尽量减少开具增值税发票。

“交易所将配好指定交割仓库或者车板交割场所的买方与持有相应标准仓单或车板交割意向的卖方以‘最少配对数’原则进行配对，确定交割对应的买卖双方。”

（五）特殊持仓不得参与交割原则

这一规定适用于任何交割方式。

1. 不得参与交割的持仓类型

交易所从保护投资者的角度出发，在交割制度中明确了不得参与交割的持仓类型，以及不按规定执行实施的惩罚制度。例如，郑商所在“交割细则”明确规定以下持仓不得交割：

“不能交付或者接收增值税专用（普通）发票或交易所认可的其他单据的客户不得交割；持仓量为非交割单位整数倍的相应持仓不得交割；不具备甲醇生产、储存、使用、经营或运输资质的客户不得参与甲醇交割。”①

上述规定包括三种类型的情况。一是无法开具或接收增值税发票的客户，主要是个人客户。对于个人卖方客户来说，即使能找到仓单卖出交割，因无法提供增值税发票，按照交易所规则规定，将面临最高20%的罚款；对于个人买方客户来说，即使接收了实物交割，卖方提交了增值税发票，因不能用于进项税抵扣，也将造成其销售成本高于其他客户，同样也是税收损失。二是像棉花、动力煤这样的品种，交割单位大于交易单位。棉花的交易单位是5吨，交割单位是40吨；动力煤的交易单位是100吨，交割单位是20000吨。如果客户持仓不够一个交割单位，也将因无法交割而受到交割违约处罚。三是甲醇和液化石油气属于危险品，生产、经营、存储、运输等都需要危险品经营资质。在没有相关资质的情况下交割甲

① 《郑州商品交易所期货交割细则》，自2022年6月24日起施行。

醇，是一种违法行为。

大商所对不得参与交割的持仓规定与郑商所基本相同。包括：

“（一）个人客户持仓。

（二）焦炭、焦煤、铁矿石、黄大豆 2 号非交割单位整数倍持仓。

（三）不具备苯乙烯或液化石油气生产、经营或使用资质的单位客户的相应品种持仓。

（四）不能接收或者开具增值税发票的单位客户的棕榈油品种持仓。”①

2. 防范和惩罚措施

因郑商所和大商所有滚动交割方式和对买方强制配对的规定，为防控上述客户被强制配对、造成损失，要求在进入交割月前对此类持仓进行平仓；惩罚措施主要是在此类持仓被配对后，交易所按交割结算价计算的合约价值对其处以违约金，违约金支付给对方，终止交割。大商所的违约金是 20%，郑商所是 10%。

上期所采取最后交易日后一次性交割模式。不会发生自然人持仓进入交割月会随时被强行配对交割的风险，防控自然人持仓进入交割配对的时间放在最后交易日前三个交易日。

“不能交付或者接收增值税专用发票的客户不允许交割。

某一期货合约最后交易日前第三个交易日收盘后，自然人客户该期货合约的持仓应当为 0 手。自最后交易日前第二个交易日起，对自然人客户的交割月份持仓直接由交易所强行平仓。”

第二节　最后交易日交割配对

最后交易日结束后，所有未平仓合约从交易持仓全部变为交割持仓，

---

① 《大连商品交易所交割管理办法》，自 2022 年 12 月 26 日起施行。

必须以实物交割方式履行合约义务。

一、最后交易日交割的特点

目前，郑商所和大商所大部分品种的最后交易日为交割月的第十个交易日，上期所为交割月第十五个日历日（遇节假日顺延）。

在期货市场发展初期，我国的农产品期货都借鉴了 CBOT 最后交易日为交割月倒数第七个交易日的规定。而 CBOT 的规定也只不过是按照美国的《商品与证券交易法》要求照做而已：

“关于谷物交割期限的规定。1938 年 5 月之后，在所有交易小麦、玉米、燕麦、大麦、黑麦或亚麻籽期货品种的市场，上述品种在每个交割月的交易终止后，都通过交割现货商品的方式了结，交割月的交割需要七个工作日。”①

在郑商所和大商所，最后交易日结束后的交割是与滚动交割相并列、但在时间上不同的交割方式；在上期所，这种交割是其唯一的一种交割方式。对最后交易日结束后的交割，大商所称之为“一次性交割”，郑商所命名为“集中交割”，上期所直接叫“实物交割”。本书无法对上述名称进行统一，暂统称为“最后交易日交割”。

最后交易日交割与滚动交割有两点不同。一是最后交易日交割是同一会员、同一客户的多空持仓，先按交割结算价进行强行对冲平仓，剩下的净持仓才进入交割流程，参与后续交割。② 也就是说，通过实物交割，一次性地了结到期合约的所有持仓。二是在最后交易日交割配对中，多空持仓数量完全相等，无须进行强制配对。

郑商所为了解决非通用仓单和车船板交割方式下的买方选择和满足个性化需求问题，作出了与通用仓单不同的时间安排和配对流程；上期所没

---

① Title 17 Commodity and Securities Exchanges.
https：//www. ecfr. gov/current/title - 17/chapter - I/part - 100.

② 部分客户曾向交易所提出，对其多空双向持仓分别进行配对，希望用多头持仓接到的仓单随即用于空头持仓的交割，从而增加营业收入，最后被交易所否决。

有通用仓单和车船板交割，不同品种的交割配对时间和流程完全相同，在最后交易日的交割配对中，没有为买方提供自主选择配对的机会。

二、郑商所最后交易日交割

郑商所把最后交易日交割称为集中交割。集中交割仍然采取三日交割法。非通用仓单和车船板交割在第一交割日的时间安排和流程上与通用仓单存在较大差别。

（一）第一交割日

2019 年 12 月 27 日之前，最后交易日是第一交割日和配对日。

2009 年 11 月至 2019 年 12 月，非通用仓单和车船板交割品种在最后交易日下午不交易，当日闭市后配对。在实施棉花期货仓单不通用后，交易所开始想方设法从交割配对制度上弥补仓单不通用给买方客户带来的交割选择问题：如何使买方对交割商品的选择少受交割地点、交割品级、商品产地等不确定性的影响？如何减少交割商品供需在上述方面不匹配的矛盾、解决交割成本增加问题？交易所最后决定采取以下措施：

一是在最后交易日之前，要求一号棉卖方提出交割申请时，同时提交相应的棉花仓单信息供买方参考。

“自进入交割月第一个交易日起至最后交易日的前一交易日，持有交割月合约和标准仓单位的卖方会员可在每个交易日下午 2 时 30 分之前，通过会员服务系统提出交割申请。卖方提出棉花期货交割申请时，需同时提交相应的棉花仓单信息。”

二是在最后交易日上午闭市后结束当日交易，由卖方提供交割商品的详尽信息，在下午供买方根据需要自主选择配对。

“一号棉期货合约在最后交易日的配对原则：

（一）最后交易日下午，该棉花合约不再进行交易。上午闭市后，同一会员同一交易编码客户所持有的该交割月买卖持仓相对应部分由计算机自动平仓，平仓价按当日结算价计算。其他未平仓合约，一律视为交割合约。

（二）下午1时30分之前，卖方应主动公布用于该棉花合约交割的仓单信息。卖方未主动公布的，交易所于下午1时30分公布卖方所有棉花有效仓单信息供买方挑选；买方挑选卖方仓单的总数量不超过卖方该合约的持仓量。

（三）下午1时30分到2时30分，买方根据卖方的仓单信息，自主选择仓单并确认。

（四）当日闭市后，交易所按确认结果进行配对；其他仍未配对的持仓，由计算机按数量取整、最少配对数原则予以配对（即配对日）。”[①]

此后，采取非通用仓单和车船板交割品种不断增加。2019年8月，非通用标准仓单品种扩展到15个[②]。

2019年12月27日发布的《郑州商品交易所交割细则》取消了最后交易日下午暂停交易的规定，把最后交易日结束之后的第一个交易日作为第一交割日，全天时间用于公布交割信息。这解决了不少交易者记不住最后交易日下午配对交割的问题——卖方中总有人忘记提交仓单，买方中总有人忘记抢仓单。修改后的第一交割日等于卖方信息公布日。此后，郑商所一直沿用这一规定。[③]

毋容置疑，需要发布信息的都是非通用仓单和车船板交割品种，其目的是便于买方选择，但上述规定中关于发布信息方面的几个问题值得关注：

一是为何要公布车船板交割信息。车船板交割是一次性交割。买方很难把接收的商品用于以后期货交割；不同的存放地点与买方期望的接货地点距离不同，从而存在不同的运输成本；交割商品未经指定质检机构检验，实际接收的商品质量可能与公布的信息存在一定差异。买方需要根据

① 《郑州商品交易所期货交割细则》，自2009年4月20日起施行。
http：//www. czce. com. cn/cn/qsfy/ywgzlsbb/webinfo/2009/04/1252482858743550. htm。

② 《郑州商品交易所期货交割细则》，自2019年8月9日起施行。
http：//www. czce. com. cn/cn/flfg/zcjywgz/lsbb/webinfo/2019/08/1564403258767807. htm。

③ 《郑州商品交易所期货交割细则》，自2020年1月1日起施行。
http：//www. czce. com. cn/cn/flfg/zcjywgz/lsbb/webinfo/2019/12/1572881683334400. htm。

现货经验结合卖方公布的信息作出选择。

二是如果卖方不主动公布信息，如何处理？交易所要求卖方公布的仓单和车船板信息与其持有的空头持仓数量相匹配，卖方可以有选择地进行公布。如果卖方不主动公布，交易所将强行把该客户在这一品种上所有可流通仓单信息对外公布，让买方选择。其结果是，留给该卖方客户的都是买方选剩下的仓单。因为交易所也不知道该客户希望公布哪些仓单，上述决定是交易所无奈的选择，也是一项带有惩罚性的措施，因为被买方选中的有可能是最好卖的仓单。

三是对于同时允许使用标准仓单和车船板方式交割的品种，如果卖方不主动公布车船板交割信息，将被视为选择使用仓单进行交割；如果该客户没有足够仓单，将按交割违约处理。

四是强麦是一个完全采用车船板交割的品种。卖方不公布车船板交割信息，等同于交割违约。

上述规定是国内外期货市场中常用的激励机制——鼓励交易者自觉地朝着规则规定的、有利于业务处理的方向发展。如果交易者不主动采取行动，那就面临被动接受可能更不利的结果。

（二）第二交割日

原来第二交割日为最后交易日之后的第一个交易日，规则中称之为通知日。在电子化普及之前，需要在第二天用纸质方式通知买卖双方配对结果。在实现电子化之后，最后交易日配对结束后，配对结果通过会员服务系统通知双方会员，并在交易所官网以会员为单位公布，通知日提前一天，与配对日合二为一。再把配对日后的下一交易日称为通知日，已经名不符实。

目前，第二交割日为最后交易日之后的第二个交易日，既是配对日，也是通知日。该日的交割配对分为三类：车船板及非通用仓单、通用仓单以及境外投资者可以直接参与的特定期货品种。①

---

① 《郑州商品交易所期货交割细则》，自 2022 年 6 月 24 日起施行。

1. 车船板及非通用仓单交割：买方选择、主动配对为主。

（1）鼓励买方主动挑选。只有买方最懂自己的需求，对于车船板交割商品和非通用仓单，买方选择的是具体仓库与商品。在卖方公布交割信息后，由于存在其他买方的竞争，买方能否抢到自己中意的交割地点和交割商品尚存在一定的不确定性。如果买方没有主动选择配对，这部分持仓将与其他买方挑剩下的交割商品进行配对。

“当日结算时，普麦、花生及非通用标准仓单或者车（船）板交割的，交易所按照买卖双方确认结果进行配对；其他仍未配对的未平仓持仓，由计算机按先车（船）板后仓单，再按数量取整、最少配对数原则予以配对。”

“先车船板后仓单”的配对顺序，对不主动选择配对的买方带有一定惩罚性。买方接到仓单后有多种选择，可以继续交割，可以转让，可以质押贷款，可以充抵保证金，也可以提取现货；而接到车船板商品只有提取现货一条选择。作为买方，绝大多数都会选择要仓单，不要车船板商品。这一条规定实际上是为了打消买方碰运气的念头，鼓励他们主动选择交割配对。

（2）买方自主挑选应注意的两个问题。一是对于交易所惩罚性公布某一卖方客户的全部仓单信息，买方可以选择的上限是与该客户持仓相对应的数量。比如说，客户 A 有 40 张持仓、100 张仓单，因为他不主动公布 40 张仓单信息，于是交易所就按规定公布他持有的全部 100 张仓单。当买方选够 40 张之后，交易所就把强行公布 A 的仓单关闸、不能再选。二是如果卖方只采用车船板一种方式进行交割，即使没有被买方主动选择，最后也必须接受——买方不能因为自己的喜好而改变卖方的交割方式。

“当日闭市前，普麦及非通用标准仓单或车（船）板品种交割的买方，根据卖方公布的仓单信息或者车（船）板交割的货物信息，自主选择并确认。买方挑选卖方标准仓单及车（船）板交割的总数量不超过卖方该合约的持仓量。卖方公布的、但未被买方选中的车（船）板交割，仍按照车

（船）板交割方式进行配对。”

2. 通用仓单：由交易所直接组织配对

通用仓单在配对中不对应具体商品，因此，在配对环节，不需要买方自我选择配对。但在拿到通用仓单后，如果选择仓单注销提货，才开始进行具体仓库和商品的选择。

“通用标准仓单（普麦、花生除外）交割的买卖双方，由计算机系统按数量取整、最少配对数原则予以配对。”

3. 对外开放品种：保税仓单优先分配给境外买方

2018 年 11 月 30 日，郑商所从 PTA 期货品种开始，正式引入境外交易者。境外交易者是指参与我国特定期货品种交易的境外法人或自然人，只能参与保税标准仓单的交割。[①] 若被配对参与完税仓单交割，将面临与自然人参与期货交割类似的问题。对于完税仓单和保税仓单都可以交割的特定期货品种，把保税仓单优先配对给境外买方，是对他们的一种制度保护，同时也不影响境内投资者的利益。若境外买方的持仓数量大于保税仓单量时，将不得不接收完税仓单而面临仓单拍卖中的价格损失风险。

“PTA 期货合约在集中交割配对时，参与交割的 PTA 保税标准仓单优先分配给境外买方（不包括合格境外机构投资者和人民币合格境外机构投资者，下同）。若境外买方持仓数量合计小于或等于保税标准仓单数量，则境外买方均能分配到保税标准仓单。若境外买方持仓数量大于保税标准仓单数量，则按照‘持仓时间长优先’的原则确定参与保税标准仓单交割配对的境外买方。其他未配对持仓和未分配标准仓单由计算机系统按数量取整、最少配对数原则予以配对。”

配对结果一经确定，买卖双方不得擅自调整或者变更。

（三）第三交割日

交易所对买卖双方进行交割结算。具体流程见本章第三节。

① 《境外交易者和境外经纪机构从事境内特定品种期货交易管理暂行办法》，自 2015 年 8 月 1 日起施行。

三、大商所最后交易日交割

大商所把最后交易日交割称为一次性交割。一次性交割要在合约最后交易日后的三个交易日内完成，这三个交易日分别为标准仓单提交日、配对日和交收日（最后交割日）。

（一）仓单提交日

最后交易日后的第一个交易日是标准仓单提交日。仓单提交日闭市前，卖方会员把持仓相对应的全部标准仓单交到交易所；闭市后，交易所公布各交割仓库或分库交割品种与标准仓单数量信息。

大商所公布的标准仓单分库交割信息类似于郑商所公布的非通用仓单和车船板交割信息。因为大商所是对库仓单，卖方的交割信息也只能公布到仓库。

（二）配对日

最后交易日后的第二个交易日是配对日。

1. 配对日闭市前

买方可根据交易所公布的信息，提出申报两个交割意向，即第一意向和第二意向。闭市后，交易所保税标准仓单按照“境外买方优先”“意向优先”原则分配标准仓单。

对任一买方：优先满足第一意向；第一意向未得到满足或未全部得到满足时，再考虑第二意向。

对任一交割仓库：优先将该仓库分配给第一意向的买方；若有剩余仓单，再分配给第二意向的买方。

2. 配对日闭市后

按照如下原则和步骤进行交割配对：

第一步：汇总标准仓单。以仓库为单位汇总卖方标准仓单。

第二步：匹配境外买方和保税标准仓单。配对原则与郑商所相同。

第三步：匹配剩余买方和剩余交割仓库。

对剩余的任一交割仓库：仓单数量大于等于买方交割意向数量总和的，买方意愿全部满足；仓单数量小于买方交割意向数量总和的，按照“平均持仓时间长优先”原则排序配对分配，分完为止。

“对满足买方意向后剩余的仓库仓单，与未提交割意向和所提交割意向未被满足的买方持仓，按照‘最少配对数’原则进行配对。”

第四步，匹配买卖双方。交易所把配好仓库的买方与持有该交割仓库仓单的卖方以“最少配对数”原则进行配对，确定对应的买卖双方。[①]

（三）交收日

最后交易日后的第三个交易日为交收日。进入交割结算流程。

四、上期所最后交易日交割

上期所最初把发票的开具和传递也计算到交割期内，形成了“五日交割法”，并从最后交易日之后开始计算交割期。

“实物交割应当在合约规定的交割期内完成。交割期是指该合约最后交易日后的连续五个工作日。该五个交割日分别称为第一、第二、第三、第四、第五交割日，第五交割日为最后交割日。”

第六条 交割程序：

（一）第一交割日

1. 买方申报意向。买方在第一交割日内，向交易所提交所需商品的意向书。内容包括品种、牌号、数量及指定交割仓库名等。

2. 卖方交标准仓单。卖方在第一交割日内通过标准仓单管理系统将已付清仓储费用的有效标准仓单交交易所。

（二）第二交割日

交易所分配标准仓单。交易所在第二交割日根据已有资源，按照“时间优先、数量取整、就近配对、统筹安排”的原则，向买方分配标准仓单。

① 《大连商品交易所交割管理办法》，自2022年12月26日起施行。

不能用于下一期货合约交割的标准仓单，交易所按所占当月交割总量的比例向买方分摊。

（三）第三交割日

1. 买方交款、取单。买方应当在第三交割日 14：00 前到交易所交付货款并取得标准仓单。

2. 卖方收款。交易所应当在第三交割日 16：00 前将货款付给卖方，如遇特殊情况交易所可以延长交割货款给付时间。

（四）第四、五交割日

卖方交增值税专用发票。①

在 2020 年 9 月 1 日开始实施的《上海期货交易所交割细则》中删除了“第四、五交割日卖方交增值税专用发票”的表述，减掉了计入交割流程的发票流转时间；② 2023 年 4 月 2 日起实施的《上海期货交易所交割细则》中，又把第三交割日的买方交款、取单和卖方收款业务合并到第二交割日，从而把交割流程缩短为 2 天，提高了交割效率。

“实物交割应当在合约规定的交割期内完成。交割期是指该合约最后交易日后的连续两个工作日。该两个工作日分别称为第一、第二交割日，第二交割日为最后交割日。”

第三节 交割结算

交割配对后，进入交割结算环节。交割是以交收实物方式履约，交割结算是检验买卖双方能否履约的试金石。

一、交割配对后的保证金

配对日闭市后，买方会员的配对买持仓的交易保证金自动转为交

① 《上海期货交易所交割细则》，自 2019 年 10 月 28 日起实施。

② 《上海期货交易所交割细则》，自 2020 年 9 月 1 日起实施。

割货款。对采用标准仓单交割的卖方，交易所在冻结其相应数量的标准仓单后，释放卖方对应交割持仓的保证金，相当于用其远高于交易保证金的仓单价值作为履约担保。车（船）板交割则不同，交易所对交割商品没有控制权，在完成交割前，卖方违约风险没有解除，因此，不释放卖方的保证金。

“配对后，标准仓单交割的，卖方相应的标准仓单予以冻结，相应的保证金予以释放。车（船）板或厂库非标准仓单棉纱交割的，卖方保证金不予释放。”①

二、交割结算价

交割结算价有两个作用：一是用作对交割持仓进行平仓的价格；二是用作计算交割货款、开具增值税发票的依据。交割商品涉及品级升贴水和仓库升贴水的，与升贴水一并计算。交割结算价与期货交易无关，与持仓保证金计算无关。

“配对日闭市后，交割配对持仓按配对日的结算价平仓。交割结算价为配对日的当日结算价。”②

“交割配对日结算时，交易所对会员交割月份配对持仓按交割结算价进行结算处理，产生的交割差额计入会员当日盈亏。”③

（一）我国期货交易所对交割结算价的不同规定

中金所：沪深300股指期货合约的“交割结算价为最后交易日标的指数最后2小时的算术平均价。计算结果保留至小数点后两位。”④

上期所：交割结算价多种多样。大部分品种“交割结算的基准价为该期货合约最后交易日的结算价。”⑤

---

① 《郑州商品交易所期货交割细则》，自2022年6月24日起施行。
② 《大连商品交易所交割管理办法》，自2022年12月26日起施行。
③ 《郑州商品交易所期货结算细则》，自2020年9月9日起施行。
④ 《中国金融期货交易所沪深300股指期货合约交易细则》，自2019年1月2日起实施。
⑤ 《上海期货交易所结算细则》，自2021年11月26日起实施。

“不锈钢期货的交割结算价为该期货合约最后5个有成交交易日的结算价的算术平均值。

天然橡胶期货的交割结算价为该合约最后5个有成交交易日的成交价格按照成交量的加权平均价。”①

大商所：对不同交割方式采取不同的交割结算价计算方法。

“滚动交割的交割结算价采用该期货合约滚动交割配对日的当日结算价。一次性交割的交割结算价采用该期货合约自交割月第一个交易日起至最后交易日所有成交价格的加权平均价。期转现结算价采用买卖双方协议价格。提货单交割的交割结算价采用该期货合约提货单交割配对日的当日结算价。每日选择交割的交割结算价采用该期货合约每日选择交割配对日的当日结算价。”②

郑商所：均采取10个交易日交易结算价的算术平均价。

“滚动交割的交割结算价为期货合约配对日（含该日）前10个交易日交易结算价的算术平均价。

集中交割的交割结算价为期货合约最后交易日（含该日）前10个交易日交易结算价的算术平均价。”

从上述规定可以看出，三家商品期货交易所的交割结算价分为三类：一是交割结算价与交易结算价相同，为仅一个交易日的成交价，也就是配对日成交价的加权平均价。如上期所大多数品种的交割结算价，大商所的滚动交割、提货单交割、每日选择交割的交割结算价。二是按多个交易日成交价计算的加权平均价。例如，上期所是最后5个有成交的交易日；大商所一次性交割从第一个交易日到最后交易日。三是配对日之前5个或10个交易日的算术平均价。从第一种方法到第三种方法，同样的成交量对交割结算价的影响呈几何级递减。

---

① 《上海期货交易所交割细则》，自2022年7月21日实施。

② 《大连商品交易所结算管理办法》第五十九条，自2022年7月29日起施行。http：//www. dce. com. cn/dalianshangpin/fgfz/6142914/6142922/6231817/index. html。

（二）交割结算价操纵案例

在收紧交割月持仓限制、滚动交割模式下买方随时可能被强行配对交割的双重影响下，不打算交割的持仓几乎全部退出交割月，剩下的持仓多数为交割持仓。因缺少交易对手，交易清淡，很小的成交量就能制造出当日期货价格的大幅度波动，影响交割结算价，继而影响增值税发票的开票价格，影响买卖双方的纳税金额。在利益驱使下，期货市场屡屡发生通过操纵交割结算价的避税行为。

"大商所：严打操纵及影响交割结算价避税行为"的报道披露了两起操纵交割结算价的案例：

"在多头约定交易拉高交割结算价格案中，A公司持有580手多头焦炭1209合约。由于每个账户只能交割300手，该公司在进入交割月前转移300手到B集团账户，让其帮助交割。2012年9月，A公司在四个交易日分四次与上海T公司进行约定交易焦炭1209合约，每次成交20手。经计算，两者间的成交量占该合约9月所有成交量的96%。鉴于焦炭1209合约交割结算价为9月所有成交价格的加权平均价，该行为影响了该合约的交易量和交割结算价，涉案账户的交易导致焦炭1209合约最终交割结算价上涨了3.1%。A公司的操纵行为导致焦炭1209交割价（增值税发票价）虚高，从而使得A公司、B集团合计持有的580手焦炭1209合约交割结算价多计进项增值税38.8万元。

在空头自成交打低交割结算价格案中，某公司客户在开盘前持有某农产品交割月合约空头160手，占该合约空头的78%，同时已注册仓单260张。当日，该公司提出滚动交割后，在14点59分52秒利用自成交将该合约价格打低186元，下降4%。由于该合约处于交割月，交易较为清淡，当日只有此1笔成交，该价格即为当日交割结算价。以该结算价计算，该公司在交割时少缴纳增值税3.4万元，而当日现货价格和其他合约价格并没有较大幅度变化。"①

---

① 大商所：严打操纵及影响交割结算价避税行为。https：//www.sohu.com/a/154164124_115433。

三、标准仓单的交割结算

交割结算在交割日进行。交割结算包括卖方交付仓单、买方支付交割价款、卖方向买方开具增值税发票三个要素。

（一）交割结算前的准备

郑商所：第三交割日上午9时之前，买方会员应当将尚欠货款划入交易所账户，并把客户名称和税务登记证号等事项提供给卖方会员。卖方会员应当持有可流通的标准仓单。

大商所：交割日闭市之前，买方会员须补齐与其配对交割月份合约持仓相对应的全额货款，办理交割手续。

（二）货款收付

郑商所交割细则规定，“交易所收取买方会员全额货款后，将全额货款的80%划转给卖方会员，同时将卖方会员的仓单交付买方会员。余款在买方会员确认收到卖方会员转交的增值税专用发票时结清。”

结算细则规定，“交割货款结算实行一收一付，同时划转”，“交割商品货款以交割结算价为基础，加减相应的升贴水和包装款。升贴水和包装款按交易所公布的标准结算。”①

因为要扣除20%发票押金，当日交割结算时只划转80%货款给卖方，“一收一付，同时划转”仅限于操作表述。“一收一付”的操作适合仓单交割结算，但不适合车船板交割。

（三）增值税发票的流转

增值税专用（普通）发票流转的相关规定适合各种交割模式，其中的细小差别，不在这里叙述。不同农产品可以开具不同类型的发票，比如菜粕开具增值税普通发票。苹果、红枣、花生开具增值税专用发票或农产品销售发票。

---

① 《郑州商品交易所期货结算细则》，自2020年9月9日施行。

1. 发票开具与流转模式

郑商所采取由期货交割的卖方客户直接向买方客户开具增值税发票模式。“期货交割由交割卖方向对应的买方开具增值税专用（普通）发票。增值税专用（普通）发票由双方会员协助客户直接联系、办理发票交收。”“配对日后的一个工作日内，买方应按照税务机关的规定将开具增值税发票所需的具体信息通知卖方。”①

上期所采取“卖方客户→卖方会员→交易所→买方会员→买方客户”的发票开具模式。“交易所向买方会员开具增值税专用发票，向卖方会员收取增值税专用发票。买方会员向买方客户开具增值税专用发票，向交易所收取增值税专用发票。卖方会员向交易所开具增值税专用发票，向卖方客户收取增值税专用发票。”②

2. 发票开具时间

上期所：卖方在最后交易日后5个工作日内将增值税专用发票交至交易所。

郑商所、大商所：卖方在配对日后7个交易日内，将增值税专用发票交付买方。

3. 滞纳金规定

在向卖方划转货款后，留下的20%货款用于向买方提交发票的保证金。卖方不能按规定提交或者不提交发票的，将支付滞纳金或者违约金。

郑商所对时间要求较严。“延迟1至10日（公历日）的，卖方会员应当每天支付货款金额0.5‰的滞纳金；超过10日（公历日）仍未提供增值税专用（普通）发票的，视为拒绝提供增值税专用（普通）发票，卖方会员应当按货款金额的规定比例支付违约金。”③

上期所对时间要求相对宽松。“会员迟交增值税专用发票3至10天的，每天处以货款金额0.5‰的滞纳金；迟交11至30天，每天处以货款

---

① 《郑州商品交易所期货交割细则》，自2022年6月24日起施行。

② 《上海期货交易所结算细则（修订版）》，自2021年11月26日起实施。

③ 《郑州商品交易所期货交割细则》，自2022年6月24日起施行。

金额 1‰的滞纳金；超过 30 天未交增值税专用发票的，视作不交增值税专用发票，处以货款金额 20% 的违约金。”①

四、车船板交割结算

以郑商所车船板交割为例。在车船板交割结算中，买方付款和卖方收款在时间上是分开的：买方提前向交易所缴纳全额货款，卖方在发货完毕后才收到货款。②

在车船板交割中，买卖双方确定结算方式、交货地点、交货方式、交货时间等，签订《车（船）板交割协议书》，交易所据此进行结算。双方可选择分批结算或一次性结算。

交易所鼓励车船板交割在卖方货物所在地进行。卖方就地交货，可以节省出库费、短运费和入库费，并把节约的费用与买方分享。万一双方在协商中出现谈不拢的情况，卖方就要把交割商品运送到交易所规定的“计价点”交割。“计价点”交割会增加卖方交割成本、浪费社会资源，是交易规则中为交割地点和费用协商不成而事先制定好的解决预案，也是一种反向激励机制。

在设计车船板交割结算规则时，为了避免买方收到货物后恶意不进行确认、造成无法付款的情况发生，要求对提出异议事项必须在规定时间内提供有效证明，否则，结算系统将按照发起方提交信息自动确认付款。

五、期转现交割结算

2001 年，作者在 ADM 位于伦敦的期货公司——ADM 投资服务国际有限公司（ADMIS）工作交流期间，郑商所正在研究设计期货转现货的业务流程与规则。经请求，该公司把其控股股东 ADM 刚完成的一单咖啡非标准仓单期转现的交割流程和相关资料，经过技术处理后交给我们参考，推

① 《上海期货交易所结算细则（修订版）》，自 2021 年 11 月 26 日起实施。
② 《郑州商品交易所期货交割细则》，自 2022 年 6 月 24 日起施行。

动了郑商所在2002年期转现交割规则的诞生与实施。

（一）期货转现货概念

CME：期货转现货（exchange for physical，EFP）是通过私下协商，对在交易所的期货头寸与相应的现货头寸同时进行交换的交易。期货转现货是授权进行的期货转相关头寸（Exchange for Related Position，EFRP）交易的一种类型。①

CFTC：期货转现货是一种交易形式，在这种交易中，现货商品的买方以双方商定的价差，向卖方转让相应数量的多头期货合约，或从卖方那里接收相应数量的空头期货。通过这种方式，双方相反的期货套期保值持仓被同时平仓。②

郑商所：期货转现货是指持有同一交割月份合约的多空双方之间达成现货买卖协议后，变期货部位为现货部位的交易。③

大商所：期转现是指持有同一交割月份期货合约的交易双方通过协商达成现货买卖协议，并按照协议价格了结各自持有的期货持仓，同时进行数量相当的货款和实物交换。④

（二）标准仓单的期转现

标准仓单期转现实际上就是仓单的提前交割，突破了只能在交割月完成实物交割的时间限制。

1. 期转现期限的规定

大商所的期转现为集中交割预留了三天时间。“期转现的期限为该合约上市之日起至交割月份前一个月倒数第三个交易日（含当日）。”

郑商所的期转现覆盖整个期货合约上市周期。“期货合约自上市之日

---

① Glossary.
https：//www. cmegroup. com/education/glossary. html.

② Futures Glossary.
https：//www. cftc. gov/LearnAndProtect/AdvisoriesAndArticles/CFTCGlossary/index. htm#P.

③ 《郑州商品交易所期货交割细则》，自2022年6月24日起施行。

④ 《大连商品交易所交割管理办法》，自2022年12月26日起施行。

起到该合约最后交易日期间，均可进行期转现。”

2. 寻找对手方

卖方能够提前拿到货款、节约仓储费，买方可以提前拿到需要的商品、用于生产经营并可得到卖方让渡的部分仓储费和银行利息，这是一种双赢的交易。交易所也乐于提供条件，协助找寻对手，促成双方达成期转现协议。郑商所在会员服务系统和官网设立“期转现信息平台”，为期转现业务提供服务。

“买卖双方可以通过交易所会员服务系统发布期转现意向。持有同一交割月份合约的买卖双方达成协议后，在每个交易日的下午 2 时 30 分之前向交易所提交期转现申请。”①

然而，郑商所设立的“期转现”信息平台一直冷冷清清，而交易所的交割结算员 QQ 群则热闹非凡，成为期转现成交的主渠道。结算部对这一现象进行了研究和总结，发现群内会员之间彼此熟悉、便于沟通，群内信息回应时效性强，这是交易所内外网不可比拟的。

3. 达成期货平仓价

期货持仓平仓价由买卖双方自由商定，但不能超出当日期货涨跌停板价格范围。

4. 期货头寸平仓与交割结算

在当日闭市后，按照双方达成的价格，交易所代为平仓。用协议价格平仓的期转现持仓，不参与当日结算价计算。

（三）非标准仓单期转现

非标准仓单的期转现与仓单期转现的区别在于，没有仓单过户和仓单价款的结算，更像是一种类似于大额交易（block trade）行为，而非交割活动。

1. 咖啡期转现

2001 年，ADM 持有的是伦敦金融期货期权交易所（LIFFE）上市交易

---

① 《郑州商品交易所期货交割细则》，自 2022 年 6 月 24 日起施行。

的非洲罗布斯塔（Robusta）咖啡期货合约，但它在现货加工中使用的却是南美生产的阿拉比卡（Arabica）咖啡豆，于是，ADM 与一家长期的现货贸易伙伴进行了期转现，在按双方达成的价格对期货合约平仓的同时，按达成的现货协议，成为现货合同的买方。郑商所也有类似的规定。

“达成期转现协议的双方共同向交易所提出申请，获得交易所批准后，分别将各自持仓按双方达成的平仓价格由交易所代为平仓（现货的买方在期货市场应当持有多头部位，现货的卖方在期货市场应当持有空头部位）。同时双方按达成的现货买卖协议进行与期货合约标的物种类相同、数量相当的现货交换。”①

2. 白糖期转现

2012 年 9 月 11 日，郑商所历史上最大的单笔“期转现”交易诞生。买方是可口可乐企业管理（上海）有限公司，卖方则是山东的一家进口白糖加工企业——凌云海集团，双方完成了 24140 吨白糖的非标准仓单期转现。

期市“点价”形成价格。根据期转现合同，双方对冲了 2414 手白糖 1209 期货合约，协议平仓价格是每吨 5900～6000 元，现货合同价是期货协议平仓价格加上郑商所特定交割仓库的 90 元/吨升水。

非标准仓单期转现满足个性化需求。据了解，这次期转现选择凌云海集团，是因为它采用碳化法加工工艺生产的白糖，比当时常用的硫化法色值低，适合雪碧这种透明饮料使用。可口可乐公司认为，“如果按照标准仓单期转现，我就只能拿到特定的仓单到指定地点提货，这对贸易商来说无所谓，但对那些对白糖品种有特定要求的终端生产企业来说就不太方便，所以不如直接跟白糖生产企业签订定向的合同，在了结头寸后，按照现货习惯完成交割。”

3. 非标准仓单期转现的结算

对于非标准仓单期转现，交易所代双方进行的期货头寸平仓属于交易

① 《郑州商品交易所期货交割细则》，自 2022 年 6 月 24 日起施行。

行为，不涉及交割。双方的现货协议是在场外达成、场外履约，与交易所期货交割结算无关。因此，郑商所作出如下规定：

“非标准仓单的期转现，货款划转方式由双方协商确定。

1. 买卖双方应当提供相关现货买卖协议。

2. 货物交收和货款划转由买卖双方自行协商确定，由此产生的纠纷自行解决，交易所不承担责任。”

第十章　价格限制与熔断机制

每日价格限制，在我国俗称“涨跌停板”，是期货市场和证券市场风险管理制度之一。熔断机制是价格限制的一种特殊形式。

第一节　期货价格限制制度的诞生与发展

每日价格限制（daily price limits），顾名思义，是对每个交易日期货价格上下波动设置的最高限价和最低限价，也称“价幅限制”“每日价格波动限制（daily price fluctuation limits）”。

一、价格限制的概念

CFTC：每日价格限制是由交易所规则规定，允许在一个交易时段（trading session）内与上一交易日结算价相对比的最大价格涨跌幅度。

LME：涨跌停板是从前一日收盘价起算，所允许的最大价格涨跌幅度。在2022年3月之前，LME并无价格限制。

郑商所：期货交易实行价格涨跌停板制度，由交易所规定各上市期货合约的每日最大价格波动幅度。

价格限制是一种价格管制。价格管制由来已久。圣路易斯联储副总裁克里斯托弗·尼利（Christopher J. Neely）认为政府价格管制具有较长历史。“《汉谟拉比法典》（Code of Hammurabi）在4000年前就规定了商品价格，马萨诸塞州和弗吉尼亚殖民地在400年前也对商品价格做了规定。各国政府通常在战时对价格进行限制，在第二次世界大战期间，所有主要交战国都对价格实行广泛限制。”①

期货市场的价格限制与政府价格管制存在明显区别。第一，从诞生之日起，期货价格限制就是双向、对称限价——同时限制价格上涨和下跌幅度，尽管在特殊情况下也可以采取对其中一方（多头或空头）实施差别性价格限制；而价格管制——无论是政府还是交易所的行为，基本都是在某一时段单向管制，要么限制上涨，要么限制下跌。第二，期货价格限制是一种持续的价格管理制度，价格管制是在特殊时期的临时性政策。一旦形势发生逆转，价格管制政策就会结束。第三，价格限制一般由期货交易所自发实施，具有自律性特点；价格管制是政府的强制性政策。第四，价格限制的目的是限制投机，控制期货市场风险；价格管制的目的虽然包括打击投机行为，但主要是在商品短缺时期保障供给，在商品过剩时期保护生产者利益。

二、芝加哥期货交易所按固定价格平仓

1915 年 10 月至 1916 年 12 月，芝加哥期货交易所“所有商品”指数从 104 上升到 144。与德国关系逐步破裂推动了价格上涨，到 1917 年 3 月，该指数达到 156。当美国在 4 月宣战时，该指数在一个月内跃升了 14 点。②

1917 年 4 月，现货小麦价格达到了南北战争以来的最高价，到 5 月中旬已上涨近 50%。面粉消费者对即将到来的短缺感到恐惧，随着价格的连续上涨，又掀起一股疯狂的购买浪潮。面粉批发商和经销商以及小麦经营者的投机活动十分猖獗。负责官员预测，除非市场得到控制，否则价格可能还会继续上涨。

---

① Why Price Controls Should Stay in the History Books.
https：//www. stlouisfed. org/publications/regional – economist/2022/mar/why – price – controls – should – stay – history – books.

② History of Prices During The War – Government Control Over Prices.
https：//archive. org/details/governmentcontro00garrrich.

代表外国政府采购的买家通过持有5月期货合约几乎已经实现了多逼空，市场实际已经严重“超卖”，卖方希望采取一些措施保护他们免受过度损失。

“1917年5月14日，在政府官员和公众情绪的压力下，芝加哥期货交易所（CBOT）董事会禁止继续进行5月期货合约交易，并强制以交易所确定的价格对所有持仓强行平仓。当时小麦现货价格为3.45美元，交易所对5月合约设定的最高平仓价格为3.18美元。随后，7月和9月期货合约的投机交易也被禁止，未平仓合约分别按照2.75美元和2.45美元的结算价格进行平仓。其他交易所也采取了类似行动。”①

按统一价格对所有期货持仓进行强行平仓，是期货交易所在重重压力下采取的价格干预，和政府的价格管制一样属于一种临时性措施，而非市场化行为，更不可能作为一种常规的规则制度持续实施。

1999年1月18日，郑州商品交易所也对部分绿豆期货合约的持仓采取了全部强行平仓，也就是说，这次平仓后，部分月份合约的持仓清零。这次绿豆部分合约清零事件被称为“1.18”绿豆事件。据时任郑商所主要领导介绍，通过这次部分合约清零，绿豆逼仓风险得以化解。

三、纽约棉花交易所首次引入期货价格限制

1917年8月27日，纽约棉花交易所（New York Cotton Exchange）制定了一项规则，将棉花期货合约价格在任何一天内的波动限制在每磅3美分。据称引入这一规则的原因是“为了避免欧洲战争引起的价格异常波动和由此引发的有害投机。”

1918年，由于价格不稳定，农业部长建议棉花期货交易所进一步限制棉花期货合约价格的变化，将每日价格波动幅度缩小到每磅2美分。美国三家交易棉花的期货交易所——纽约棉花交易所、新奥尔良棉花交易所（New Orleans Cotton Exchange）和芝加哥期货交易所接受了这一建议，并

① WHEAT AND FLOUR TRADE：1917—1918.
https：//www. jstor. org/stable/pdf/1885009. pdf.

于1918年10月4日生效。这一为了防止期货价格日内过度波动的价格限制制度一直沿用至今。

价格波动限制的规则规定包括两个方面。第一，在任何一天内，任何特定未来交割月份的交易价格，不得高于或低于前一交易日同一交割月份棉花收盘价±2美分/磅。第二，本规定不适用于交割月当月15日之后的交易。①

1922年，美国最高法院裁定支持价格限制。“事实表明，投机者渴望的是一个持续波动而非稳定的市场。这样的市场违背了生产者的利益；生产者必须拥有稳定的价格，才能最有利于销售他们的农作物。一个不频繁发生大幅度价格波动的市场对生产者最有利。”②

对于纽约棉花交易所等期货市场实施的2美分/磅价格限制后的日内价格波动情况，美国学者进行了统计分析。③ 每磅2美分的每日价格限制是在棉花期货每磅32美分时制定的，价格限制约为期货价格的6%。此后，棉花期货价格最高到每磅42美分以上，最低到每磅5美分以下，每磅2美分的价格限制相当于期货合约价格的5%到40%。

如果从每日价格限制适应不同价格水平的角度看，按相对比例设置每日价格限制具有更大的灵活性。若按绝对价格设置价格限制，需要在不同期货价格水平上，对价格限额进行调整。

四、美国二号棉期货价格限制的演变

2004年6月，纽约棉花交易所和咖啡、糖和可可交易所合并成为纽约期货交易所（NYBOT）。2006年，ICE收购了纽约期货交易所，改名为洲际美国期货交易所（ICE Futures US）。我们在网上查到NYBOT时期的规

---

① FLUCTUATIONS IN PRICES OF COTTON FUTURES CONTRACTS. https://naldc.nal.usda.gov/download/CAT86200417/PDF.

② Senate Report No. 212, 67th Congress. 转引自“On commodity price limits”. https://onlinelibrary.wiley.com/doi/10.1002/fut.21999。

③ FLUCTUATIONS IN PRICES OF COTTON FUTURES CONTRACTS P14－17. https://naldc.nal.usda.gov/download/CAT86200417/PDF.

则（时间不明）对二号棉花期货价格限制的规定，① 以此与 ICE 现行规定进行比较。

（一）NYBOT 棉花期货价格限制

NYBOT 棉花期货价幅沿袭了纽约棉花交易所按上一交易日结算价设置价格限制、交割月不设价格限制的规则精神，把计算价格限制的依据从收盘价改为结算价，并增加了扩大价幅的规定。从价幅调整条款看，所有合约月份适用相同的价幅限额。

一是对进入交割月的合约不设价格限制。在第一通知日当天或之后，当前期货交割月份不设价格限制。二是每日价格限制为前一交易日结算价 ±3 美分/磅。三是当任何一个月份的结算价大于等于 110 美分/磅时，则所有月份的价格限制调整为 ±4 美分/磅。

（二）ICE 棉花期货分级价格限制

洲际美国期货交易所对棉花期货价格限制制度的修改主要表现在三个方面。一是选出一个合约月份作为基准，以该合约的价格限制作为其他所有合约月份（不包括交割月）的价格限制。二是针对价格水平，规定不同层级的价幅限额。三是规定了最高价幅限额。

首先，选出价格限制参考月份（limit reference month，简称参考月），用于确定初始价幅限额（lnitial limit amount）。

其次，制定每一价格区间的初始价幅限额。所有期货交割月份的初始价幅限额，都根据参考月前一天的结算价格确定。我们把初始价幅限额换算成比例，结果在 4% 左右。这与中国商品期货市场以 4% 为主的价格限制标准基本相同。

最后，扩大每日价格限制。如果前 5 个期货交割月份中有 2 个或 2 个以上合约月份达到每日价格限制，或一个作物年度中剩余的期货交割月以停板价格进行买、卖报价，那么，就在该日之后的下一个交易日，在初始

① NYBOT COTTON NO. 2 FUTURES CONTRACTS RULES.
https：//www. cftc. gov/sites/default/files/files/submissions/dcodcm/dcmnybotxcotton2. pdf.

价幅的基础上扩大价幅每磅1美分（100点）；当初始价幅限额为每磅7美分时，该扩大价幅的规定不再适用，也就是说每日价格限制的最高限额为每磅7美分（见表10－1）。①

表10－1　　洲际美国期货交易所棉花期货价格额梯度

参考月价格水平 美分/磅	初始价幅限额 美分/磅	初始价幅限额 与参考月价格水平之比（%）
最高80.00	3.00（300点）	3.75
80.01～110.00	4.00（400点）	3.64～5.00
110.01～140.00	5.00（500点）	3.57～4.55
140.01～170.00	6.00（600点）	3.53～4.29
170.01及以上	7.00（700点）	4.12

注：最后一栏中的比例根据前两列中的数据换算得到。

五、CBOT价幅重置

2014年5月1日，CBOT对谷物和油籽品种价格限制制度进行改革，把固定（fixed）价格限额改为变动（variable）价格限制。② 无论从CME发布的题为“CBOT谷物和油籽产品基于百分比的每日价格限制”③ 的说明，还是从具体规定看，修改后的价格限制制度实际上是把固定价幅限额修改为以6个月为一时间段、按7%计算的固定价幅限额。这次价格限制改革主要包括三个方面：一是每年两次常规重置，每六个月重置一次；二是出现停板后扩大价幅；三是关联品种价幅调整联动。

1. 价幅重置

美国大豆的作物年度从当年9月到下一年8月。价格限制重置似乎与

① ICE Futures U.S. “COTTON NO. 2 RULES” —— Rule 10.09. Price Limits.

② CME Group to Implement Variable Price Limits for Grain and Oilseed Futures. https://www.agweb.com/news/crops/corn/cme-group-implement-variable-price-limits-grain-and-oilseed-futures.

③ Percentage Based Daily Price Limits for CBOT Grain and Oilseeds Products. https://www.ngfa.org/wp-content/uploads/Variable_limit_onepage.pdf.

作物年度无关。

第一个重置日期是5月的第一个交易日。计算方法如下：第一，取最近的7月期货合约4月16日当日及之前连续45个交易日的每日结算价。第二，计算出上述结算价的平均价，再乘以7%。第三，把上述乘积四舍五入到最接近的5美分/蒲式耳或50美分/蒲式耳，取两者中最高者作为大豆期货新的初始价幅限额，于5月的第一个交易日生效，有效期至10月的最后一个交易日。

第二个重置日期是11月第一个交易日。计算方法和第一个重置日相同。计算依据是10月16日及之前连续45个交易日的每日结算价。

2. 扩大价格限制

如果前7个挂牌交易的非现货月合约中有两个或多个大豆期货合约月份（或大豆作物年度的最后一个合约，即8月合约）的价幅达到停板价，则所有合约月份的每日价格限制将在下一个交易日扩大50%。如果在下一个交易日，所有大豆期货合约月份都没有以扩大后的价幅限额进行结算，那么，在下下个交易日，所有合约月份的每日价格限制将恢复到初始价幅限额。

3. 交割月放开价格限制

从交割月前一个月的倒数第二个交易日开始，不设价格限制。

因为CBOT采取三日交割法，交割日是从交割月第一个交易日开始，那么，配对日要在交割月第一个交易日之前的两个交易日开始。也就是说，从启动交割月的实物交割开始，就完全放开了价格限制，推动期货价格与现货价格聚合。

4. 关联品种价幅联动

我国把大豆、豆粕和豆油称之为大豆期货系列品种，CBOT规则中称之为大豆关联品种（soybean complex）。如果大豆关联品种中的任何一个品种触发价格限制扩幅50%的规定，其他品种的每日价格限制也在同一天扩幅50%。

如果在下一个交易日，所有关联品种的期货合约月份都没有以扩大后的价幅限额进行结算，那么，在下下个交易日，大豆关联品种所有合约的每日价格限制将恢复到各自的初始价幅限额。

六、郑商所：由绝对价格限额到相对价格限制

美国期货市场把固定价格限额改为分级价格限制、价幅重置，都是为适应期货价格变化而进行的制度完善，尽可能用预设规则给投资者以制度预期，减少交易所的自由裁量权给期货市场增加制度不确定性。然而，我们也看到，价幅重置仍然滞后于期货价格变化，这种滞后效应在我国期货市场的价格限制制度改革中得到解决。

我国期货市场在初创时期，采取以合约为单位的绝对价格限额（固定价幅限额）。我们从郑州商品交易所第一份年报（1995 年）中可以看到，绿豆期货 1995 年 9 月到期的 9509 合约最高价达到 40010 元/张，9503 合约的最低价是 22190 元/张，±1200 元/张每日价格限额相当于 9509 合约价格的 3%，相对于 9503 合约价格的 5.4%，两者相差近 50%（见表 10－2、表 10－3）。

表 10－2　　部分上市品种价格限额

交易品种	交易单位（吨）	最小变动价位（元/张）	每日价格限额（元/张）
小麦	10	20	±400
玉米	10	20	±400
绿豆	10	20	±1200
花生仁	10	20	±800
豆粕	10	20	±600
芝麻	10	20	±1000
棉纱	1	20	±600

表 10－3　　绿豆各合约月份最高成交价、最低成交价及成交日期　　单位：元/张

合约月份	最高成交价	成交日期	最低成交价	成交日期
9501	36400	1994 年 10 月 10 日	22400	1994 年 6 月 23 日
9503	37320	1994 年 9 月 30 日	22190	1995 年 3 月 9 日

续表

合约月份	最高成交价	成交日期	最低成交价	成交日期
9505	37320	1994 年 9 月 28 日	23480	1995 年 3 月 7 日
9507	38110	1995 年 5 月 5 日	23490	1995 年 3 月 7 日
9509	40010	1995 年 5 月 5 日	25360	1995 年 3 月 7 日
9511	39340	1995 年 5 月 5 日	25760	1995 年 3 月 6 日

1999 年《郑州商品交易所年报》“大事记”中，绿豆期货合约价格限制仍为绝对价格。“1999 年 12 月 21 日，接中国证监会文件，郑商所发出通知，决定逐步提高绿豆合约交易保证金、降低小麦合约交易保证金，同时将绿豆合约涨跌幅缩小为 ±20 元/吨。”

后来，我国期货交易所逐渐取消了绝对价格限制，取而代之的是按合约价值的百分比计算的相对价格限制。《郑州商品交易所期货交易风险控制管理办法》规定：苹果、红枣期货合约每日涨跌停板幅度为前一交易日结算价的 ±5%，其他品种为 ±4%。[①]

我国期货市场的价格限制和美国期货市场一样，都是以前一交易日的结算价为基准进行计算。不同点在于：一是采取百分比的计算方法。二是同一品种的不同月份合约价幅限制相同，包括交割月。三是不同品种实施不同的价格限制，没有关联品种的联动机制。

目前，我国期货交易所采取的上述价格限制制度明显更贴近市场变化。第一，价幅限制的变化始终跟随期货价格变化，一般情况下不需要进行调整。第二，交割月价格限制与其他月份相同，可以有效防止恶意打交割结算价问题。从某种意义上讲，美国期货交割月不设价格限制以促进价格回归是一个伪命题：影响交割月的供求关系也会影响其他合约月份；交割月有 10 多个交易日，期货与现货价格的聚合不需要在一天完成。第三，不同品种价格限制相互独立，可以防止有人恶意利用一个品种的涨跌停板，推动其他品种期货价格同向、同幅度变化。

---

① 《郑州商品交易所期货交易风险控制管理办法》2021 年 11 月 24 日版。
http：//www. czce. com. cn/cn/flfg/zcjywgz/lsbb/webinfo/2021/11/1605604185423585. htm。

七、触发涨跌停板后的规则措施

当价格触及停板时，中外交易所有三种不同的处理方式。一是暂停交易，然后扩大价幅后继续交易，即熔断机制。二是当天涨跌停板保持不变。三是在极端情况下，停止当天剩余时间交易。我国期货市场主要采取第二种方法，辅以三个同方向停板后的不同处理方法；美国期货市场则采取第一和第三种方法相结合的处理方式。我们在本章第三节和第四节进行讨论。

第二节　价格带制度

价格带是对交易指令的最高和最低报价限制。由于交易价格在不断变化，价格带的上下轨也在动态调整。《广州期货交易所风险管理办法》价格限制制度规定，“交易所期货和期权交易实行价格限制制度。价格限制制度包括涨跌停板制度和价格波动带制度等”。[①] 但尚未制定具体办法。

一、建立价格带机制的目的

按照 CME 的表述，价格带（price banding），或称价格区间，是一种类似于价格限制的机制。价格带机制通过对所有收到的订单进行价格验证，并拒绝所有报价明显错误的订单，确保市场公平有序运行。每个品种的价格带区间根据上一价格加上或减去固定值动态计算。如果市场快速向一个方向移动，价格带会动态调整以适应新的交易区间。[②]

香港期货交易所认为，“动态价格带是一种防止以明显错误的价格输入交易指令的工具。在这一机制下，交易不能在随市价变动的上限和下限

① 《广州期货交易所风险管理办法》，自 2022 年 6 月 6 日起实施。

② GCC Price Banding.
https：//www. cmegroup. com/confluence/display/EPICSANDBOX/GCC + Price + Banding.

之外进行。价格带的上限和下限根据参考价及预设百分比设置。如果上一成交价格偏离参考价的数值超过更新参数，则参考价将调整为上一成交价。”①

LME 宣布将在 LMEselect 中引入动态价格限制（价格带）时指出，此功能是为了控制提交的价格指令不能反映当前市场价格。②

显然，与其他价格限制和熔断机制不同，价格带机制不是为了应对价格波动产生的市场风险，而是为了防止交易者下错单，导致严重的“乌龙指”事件发生。

二、CME 价格带机制

（一）价格带变量

价格带变量（price band variation）是一个静态值。它以参考价为基准，上下对称设置，以确定价格带变化区间（range）。每次价格变化时，对价格带变化区间都要重新计算，并应用于新的区间。CME Globex 电子交易平台拒绝价格带变化区间以外的所有买、卖报价。

（二）参考价

把价格带变量设置在参考价上下就可以确定价格带变化区间。参考价确定规则如下：

（1）在盘前和不可撤销时段，参考价为该合约的结算价。

（2）通过盘前集合竞价产生的指示性开盘价（Indicative Opening Price）一旦产生，即成为参考价。

（3）交易期间，前一笔价格为参考价。

---

① PRICE BANDING.
https://sc. hkex. com. hk/TuniS/www. hkex. com. hk/services/trading/derivatives/overview/trading – mechanism? sc_lang = zh – cn.

② LMESMART：INTRODUCTION OF DYNAMIC PRICE BANDING.
https：//www. lme. com/ – /media/Files/Company/Market – regulation/Key – compliance – notices/Trading – matching – registration – and – clearing/17 – 127 – lmesmart – introduction – of – dynamic – price – banding. pdf.

（4）若无指示性开盘价或前一笔价格，则以结算价为参考价，直至产生成交价。

（5）当盘中交易时段发生紧急情况而交易暂停时，指示性开盘价即为盘前和不可撤销时段的参考价格。如果没有指示性开盘价，则前一笔成交价为参考价。

在特殊情况下，例如，在市场价格发生剧烈波动时，CME 集团可能选择暂时放松或暂停价格带限制。

除价格带外，每日价格限制可能对某些期货交易品种有效。在拒绝价格错误的订单时，每日价格限制始终优先于价格带。

CME 全天监控价格带变化区间，必要时可进行调整。①

（三）价格带应用示例

假定某交易品种价格带变量为 0.1000，最佳买卖 5 挡数据如表 10－4 所示。

表 10－4　　某品种价格带变量＝0.1000

买报价		卖报价		价格带	
数量	价格	价格	数量	价格带参考价	
		99.3800	10	99.3650	
		99.3775	10	买报价	卖报价
		99.3750	10	99.4650	99.2650
		99.3725	10		
		99.3700	10		
10	99.3600				
10	99.3575				
10	99.3550				
10	99.3525				
10	99.3500				

此时，参考价为 99.3650，在价格带机制下：买报价最高限价为

① GCC Price Banding.
https：//www.cmegroup.com/confluence/display/EPICSANDBOX/GCC＋Price＋Banding.

99.4650（99.3650+0.1）；卖报价最低限价为99.2650（99.3650-0.1）。[①]

三、LME的动态价幅带机制

LME的动态价格带（dynamic price bands）机制仅适用于在其电子交易系统LMEselect上交易的所有合约。该机制包括以下构成部分：

（一）锚定价格

锚定价格（anchor price）或称参考价格（reference price），由交易所基于近月合约设定。但当近月合约临近到期时，锚定价格将以持仓量最大的月份设定。把锚定价格转移至基于持仓量月份的时间，由交易所决定。锚定价格可能是前一日的结算价，也可以是看涨期权的开盘价，或最后一笔成交价。近月合约之后的第二个月份合约及后续月份的锚定价格，通过与近月合约的价差计算得出。[②]

（二）不可撤销区间

交易所为每个合约确定高于或低于锚定价格的参数，在该价格区间内，即使宣称为错误的交易也不得取消。这些参数就是不可撤销区间（no cancellation range）。

在大多数情况下，交易所不会取消“不可撤销区间”内的交易，无论这些交易是错单还是其他原因造成的，以便市场参与者对交易结果充满信心。[③]

“如果交易处于不可撤销区间，LME不会接受取消错误交易的申请。”

（三）动态价格带

用每一合约的固定价格（参考价）和合约的“不可撤销区间”，创建

---

① Futures Price Banding.
https://www.cmegroup.com/education/demos-and-tutorials/futures-price-banding.html?redirect=/education/futures-price-banding.html.

②③ 在此借用ICE对锚定价格和不可撤消区间的规定。
ICE FUTURES US, INC. REASONABILITY LIMITS AND NO CANCELLATION RANGES AS OF APRIL 2023.
https://www.theice.com/publicdocs/futures_us/no_cancellation_range_and_reasonablity_limits.pdf.

一个允许交易指令进入市场的价格通道。高于动态价格带上限的买报价指令、低于动态价格带下限的卖报价指令都将被拒绝接受。

因动态价格带而被拒绝的所有交易指令将包括一条拒绝消息，说明拒绝时的相关价格带价格。

动态价格带将围绕参考价创建价格通道，超出参考价格的交易将不会被 LMEsmart 接受进行匹配。这些价格通道的宽度由伦敦金属交易所根据市场分析确定，接受定期审查，并在伦敦金属交易所网站上公布。

“动态价格带”就像一个篱笆，篱笆内的交易指令属于“不可撤销区间”指令，即使是错单也不能撤销；篱笆外的交易指令视同为错误指令，将被拒绝进入篱笆内的交易系统。

（四）动态价格带宽度

动态价格带通道有三种宽度，分别是正常、宽和更宽（见表 10－5）。宽度的确定基于不可撤销区间。在交易期间，可以调整价格通道宽度，以增加或减少市场波动。在合约波动特别大的情况下，价格通道也可以调整为“最宽”，以确保动态价格带在所有价格水平下都能运行（见表 10－6），直至达到每日价格限制。[①]

表 10－5　　单腿合约价格带宽度

正常（normal）	同“不可撤销区间”
宽（wide）	“不可撤销区间”的 1.5 倍
更宽（wider）	“不可撤销区间”的 2 倍

表 10－6　　期权动态价格带—期权（波动率）

上市品种	铜	铝	锌	镍	铅	锡	铝合金	北美铝合金
动态价格带（%）	5	5	5	8	8	10	10	10

注：表中显示的数值为现行市场价格上下加减（+/－）的百分比。比如 5% 意味着整个区间是 10%（市场价格的 +5%/－5%）。

---

① Price Bands and other Volatility Control Mechanisms, Version 1.7. https://www.lme.com/-/media/Files/Trading/New-initiatives/Strengthen/Price-Bands-and-other-Volatility-Control-Mechanisms.pdf.

四、价格带机制属于错单处理机制

LME 的“错误交易和错误订单提交政策”中列举了涉及与其电子交易系统（LMEselect）错误交易和提交错误订单有关的三种不同情况。①

一是不允许会员取消价格带内的错误交易。

二是 LME 允许取消价格带之外、经双方同意取消错误交易的程序。

三是 LME 有权宣布错误交易无效并删除错误订单，或宣布错误交易无效并以相同交易（但价格有所修改）替代，以保护市场的完整性。

第三节　熔断机制

股票市场的熔断机制是美国政府和证券、期货行业在反思 1987 年股灾后，推出的以临时停止交易所交易形式而采取的紧急监管措施。当价格达到预定水平时，熔断机制就会触发。

一、熔断的概念

电力行业：熔断装置是一种自动操作的机械开关，可保护电路免受故障电流造成的损坏。当检测到由于过载或短路而产生的巨大电流时，它会自动断开电路。它可以安全地关闭和打开电路以保护电路免受损坏。②

CFTC：熔断是股票和股票衍生品市场的交易暂停与价格限制协调机制，旨在为盘中市场大幅下跌期间提供一个冷静期。熔断一词首次在 1988 年 1 月的《总统市场机制特别工作小组报告》中使用，该报告建议在 1987

① POLICY ON ERROR TRADES AND ERRONEOUS ORDER SUBMISSIONS.
https：//www. lme. com/. . . /Error – Trades – and – Erroneous – Order – Submissions – Policy. pdf.
“不允许取消区间”等同于“价格带”。为了减少术语混乱，在此就用“价格带”替代。

② What is a Circuit Breaker.
https：//www. electricaltechnology. org/2021/05/types – of – circuit – breakers. html#what – is – a – circuit – breaker.

年 10 月市场中断后采用熔断机制。①

二、熔断机制的诞生

熔断机制是为了防止短期过度波动和确保价格连续性的重要机制，防止价格下跌后的恐慌性抛售和流动性枯竭。1987 年，美国证券期货市场为防止“黑色星期一”事件再次发生，首次引入熔断机制。

（一）黑色星期一

从 1987 年 10 月 13 日（星期二）收盘到 10 月 19 日（星期一）收盘，道琼斯工业平均指数（DJIA）下跌近 1/3，美国股票市值在一周内缩水约一万亿美元。特别是 1987 年 10 月 19 日（星期一），道琼斯工业平均指数单日下跌 22.6%（见图 10－1），标准普尔 500 指数下跌 20.4%，俗称“黑色星期一”。价格下跌的速度、前所未有的大成交量以及随之对金融系统造成的威胁，使这一市场剧烈波动变得异乎寻常。②

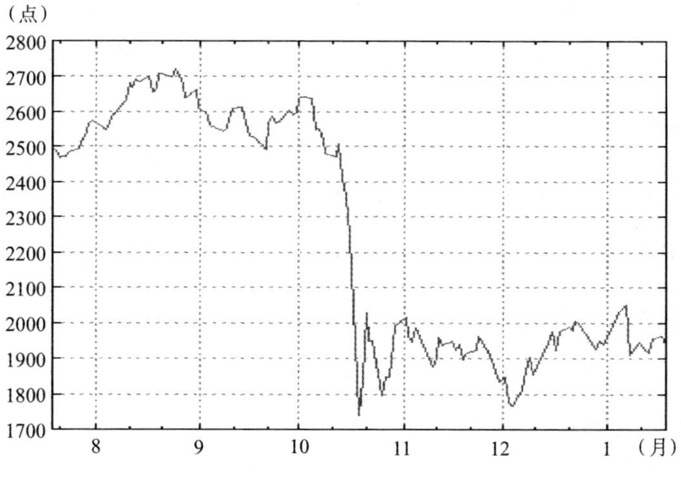

图 10－1 道琼斯工业平均指数走势（1987 年 7 月 19 日至 1988 年 1 月 19 日）

① Futures Glossary：Circuit Breakers.
https：//www. cftc. gov/LearnAndProtect/AdvisoriesAndArticles/CFTCGlossary/index. htm#C。

② Report of the Presidential Task Force on Market Mechanisms：submitted to The President of the United States，The Secretary of the Treasury，and The Chairman of the Federal Reserve Board.
https：//d33wjekvz3zs1a. cloudfront. net/wp－content/uploads/2014/01/BRADY－REPORT－Full－text－of－_Report－of－the－Presidential－Task－Force－on－Market－Mechanisms. pdf.

（二）全市场熔断机制的产生

1987年11月5日，里根总统签发行政命令，由财政部部长布兰迪牵头成立总统市场机制特别行动小组（Presidential Task Force on Market Mechanisms）（以下简称特别行动小组，俗称布兰迪委员会），其任务是在60天内查找原因，提出应对机制，防止此类暴涨暴跌事件再次发生。[①]

1. 特别行动小组建议建立跨市场协调“熔断”机制

1988年1月8日，特别行动小组提交报告建议，实施股票、期权、期货跨市场协调“熔断”机制。跨市场联动机制的理论基础是，特别行动小组认为，上述三个市场应被视为一个市场（one market）。但是1987年的市场崩盘在很大程度上可以归结为这些细分市场未能作为一个整体发挥作用，为独立市场设计的监管架构和制度架构无法有效应对“跨市场”压力，期货市场和股票市场发生脱节。

“对10月中旬崩盘期间市场行为的分析得出了一个重要结论：从经济角度来看，传统上被视为独立市场的股票、股指期货和股票期权市场实际上是一个市场。在通常情况下，这些市场通过金融工具、交易策略、市场参与者以及清算和信贷机制连结在一区，以协同的方式运行。”

为此，特别行动小组提出的建议均基于一个市场这一理念，其中包括熔断机制。

“为有助于防止10月中旬事件重演，并在面对市场混乱时提供有效和协调的应对措施，我们建议：

- 由一个机构来协调影响跨相关细分市场和整个金融系统、极少发生但却至关重要的监管问题。
- 各市场应统一清算系统，以降低金融风险。
- 各市场的保证金标准应保持一致，以控制投机和金融杠杆。
- 应制定和实施熔断机制（如价格限制和协调交易暂停），以保护市

---

① Executive Order 12614—Presidential Task Force on Market Mechanisms. https://www.presidency.ucsb.edu/documents/executive-order-12614-presidential-task-force-market-mechanisms.

场体系。

- 应建立信息系统，以监控相关市场的交易和运行状况。

单一协调机构不仅要有不同细分市场的监管经验，还必须具备跨市场的专业知识和技能。它必须对整个金融体系（包括国内外金融体系）具有广泛的视角，并且具备独立性和应变能力。”①

2. 建立熔断机制的依据

特别行动小组认为，对熔断机制的需求反映了市场间流动性的天然有限性，市场吸收大量单边交易能力的有限性。虽然熔断机制让投资者无法交易，无法退出市场，影响交易和套保，但熔断机制带来的好处更多。

熔断机制可以缓冲市场波动的影响，避免破坏市场基础设施，有效保护市场和投资者。首先，通过在狂热的交易中提供一个“暂停时间（time out）”来进行结算、确保交易者都有偿付能力，从而限制信用风险和金融信心的损失。其次，通过提供“暂停时间”让交易者暂停交易、评估市场、抑制恐慌，以此促进价格发现；公布订单失衡情况，吸引价值交易者进入市场缓冲市场的剧烈波动。最后，熔断机制通过事先制定的规则对抗流动性幻想。当市场难以吸收大量单边交易订单时，养老金投资组合保险、激进的共同基金等可以在短时间内大量抛售。

事先设计和实施合理、协调的熔断机制，比任由市场混乱和机制失败导致交易不可避免的停摆要好得多。市场自身就在产生熔断。1987 年 10 月的市场崩盘中，纽约证交所订单处理系统堵塞，单支股票、期权和股指期货临时交易暂停，通信系统卡顿，做市商反应迟钝，事实上，市场混乱变成了临时熔断，市场流动性具有天然有限性。②

虽然特别行动小组提出跨市场协调“熔断”机制建议，但未提出具体方案。

---

①② Report of the Presidential Task Force on Market Mechanisms : submitted to The President of the United States, The Secretary of the Treasury, and The Chairman of the Federal Reserve Board.
https：//dunnlib. bitbucket. io/12 – ivy – mraz/report – of – the – presidential – task – force – on – market – – 1330342399. pdf.

3. 美国总统金融市场工作小组的熔断方案

1988 年 3 月 18 日，为了解决可能发生的市场再次大幅下跌问题，“总统金融市场工作小组（President's Working Group on Financial Markets）”成立，并在 1988 年 5 月提交的中期报告中提出以道琼斯工业平均指数为参数的两级熔断建议。

按照这一熔断机制，如果道琼斯工业平均指数比前一天收盘价下跌 250 点，证券市场和衍生指数市场将暂停一小时；如果道琼斯工业平均指数再下跌 150 点，市场将暂停两小时（期货市场当天剩余时间关闭）。

当时设计熔断机制的目的，是预先确定一个点位，让市场知道，到了这一点位，市场将临时关闭。也就是说，熔断机制是仅在市场大幅下跌时启用，用有序的、预先计划的暂停替代市场流动性耗尽时可能出现的市场自动交易暂停。市场和市场参与者可以利用熔断这段时间，评估市场状况和历史性下跌期间的潜在系统性压力。[①]

作为对 1987 年 10 月的市场崩盘和布兰迪报告、总统金融市场工作小组建议的回应，证券和股指期货交易所向证券交易委员会（SEC）和商品期货交易委员会（CFTC）提交了实施熔断机制的建议。

1988 年 10 月，熔断机制被批准以试点方式开始实施。实施后，每年都在试点基础上延长。当时设计的一级和二级熔断阈值相当于下跌 12% 和 20%（见表 10－7）。

表 10－7　　1988 年实施的首个熔断机制

熔断级别	下跌阈值	暂停时间
一级	250 点	1 小时
二级	400 点	2 小时（期货市场当天剩余时间）

三、全市场熔断机制的特点

全市场熔断（market wide circuit breakers，MWCB），也就是跨市场协

① Trading Analysis of October 27 and 28，1997.
https：//www.sec.gov/news/studies/tradrep.htm#cbs.

调“熔断”机制，是由美国股票、期权和期货交易所联合建立、在股票市场价格严重下跌时协调跨市场交易暂停的程序。按照这一程序，可以暂时停止交易，或者在极端情况下，在交易时段正常结束前提前闭市。我们以经过多次修改、目前正在运行的全市场熔断为例进行介绍，[①] 其中关于熔断阈值的内容可参看本节“四、熔断事件与熔断机制调整”。

（一）交易暂停的发布

美国股票、股指期货、股票期权市场共用一个股票指数（S&P 500）作为参考价格，当该指数触发熔断时，上述市场同时暂停交易，或提前闭市。证券信息处理公司（SIPs）宣布全市场熔断暂停交易，并向市场发布信息。

（二）交易暂停相关规定

在正常交易时间内，如果 S&P 500 指数下跌幅度等于或大于阈值水平（7%、13%或 20%），证券信息处理公司将向市场宣布全市场熔断暂停。各交易所负责监控和触发其各自市场的暂停。

1. 同一级别的交易暂停每天仅触发一次

一级或二级的交易暂停每天只能发生一次。例如，如果出现一级市场下跌后停止交易，除非出现二级下跌，否则不会再次停止交易。

2. 触发三级交易暂停后的相关规定

单只股票当日收盘价为最后一个卖价。如果发生三级交易暂停（即在当天剩余时间内，提前闭市），纳斯达克官方收盘价（NOCP）将是每一只股票的最后一个卖价。如果特定股票没有交易，则不发布纳斯达克官方收盘价。

下一交易日采用正常熔断阈值。在下一交易日开市时，恢复正常熔断阈值，即 7%、13%和 20%。

① NASDAQ Market – Wide Circuit Breakers——What You Need to Know.
https：//www. nasdaq. com/articles/market – wide – circuit – breakers% 3A – what – you – need – to – know – 2020 – 03 – 09.

（三）未成交订单不予撤销

交易暂停期间，除非客户主动取消，否则，交易所订单薄上尚未成交的订单不撤销，但这样做风险很大。

中国期货历史上曾经发生过交易中断重启时，原有定单未取消，客户以市场环境已经发生变化，未撤销订单成交亏损因交易所技术原因所致，向交易所索赔，交易所最终用交易手续费减收方式作出赔偿。在此次沉痛教训后，交易所规定，一旦发生类似交易暂停，所有未成交指令一律自动取消。

四、熔断事件与熔断机制调整

熔断机制诞生至今，经过多次修改，也发生了多次触发事件。本书按时间顺序进行回顾。

（一）1996 年和 1997 年的两次改进

1988 年 10 月确定的 250 点和 400 点熔断阈值，相当于当时道琼斯指数的 12% 和 20%。随后几年，道琼斯指数整体处于上涨状态。到 1996 年 7 月，此时的 250 点和 400 点只相当于道琼斯指数的 4.5% 和 7%。

1996 年 7 月，SEC 和 CFTC 批准对熔断机制的第一次改进，把暂停时间缩短 50%。

1997 年 1 月 31 日，触发点位水平提高到 350 点和 550 点（见表 10－8）。SEC 和 CFTC 提出与证券和期货市场合作，至少每年对熔断触发点位重新评估一次。

表 10－8　　1988 年和 1996—1997 年熔断机制比较

实施时间	1988 年		1996—1997 年		
熔断级别	下跌阈值	暂停交易	熔断级别	下跌阈值	暂停交易
一级	250 点	1 小时	一级	350	0.5 小时
二级	400 点	2 小时	二级	550	1 小时

（二）1997 年熔断事件与 1998 年熔断规则

1. 1997 年 10 月 27 日熔断事件

1997 年 10 月 27 日（星期一）下午 2：36，道琼斯指数下跌 350 点（4.54%），触发一级熔断，暂停交易 30 分钟；3：06 恢复交易后，道琼斯指数快速下跌550 点触发二级熔断，提前30 分钟闭市。当天道琼斯工业平均指数（DJIA）下跌 554.26 点（7.18%），是该指数自 1915 年以来的第十大百分比跌幅；这也是自 1988 年开始实施熔断机制以来，首次触发熔断（见图 10－2）。

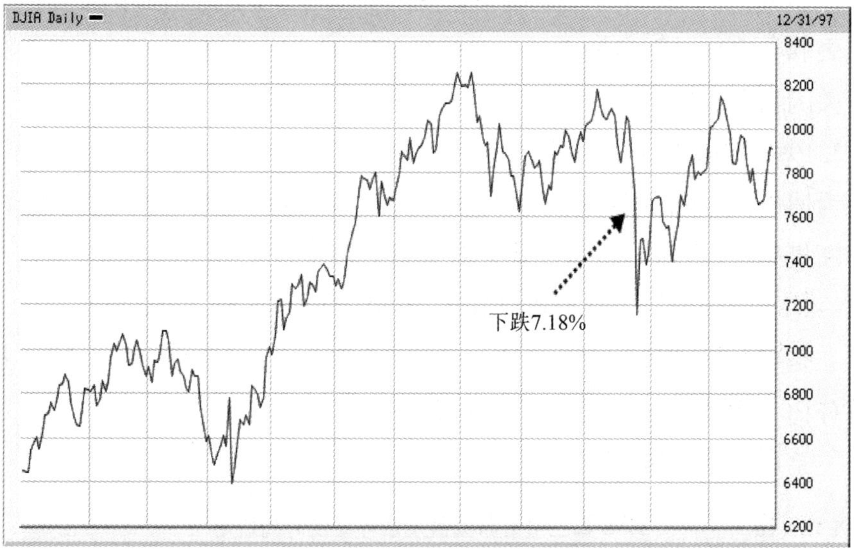

图 10－2 1997 年 10 月 27 日道琼斯工业平均指数小崩盘

从触发点位看，当 10 月 27 日达到 350 点触发点时，道琼斯工业平均指数仅下跌 4.54%，自 1945 年以来曾经有 11 天达到这一水平。随着股指上涨，以绝对点数确定的熔断阈值，按百分比计算而自动降低（见表 10－9）。

表 10－9 1988 年和 1997 年熔断点数的百分比变化

熔断级别	下跌阈值	1988 年 10 月末	1997 年 10 月末
一级	350 点	16%	4.7%
二级	550 点	25%	7.4%

从市场反应看，在下午2∶36暂停交易之前，交易者没有遇到任何重大问题。尽管一些交易员报告市场流动性减少，但没有迹象表明当时的流动性问题会导致熔断。没有出现恐慌性抛售。市场人士认为，这只是一次“小崩盘（Mini Crash）”，没必要进行熔断。

2. 市场建议与国会关注

1997年11月，SEC、CFTC和交易所就熔断机制调整展开讨论。与会者普遍支持将熔断阈值修改为道琼斯工业平均指数下降10%和20%的百分比，并至少每年重置触发水平的动议。

1998年1月29日，在美国参议院听证会上，总统金融市场工作组机构代表和大多数参议员均表示，强烈希望市场尽可能持续运行，不愿意因熔断关闭当天市场。

3. 1998年熔断机制的调整

为回应国会和各机构的关切，1998年4月SEC和CFTC批准了修订后的熔断机制。① 在熔断机制设计上做了重大调整（见表10－10）：

一是熔断阈值。用百分比（10%），代替绝对点数（350点）。

二是用上月道指平均收盘价（比如8000点），在每季度初，把熔断阈值百分比（10%）转换成点值（8000 ×10% = 800）。

三是增加第三级熔断。

表10－10　　1998年三级熔断阈值及暂停交易时间规定

熔断级别	下跌阈值（%）	触发暂停交易规定
一级	10	下午2∶00之前，1小时 下午2∶00～2∶30，30分钟
二级	20	下午1∶00之前，2小时 下午1∶00～2∶00，1小时 下午2∶00之后，至闭市
三级	30	无论任何时候触发 暂停交易至闭市

① Trading Analysis of October 27 and 28, 1997.
https://www.sec.gov/news/studies/tradrep.htm#cbs.

（三）2010 年 9%闪崩导致 2013 年熔断阈值缩小

2010 年 5 月 6 日，美国股市瞬间暴跌 9880 点（9.2%），但没有触发熔断，引起监管部门关注（见图 10－3）。

“在 2010 年 5 月 6 日严重的市场暴跌期间，全市场熔断没有被触发，交易所和金融业监管局（FINRA）与 SEC 协商，评估是否需要根据当前的市场结构更新熔断规则。此外，2011 年 2 月，CFTC－SEC 新兴监管问题联合咨询委员会建议 SEC 和 CFTC 审查目前跨市场熔断机制运行情况，并考虑进行适当修改。”①

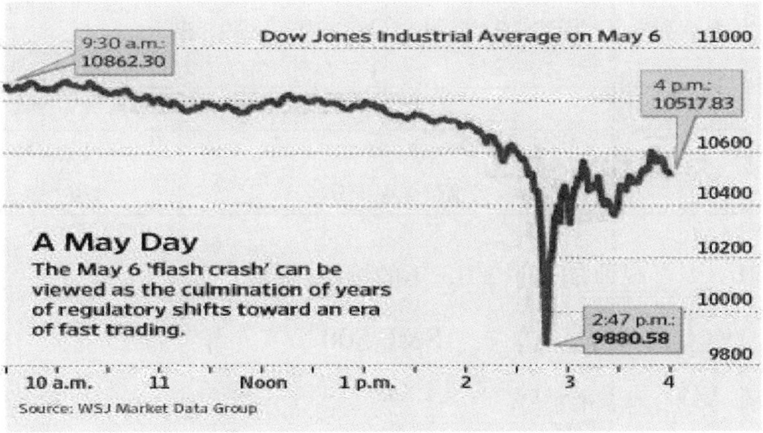

图 10－3　2010 年 5 月 6 日美股暴跌

修改后的新跨市场熔断规则于 2013 年 2 月 4 日实施。与 1998 年的熔断规则相比，2013 年的熔断规则主要有以下特点（见表 10－11）：

一是降低熔断触发阈值。由上一交易日收盘价下跌 10%、20% 或 30%，降低为 7%、13% 和 20%。

二是缩短交易暂停时间。从 30 分钟、60 分钟或 120 分钟，缩短至 15 分钟。

① SEC Approves Proposals to Address Extraordinary Volatility in Individual Stocks and Broader Stock Market. https：//www. sec. gov/news/press－release/2012－2012－107htm.

三是简化熔断时段。把原来的6个触发时段简化为两个：即下午3点25分之前、下午3点25分及之后触发时段。

四是更换参考指数。用代表性更广泛的标准普尔500指数，取代道琼斯工业平均指数，作为衡量市场下跌的定价参考。

五是增加重新计算触发阈值的频率，由每季度变为每天。①

表10－11　1998年与2013年熔断触发水平与暂停交易时间比较

		一级	二级	三级
1998年	下跌阈值	10%	20%	30%
	暂停交易	下午2：00之前，1小时 下午2：00～2：30，30分钟	下午1：00之前，2小时 下午1：00～2：00，1小时 下午2：00之后，至闭市	无论任何时候触发，暂停交易至闭市
2013年	下跌阈值	7%	13%	20%
	暂停交易	下午3：25之前，暂停交易15分钟		无论任何时候触发，暂停交易至闭市

图10－4直观地描述了2013年的熔断机制。

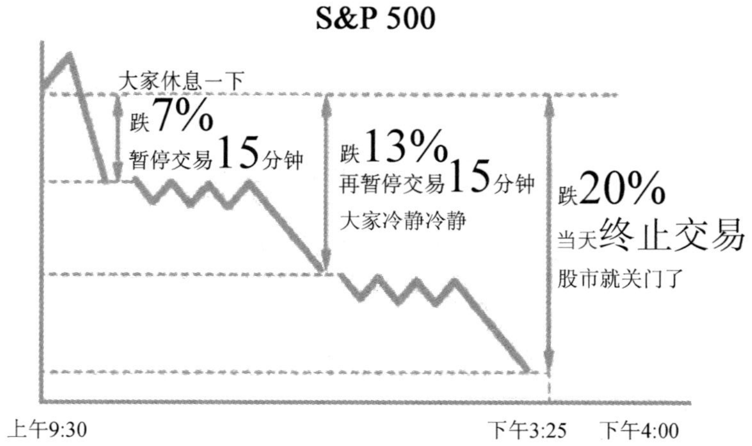

图10－4　2013年熔断机制

① SECURITIES AND EXCHANGE COMMISSION（Release No. 34－67090）. https：//www. sec. gov/rules/sro/bats/2012/34－67090. pdf.

（四）2020 年 3 月四次熔断

2020 年 3 月 9 日至 18 日，美国证券市场在 10 天内共发生了 4 次熔断，但每次只触发了一级熔断（见表 10－12）。

表 10－12　　2020 年 3 月四次熔断情况汇总

日期	触发时点	触发级别	当日收盘价（%）
3 月 9 日（周一）	上午 9：34：13	一级	下跌 7.6
3 月 12 日（周四）	上午 9：35：44	一级	下跌 9.5
3 月 16 日（周一）	上午 9：30：01	一级	下跌 12
3 月 18 日（周三）	下午 2：56：17	一级	下跌 5.2

资料来源：根据"Report of the Market－Wide Circuit Breaker（"MWCB"）Working Group Regarding the March 2020 MWCB Events"资料整理。

美国证券市场对全市场熔断机制在这次熔断中的运行情况给予了充分肯定。2020 年 9 月 17 日，证券交易委员会（SEC）正式要求全国的证券交易所和金融业监管局等自律组织（SRO）对 2020 年 3 月的熔断事件进行研究。2019 年底，一个由自律组织代表和行业顾问组成的全市场熔断"工作小组"成立。2021 年 3 月 31 日，工作小组提交报告，得出以下研究结论：

第一，全市场熔断机制在 2020 年 3 月熔断事件中发挥了预期作用。

第二，2020 年 3 月触发的全市场熔断暂停，似乎具有平息市场波动的预期效果，同时未对市场造成损害。

第三，全市场熔断机制设计中，参考指数（S&P 500）、触发水平（7%、13%、20%）和暂停交易时间（15 分钟）都是适当的。

第四，全市场熔断机制无须进行调整。

该工作小组对全市场熔断机制的主要建议是，把该机制从"试点"变为永久性机制。

五、股指期货的被动熔断

我们以 CME 集团标准普尔 500（S&P 500）股指期货规则为例，看一下期货市场是如何与证券市场一起进行全市场熔断。[①]

（一）参考价与两种价格限制

E－mini S&P 500、Micro E－mini S&P 500 和 S&P 500 期货（以下简称 S&P 500 系列）的参考价格是 E－mini S&P 500 期货当月合约（lead contract）[②] 前一交易日中部时间下午 2：59：30 到下午 3：00 确定的按成交量计算的加权平均价格。

CME 股指期货的价格限制由两部分组成。一是在非美国交易时段，按上一交易日结算价 ±5% 的价格限制；二是在美国交易时段，只对下跌进行价格限制。

（二）美国交易时段的价格限制

在美国交易时段（上午 8：30 到下午 2：25），设置有连续价格限制（熔断），分别比前一交易日参考价格下跌 7%、13% 和 20%。

下午 2：25 到下午 3：00 股票现货市场结束，只适用 20% 价格限制（熔断）。

从下午 3：00 到下午 4：00 当前交易日结束，根据下午 3：00 参考价格，设置 5% 的硬涨跌幅限制。除此之外，对于下跌幅度限制的设置，要么低于下午 3：00 参考价 5%，要么低于下午 3：00 前适用的 20% 限价，以更接近下午 3：00 的价格为准。

（三）非美国交易时段价格限制

从下午 5：00 到次日上午 8：30，股指期货的价格限制设置有 5% 的硬上下限，但 5% 价幅的中间价（基准价）是下午 3：00 的期货固定价格，而非上一交易日的参考价。

如果主期货合约在上午 8：23 时出现停板买报价或停板卖报价，而且

---

① S&P 500 Price Limits：Frequently Asked Questions.
https：//www. cmegroup. com/trading/equity－index/faq－sp－500－price－limits. html. CME Rulebook. Chapter 351. Standard and Poor's 500 Stock Price Index Futures. 35102. I. Price Limits.

② 中国银行称之为“首行合约”。
https：//www. boc. cn/fimarkets/bi2/202004/t20200422_17781867. html.

在上午8：25仍为停板报价，则交易将暂停到上午8：30。在交易暂停期间，交易所将作出提示，开盘价中的下跌价幅将扩大到7%。个人认为，CME这样做是在非美国交易时段的最后时刻引入了美国时段的一级熔断机制，其目的是实现非美国时段交易与美国时段交易的平滑连接（见表10－13）。

表10－13　　　　CME股指期货分时段价格限制

	8：30（上午）~2：25（下午）	2：25（下午）~3：00（下午）	3：00（下午）~4：00（下午）	5：00（下午）~8：30（上午）
价格限制			上涨：+5% 下跌：－5%或－20%	±5%
一级熔断	下跌7%			
二级熔断	下跌13%			
三级熔断	下跌20%	下跌20%		

资料来源：根据S&P 500 Price Limits：Frequently Asked Questions整理。

（四）股指期货的被动熔断

S&P 500系列期货和期权触发熔断的必要条件。只有且只有当S&P 500指数相对于其上一交易日收盘价下跌7%、13%或20%，且按照纽约证券交易所股票现货市场80B规则实施交易暂停时，股指期货的交易暂停才被触发。

S&P 500股指期货不会自动触发熔断。即使S&P 500期货价格下跌达到或超过7%、13%或20%，若证券市场未触发熔断，股指期货既不会停止交易，也不会扩大价格限制。

S&P 500股指期货下跌7%、13%或20%，将按熔断价格限制报价。比如，假定股票现货市场未发生熔断，S&P 500股指期货下跌7%的情况下，低于－7%的报价订单将被交易系统拒绝，但期货交易仍可在－7%的跌停价位和价格限制内继续进行。

一旦股票市场发生熔断，所有股指期货合约同时跟随熔断。股票市场何时触发熔断、触发几级熔断，股票指数何时恢复交易，无论是E－mini

S&P 500、Micro E – mini S&P 500 还是 S&P 500 期货，无论是主合约还是近月合约，无论是股指期货还是期权，都要同步进行。因此，全市场熔断机制是一个股票市场领头的熔断机制。

第四节　中国版熔断机制

2015 年 9 月 7 日，上海证券交易所、深圳证券交易所和中国金融期货交易所联合发布了指数熔断相关规定征求意见公告，拟在保留现有个股涨跌幅制度前提下，引入指数熔断机制。2015 年 12 月 4 日，上交所正式发布指数熔断相关规定，宣布 2016 年 1 月 1 日起正式实施。最终定稿的规则，仅把征求意见稿中的触发一级熔断暂停交易时间由 30 分钟缩短为 15 分钟，其他条款未做调整（见表 10 – 14）。

表 10 – 14　2016 年股指熔断规则

基准指数	熔断阈值		交易暂停时间	
			14：45 之前	14：45 及之后
沪深 300	一级	±5%	15 分钟	暂停交易至收市
	二级	±7%	暂停交易至收市	

资料来源：根据“上交所、深交所、中金所正式发布指数熔断相关规定”整理。①

一、熔断机制整体方案

我国熔断机制总体思路类似美国的全市场熔断机制。当沪深 300 指数日内涨跌幅达到一定阈值时，沪、深交易所上市的全部股票、可转债、可分离债、股票期权等股票相关品种暂停交易，中金所的所有股指期货合约暂停交易，暂停交易时间结束后，视情况恢复交易或直接收盘。日内各档

① 上交所、深交所、中金所正式发布指数熔断相关规定。
http：//m. news. cntv. cn/2015/12/04/ARTI1449217084627604. shtml。

熔断最多仅触发一次。①

2016年1月1日开始实施的《中国金融期货交易所沪深300股指期货合约交易细则》增加了熔断制度的规定。

“本合约实行熔断制度。

（一）以中证指数有限公司编制和发布的沪深300指数作为基准指数，设置5%和7%两档熔断幅度。

（二）基准指数较前一交易日收盘上涨或者下跌未达到5%的，本合约的价格波动限制为上一交易日结算价的±5%。

（三）基准指数较前一交易日收盘首次上涨或者下跌达到或者超过5%的，本合约进入12分钟的熔断期间，熔断期间暂停交易，不接受指令申报和撤销。熔断期间结束后进入3分钟集合竞价指令申报时间，集合竞价指令申报结束后，立即进行集合竞价指令撮合，然后转入连续竞价交易，本合约上涨或者下跌对应方向的每日价格最大波动限制随即生效。

基准指数在开盘集合竞价时间出现上述情形的，本合约9：30进入12分钟的熔断期间。

第一节交易结束时熔断期间持续不足12分钟的，第二节交易开始后应当补足不足部分。

第一节交易结束前12分钟至15分钟进入熔断期间的，熔断期间延长至第一节交易结束时，第二节交易开始后直接进入3分钟集合竞价指令申报时间，集合竞价指令申报结束后，立即进行集合竞价指令撮合，然后转入连续竞价交易。

（四）基准指数较前一交易日收盘首次上涨或者下跌达到或者超过7%的，或者本合约收市前15分钟内基准指数较前一交易日收盘首次上涨或者下跌达到或者超过5%的，本合约暂停交易至当日收市。

（五）本合约最后交易日第二节交易时间内不适用熔断制度。第一节交易结束时本合约处于熔断期间或者暂停交易的，第二节交易开始后直接

---

① 我国证券市场拟引入指数熔断机制。
http：//www. gov. cn/xinwen/2015－09/08/content_2926639. htm。

进入 3 分钟集合竞价指令申报时间，集合竞价指令申报结束后，立即进行集合竞价指令撮合，然后转入连续竞价交易，涨跌停板幅度随即生效。”

上交所、深交所、中金所正式发布的指数熔断相关规定对确定基准指数、熔断阈值、暂停交易时间等相关规定做了说明。

关于基准指数的选择。沪深 300 指数相较于单市场指数而言，更能全面反映 A 股市场总体波动情况，其市值覆盖率、跟踪指数产品的数量和规模也占市场主导地位。

关于熔断阈值。在保留 10% 涨跌幅限制的前提下，可选的指数熔断阈值有限，5% 和 7% 两档阈值是三家交易所在对历史数据进行分析测算基础上提出的。其中，5% 作为第一档阈值可以兼顾设置冷静期和保持正常交易的双重需要；触发 7% 的情况虽然较少，但属于需要防范的重大异常情况，应当一并考虑，以此阻断暴涨暴跌等极端异常行情的持续。

关于熔断时间长度。暂停交易 15 分钟，但保留了尾盘阶段触发 5% 或全天任何时候触发 7% 暂停交易至收市的安排。一是 14：45 及之后触发 5% 熔断阈值暂停交易至收市有助于防范尾市异动风险。二是股指上涨或下跌达到 7% 时往往意味着可能面临极端系统性风险，因此需要给市场更多的冷静时间。很多境外市场均设有触发最高一档熔断阈值暂停至收市的安排。

关于双向熔断。境内市场投资者结构以中小散户为主，价格双向波动较大，双向熔断更有利于抑制过度交易，控制市场波动。

二、沪深 300 指数两日熔断

2016 年 1 月 1 日，熔断机制正式实施。2016 年 1 月 4 日和 7 日，沪深 300 指数均触发二级熔断，提前结束当日交易。①

（一）一周两日发生二级熔断

2016 年 1 月 4 日（周一）是新年首个交易日，也是 A 股熔断机制实

---

① 该部分内容引自肖钢《中国资本市场变革》，原题为《肖钢：离开中国证监会四年后》。https：//m. thepaper. cn/baijiahao_8770701。

施的第一天。早上一开盘，沪深两市各指数都小幅低开，上午10点开始快速走低。下午13时12分，沪深300指数跌幅触及第一档5%的熔断阈值，沪深两市及股指期货暂停交易15分钟。恢复交易后，大盘呈现加速下跌态势，22分钟后（13时49分），沪深300指数跌幅触及第二档熔断阈值7%，交易暂停直至收盘。

1月5日（周二）、6日（周三），股市连续两天飘红。

1月7日（周四），市场恐慌再现，沪深300指数开盘即大跌，9时35分起出现断崖式下跌，9时42分触及下跌5%的第一级熔断。9时57分恢复交易后，沪深300指数继续瀑布式下跌，仅3分钟就触及下跌7%的第二级熔断，交易暂停直至收盘。

（二）暂停实施熔断机制

中国证监会紧急开会讨论，主要有两套方案。一套方案是暂停实施熔断机制，另一套方案是修改完善熔断机制。例如，适当提高熔断阈值，拉开两档阈值间距，第一档由5%提高到6%，第二档由7%提高到9%；或改变第二档阈值触发后即停止交易的规定，允许继续交易直到收盘。

经反复比较，大家一致倾向于第一套方案。主要考虑到对熔断机制的任何修改，都需要时间更改技术系统，只有暂停实施才可能从1月8日开始生效。两套方案都有弊病，最终决定采纳第一套方案，于1月8日暂停实施熔断机制。

2016年1月7日，上交所发布《关于暂停实施指数熔断机制的通知》，“为维护市场平稳运行，经中国证监会批准，上海证券交易所决定自2016年1月8日起暂停实施《上海证券交易所交易规则》第四章第五节规定的‘指数熔断’机制。”

经中国证监会同意，上交所、深交所及中金所决定于1月8日起暂停实施“指数熔断”机制。中央政府网以“中国证监会决定自1月8日起暂停熔断机制”为题，转发了中国证监会新闻发言人的答记者问。

问：三家交易所发布通知自1月8日起暂停实施指数熔断，对此证监会如何评论？

答：引入指数熔断机制的主要目的是为市场提供‘冷静期’，避免或减少大幅波动情况下的匆忙决策，保护投资者特别是中小投资者的合法权益；抑制程序化交易的助涨助跌效应；为应对技术或操作风险提供应急处置时间。熔断机制不是市场大跌的主因，但从近两次实际熔断情况看，没有达到预期效果，而熔断机制又有一定‘磁吸效应’，即在接近熔断阈值时部分投资者提前交易，导致股指加速触碰熔断阈值，起了助跌的作用。权衡利弊，目前负面影响大于正面效应。因此，为维护市场稳定，证监会决定暂停熔断机制。

引入熔断机制是在 2015 年股市异常波动发生以后，应各有关方面的呼吁开始启动的，有关方案经过了审慎的论证并向社会公开征求了意见。熔断机制是一项全新的制度，在我国没有经验，市场适应也要有一个过程，需要逐步探索、积累经验、动态调整。下一步，证监会将认真总结经验教训，进一步组织有关方面研究改进方案，广泛征求各方面意见，不断完善相关机制。①

三、2016 年股指熔断的反思

对于上述熔断事件，时任中国证监会主席肖钢在 2016 年 1 月 16 日召开的全国证券期货监管工作会议上表示，须深刻总结反思股市异常波动经验教训，正确处理好四大关系。

（一）熔断机制的运行结果与教训

肖钢坦承，股市快速上涨后，大量获利盘回吐，各类杠杆资金加速离场，公募基金遭遇巨额赎回，期现货市场交互下跌，市场频现千股跌停、千股停牌，流动性几近枯竭，股市运行的危急状况实属罕见。

1. 熔断机制导致市场流动性下降

当时推出熔断机制的目的，在于设置“冷静期”，防止市场过度反应。

---

① 证监会决定自 1 月 8 日起暂停熔断机制。
http：//www. gov. cn/xinwen/2016 －01/07/content_5031347. htm。

然而，熔断机制反而因“磁吸效应”加剧了市场恐慌。

触发5%的第一档阈值并进入“冷静期”后，市场并未冷静下来，而是在“冷静期”结束恢复交易后，更加迅速地“逃离”，放量成交、跌幅扩大，加速股指触发第二次熔断。

触发熔断的两个交易日中，市场整体丧失了大量交易机会，两市交易额分别约为5962亿元和1880亿元，大大低于前20个交易日日均7830亿元的交易额，交易制度限制了市场流动性。跌停股票数分别为1318只和1334只，千股跌停的情况并未因“冷静期”而改善，反而由于市场的熔断预期导致流动性加速丧失。

此外，基金公司的赎回压力也明显增大。1月7日A股触及5%熔断阈值后，由于担心交易受限，基金早盘集中卖出以保证流动性应付赎回，进一步加重市场抛压，形成恶性反馈。

2. 交易暂停导致抄底资金无法入场

正常情况下，在市场急跌后，会有短线资金进场搏反弹、赚取短线差价，但熔断后的交易暂停影响了短线资金的参与。

“一些有经验的投资者嗅到了流动性风险。当熔断阈值临近时，他们担忧无法卖出的风险，因而加速卖出，甚至抛出所有的筹码，‘逃命’为上。

以往在没有熔断机制的时候，市场大跌时会有短线游资入场抄底，但熔断导致交易暂停，无法在跌停板上捡漏，抄底资金也不能进场。”①

显然，熔断机制的运行结果偏离了设计的初衷。肖钢在2016年全国证券期货监管工作会议上提出要求：

“要处理好借鉴国际经验与立足国情的关系。发展中国股市需要学习借鉴境外市场的有益经验，但必须从中国实际出发，准确把握中国市场的特点与规律，不照抄照搬。”②

---

① 该部分内容引自肖钢《中国资本市场变革》，原题为《肖钢：离开中国证监会四年后》。https：//m. thepaper. cn/baijiahao_8770701。

② 中国证监会总结股市异常波动经验教训：须正确处理四大关系。http：//finance. people. com. cn/big5/n1/2016/0116/c1004－28060368. html。

从这次熔断的结果看，中国版熔断机制在汲取美国熔断事件发生和阈值调整方面的经验教训、结合中国市场的特点方面，需要进行总结和反思。

（二）中美熔断机制的差异及其影响

与美国最新（2013 年）版相比，中国版熔断机制有许多不同点。

首先，熔断阈值较低。5% 和 7% 的熔断阈值及其触发场景，与美国 1997 年 10 月 27 日道琼斯指数下跌 4.54% 触发一级熔断、下跌 7.4% 触发二级熔断的场景相似。美国市场此后提高熔断阈值至一级 10%、二级 20%，并增加三级 30%。为避免 2010 年 9% 闪崩未触发熔断事件再次发生，2013 年版的熔断阈值缩小到 7%、13% 和 20%，并沿用至今。我国 7% 的二级熔断仅相当于美国最新版的一级阈值，容易触发熔断。

其次，熔断等级少。受个股 10% 涨跌停板的限制，10% 相当于为我国熔断阈值设置了一个天花板。如果不放开个股涨跌幅度，我国证券市场不可能出现美国版的 13% 和 20% 两级熔断。在 10% 的涨跌幅内，设置较多的熔断等级也不可能。熔断等级较少，意味着触发最高熔断等级、停止全天交易的概率增加。

再次，熔断机制同时应对上涨和下跌，针对性不突出。境外市场除对价格暴跌实施的熔断机制外，禁止裸卖空等也是针对价格下跌风险。熔断机制既要解决证券市场价格异常波动导致的流动性枯竭问题，更要防范对投资者杀伤力最大的下跌风险。

最后，提前结束当日交易条件太宽泛。触发 7% 二级熔断、14 时 45 分及之后触发 5% 一级熔断后暂停交易到收市，容易导致过早结束全天交易。在 1998 年 1 月 29 日举行的美国参议院听证会上，总统金融市场工作组机构代表和大多数参议员都强烈反对因熔断导致提前闭市。

四、山西电力现货市场熔断

（一）熔断始末

2021 年 4 月 15 日中午，山西电力调控中心发布一则熔断公告：

“因全省大风沙尘灾害，11 时 20 分开始，全省新能源出力快速下降，12 时 00 分下降约 360 万千瓦，12 时 28 分下降超 500 万千瓦，呈持续下降趋势。新能源实际出力远低于申报出力，超过市场调节能力，严重威胁电网安全运行。按照现货市场规则，从 12 时 30 分起，启动实时现货市场熔断机制。恢复时间另行通知。”

2 小时后，电力调控中心发布最新公告：14 时 30 分，实时现货市场恢复正常运行。

（二）原因分析

据分析，实施熔断的时段原本应是光伏日出力最高时段，但因受到沙尘天气影响，辐射量降低，光伏发电量大幅减少。同时沙尘会附着在组件表面，进一步减少发电量。对于风电来说，虽然大风可能导致部分机组出力增加，但也不排除沙尘聚集在叶片的前缘，导致一些机组发电量下降。同时在风速过高的情况下，风机也可能停机保护。[①]

2020 年 8 月 14 日，美国加利福尼亚州停电原因之一也是新能源发电能力突然下降。

（三）应对措施

当时美国加利福尼亚州电力市场采用的是不同等级的紧急警告。在用电高峰时期，可供电力严重不足，加利福尼亚州电力运行机构又未能找到合适的资源来补充电力供需缺口，不得不实施轮流停电。

此次山西电力现货试运行，则采用规则实施了“熔断措施”。

有人认为，保民生是此次山西进行熔断的重要原因，之前的美国得克萨斯州新能源电价受暴雪影响直线飙升的问题，在我国是不能出现的。此次熔断可以说是比较合理的，有效阻止了新能源电价剧增所带来的民生舆论问题。

有业内人士指出，没有盲目叫停市场，就是一种进步，但也有人认

---

① 2021 年 4 月 15 日山西电力现货市场熔断分析。
https：//zhuanlan. zhihu. com/p/365388337？ utm_id＝0。

为，熔断机制的适用有待商榷，“合情但未必合理”。[①]

无论如何，作为电力市场特殊情况下的一种应急处理机制，山西电力在规则中预设了适用条件并勇敢地进行了尝试，也给电力市场提供了用于研究分析、总结完善熔断机制的案例。

第五节　特殊价格限制与风险处置

本节所介绍的特殊价格限制主要针对商品期货品种，包括价幅的设置、触发及后续处理。

一、美国商品期货市场特殊价格限制

适用于特殊价格限制（包括动态价格限制）的品种由交易所确定。其中包括 WTI 原油期货。在一个期货品种（如 WTI 原油）同时存在多个期货合约时，相似点是主合约与关联合约的联动机制——若主合约最近月份合约发生涨跌幅调整、触发事件或交易暂停，主期货合约的所有月份合约和关联期货合约的所有合约月份都随之采取相同的行动。不同点在于，若主期货合约的非近月合约月份，或任一关联合约的任一合约月份发生触发事件，可以单独对该合约月份采取临时交易暂停。

（一）主合约与关联合约

主期货合约（primary futures contract，以下简称主合约）是同一个期货上市品种的基础合约，比如 WTI 原油期货合约。在主合约基础上衍生出来的其他类型合约，比如期权合约、迷你合约、价差合约、现金结算合约等，都是主合约的关联合约，或叫附属合约。同一期货品种主合约和关联合约并存，有利于投资者根据需要进行选择。在 CME 的规则附表中，直

① 狂风大作，山西电力现货熔断 2 小时。
https：//news. bjx. com. cn/html/20210416/1147592. shtml。

接标出主合约、关联合约及其关联的主合约代码（见表10－15）。

表10－15　　WTI原油主合约与关联合约

合约名称	合约类型	关联到
WTI原油期货（CL） Light Sweet Crude Oil Futures	主合约 Primary	主合约 Primary
电子迷你原油期货 E－mini Crude Oil Futures	关联	CL
宏观WTI原油期货 Micro WTI Crude Oil futures	关联	CL
原油现金结算期货 Crude Oil Financial Futures	关联	CL
WTI突发事件期货 Event Contracts on Light Sweet Crude Oil Futures	关联	CL
WTI期权 Light Sweet Crude Oil Option	关联	CL
WT日历价差期权 WTI Calendar Spread Option	关联	CL
日原油期权 Daily Crude Oil Option	关联	CL
WTI欧洲现金结算期权 Light Sweet Crude Oil European Financial Option	关联	CL
原油现金结算日历价差 Crude Oil Financial Calendar Spread	关联	CL
WTI均价期权 WTI Average Price Option	关联	CL

（二）动态熔断机制

WTI 原油期货采用“动态价格限制”制度，实际上就是一种动态的熔断机制。它不像股票市场那样是事先设定好一个固定的熔断阈值，如 350 点、550 点或 7%、12%，动态价格限制的熔断阈值（价格限制的上、下限）没有事先确定，需要跟随市场的变化计算得出。因此，动态价格限制需要确定价格波动的上限和下限，然后再确定触发后的处理方法。

1. 用动态变量确定价幅上、下限

在每个交易日开市时，为指定的标的合约分配一个价格限制变量（price limit variant），该变量应等于前一交易日结算价的一个百分比，称之为“动态变量”。在整个交易日期间，按 60 分钟的滚动回溯期，用动态变量制定动态价格限制的价格上限和下限。具体方法如下：

一是从回溯期最高买价中减去动态变量，确定价幅下限；

二是从回溯期最低卖价中加上动态变量，确定价幅上限。

这种设置方法和比赛时去掉一个最高分和一个最低分的规则有某些相似之处。

2. 触发事件和临时交易暂停

如果在 CME 电子交易系统（Globex）上，主合约的近月合约月份在动态价格限制的上下限上报价交易，则被视为触发事件。触发事件发生后，主合约的所有合约月份和关联合约的所有合约月份开始临时暂停交易 2 分钟。

如果上述情况发生在主合约的非近月合约，也被视为触发事件，但仅对该非近月合约开始临时暂停交易 2 分钟。

3. 临时交易暂停后的价格限制

在近月合约触发的临时交易暂停结束后，受影响的合约和合约月份均按照交易所确定的开盘价，同时重新开盘。

交易恢复后，动态价格限制的上限和下限按上述方法重新计算。

4. 当日四次熔断后，放开价格限制

每次发生触发事件后，都要按规定开始一个 2 分钟的观察期。每次发生触发事件后，都要扩大特殊价格限制。如果在一个交易日内发生第四次触发事件后，当天剩余时间不再有价格限制。[1] 这一规定为2020年4月20日WTI原油5月期货合约大跌超过300%做了规则铺垫。

二、中国期货市场的“三板强减”制度

在美国期货市场，一旦报价达到价格限制的上下限，就触发了涨跌停板或熔断，因此，其触发标准是单笔“报价”。我国期货市场的不同点在于，以收盘前5分钟内只有一方报价或一有报价就成交且未打开停板价位的“单边市”作为触发涨跌停板的标准。从防范市场操纵角度看，5分钟的连续单方无报价比以单笔报价就触发涨跌停板，市场操纵难度更大。此外，我国期货涨跌停板制度的另一个独特之处，是连续三个同方向单边市后的强制减仓制度，俗称“三板强减”制度。

（一）“三板强减”制度的由来

1. 产生背景

20世纪90年代，我国期货还处于从盲目发展向规范发展的转变过程中，极端行情经常出现，期货价格同方向连续停板时有发生。比如，海南中商期货交易所1996年9月到期的咖啡期货9609合约曾发生过连续十多个跌停板。

我国期货市场以中小散户为主，在心理和实力上的风险承受能力比较差。连续停板的情况下，投资者想平仓认亏出局都没有机会，不仅自身损失惨重，还会穿仓到期货公司。因此，需要给认亏的投资者搭一个“梯子”，使他们能够有机会撤退。

2. 作为临时措施的协议平仓

面对出现的连续同方向停板的市场风险，当时不少试点交易所曾采取协议平仓的方法化解市场风险。

---

[1] NYMEX Rulebook – CHAPTER 5 TRADING QUALIFICATIONS AND PRACTICES – 589. SPECIAL PRICE FLUCTUATION LIMITS.

广东联合期货交易所对于1995年11月到期的9511籼米期货合约，于10月24日进行协议平仓，释放了部分风险。

海南中商1997年3月到期的703咖啡合约，1月24日开盘仅2分钟，合约持仓便达到最高限额70万手。中商所不得不暂停交易，并推出以下措施：将保证金提高至100%；恢复交易后先由会员单位自行平仓，收盘前该合约持仓必须减至2万手，如有超出部分，由交易所对超出部分按当日结算价强平。当日，多空双方主动平仓至53万手，交易所对余下的51万手按当日结算价实施强制平仓。

海南中商期货交易所1997年8月到期的708橡胶期货合约多头逼仓失败，在8月4日至13日，向空头支付2亿多元进行协议平仓。

尽管交易所采取的协议平仓对于化解持仓风险发挥了一定作用，但是，都是根据当时的市场情况出台的临时措施。特别是，在什么情况下协议平仓，按照什么价位平仓等，交易所具有较大的自由裁量权。由于交易所采取的任何临时性措施，都涉及多空双方利益，容易受到市场的质疑。

1999年1月18日，郑商所采取对部分绿豆期货合约持仓清零的方式化解了市场风险。1999年1月，多空巨仓对垒，集聚了巨大市场风险。为了控制风险，郑商所连续出台了提高交易保证金、扩大价幅限额释放风险、缩小价幅限额推动减仓、只能平仓不得开新仓等措施，但并没有收到预期效果。在1月12日至14日连续发生多个合约跌停板之后，1月15日各合约又全线跌停，成交量不足5000张，多头欲平仓不能，绿豆期货交易已经处于失控状态。期货市场面临多头穿仓到期货公司、期货公司穿仓到交易所的风险。[①] 为了化解不断增加的市场风险，按照多空双方等比例减仓的规定，经理事会紧急会议研究批准，郑商所对风险较大的绿豆9903、9905、9907合约的所有持仓以当日结算价对冲平仓。[②] 这一对未到

① 常远著：《中国期货史（1921—2010）》第130—132页，天津古籍出版社，2011年。

② 《郑州商品交易所年报（1999）》大事记。“经理事会紧急会议研究决定，郑商所采取果断措施，将风险较大的9903、9905、9907月份的所有持仓全部对冲，同时扩大价幅，将各月份合约保证金比例统一为10%，扭转了前段市场操纵因素造成的僵持局面。”

期合约全部清零的事件被称为绿豆合约“1. 18”事件。

郑商所在连续停板后采取的多空双方同时减仓的措施，成为我国期货市场“三板强减”制度的雏形。虽然这一措施一次性化解了累积的交易风险，扭转了前期市场的僵持局面，但对于绿豆持仓清零的做法，也有人提出，“如此重大的决定，交易所竟未公布具体的风险源和风险程度。”① 这说明，投资者希望对交易所控制风险措施适用的条件能有预期，对风险控制措施能够量化。

3. “三板强减”制度诞生

2000 年，中国证监会期货部组织几家期货交易所一起讨论，并决定在期货交易所风控制度中引入下述风控制度：在期货合约发生连续三个交易日同方向单边市后，期货交易所可以根据市场情况，在众多化解风险措施中选择采取强制减仓措施（简称三板强减），明确强制减仓的触发条件，提高监管透明度，对期货交易所各自行事的协议平仓制度进行量化和规范。

（二）“三板强减”的制度设计

“三板强减”与保证金密切相关，也与其他风控制度配套使用，还要考虑当时的期货市场发展阶段，以及投资者结构。

1. 关于“三板强减”的涨跌幅设计

当时期货交易所各品种涨跌停板幅度为 3%，保证金水平为 5%，将第二个停板的涨跌幅度维持 3%、第三个停板的幅度设置为 4%，三个停板合计幅度为 10%，这样可以将客户潜在最大损失限定在初期保证金 5% 的两倍（10%）以内。因为我国期货市场的每日结算价是全天交易的加权平均价，下一个停板的幅度是以上一个交易日的结算价为基础计算的。一般情况下，第一个停板极少在开盘时直接封停板，第二个停板、第三个停板也常存在盘中打开的情况，三个停板的实际幅度一般会比 10% 的理论幅度打一个折扣。

---

① 国内期货十大逼仓事件之十：郑州绿豆合约“1. 18”事件。
https：//news. 10jqka. com. cn/20201015/c624081192. shtml。

2. 关于“三板强减”的保证金设计

交易所在有效防范系统性风险的同时，尽可能减少处于不利一方投资者的保证金负担，对应“三板强减”的涨跌幅，把三个停板的保证金设置为5%、5%、8%（见表10-16）。

表10-16　“三板强减”的涨跌停板与保证金设计

项目	第一个停板	第二个停板	第三个停板	合计
涨跌停板（%）	3	3	4	10
保证金（%）	5	5	8	18

2000年实施新规则后的实践证明，绝大多数投资者具有三个停板的保证金承受能力和风险控制能力，穿仓到期货公司的情况极少出现，因此不会出现系统性风险。①

3. 关于三个同方向停板后的措施选项

按照规则规定，“三板强减”只是发生三个同方向停板后，交易所可以采取的化解风险的措施之一，而并非唯一可选措施。

以郑商所的风控办法规定为例。若在第三个交易日（D3）该期货合约仍出现同方向单边市的情况（即连续三个交易日出现同方向单边市），交易所可根据市场情况决定并公告，对该合约实施下列三种措施中的任意一种：

措施一：D4交易日继续交易。交易所可以采取调整交易保证金标准、调整涨跌停板幅度、暂停开仓、暂停平仓、限制出金、限期平仓及其他风险控制措施。

措施二：D4交易日暂停交易一天。D5交易日，交易所仍然可以采取“措施一”中的风控措施。

措施三：D4交易日暂停交易一天。交易所在D4交易日强制减仓。强制减仓后，从下一交易日（含该日）开始，该期货合约交易保证金标准和

① 郭晓利：我国期货市场30年改革与发展研究——我国期货市场的发展成就。https：//finance. sina. cn/zl/2020-06-15/zl-iircuyvi8601515. d. html。

涨跌停板幅度，按照D3交易日的标准执行，直至该期货合约不再出现同方向单边市。①

根据上述规定，在发生三个同方向停板后，可以采取的与涨跌停板制度相关的选择有两个：

一是可以调整涨跌停板幅度——既可以扩幅，也可以缩幅。

二是可以选择强制减仓，也就是“三板强减”。

（三）“三板强减”的原则和方法

“三板强减”制度对保证亏损一方投资者退出、保护保值者利益等制度安排，体现在以下具体规定中：

1. 亏损一方参与强制减仓的条件

亏损一方可以申请强制减仓的条件和数量为，D3交易日收市后，以涨（跌）停板价申报但没有成交，且合约单位持仓亏损大于或者等于D3交易日最低保证金的所有申报平仓数量的总和，不包括双向持仓中亏损持仓。

“该期货合约单位持仓亏损大于或者等于D3交易日结算价一定比例（该期货合约规定的最低交易保证金标准）的所有持仓”②

只有当单位持仓亏损大于等于D3日最低保证金标准的，才可以参与强制减仓的规定，有利于减少参与强减的持仓数量，体现了既要保护亏损大的客户不穿仓，又要保护盈利小的客户不受损的原则。

上期所直接明确强减的条件是单位净持仓亏损大于等于减仓基准日结算价6%的所有申报平仓数量，燃料油、天然橡胶、沥青和纸浆为8%。

2. 亏损一方自愿选择参与原则

规则特别强调，客户不愿参与强制减仓的，可在收市前撤单，不作为申报的平仓报单。

3. 客户盈亏计算方法

这一方法既是筛查亏损一方是否符合强制减仓条件，也是盈利一方排

① 《郑州商品交易所期货交易风险控制管理办法》，自2021年11月25日起施行。

② 《郑州商品交易所期货交易风险控制管理办法》，自2021年11月25日起施行。

序的依据。单位持仓盈亏代表的是该客户盈利或亏损了多少个停板。

客户单位持仓盈亏的计算方法：

$$客户该期货合约单位持仓盈亏=\frac{客户该期货合约持仓盈亏的总和（元）}{客户该期货合约的持仓量（手）}$$

4. 保护套期保值持仓原则

盈利持仓被分配参与强制减仓基本都是非自愿的，因为大多数盈利客户期望期货价格沿着当前趋势继续下去，从而获得更大盈利，所以，交易所对盈利客户的选择范围和平仓排序都是强制性的。

从“持仓盈利客户平仓范围的确定”方法看，“客户单位持仓盈利的投机持仓（包括套利持仓）以及客户单位持仓盈利大于或等于期货合约规定价幅2倍的保值持仓都列入平仓范围。”

郑商所规定，从“平仓数量的分配原则”看，盈利大于或等于合约规定价幅2倍的保值持仓才参与平仓，而在需要时，投机持仓低于规定价幅一倍的也要参与平仓。[①]

上期所和广期所也有类似规定。但没有与价格限制相比较，而是直接以单位持仓盈利为标准，且与亏损方申报强减的单位净持仓亏损相对应，大部分品种为6%，燃料油等为8%（见表10－17）。

表10－17　强制减仓分配顺序

分配顺序	郑商所：单位持仓盈利/规定价幅	上期所：单位持仓盈利
1	≥2倍的投机持仓	≥6%（燃料油等8%）投机持仓
2	≥1倍的投机持仓	≥3%（燃料油等4%）投机持仓
3	≤1倍的投机持仓	<3%（燃料油等4%）投机持仓
4	≥2倍的套保持仓	≥6（燃料油等8%）套保持仓

（四）“三板强减”制度的实践

如上所述，当出现三个连续同方向单边市后，“三板强减”只是风控措施选项之一。是否执行强制减仓，交易所需要根据具体市场情况作出判断。

① 《郑州商品交易所期货交易风险控制管理办法》。
http：//www.czce.com.cn/cn/flfg/zcjywgz/ywbf/webinfo/2022/08/1655821543698963.htm。

1. 判断三个停板的性质

首先需要判断三个停板是市场自然形成，还是由操纵行为造成。当然，在如此短时间判断引发三个停板的原因非常困难，也容易引起争议。如果是自然形成的，存在两种选择：一种是存在系统性风险情况下，执行“三板强减”，直接释放风险；另一种是不存在系统性风险，且在第四个交易日足以释放风险的前提下，不执行“三板强减”，第四个交易日继续交易。如大连铁矿石期货，2015 年 7 月在第三个停板没有进行强制减仓，而是在第四个交易日按照维持扩板幅度和保证金进行正常交易。

2. 打击恶意利用“三板强减”

如果是由人为操纵形成，则不执行“三板强减”，不能让操纵者得逞。如上海橡胶期货，2003 年 4 月采取扩大停板、提高保证金的方式，反击市场操纵①。郑州商品交易所在 2003 年到期的硬麦 309 合约上采取缩小停板的方式，化解了风险。

3. 后市变化与“三板强减”制度评价

2008 年 8 月 5 日，大商所发布提示，鉴于黄大豆 1 号 A0809 合约到 8 月 5 日已连续两个交易日跌停板单边无连续报价，按照风控办法相关规定，若连续三个交易日跌停板单边无连续报价，交易所将在收市后进行强制减仓。②

大商所对黄大豆 1 号 A0809 的强制减仓，化解了风险，但也引起了非议，同时也看到交易所事先作出决策的难度——无法判断事后变化，无法做到市场各方都满意。就黄豆 1 号 A0809 合约而言，如果强减后价格持续大涨，空头会认为三板强减制度帮他们减少了亏损；如果强减后价格下跌且跌幅较大，空头会感到不公，认为该制度成为市场操纵者玩弄市场的工具。“连续三板强制减仓的质疑”一文作者的观点在这方面也许具有一定代表性。

---

① 郭晓利：我国期货市场 30 年改革与发展研究——我国期货市场的发展成就。https：//finance. sina. cn/zl/2020 – 06 – 15/zl – iircuyvi8601515. d. html。

② 大商所：三个交易日连续跌停合约将被强制减仓。http：//finance. sina. com. cn/money/future/fmnews/20080806/08295171977. shtml。

“2008年8月6日收盘时，A0809合约出现了三个连续的跌停板，报收于4777元。请注意，此时黄豆市场已经明显看跌，而A0901合约此时收盘于4003元！要知道，他们仍旧存在774元的差价！

8月6日的持仓量比前一日下跌了74%，大量的多头借用该制度全身而退，同时大量的空头在自己不情愿的情况下被强行平仓！4个交易日后，该合约下跌至4028元，跌幅达到15.68%！我们很遗憾地看到，维护市场价值发现职能的空头受到了不公正的待遇。”

（五）“三板强减”制度的利与弊

“三板强减”制度是具有中国特色的风控制度，是对世界期货市场风险管理制度建设的重要贡献，是针对以中小散户为主的中国期货市场的特点，在特殊市场情况下，通过规则帮助亏损者强制止损的主动风险管理制度，有助于投资者防止亏损持续扩大和多米诺骨牌效应发生。在2008年美国金融危机冲击世界商品期货市场时，“三板强减”制度发挥了关键作用，及时有效释放了市场风险，保证了我国期货市场安全。

也许正是由于“三板强减”制度的创建和完善，有助于防范和化解期货市场系统性风险，我国期货市场才没有设计欧美期货市场那么复杂细致的违约管理制度。就连“连续三板强制减仓的质疑”的作者都认为“三板强减”制度的作用毋容置疑：

“‘三板强减’的政策在于防范大面积暴仓所带来的风险，这一点我是理解并且支持的！一个健康和保持活力的期货市场，是我们每一位交易者的存在前提。何况，我们总会有做错的时候。或许，有一天我也会因为‘三板强减’的制度，而大幅度降低损失。”

但是，三板强制减仓，人为清算市场，损害了市场运行的自身规律，损害套期保值者的利益，特别是那些已经备好了货，生成了仓单，准备进行实物交割的套期保值者和套利者的利益。①

① 郭晓利：我国期货市场30年改革与发展研究——我国期货市场的发展成就。https：//finance. sina. cn/zl/2020 - 06 - 15/zl - iircuyvi8601515. d. html。

因此，希望恢复过去规则中对套利持仓保护的特别规定，以保护持有或即将持有仓单的套保持仓和套利持仓。比如，2005年郑商所的规则中就有如下规定，“持有仓单、货物到库的对应持仓和已接收到仓单的跨期套利对应持仓，不执行强制减仓。”①

三、硬麦“309事件”

郑商所硬麦“309事件”是发生在2003年9月到期的硬麦期货合约上的交割风险事件，也是多头试图利用“三板强减”规则平仓出局、交易所利用缩小停板化解风险的事件，是一个对交易规则的利用与反利用较量的经典案例。

（一）8月21日至25日连续三个跌停板

2003年，郑州商品交易所同时交易两个小麦品种。一个是可以用来生产面包粉的优质强筋小麦，简称强麦；一个是用来生产普通面粉的硬质白小麦，简称硬麦。硬麦期货质量标准参照国标制定，质量要求高于普通小麦。

我国小麦产量连年下跌，从1999年的11388万吨，下降到2002年的9029万吨。因高温多雨，2003年小麦产量仍有所下降，小麦价格存在上涨预期。2003年8月，普通小麦现货价格虽有上涨，但基本在1200多元/吨。符合交割条件的硬麦，价格在1300元/吨左右。

2003年9月到期的硬麦309期货合约，从年初1400元/吨开始上涨，到8月初已经上涨到1500元/吨。收购小麦注册成期货仓单，在309合约上交割利润丰厚，期现套利的积极性空前高涨。

8月20日，硬麦309合约盘中创下1560元/吨的新高，当日结算价1555元/吨。8月21日—25日，硬麦价格连续三个交易日以跌停报收，且都是单边无报价，达到“三板强减”条件。

---

① 《郑州商品交易所风险控制管理办法》，自2005年9月1日起施行。https：//ishare. iask. sina. com. cn/f/2nApk341RMf. html。

按照当时风控制度，连续三个停板的涨跌幅限制分别为3%、4.5%、4.5%，合计为12%。在交割月前一个月下旬的初始保证金已经提高到25%。

虽然从8月21日到25日的三个交易日都以跌停板报收，但结算价从8月20日的1555元/吨下跌到1446元/吨，下跌109元/吨，但仍比现货价高出200多元/吨，下跌幅度超7%，但远低于12%的涨跌幅（见表10－18）。多头通过推高结算价、在收盘前打到跌停板，制造出符合单边无报价的条件，逼迫交易所在三个跌停板后作出选择（见图10－5）。

表10－18　　2003年8月20日—25日硬麦309合约价格变化

	8月20日	8月21日	8月22日	8月25日	3日累计
开盘价（元/吨）	1542	1552	1550	1445	
最高价（元/吨）	1560	1558	1550	1448	
最低价（元/吨）	1542	1508	1464	1445	
收盘价（元/吨）	1552	1508	1464	1445	
结算价（元/吨）	1555	1533	1514	1446	－7.01
结算价下跌幅度（%）		－1.41	－1.24	－4.49	－7.14
当日涨跌幅限制（%）		±3	±4.5	±4.5	±12

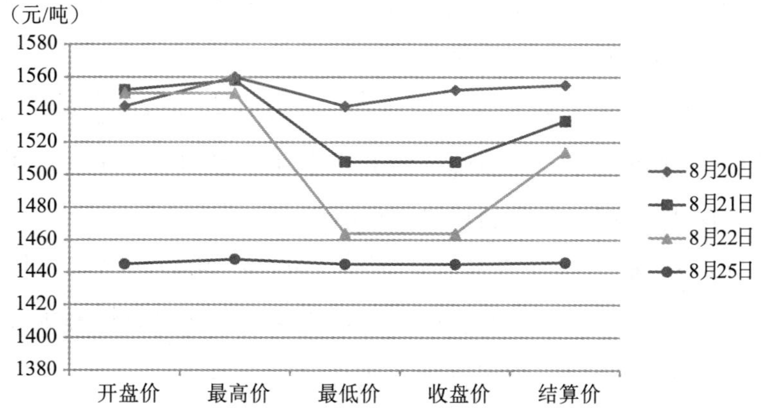

图10－5　2003年8月20日—25日硬麦309合约收盘价与结算价

（二）三个跌停板后的形势分析

硬麦多头客户持仓主要分布在浙江的期货公司。有期货公司提醒交易所，多头不愿意接收几十万吨期货交割小麦，希望通过“三板强减”离场。若交易所不实施“三板强减”，将不再追加保证金，也就是要弃盘。

如果按照1446元/吨强制减仓，大量已经注册和正在注册的小麦仓单将无法进行实物交割，若在现货市场按1200元/吨价格销售，基本都将出现较大亏损。

尽管在每日结算中，多头都追加了保证金，保证金仍符合25%的规则要求，但如果任凭多头弃盘，期货价格将出现自由落体式下降，连续跌停在所难免，多头保证金很快将消耗殆尽。进入交割月后，即使空头可以主动提出交割、并拉出持仓时间最长的多头进行配对，但因多头不再追加保证金，配对后也将发生交割违约，持有仓单仍无法交割。

（三）两次缩小涨跌停板

经过分析，交易所希望利用多头25%的保证金，通过缩小价幅、拉长进入交割月的交易时间，让期货价格逐渐回归到现货价格。经过计算，当价格下跌17%、接近1200元/吨时，基本与现货价持平。由于期货小麦质量高于现货，足以吸引现货企业进场接期货仓单，以此化解交割违约风险。

1. 缩小停板到±2%

2003年8月25日，郑州商品交易所发出通知，（1）8月25日收市后，不再执行强制减仓；（2）自8月26日起，硬麦309合约涨跌停板幅度调整为±2%，保证金比例维持25%不变。

经过连续四个交易日、每日2%的下跌，到8月的最后一个交易日8月29日，硬麦309期货价格下跌114元/吨至1332元/吨，仍高于1200元/吨的现货价10%。按8月25日1446元/吨的结算价计算，下跌幅度7.9%。

主力多头尚余17%的保证金。

2. 缩小停板至±1%

2003年8月30日，郑州商品交易所理事会决定，硬麦309合约进入交割月后，价幅调整为±1%，在最后交易日闭市后实行一次性配对交割。

9月10日，经过近16%的下跌，硬麦309价格下跌到1225元/吨。

9月11日，又经过1%的下跌，硬麦309价格最低下跌到1212元/吨，并在下午开市后触底反弹，以1228元/吨收盘（见图10－6）。

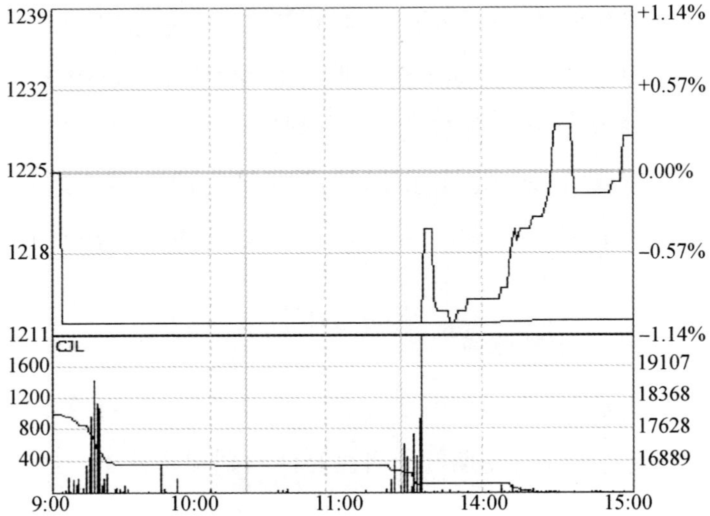

图10－6　2003年9月11日硬麦309期货价格走势

此后，硬麦309期货持续反弹，现货企业踊跃进场接货。9月22日（最后交易日），硬麦309期货合约以1240元/吨的收盘价结束了交易。郑商所利用缩小价幅方式，只动用了多头16%的保证金，就化解了这次交割违约风险（见图10－7）。

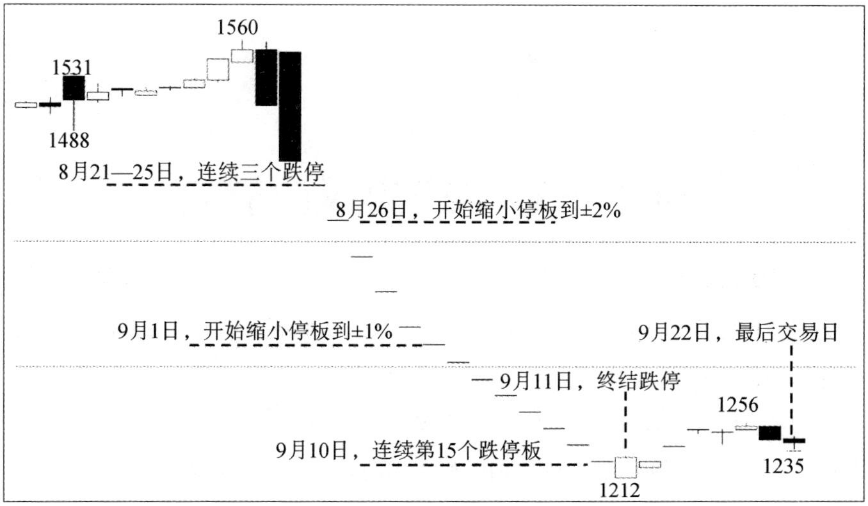

图 10－7　硬麦“309 事件”处理过程

第十一章　违约风险管理

违约风险管理贯穿在期货交易所整个业务链条，结算违约是违约风险管理的核心。随着期货市场规模的扩大和加剧价格波动因素的增多，会员公司发生违约风险的概率也在提高，但期货交易规则对违约处理的准备尚不充分。本章重点介绍欧美期货市场违约风险管理规则及流程，希望起到抛砖引玉的作用。

第一节　期货违约的概念

无论是从期货市场监管者还是期货交易者角度看，期货市场的违约都是在结算环节被发现，违约也是在结算环节发生，包括交易违约和交割违约。交易违约是不能及时追加保证金，交割违约则是未能按规定完成实物交收。

一、关于期货违约

（一）国外交易所关于期货违约的相关规定

1. 违约（default）定义

CFTC：未能按照交易所要求履行期货合约，比如未能追加保证金或未能完成实物交收。

CME：未能按照交易所要求履行合约，比如未能在结算时满足追加变动保证金要求，或者未能完成实物交收。

上述违约定义都包括两种情况：一是未能完成实物交收，即交割违约；二是未能按规定追加保证金。

2. 未及时追加保证金的性质

1865 年 CBOT 通过了期货交易规则，同年 5 月实施了保证金制度，把没有按时追加保证金看作提前履约。从处理方法上看，这实际上是一种对未按时追加保证金一方的惩罚。

要求缴纳保证金是买卖双方的权利，保证金比例不超过要求缴纳保证金当日价值的 10%。如果一方在接到缴纳保证金通知后 24 小时内没有回复，那么，发出保证金缴纳通知的一方有权认为，合约是以该商品当日的市场价格履约，然后结算当日市场价格与合约价格之间的差价，就如同合约真的到期一样。[①]

James T. Moser 认为，未按通知要求缴纳保证金是违约行为。保证金规则使会员能够通过要求交易对手提供保证金来判断其财务实力。未能支付保证金就是不履约，因此，会员能够通过强行平仓减少交易对手亏损的进一步累积，并防止其企图通过赌博翻盘。[②]

3. 保证金违约

在中央对手方结算中，清算所在每一笔交易中分别承担了买方和卖方两个角色。每一笔成交合约的买卖数量、价格完全相等；在价格发生变化时，一方的盈利等于另一方的亏损。正常情况下，清算所用亏损一方追加的保证金支付给盈利一方，保证金账户中盈亏对冲、资金维持平衡。但当亏损一方未按规定追加保证金时，清算所就要垫付资金支付给盈利一方，而这部分资金本应该是用亏损一方支付的保证金对冲的。此时，清算所可以通过强行平仓，释放包含在持仓中的初始保证金余额，来弥补持仓亏

---

① Report of Federal Trade Commission on the Grain Trade. Volume V "Futures Trading Operation in Grain" P27 - 28.

② Contracting Innovations and the Evolution of Clearing and Settlement Methods at Futures Exchanges, www. wwa. com/ ~ mosers/papers. htm.

损。如果持仓中的初始保证金已经不足以覆盖亏损（实际风险敞口），对垫资履约的清算所来说，该项持仓亏损就是清算所的债务，不偿还债务就是违约。

美国期货业协会用保证金违约（margin breaches）一词描述清算会员保证金不足的情况。当日内价格波动导致清算所会员账户中逐日盯市的实际敞口超过该会员账户的初始保证金时，就会发生保证金违约。[①]

上海清算所《银行间债券市场债券交易净额清算业务规则（试行）》也有清算会员保证金违约的规定：

“（一）清算会员未按时足额交付应付资金的，为资金结算违约。

（二）清算会员或其代理的非清算会员未按时足额交付应付、应质押债券的，为债券结算违约。

（三）清算会员未按时足额交付最低保证金、变动保证金或特殊保证金的，为保证金违约。”[②]

彭博社 2022 年 4 月 25 日报道，2021 第四季度，ICE 欧洲清算所的保证金违约达 10.3 亿美元。这是该时间段单个会员账户的最大风险敞口，也是第二大保证金违约。[③]

我们对 2020 年第四季度进行统计时，以 1 亿美元作为标准，有 14 个清算所和品种系列入选，其中排名第一的蒙特利尔交易所加拿大衍生品清算公司（TMX CDCC）的风险敞口高达 12 亿美元，排名第二的欧洲交易所固定收益衍生品为 8.132 亿美元，排名第三的伦敦清算所利率品种（LCH LTD Interest Rates）为 7.63 亿美元。[④]

4. 货币违约

ICE 进一步拓展了违约范围，把没有足额缴存或支付初始保证金、变

①④ Margin Breaches.
https://www.fia.org/fia/margin-breaches.

② 上海清算所《银行间债券市场债券交易净额清算业务规则（试行）》。

③ ICE's Clearinghouse Had $1 Billion Margin Breach Last Year.
https://www.bnnbloomberg.ca/ice-s-clearinghouse-had-1-billion-margin-breach-last-year-1.1756608.

动保证金、期权权利金、担保基金出资、计征权份额等行为，称之为货币违约（monetary default）。[①]

（二）我国境内期货交易所关于期货违约的相关规定

《期货和衍生品法》第四十二条“在结算过程中违约”，主要是指因不能按规定及时追加保证金造成的交易违约，其与第四十七条中所述的“交割过程中违约”——交割违约有所不同。境内期货交易所在相关规则中明确了交割违约，但未明确交易违约。

1. 对交割违约的规定

《郑州商品交易所期货交割管理办法》“交割违约处理”一章把未能完成实物交收视为交割违约。

“具有下列行为之一的，构成交割违约：

（一）规定期限内，卖方未能如数交付标准仓单或者未能如数交付实物的；

（二）规定期限内，买方未能如数解付货款的；

（三）车（船）板卖方交割的货物质量不符合交割质量规定的；

（四）交易所认定的其他违约行为。”[②]

2. 对未能按时追加保证金视为违反交易规则

《郑州商品交易所期货交易风险控制管理办法》“强行平仓制度”一章中规定：

“第三十五条 期货交易实行强行平仓制度。

强行平仓是指当会员、客户违反交易所相关业务规定时，交易所对其违规持有的相关期货合约持仓予以平仓的强制措施。

第三十六条 会员或者客户有下列情形之一的，交易所有权进行强行平仓：

（一）结算准备金余额小于零并未能在规定时间内补足的”。[③]

---

① ICE CLEAR U. S. , INC. RULES. Rule 302.

② 《郑州商品交易所期货交割管理办法》，自 2022 年 12 月 1 日起施行。

③ 《郑州商品交易所期货交易风险控制管理办法》，自 2022 年 12 月 1 日起施行。

《中国金融期货交易所违规违约处理办法》第二十六条，把结算会员“未按时足额缴纳保证金”视为“违反结算管理规定行为”。[①]

（三）保证金违约概率远远大于交割违约

1. 交割违约主要发生在交割月

按 12 个月的交易周期计算，每个合约只有 1/12 的时间存在交割违约可能。期货合约连续到期，交割违约的风险也持续存在。从我国期货市场运行实践看，进入交割月后持仓限额大幅收紧，进入交割月的持仓数量大幅减少；保证金大幅度提高（过去为 30%、目前为 20%），违约成本大幅上升，交割违约发生概率降低。

“构成交割违约的，由违约方支付违约部分合约价值 20% 的违约金给守约方，合约价值按交割结算价计算。买卖双方终止交割。”

2. 期货价格的大幅度波动随时可能导致一方违约

在期货价格同方向大幅度涨跌过程中，客户无力持续追加保证金，就会发生交易违约。特别是一些市场大户单边持仓较重，遇到行情逆转，容易出现“船大难掉头”、不能追加保证金的情况。

1984 年，吉隆坡商品交易所的一个大户在棕榈油交易中做错方向，导致 6 家清算会员公司违约，继而导致吉隆坡商品清算所破产。

吉隆坡商品交易所（KLCE）成立于 1980 年，主要交易棕榈油、橡胶、锡。吉隆坡商品清算所（KLCCH）为其交易进行清算。吉隆坡商品交易所在开业后交易活跃，1982—1983 年，一个月期的远期合约交易量增长了 150% 以上。1983 年下半年，由于马来西亚棕榈油产量下降、美国大豆产量下降以及全球需求强劲，棕榈油价格开始大幅上涨。1983 年 7 月 1 日至 1984 年 1 月中旬，棕榈油价格上涨了 275%。

1984 年 1 月初，一位名叫卢成根（以下简称卢先生）的客户开始通过清算会员 Sakapp Commodities 卖出棕榈油合约，在 1984 年 1 月和 2 月建立了大量空头头寸。随着棕榈油价格上涨，2 月 22 日吉隆坡商品清算所要求

① 《中国金融期货交易所违规违约处理办法》，自 2021 年 11 月 19 日起实施。

Sakapp 公司限制卢先生的交易。卢先生随后采取对策，将自己的持仓分散到另外 5 家会员。3 月初，卢先生持有大量当月到期的空头头寸，因为无法交付实物棕榈油，不得不买入合约，对其持有的空头头寸进行平仓。然而，买入合约平仓导致价格进一步上涨。3 月 12 日，吉隆坡商品交易所启动限制交易的应急规则。3 月 13 日和 3 月 14 日，卢先生因无力追加保证金导致为其清算的 6 家清算会员公司违约。[①]

二、违约风险的分级管理

为了保护清算所正常运营，期货市场实行分级结算制度和分级风险管理制度，期货合约的对手方风险被层层分解、分级承担（见图 11 –1）。

《中国金融期货交易所结算细则》规定，“交易所实行会员分级结算制度。交易所对结算会员结算，结算会员对其客户、受托交易会员结算，交易会员对其客户结算。”

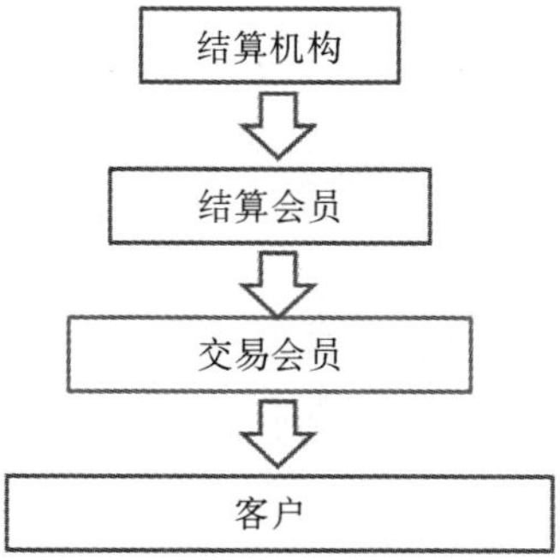

图 11 –1 期货市场分级结算、分级风控结构图

“风险管理实行分级负责。交易所对结算会员进行风险管理，结算会员对其客户、受托交易会员进行风险管理，交易会员对其客户进行风险管理。

① Examining the Causes of Historical Failures of Central Counterparties. https：//www. rba. gov. au/publications/bulletin/2021/jun/examining – the – causes – of – historical – failures – of – central – counterparties. html.

结算会员对其自身、客户及受托交易会员在交易所成交的合约负有履约责任。”①

在期货市场上，由于保证金分级征收、交易分级结算和风险分级承担，形成了一个自下而上的分级负责体系：交易会员承担客户的违约风险；清算会员承担交易会员和本公司客户的违约风险；而清算所作为中央对手方，仅承担清算会员的违约风险。正如CME清算所在“CME清算风险管理与财务保障”中所说的，客户对清算会员的违约不在其关注范围之内。

“客户未能履行其对清算会员的财务义务，这不会导致清算会员不能履行其对于清算所的财务义务；客户的违约由清算会员管理，因此不在本文件的讨论范围之内。”②

《期货和衍生品法》第四十二条对于交易者（客户）和结算参与者（结算会员）违约作出如下规定：

“结算参与人在结算过程中违约的，期货结算机构按照业务规则动用结算参与人的保证金、结算担保金以及结算机构的风险准备金、自有资金等完成结算；期货结算机构以其风险准备金、自有资金等完成结算的，可以依法对该结算参与人进行追偿。

交易者在结算过程中违约的，其委托的结算参与人按照合同约定动用该交易者的保证金以及结算参与人的风险准备金和自有资金完成结算；结算参与人以其风险准备金和自有资金完成结算的，可以依法对该交易者进行追偿。

本法所称结算担保金，是指结算参与人以自有资金向期货结算机构缴纳的，用于担保履约的资金。”

对单个交易者而言，中央对手方通过减少原始对手方之间的违约风险，的确减轻了违约导致多米诺骨牌式连锁效应的威胁。但对于整个期货市场而言，整体违约风险并未减少——期货结算机构作为中央对手方，吸

① 《中国金融期货交易所结算细则》，自2020年12月14日起实施。

② CME Clearing Risk Management and Financial Safeguards.

收了所有参与结算的原始对手方违约风险，成为潜在违约风险的聚集点和具有系统重要性的高风险金融机构。为此，期货清算机构必须具备识别违约风险的能力，才能提前采取措施防御风险。

第二节 违约判断标准

违约是违反合同或协议的情况已经成为事实，当一方未履行合同义务时，违约即刻发生。违约事件是镶嵌在协议中的条款和预定义的一些场景、条件或阈值，一旦这些事件发生，清算所就可以视情况认定其违约，从而提前采取措施来保护自己。“提前自动终止事件”发挥着同样作用。

一、LME 规则中的“违约事件”

LME 交易规则和清算规则都对违约事件进行了定义和描述。

（一）LME 规则 第九部分：违约规定

LME 在“违约规定”中定义了“违约事件（event of default）”，其中包括交割违约、保证金违约以及可能导致其失去履约能力的情况：

“1. 未能根据合同条款履行支付货款或交付仓单义务；

2. 未能履行与期货合约有关的保证金义务，或未能履行期货合约中规定的其他义务。”

其他情况包括已经（或被法院或法律认为）破产或无力偿还债务；收入或资产被征收、强制执行或起诉；公司清盘或解散；未能满足交易所等机构对其会员资格的最低净值或其他财务要求；作为会员，被交易所或清算所宣布违约。[1]

---

[1] LONDON METAL EXCHANGE RULES AND REGULATIONS（05 September 2022）PART 9：DEFAULT REGULATIONS.

（二）LME 清算所“规则 10　违约”中列举的违约事件类型

如果 LME 清算所确定某一会员发生了违约事件，则被视为该会员在其参与的所有业务中的违约事件，该会员也被视为此类业务的违约会员。

LME 清算所认为，下述事件一旦发生即为“违约事件”：

第一，会员未能履行其在文件、合同项下对清算所的义务。

第二，会员资格和权限受到影响，不能正常履行会员义务。包括已被交易所宣布为违约者，或被暂停或开除会员资格；监管机构对会员的授权被暂停或取消，或对会员采取监管或法律行动。

第三，会员财务状况恶化，违约风险增加。会员面临重大财务或运营困难，或将无法履行其对清算所的义务；财务状况不再满足会员资格标准，导致清算所及其会员的风险或不确定性增加。

第四，会员存在信用风险。会员存在欺诈、不诚实行为或违反诚信义务；发生可能对清算所造成损害或对其有序运营、安全构成威胁的情况。

第五，会员不能正常经营。会员因合并、兼并而解散；已经或威胁暂停或停止经营其全部或大部分业务；法规、命令或判决影响会员履行正常义务。

第六，清算所认为需要暂停会员结算业务或者会员资格。暂停或终止会员参与结算，以避免交割违约、对清算所造成损害、卷入与第三方的法律诉讼；暂停或终止会员资格，以保护清算所其他成员，确保清算系统的有序运行、安全、完整性和声誉；根据程序对会员资格的适用性进行审查后，决定暂停或终止会员资格。

第七，会员无力或停止偿还债务。包括会员以书面形式承认其无力偿还任何债务，或清算所认为该会员无法偿还到期债务，或其资产价值低于其负债金额；会员停止、暂停或威胁停止或暂停支付其全部或部分债务；会员向法院申请，宣布其破产或资不抵债。[①]

---

① LME Clear Limited Rules and Procedures（19 July 2021）“RULE 10 – DEFAULT”.

二、洲际美国清算所的违约事件类型

《洲际美国清算所规则》“规则801违约”规定，清算会员发生以下任一事件（无论担保人或代表该清算会员的其他第三方是否对此类事件进行补救），洲际美国清算所都可宣布“违约事件”已经发生，并可决定暂停该清算会员的清算资格：

（1）未能履行其与清算所合同项下的义务。

（2）未能按照本规则规定支付本清算所对其收取的计征权费用。

（3）发生货币违约。

（4）未能按照要求在担保基金中出资。

（5）清算所确定其不符合规则中有关会员资格或程序要求的规定。

（6）破产或无力偿还债务。

（7）提交非自愿破产申请，寻求清算、重组、安排、债务调整；或为其财产指定了托管人、清算人、接管人或受托人。

（8）对其实质性财产发出扣押、执行或类似程序。

（9）证券投资者保护公司对其提出保护令申请。

（10）持有期货合约空头头寸，但未在规则规定时间内提交交割通知，或未在规则规定时间内交付交割商品。

（11）持有期货合约多头头寸，但不接受交割商品或未按照规则规定全额支付货款。

在洲际美国清算所列举的上述事件中，第（1）至（5）涉及清算会员不按规定出资问题；第（6）至（9）涉及失去履约能力问题；第（10）和（11）为交割违约问题。①

三、伦敦清算所的“自动提前终止事件”

伦敦清算所公司（LCH LTD）把清算所发出违约通知、发生自动提前

① ICE CLEAR U. S. , INC. RULES. Part 8 Defaults.

终止事件（Automatic Early Termination Event）的清算会员，称为“违约者”。

（一）“自动提前终止事件”的概念

Law Insider 把“自动提前终止事件”表述为满足规则规定标准的事件。[①]“自动提前终止”适用于一方在发生规定的违约事件后，在提起诉讼或提交请愿书之前的这段时间。[②]

ISDA 主协议（1992）对“自动提前终止事件”作出规定，双方可选择在违约事件发生后自动终止协议，守约方无须向违约方发出终止协议通知：在这种情况下，协议项下的交易将在相关违约事件发生之日停止生效。

（二）伦敦清算所“自动提前终止事件”的规定

伦敦清算所在“违约规则”中认为，下列事件中的任何一项或者所有各项事件都表明，清算会员无法或很可能会无法履行其在合约中的义务，清算所将采取相应措施。

（1）未能及时履行规则义务或违反规则。清算会员接收移仓、终止合约、平仓同时建新仓的权利已被暂停。

（2）违反会员条款，被交易所、其他清算所宣布违约或被暂停或开除会员资格。

（3）违反交易所、清算所规则。

（4）违反监管机构的会员资格条款；被拒绝申请会员资格；被暂停或开除会员资格；违反监管机构规则，被暂停或撤销授权。

（5）监管机构对清算会员采取或威胁采取行动。

（6）在向清算所支付应付款项时违约。

（7）在发出或接收交割通知、履行未平仓交割合约时违约。

（8）未能支付到期应付款项；不履行协议条款或威胁暂停付款或不履

---

①② Automatic Early Termination definition.
https：//www. lawinsider. com/dictionary/automatic – early – termination.

行协议条款。

伦敦清算所认为，根据发布的标准，第（9）至（15）类事件构成“自动提前终止事件”：

（9）已提出破产申请；破产令已经下达；自愿安排已得到批准。

（10）法院已经指定接管人、经理、管理人或行政接管人，或批准安排方案。

（11）清算会员为债权人的利益进行转让或清算。

（12）提交对清算会员的清盘请愿书。

（13）发出对清算会员的清盘令，或通过对清算会员的清盘决议。

（14）提交请愿书或作出任命管理人的命令。

（15）清算会员作为合伙企业、注册公司被解散或注销；或其登记的公司名字已被注销。

（16）在司法管辖区对清算会员采取第（9）和（15）款类似步骤。

（17）对清算会员的财产征收、强制执行或送达已进行到扣押、执行或其他程序阶段。

（18）清算会员的一家或多家代理会员被清算所宣布违约，已无法履行规定义务。①

“违约规则3”规定，一旦发生“自动提前终止事件”，合约将自动终止，清算所将宣布会员违约。因此，无论是发生违约事件还是“自动提前终止事件，都表明清算会员已经或将可能无力履约，清算所不应坐等违约发生，而应提前采取措施，避免违约对期货市场造成重大影响。

清算所作为期货市场的中央对手方，既承担着隔离交易双方违约风险的责任，也承担着自我保护义务。清算所的自我保护在期货市场的违约风险管理中始终处于核心地位。清算所只有稳健运营，才能实现保障履约、保护市场各方利益的初衷。

---

① LCH LIMITED DEFAULT RULES.
https：//www. lch. com/system/files/? file = media_ root/230227% 20 – % 20Default% 20Rules% 20 – % 20Cross% 20margining% 20of% 20non – deliverable% 20and% 20deliverable% 20ForexClear% 20contracts. pdf.

第三节　清算所的财务资源

清算所的财务资源按资金性质可以分为两部分：一部分是预付（pre-funded）资金，即在会员违约发生后可以马上动用的资金。预付资金主要用于弥补对违约会员持有的违约头寸进行平仓所产生的亏损。另一部分是承诺（committed）出资，主要是在预付资金耗尽后，用于继续弥补违约亏损的补充资金，或恢复已被使用的违约基金中的资金。

一、清算所的财务资源构成

清算所的财务资源按资金来源可以分为四大部分：一是清算会员缴纳的初始保证金。二是由所有清算会员出资（contribution）建立的违约基金。三是清算所以自有资金用于会员违约处理的出资。四是诸如违约保险等其他资金。按照2012年发布的金融市场基础设施原则（PFMI）关于信用风险的规定，清算所作为中央对手方的财务资源要足以弥补两个最大清算会员违约造成的亏损，俗称cover 2。

以2022年底洲际美国清算所为例。在发生违约时，只有违约清算会员的保证金才可用于违约处理。如果违约清算会员的财务资源不足以弥补违约，清算所可使用以下财务资源，包括9.197亿美元预付资本和补充违约资源（见表11－1）。①

表11－1　　洲际美国清算所的财务资源规模与构成（2022－12－30）

预先缴纳违约资源及性质	金额（亿美元）
洲际美国清算所，对数字货币合约出资	0.15
洲际美国清算所，对标准化合约和数字货币合约出资	0.5

① Financial Resources.
https：//www.theice.com/clear－us/regulation.

续表

预先缴纳违约资源及性质	金额（亿美元）
洲际美国期货交易所，对标准化合约和数字货币合约出资	0.245
要求清算会员缴纳的担保基金出资	8.052
洲际美国清算所，清算会员违约保险	0.25
小　计	9.197
补充违约资源及性质	金额（亿美元）
会员补充担保基金出资（初始出资的2倍）	16.104
恢复担保基金出资 （根据违约前在违约基金中的比例出资）	待定

二、初始保证金

按照“违约者自付”原则，需要把违约清算会员更多的保证金用于违约管理，并降低非违约清算会员出资被使用的几率，因此初始保证金越高越好；从降低交易成本、活跃市场角度看，初始保证金越低越好。期货市场监管者要在两者之间找到平衡点。与违约基金（担保基金）专为处理违约目的设置不同，初始保证金的主要功能是担保履约，对违约发挥警示作用。因此，初始保证金规模虽大，但能够用于解决违约的部分很小。

（一）基础保证金

假设有适当的风险置信水平和平仓时间周期，那么，在清算会员违约后，清算所需要对违约的投资组合进行平仓时可以顺利平仓或拍卖，并且除违约会员的初始保证金外，无须再动用其他资金。

（二）持仓集中度初始保证金附加

洲际美国清算所对其清算的品种，实施了多种保证金附加（add－ons）。其中持仓集中度（position concentration）初始保证金附加对清算所违约风险管理最为重要。

持仓集中容易导致违约风险。1974—1987年，先后有三家清算所会员违约导致清算所破产。破产的清算所有一个共同特点，即相对于市场容量或流动性，会员或客户的持仓集中度过高。比如，1974年，巴黎商品交易所清算公司（Caisse de Liquidation）清算会员 Nataf 的 600 多家白糖零售商客户多头持仓占总持仓量的 56%；1987 年，以 Robert Ng 为首的客户在恒生指数期货上的多头持仓超过 50%，主要分仓在三家清算会员。当价格大幅下跌时，这些多头持仓重的清算会员发生违约，甚至危及清算所的生存。

2020 年 2 月，纳斯达克发布的“持仓集中度初始保证金附加指南”[①]，可以帮助我们分析该项附加设置的目的、对象及计算方法。

1. 设置目的

针对需要花费更长时间才能完成平仓的头寸设置持仓集中度初始保证金附加。设置持仓集中度初始保证金附加的目的，是把与市场容量相比的集中头寸所产生的额外平仓成本包括进去。

2. 适用对象

该附加适用于清算会员或客户的单个保证金计算账户。当然，清算会员层级的净头寸是计算持仓集中度的基础。

3. 大宗商品期货持仓集中度初始保证金附加计算方法

日平均交易量和持仓量是衡量期货持仓集中度的两个指标。

（1）计算清算会员在每一品种和合约月份的净风险敞口；

（2）根据该合约月份的净敞口和日均成交量，计算通过交易平仓所用时间；

（3）如果上述方法所需平仓时间大于正常平仓时间，则需计算通过交易平仓的附加成本，同时相应提高其在该品种、该合约月份的初始保证金；

（4）根据风险敞口占该合约月份总持仓的大小、与市场参与者讨论后确定的“拍卖溢价”，计算通过拍卖平仓的成本；

（5）如果步骤（4）的平仓成本低于（3），则选择预期拍卖溢价；

① NASDAQ：GUIDELINE ON CONCENTRATION IM ADD - ONS（2020 - 02 - 07）. https：//www. nasdaq. com/docs/2020/02/07/Guidelines - on - Concentration - Margin - add - on_ 2020 - 02 - 07. pdf.

（6）对每个品种和合约月份的集中度附加求和，得出每个清算会员的集中度附加总额，并按比例把其分配到催生附加的标的账户中。

表 11－2 是按照上述计算步骤，通过与北欧电力市场参与者讨论估算的拍卖溢价，以标的价格的百分比表示。可以看出，净持仓敞口占空盘量比重越高，拍卖溢价也越高。在净持仓大于等于 20% 时，多头的拍卖溢价高于空头，多头需要缴纳的持仓集中度初始保证金附加更高。

表 11－2　　　　拍卖溢价

净敞口（占空盘量%）	净多持仓拍卖溢价（%）	净空持仓拍卖溢价（%）
净敞口＜10	1	1
10≤净敞口＜20	3	3
净敞口≥20	5	4

（三）缺口保证金

缺口保证金（shortfall margin）通过对每个清算会员的持仓进行压力测试来确定。压力测试亏损金额超过清算会员的保证金加上基于清算会员资本的预定金额，就是保证金缺口，清算所要向清算会员收取缺口保证金。

2021 年 4 月 1 日，欧洲期货交易所（EUREX）把会员在违约基金中出资的计算方法从初始保证金百分比法改为基于保证金压力测试损失法（SLOM）。在此之前，违约基金出资按初始保证金要求的百分比计算，而对过度风险的监测则是基于压力测试下保证金损失指标。为了简化这两个模型，违约基金出资的计算将与基于 SLOM 的方法相一致：SLOM 为某一压力情景下组合头寸的模拟值与同一组合头寸的总保证金要求之差，即尚未通过保证金抵押担保的潜在损失。[①]

虽然初始保证金的规模很大，但当发生会员违约时，清算所能够使用其弥补违约亏损的只有违约会员的初始保证金及其违约客户的初始保证

① Stress－Loss－over－Margin Calculation of Default Fund contributions. https：//www. eurex. com/ec－en/find/circulars/clearing－circular－2432854.

金，违约会员的非违约客户隔离账户的初始保证金和非违约会员的初始保证金均不得动用。而违约基金则具有不同的特点。

三、违约基金

期货市场违约基金的历史可以追溯到20世纪初。纽约农产品交易所成立于1861年，1904年成立的清算所便建立了一个担保基金，每个会员必须存入1000美元以应对清算会员违约给清算所造成的损失或破坏。如果担保基金不足，清算协会通知清算会员进一步缴纳；缴纳比例按照在此之前的四个月中会员清算的合约数量计算得出，上限为5000美元。[①] 这些规定奠定了现代违约基金制度的基础。

（一）违约基金特点

违约基金（default fund），也称担保基金（guaranty fund），是由清算机构为应对违约损失而设立的专项基金，是清算所应对违约的重要财务资源之一，其目的是在违约会员造成的损失无法用其初始保证金和在违约基金中的出资弥补时，违约基金将作为后盾，共同分担清算会员违约或破产而产生的进一步损失。[②] 因此，违约基金是一种风险共担基金。违约基金应具有高度弹性，完全由预付资金（fully pre－funded）所构成。

CME清算所认为，违约基金旨在覆盖尾部风险，即在极端但看似合理（plausible）的市场条件下超过初始保证金的潜在压力损失。这些潜在损失通过压力测试衡量，以捕捉清算会员投资组合的独特风险。压力测试场景包括历史场景和假设场景。历史情景通常包括：1987年崩盘、2008年全球金融危机、长期资本管理公司倒闭以及2020年3月和4月新冠疫情引发的市场波动。

（二）违约基金类别

下述四家清算所按清算服务类别（资产类别）设置了两个或两个以上

① Perter Norman：《The Risk Controllers》P102，WILEY，2011.

② Default fund definition.
https：//www.lawinsider.com/dictionary/default－fund.

违约基金（见图 11－2）。[1] 不同违约基金之间相互独立，不能用一个违约基金去弥补另一个资产类别会员违约的损失。

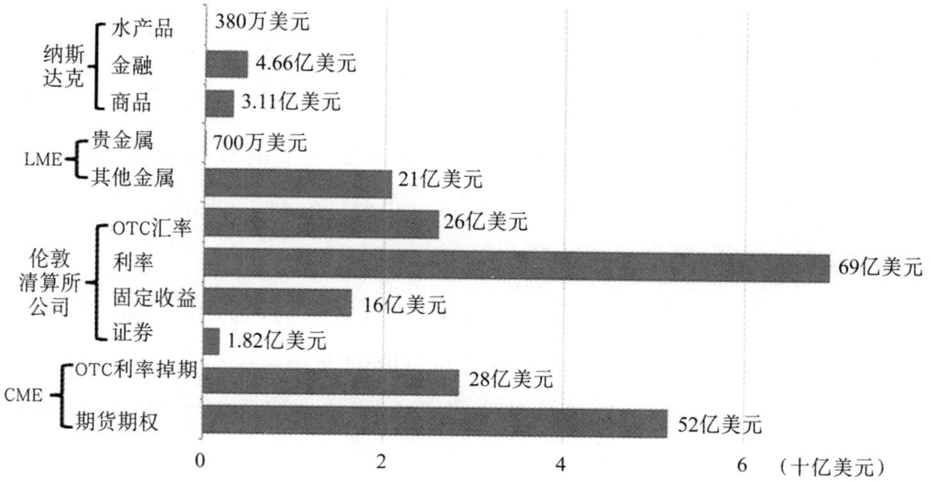

图 11－2 四家清算所违约基金类别

有的清算所在按品种设置违约基金之外，还设置了涵盖所有资产类别的违约基金，欧洲交易所称之为联合违约基金（joint default fund），[2] 纳斯达克清算所称之为共同违约基金（mutualized default fund），这类基金一般在某一资产类别的违约基金消耗殆尽后才使用，是一个不同资产类别之间的互助基金。

（三）违约基金规模

《欧洲市场基础设施法规》（EMIR）第四十二条对违约基金提出了规模要求。

“违约基金应至少使中央对手方（CCP）能够在极端但合理的市场条件下承受其风险敞口最大的清算会员或第二和第三大清算会员（如果它们的风险敞口之和更大）违约。CCP 应制定极端但合理的市场条件场

① Default Resources－Service Level.
https：//www. fia. org/default－resources－service－level.

② What is the Eurex Clearing Default Fund?
https：//www. eurex. com/ec－en/support/risk/default－fund.

景，应包括CCP提供服务的市场所经历的最不稳定时期以及一系列潜在的未来场景，应把金融资源的突然出售和市场流动性的迅速减少考虑进去。”

1. 清算机构对两个清算会员集团要求的不同认识

在极端但合理的情景及严格压力测试条件下，具有系统重要性的指定清算机构（DCO）的违约基金应至少能够承受两个清算会员集团（Cover 2）的最大未担保损失（greatest uncollateralized losses）或最大潜在压力下的保证金缺口（largest potential stress shortfalls）。

CME清算所认为，违约基金的规模至少能够弥补两个缺口最大的清算会员（及其附属清算成员）同时违约而造成的损失。①

EUREX认为，Cover 2违约基金最低金额被定义为最大的两个清算会员集团压力损失超过保证金60天的平均值。②

LCH集团认为，违约基金应足以承受两个清算成员集团违约造成的最大损失。违约基金既有下限，也有上限，以确保最低程度的保护，避免违约基金过度互助化。

2. FIA峰值压力测试结果触目惊心

期货行业的国际性组织——期货业协会（FIA）在“峰值压力损失缺口”栏目为我们展示了两种峰值压力测试情况下，清算会员违约可能导致超过初始保证金的最大总压力损失（见图11－3、表11－3）：一是单一最大清算会员违约；二是两个清算会员同时违约。我们选取7个违约基金的峰值压力估计损失，结果让人大吃一惊：欧洲交易所单一最大清算会员违约，需要90%的违约基金为其弥补损失；而两家会员违约则需要动用160%的违约基金，也就是说违约基金耗尽也不足以弥补损失。③

① CME Clearing—Balancing CCP and Member Contributions with Exposures.

② Default Fund.
https://www.eurex.com/ec－en/services/risk－management/default－waterfall/default－fund.

③ Peak Stress Loss Exposure.
https://www.fia.org/peak－stress－loss－exposure.

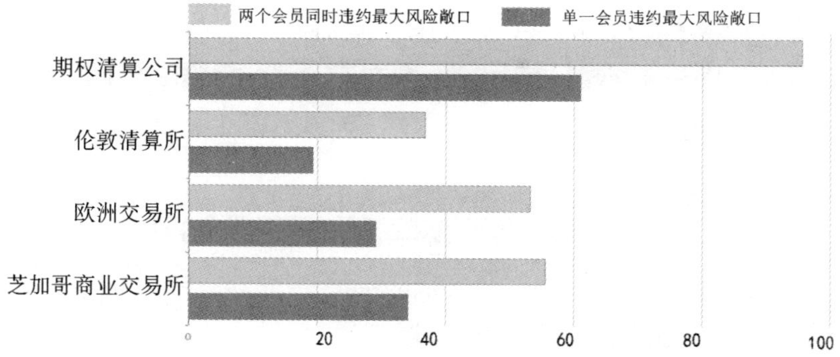

图 11－3　过去 12 个月峰值压力损失额（2022 年第三季度末，单位：亿美元）

表 11－3　　　过去 12 个月峰值压力损失（2022 年第三季度末）

清算所	违约基金总额	单一会员违约最大风险敞口	单一会员违约占违约基金比率（%）	两个会员违约最大风险敞口	两个会员违约占违约基金比率（%）
芝加哥商业交易所	45 亿美元	34 亿美元	80	55.53 亿美元	120
欧洲交易所	33 亿美元	29 亿美元	90	53.07 亿美元	160
伦敦清算所	58 亿美元	19 亿美元	30	36.64 亿美元	60
期权清算所公司	128 亿美元	61 亿美元	50	95.46 亿美元	70
中国金融期货交易所	147 亿元	15.81 亿元	11	21.9 亿元	15

（四）会员出资与清算所出资

违约基金由清算会员出资和清算所自有资金出资共同建立。

1. 清算会员出资

CME 清算所认为，清算会员在违约基金中的出资金额根据其自营和代理客户业务给 CME 清算所带来的风险敞口来确定。随着清算会员风险敞口的变化，其在违约基金的出资要求也会随之增加或减少。[①]

清算会员出资是违约基金的主体。清算会员出资建立基金解决违约问题有点类似于买车险，具有互助性质。根据 FIA 统计，本书选取的 7 个违约基金中的会员出资共计 369.574 亿美元（见图 11－4），占比 98%。

① CME Clearing — Balancing CCP and Member Contributions with Exposures.

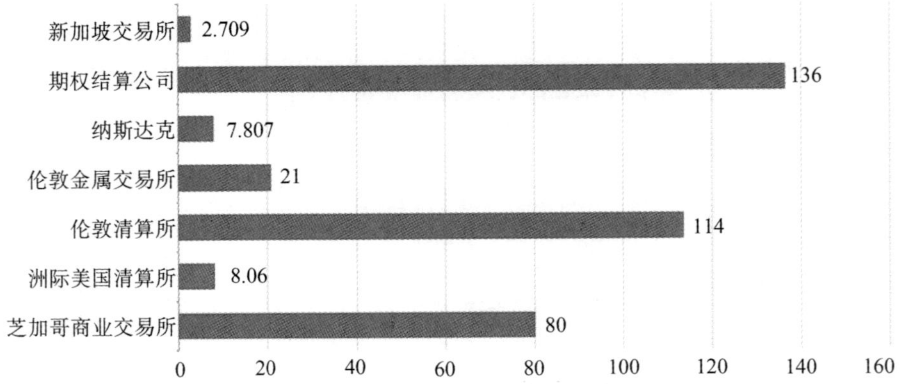

图 11－4　部分清算所的清算会员出资额（2022 年第二季度，单位：亿美元）

（1）会员最低出资与风控出资。《欧洲市场基础设施法规》（EMIR）要求，“CCP 应确定违约基金的最低出资规模以及计算单个清算会员出资标准。出资额应与每个清算会员的风险敞口成比例。”与上述要求相适应，清算所对会员的出资要求包括初始出资（最低出资）与按持仓风险比例出资两个部分。洲际美国清算所规则规定，清算会员在担保基金中的出资，包括初始出资（每个清算会员在清算所存入并保持最低 200 万美元）和基于清算所风控政策要求的出资。[①] 其中包括：①基于违约基金规模的出资。②基于保证金要求的出资。③基于清算会员清算合约数量的出资。④基于未担保压力损失的出资。

（2）会员出资要求的动态调整。对于始终处于变化之中的清算会员风险敞口，需要对会员出金进行动态调整。欧洲交易所每月按照清算会员的风险敞口调整一次出资金额。

“每个清算成员都应向违约基金出资。出资金额取决于每家清算会员的相对风险敞口。

违约基金的目标是在 99.9% 置信水平下，覆盖两个最大清算会员同时违约所造成的损失总和。

对会员的违约基金出资要求每月重新计算一次。

① ICE CLEAR U S. , INC. RULES。Rule 301. Guaranty Fund.

违约基金担保品（现金、证券）每日估值一次。”①

在“违约基金”部分，欧洲交易所对动态调整作了进一步解释，“我们每月（每个月末）重新计算下一个月的违约基金出资，以确保准确反映超出保证金水平的压力损失。”

2. 自有资金出资

清算所自有资金出资（skin - in - the - game）是中央对手方自身向违约资源提供的资金。

（1）自有资金出资主要是从商业角度考虑。ICE 强调，用自有资金出资的决定是从商业角度考虑，而不是从风险角度考虑。如果清算会员违约，非违约清算会员对担保基金的出资将面临风险，ICE 也将面临重大业务和声誉损失风险。重要的是，每个清算所的自有资金出资是一个额外的、独立的、独特的保护层，是清算会员决定是否使用该清算所的服务时考虑的一个因素，其目的是进一步协调清算所的风险管理利益与清算会员的经济利益。

CME 认为，在违约瀑布中，中央对手方（CCP）的首次损失出资很重要，因为它可以对市场参与者注入对 CCP 风险管理实践的信心。CCP 的特许经营价值取决于其市场的完整性。CCP 及其所有者在任何市场条件下都能从金融稳定中受益。无论是在确定初始保证金水平还是确定其违约基金规模时，特许经营价值和声誉风险是 CCP 采用审慎风险管理实践的内在激励因素。对 CCP 整体风险管理缺乏信心可能会阻碍清算会员和客户参与其清算的市场。②

（2）中央对手方自有资金出资规模。ICE 认为，CCP 的自有资金出资不减少会员出资。清算会员的出资是以各自持仓给清算所带来的风险大小来衡量。清算所是中央对手方，在市场上是中立的，本身不制造风险。清算所的核心作用和功能是管理与清算会员持仓相关的风险。

---

① Default Fund Support：How is the Default Fund calculated?
https：//www. eurex. com/ec - en/support/risk/default - fund.

② CME Clearing — Balancing CCP and Member Contributions with Exposures.

清算所自有资金出资不是为了取代或减少基于持仓风险的担保基金金额，不会减少每个清算会员需要向担保基金的出资。因此，ICE 根本不同意清算所的自有资金出资由基于风险的计算方法来确定。

CME 也持有类似的观点。由于 CCP 的核心职能是管理风险而不是制造风险，因此，建议 CCP 的自有资金出资规模与风险承担者相同是不恰当的。

“在确定 CCP 自有出资规模时，重点是避免对市场参与者的冒险行为进行补贴，以免破坏中央结算市场结构中存在的对市场参与者审慎校准的风险管理激励措施。

因此，CCP 在决定自有资金出资规模时应遵循以下原则：

①不能削弱风险管理激励。CCP 自有资金出资规模不能削弱中央结算市场结构为市场参与者有效管理其风险所创造的激励措施。

②做一个市场风险中性的风险管理者。CCP 每天都是市场风险中性的，经营的是一个扎平账——CCP 是风险管理者，而不是风险承担者。”①

我们选取的 7 家清算所自有资金出资金额差异很大，主要是与其结算的市场规模有关。从违约基金构成看，自有资金出资与清算会员出资没有太大关系。自有资金出资与清算会员出资相比在 5% 以下的有 5 家，超过 10% 的有 2 家，并出现两极分化现象（见表 11 -4、图 11 -5）。

表 11 -4　　违约基金的构成（2022 年第二季度）

项目	新加坡交易所	期权结算公司	纳斯达克	伦敦金属交易所	伦敦清算所	洲际美国清算所	芝加哥商业交易所	合计
会员出资（亿美元）	2.709	136	7.807	21	114	8.058	80	369.574
清算所出资（亿美元）	0.539	1.925	0.396	0.246	0.952	0.895	2.5	7.453
清算所/会员（%）	19.9	1.4	5.1	1.2	0.8	11.1	3.1	2.02

注：根据 FIA 网站数据整理。②

① CME Clearing — Balancing CCP and Member Contributions with Exposures.

② Default Resources – Combined.
https://www.fia.org/default – resources – combined.

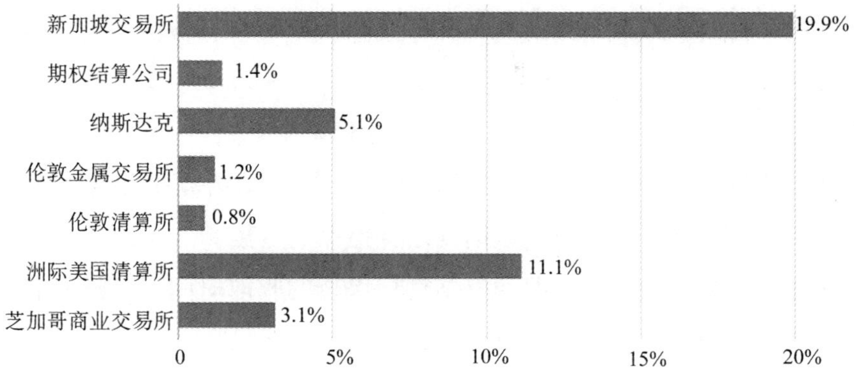

图 11－5　自有资金出资与会员出资比率

四、中金所的结算担保金制度

中金所是中国境内唯一实行结算会员制、建立“结算担保金制度”的期货交易所，借鉴了境外交易所违约基金的主要机制。

“交易所实行结算担保金制度。结算担保金是指由结算会员依照交易所规定缴存的，用于应对结算会员违约风险的共同担保资金。

结算担保金分为基础结算担保金和变动结算担保金。基础结算担保金是指结算会员参与交易所结算交割业务必须缴纳的最低结算担保金数额。变动结算担保金是指结算会员结算担保金中超出基础结算担保金的部分，随结算会员业务量的变化而调整。结算担保金应当以现金形式缴纳。”①

基础结算担保金按会员分类，以现金形式缴纳。各类结算会员的基础结算担保金为：交易结算会员 1000 万元，全面结算会员 2000 万元，特别结算会员 3000 万元。

变动担保金按业务量比例计算。交易所根据每季度首个交易日确定的本季度全市场结算担保金基数，按照各结算会员业务量比例计算本季度其应当分担的结算担保金，其中交易保证金占比为 80%，成交金额占比为 20%。

① 《中国金融期货交易所风险控制管理办法》，自 2023 年 4 月 21 日起实施。

结算会员分担结算担保金 = 结算担保金基数 ×（20% × 该会员上一季度日均成交金额/全市场上一季度日均成交金额 + 80% × 该会员上一季度日均交易保证金/全市场上一季度日均交易保证金）

结算会员应当分担的结算担保金数额与其基础结算担保金数额取大者，作为结算会员新季度应当缴纳的结算担保金金额。

交易所根据市场风险情况调整结算担保金的收取时间以及结算担保金基数，并有权提高个别结算会员应当缴纳的结算担保金金额。

第四节　违约瀑布

《芝加哥商业交易所规则》第八章“清算所与履约保证金”802 以“清算所的保护”作为标题，从担保基金（guaranty fund）的建立、清算所义务的履行、使用各种财务资源避免清算所破产、担保基金的恢复、冷静期与多重违约的处理等不同场景和阶段，明确了防范和化解违约风险的措施，以应对随时可能发生的各种极端但似乎合理的压力事件和违约情况，建立起多道自我保护防线，其中清算所的财务资源是处理违约的重要财务保障。

清算所必须确保拥有足够的财务资源来吸收因一个或多个清算会员违约造成的损失。如上所述，这些财务资源主要由清算会员和 CCP 本身提供。CCP 使用这些财务资源的先后顺序被称为违约瀑布（default waterfall），CME 称之为“财务保障瀑布（financial safeguard waterfall）”，是一项基础性制度安排。

一、违约瀑布中的财务资源使用顺序

《欧洲市场基础设施法规》（EMIR）第四十五条“违约瀑布”对使用 CCP 财务资源弥补违约损失的顺序和原则作出如下规定：

（1）违约清算会员的初始保证金。

（2）违约会员在违约基金中的出资。

（3）CCP 自有资金出资。

（4）非违约清算会员在违约基金的出资以及其他财务资源。

（5）不得用非违约清算会员的保证金来弥补另一会员的违约损失。

（一）芝加哥商业交易所的违约瀑布

芝加哥商业交易所用财务保障（financial safeguards）来描述违约瀑布。CME 清算所有两个违约基金，一个是利率掉期（IRS）违约基金，另一个是基础（base）产品违约基金——场内期货期权违约基金。两个基金之间相互隔离。我们以基础产品违约基金为例进行分析（见图 11－6）。

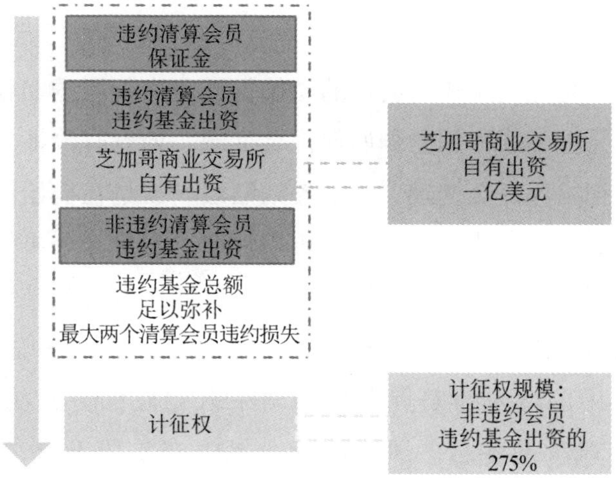

图 11－6　芝加哥商业交易所违约资源

芝加哥商业交易所的违约瀑布是一个经典的财务资源使用顺序，在预付财务资源之后增加了一项“计征权（assessment power）”——在史无前例的违约事件中，当违约瀑布中的预付财务资源已经耗尽，而且仍有损失尚未弥补的情况下，清算会员承诺继续为清算机构提供资金支持。因此，计征权是一种承诺财务资源。

（二）中国金融期货交易所的违约瀑布

《中国金融期货交易所结算细则》第九十九条规定，结算会员无法履约时，交易所有权按照规定依次采取下列保障措施：

（1）暂停开仓。

（2）强行平仓，并用平仓后释放的保证金履约赔偿。

（3）处置有价证券，用于履约赔偿。

（4）动用该违约结算会员缴纳的结算担保金。

（5）动用其他结算会员缴纳的结算担保金。

（6）动用交易所风险准备金。

（7）动用交易所自有资金。

交易所代为履约后，取得对违约会员的相应追偿权。①

中金所对违约处理中财务资源使用顺序的规定与欧美既有相同之处，也存在很大差异。

相同点。一是先使用违约会员的初始保证金进行履约赔偿。强行平仓释放的保证金是把持仓占用的初始保证金变现，处置有价证券是把以担保品形式存放的初始保证金变现，用于履约赔偿。二是在初始保证金不足以弥补违约损失时，动用违约会员的结算担保金，不足部分再使用非违约结算会员的结算担保金。三是非违约结算会员分摊比例为其结算担保金余额占当前未使用结算担保金总额之比。②

不同点。中国境内的期货交易所均采取兜底的方式为履约进行担保。一是使用风险准备金。风险准备金是由交易所设立，用于为维护期货市场正常运转提供财务担保和弥补因交易所不可预见风险带来亏损的资金。交易所按照手续费收入 20% 的比例，从管理费用中提取，提取的最低规模相当于注册资金的 10 倍。二是使用风险准备金的顺序在使用非违约会员结算担保金之后。三是动用交易所的自有资金，即交易所的全部资产。因此，其担保力度远大于欧美清算所的自有资金出资。

我国四家期货交易所风险准备金及净资产见表 11 – 5。

---

① 《中国金融期货交易所结算细则》，自 2020 年 12 月 14 日起实施。

② 《中国金融期货交易所风险控制管理办法》，自 2023 年 4 月 21 日起实施。

表 11 -5　　我国四家期货交易所风险准备金及净资产
(2023 年第二季度末，亿元)

	会员出资	风险准备金	交易所净资产
中金所	29	128	401
上期所		47	561
大商所		107	461
郑商所		85	323

资料来源：各交易所网站。

二、自有资金在违约瀑布中的位置与作用

洲际交易所（ICE）率先提出“自有资金出资”的概念。2018 年 3 月开始，ICE 要求旗下各交易所也在担保基金中提供类似清算所的自有资金出资，以便在发生违约时与清算所的出资一起按比例使用。

期货业协会（FIA）认为，在使用清算会员违约基金出资额之前，CCP 的自有资金出资是唯一可用于吸收违约损失的资金。有的清算所把追加的资金与会员出资一同使用。①

《金融市场基础设施的恢复》指出，很多清算所的清算会员违约损失也被分配给处于“违约瀑布”靠前部分的清算所所有者。“自有资金出资”分配可以扩展到违约基金的恢复阶段。让清算所的所有者承担损失风险也是对他们的激励，以确保风险管理得当。②

伦敦清算所集团的看法与《金融市场基础设施的恢复》相同。“我们留出 25% 的监管资本要求作为‘自有资金出资’，这为我们的管理层控制风险敞口和防止道德风险提供了强有力的激励。”③

三、动用非违约会员出资后果严重

尽管违约基金具有损失共担的互助特点，但动用非违约清算会员出资

① Default Resources – Combined.
https：//www. fia. org/default – resources – combined.

② 《Recovery of financial market infrastructures》3. 4 Considerations for allocating losses and liquidity shortfalls.

③ Group Risk Management：Managing and mitigating risk at LCH.
https：//www. lch. com/risk – management/group – risk – management.

为违约者买单是一种损害无辜者利益的行为，影响对 CCP 的信心。无论是清算会员、政府监管部门还是投资者对此都反应强烈。

（一）韩国交易所违约瀑布结构遭到质疑

2013 年 12 月 12 日，只有 2000 万美元的 HanMag 证券公司在“乌龙指”事件中亏损严重。该公司交易员把本打算以跌停板买入并以涨停板卖出的套利订单，错误地以相反的方向发送，并以市场价格成交。HanMag 需要支付的盯市损失和保证金之和达 584 亿韩元（5540 万美元），但截至次日下午四点只支付了 14 亿韩元（133 万美元）。因此，HanMag 在成交当天就已破产。

按照韩国交易所的违约瀑布，在违约会员的初始保证金和违约基金出资用完仍不足以弥补其亏损时，直接用非违约会员的出资弥补损失。只有在非违约会员的出资不足以弥补损失时，才动用清算所的自有资金出资。违约发生时，清算会员在违约基金中的出资总额为 2000 亿韩元（1.9 亿美元）。在此次违约处理中，为弥补违约损失，动用了非违约成员的 4500 万美元违约基金，其中外资券商的损失占此次违约损失的近四分之一，主要来自四家外国公司（新际、摩根士丹利、摩根大通和瑞士信贷），而韩国清算所自有资金出资没有遭受任何损失。[①]

这是当时韩国首次动用非违约清算会员的违约基金出资弥补违约会员造成损失的事件，期货业协会（FIA）计划对全球每个清算所的瀑布结构进行审查。[②]

（二）纳斯达克因清算会员违约被罚 3600 万美元

2018 年 9 月 12 日，纳斯达克官网刊登“清算所违约通知”。文字表述

① The Korea Exchange：A cautionary tale on CCP waterfalls and non – defaulting members taking the loss. https：//finadium. com/the – korea – exchange – a – cautionary – tale – on – ccp – waterfalls – and – non – defaulting – members – taking – the – loss/.

② Korea trading error prompts global clearing house review. https：//www. risk. net/infrastructure/clearing/2331759/korea – trading – error – prompts – global – clearing – house – review.

比较委婉，既没有点出违约会员的名字，也没有提及违约金额。

“纳斯达克清算所的一个清算会员已被视为违反纳斯达克清算所商品衍生品市场的清算规则中的保证金规则。因此，2018 年 9 月 11 日，纳斯达克清算所根据清算规则宣布该会员违约。该清算会员曾活跃于纳斯达克北欧商品市场。

违约组合头寸已根据纳斯达克清算所平仓程序平仓，违约风险已被完全控制。

然而，平仓导致纳斯达克清算所的损失超过了违约会员的担保品和其在违约基金中的出资。这一损失意味着纳斯达克的初级资本（junior capital）和商品市场清算会员的一部分违约基金将被动用。明天将向违约基金参与者发送补充出资请求通知和具体细节。”[①]

经查，这个清算会员是一位名叫艾纳·阿斯（Einer Aas）的个人投资者。艾纳·阿斯毕业于挪威顶级商学院——挪威经济学院，2005 年直接以自己的名义进行交易，在北欧电力市场交易界非常出名，同时是纳斯达克清算所商品市场的一个自营清算会员。2002—2017 年，他的应税收入总额为 35 亿瑞典克朗（4.2 亿美元），2016 年成为挪威最高的年度个人纳税人。

2018 年，这位 47 岁的交易员押注德国和北欧电力之间的期货价差将会收窄，因此，建立了与市场流动性相比较大的价差头寸。然而，事实正好相反：碳排放配额价格持续上涨，推高了德国能源市场价格；糟糕的天气重创了北欧电力市场，德国和北欧电力期货合约价差大幅扩大（见图 11－7）。[②]

2018 年 9 月 10 日（周一）。德国和北欧电力期货合约价差出现对其持仓极为不利的极端价格波动，波动幅度为日正常波动的 17 倍，导致艾

① Default Notice from Nasdaq Clearing.
https://view.news.eu.nasdaq.com/view?id=b7cb65cd7b537ad0bc46abcb45ce820e2&lang=en.

② Who Is Einar Aas? Norway's Biggest Trader Fall From Grace.
https://www.moneymakers.com/einar-aas/.

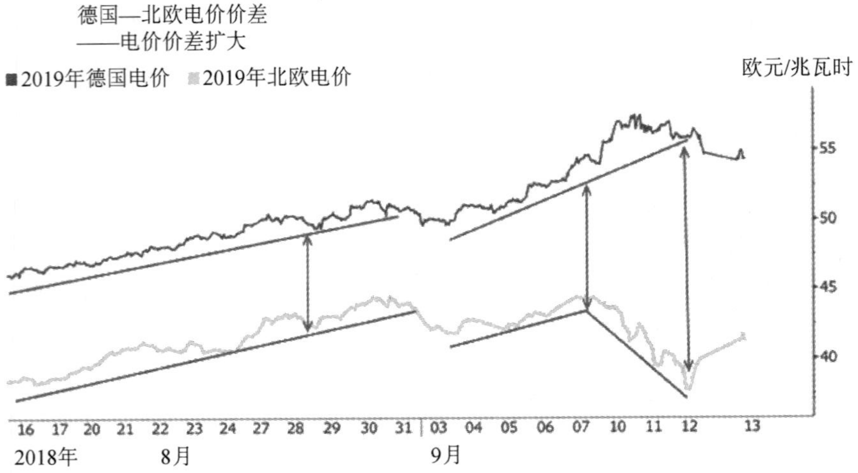

图 11－7 德国—北欧电价价差

纳·阿斯出现巨额亏损，纳斯达克清算所向他发出了盘中追加保证金通知，而他没有在规定时间内完全履行追加保证金的义务，从而触发违约程序。

9 月 11 日（周二）上午 8：20 分，纳斯达克清算所宣布该会员违约，进入违约程序。并于当日开始对艾纳·阿斯的头寸进行平仓和拍卖。违约头寸组合的价值不到商品市场板块初始保证金总额的 5%。[①]

9 月 12 日（周三）。违约组合头寸已根据纳斯达克清算所的平仓程序平仓。在 48 小时内，所有头寸都通过拍卖平仓。据 9 月 14 日的“纳斯达克关于会员违约的声明”披露：

违约头寸“平仓导致纳斯达克清算所损失超过了违约会员的担保品和违约基金出资。这一损失意味着需要动用纳斯达克初级资本 700 万欧元和商品市场会员的一部分违约基金，总额为 1.07 亿欧元（见图 11－8）。违约基金的使用影响到 166 家清算会员，他们按比例向违约基金缴纳了资本。”[②]

① Further information regarding Member Default.
https：//view. news. eu. nasdaq. com/view? id = bb8abce27992fe68977a4280f63b87895&lang = en.

② Nasdaq Statement Regarding Member Default.
https：//www. nasdaq. com/about/press – center/nasdaq – statement – regarding – member – default.

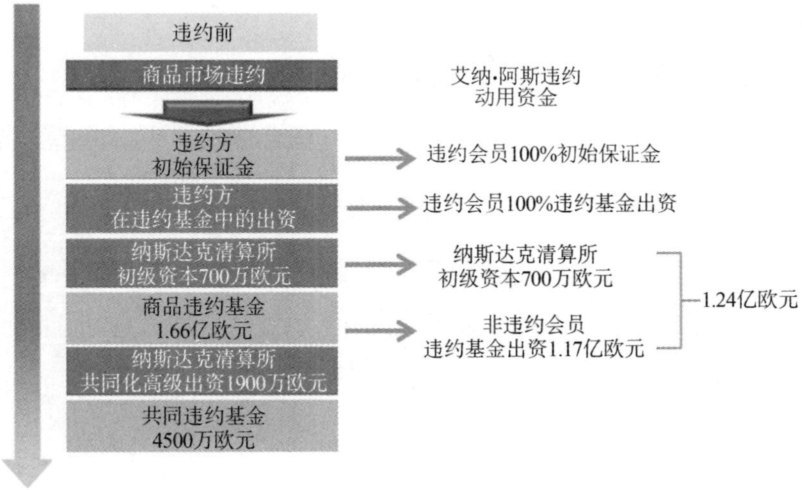

图 11－8 艾纳·阿斯违约动用违约瀑布财务资源项目

9 月 13 日（周四）。纳斯达克清算所向非违约会员发出补充违约基金出资的通知，要求在 9 月 17 日（周一）当日或之前补足。

9 月 14 日（周五）。纳斯达克清算所用自有资金补充 700 万欧元初级资本之外，再为商品市场补充临时初级资本 2 亿瑞典克朗（约 1900 万欧元）。临时初级资本将从当日起 90 天过渡期内保持不变。如果未来发生违约，将首先使用临时初级资本，然后使用现有商品违约基金中的剩余资金。会员补充的资金将在过渡期间最后使用。

9 月 17 日（周一）。所有清算会员的补充资金全部到位（见图 11－9、图 11－10）。[①]

2021 年 1 月 27 日。瑞典金融监管机构（FI）对纳斯达克清算所提出警告，并处 3 亿瑞典克朗（3600 万美元）行政罚款，理由是其运营中存在严重缺陷。[②]

① Further information regarding Member Default－Q&A no 2－2018－09－19. https：//www. nasdaq. com/docs/Further－information－regarding－Member－Default－180919. pdf.

② Nasdaq Clearing Aktiebolag receives a warning and an administrative fine. https：//www. fi. se/en/published/sanctions/financial－firms/2021/nasdaq－clearing－aktiebolag－receives－a－warning－and－an－administrative－fine/.

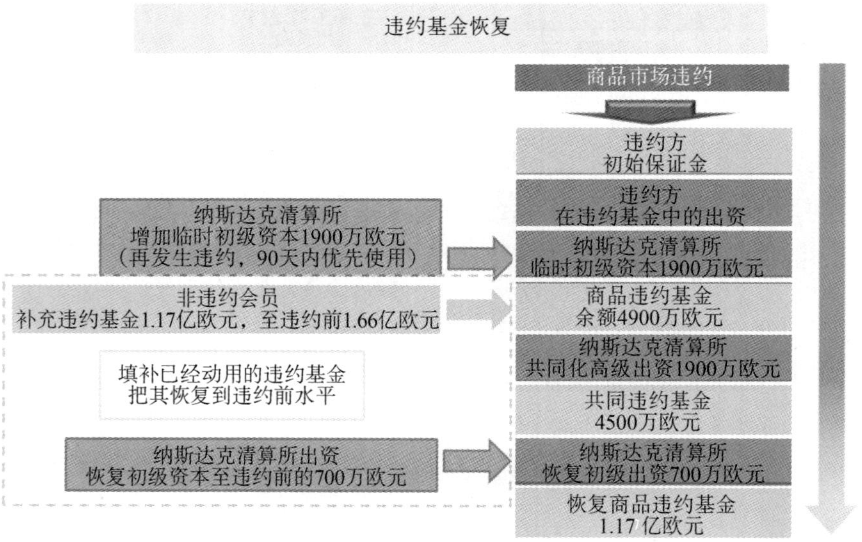

图 11－9　恢复违约基金的资金来源

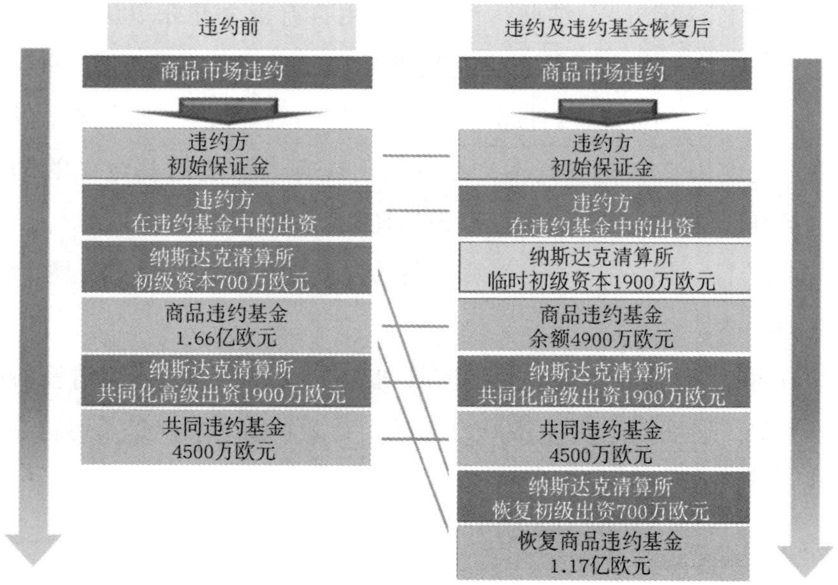

图 11－10　违约前后预付资本瀑布对比

第五节　违约管理流程

清算所在判定清算会员违约后，从发出违约通知开始进入违约管理程序。然而，清算所对违约的决定要以对清算会员失去履约能力的判断或者会员破产的信息为依据。

一、上海清算所违约认定与处理流程

上海清算所的“集中清算业务违约处置指引”采用国际通行的处理方式，也带有一定的中国特色——划分运营违约和永久性违约并设置了缓冲期。

（一）违约判定

清算会员出现下述情形时，清算所有权认定其违约：

“1. 未按照规定履行保证金交纳或结算义务。

2. 经营状况、财务状况持续恶化，不能清偿到期债务或明显缺乏清偿能力。

3. 解散（出于联合、合并或重组目的而发生的解散除外）。

4. 监管部门启动针对其停业整顿、破产、清算、托管、接管、机构重组、行政重组、撤销等行政或司法程序；自身或其债权人启动针对其的接管、重整、破产、清算等行政或司法程序。

5. 通过停业、清算或申请破产的决议。

6. 就自身或自身的全部或大部分资产寻求任命临时清算人、托管人、受托人、接管人或其他类似人员，或被任命了任何前述人员。

7. 其债权人作为担保权人采取行动取得了其全部或大部分资产，或使其全部或实质部分资产被查封、扣押、冻结或强制执行。

8. 被其他清算机构、交易所判定违约或被暂停、终止会员资质，并可能导致其无法履行对上海清算所的清算义务。

9. 可能导致其无法履行对上海清算所相关义务的其他情况。”

上述认定标准类似于伦敦清算所的“自动提前终止事件”，除未履行结算义务外，重点强调影响其未来履约能力的多种情况。

（二）两类违约

（1）运营性违约：若清算会员因操作失误、系统故障、短期流动性不足等而导致暂时无法履约。

（2）永久性违约：发生运营性违约但违约清算会员未在违约处置关键时点前履行承诺，可将该违约事件认定为永久性违约（见图 11－11）。[①]

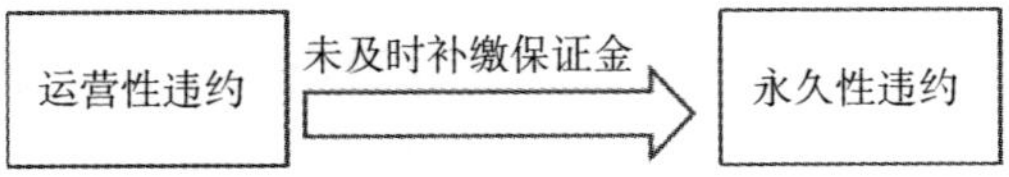

图 11－11　两类违约的关系

（三）运营性违约处理

1. 限制或暂停违约清算会员参与的业务。

2. 冻结违约清算会员的应收资产。

3. 冻结违约清算会员保证金账户和清算基金账户。

4. 启动银行授信和借贷机制，融入资金或证券等完成对未违约清算会员的清算结算义务。

5. 按照违约金额计算和征收违约金。

违约清算会员在违约处置关键时点前，补足违约资金、保证金及违约金的，上海清算所将取消上述措施。

上海清算所大宗商品衍生品集中清算业务违约处置整体流程见图 11－12。

（四）永久性违约处置措施

1. 终止违约清算会员集中清算业务资质 。

2. 把违约会员头寸 、担保品转移至清算所违约处置专用账户。

① 《银行间市场清算所股份有限公司集中清算业务违约处置指引》第二版，2022 年 8 月。

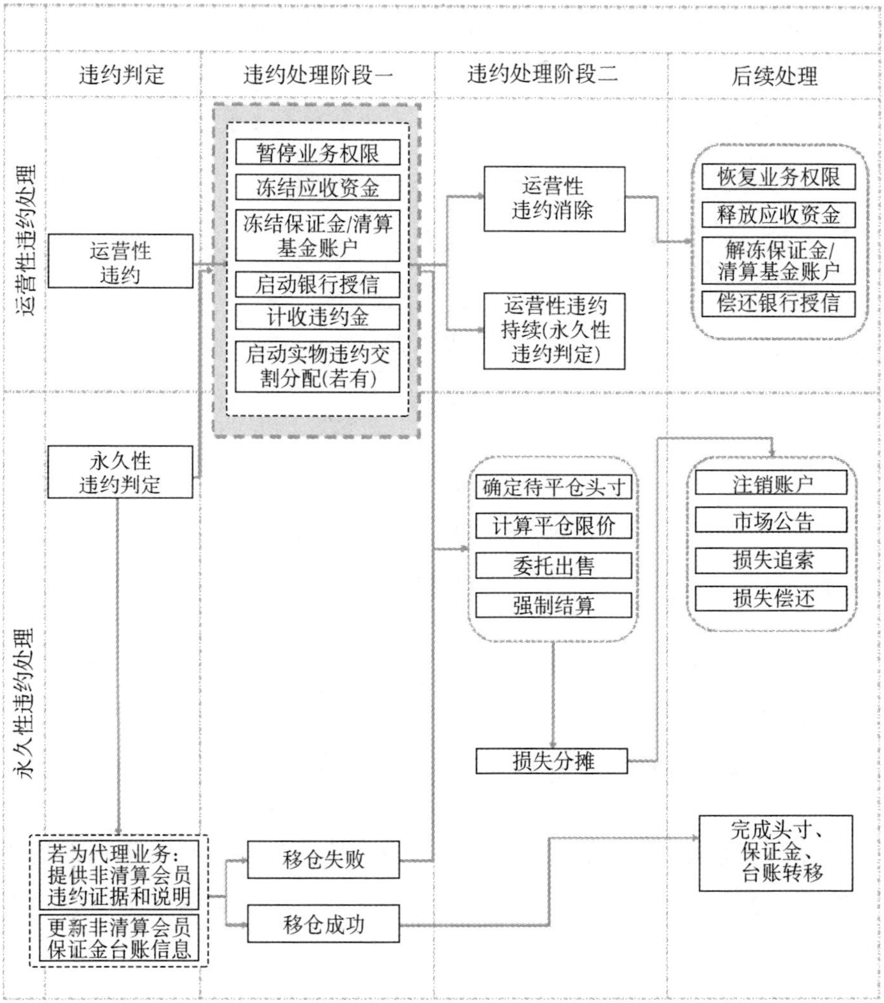

图 11－12 上海清算所大宗商品衍生品集中清算业务违约处置整体流程

3. 将非现金类担保品部分或全部变现，用于弥补违约处置损失。

4. 按需处置违约清算会员应收资产和保证金。

5. 实物交割失败的，启动现金差额补偿机制、违约交割分配机制。

6. 召集违约处置专家组，协助清算所进行违约处置 。

7. 对违约综合清算会员代理的未违约非清算会员头寸进行移仓。

8. 对违约清算会员头寸执行强行平仓，并按规定执行强制结算。

9. 依据强行平仓结果，执行现金和非现金担保品、头寸的转移。

10. 依次使用风险准备资源弥补对违约清算会员头寸强行平仓或强制结算造成的损失。①

上海清算所违约瀑布与欧美清算所大同小异（见图 11－13）。

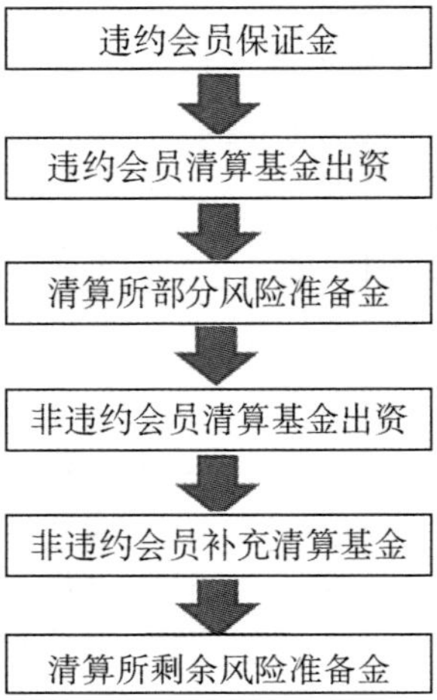

图 11－13　上海清算所违约瀑布

二、伦敦清算所对雷曼兄弟违约处理流程

2008 年伦敦清算所认定雷曼兄弟违约，是因为其触发了“自动提前终止事件”中有关破产的条款，对其违约处理流程主要包括客户头寸移仓和对雷曼兄弟自营头寸的处理。

（一）发出违约通知

2007 年，伦敦清算所掉期清算系统持仓的名义本金高达 100 万亿美元，其中雷曼兄弟特别金融公司（Leman Brothers Special Financing Inc.，LNSF）和欧洲雷曼兄弟国际公司（Leman Brothers International Europe）占 9 万亿美元的掉期组合，涉及 5 个主要币种。2008 年 9 月，雷曼兄弟开始经历至暗时刻，伦敦清算所再次经受处理违约能力的考验。

2008 年 9 月 12 日（周五），雷曼兄弟即将破产的流言已经在世界各地

① 《银行间市场清算所股份有限公司集中清算业务规则》，自 2020 年 2 月 13 日起实施。

金融中心流传。伦敦清算所资深风险经理要到了雷曼兄弟重要员工的手机号码，以备后用。

9 月 13 日（周六），伦敦清算所的运营、风险管理和法务团队齐聚伦敦总部待命。英国金融服务局（FSA）提醒伦敦清算所首席执行官罗杰·戴尔（Roger Liddell），雷曼兄弟可能发生生存危机，周一可能倒闭。戴尔把这种担忧转告风险管理部负责人克里斯·琼斯（Chris Jones），并警示他们形势很严峻。

9 月 14 日（周日），琼斯召集风险管理部的经理们分析雷曼兄弟的持仓，制定在最坏情况下对持仓组合进行宏观对冲的方案。同时等待美国正式发布的公告。[①]

9 月 15 日（周一），伦敦时间上午 6：00，雷曼兄弟追加了拖欠伦敦清算所巴黎分部的保证金；7：00，雷曼兄弟申请破产保护；[②] 9：15，伦敦清算所宣布雷曼兄弟特别金融公司和欧洲雷曼兄弟国际公司（以下简称雷曼兄弟）违约；[③]9：40，交易员开始对冲 9 万亿美元掉期组合。

（二）处理未平仓合约

违约发生后，清算所接管了违约会员的持仓，同时也接替了违约会员履约的义务。此时，最要紧的是抓紧时间用违约者的担保品平掉违约者的自营持仓，转移非违约客户持仓，尽快扎平账面，防止市场状况进一步恶化造成未平仓合约持续快速贬值，给风险资产处置带来更大困难。

1. 与违约会员合作，转移客户持仓

伦敦清算所“违约规则”规定，如果清算所认为，清算会员无法或可能无法履行合同义务，清算所可以对该会员采取行动，向该会员发送违约通知，对外发布违约公告；向违约会员发送来自客户的书面通知副本，确认他们指示清算所安排向相关备用清算会员转让或终止、平仓和重新建立

①③ Financial Times, 2008 - 10 - 13. “How the world’s largest default was unveiled”. https: //www. fnlondon. com/articles/how - the - largest - default - was - unravelled - 20081013.

② Perter Norman:《The Risk Controllers》P27 - 28, WILEY, 2011.

他们的未平仓合约。[①]

转移客户头寸可以减少清算所的风险敞口。一旦客户头寸转移出违约会员，持仓风险应由客户自己承担。转移雷曼兄弟的利率掉期交易组合高达66390笔，其中大量的客户交易与雷曼兄弟的自营交易混在一起。若不事先进行区分，对雷曼兄弟头寸的平仓将会伤及客户头寸。因此，违约后处理风险的最好方法是与违约公司的员工一起处置违约风险。

2008年9月16日（周二），雷曼兄弟的后台员工已经失业，准备离开公司。伦敦清算所以1000英镑/天的报酬，留下一些员工帮助恢复系统连接，获得客户交易记录。伦敦清算所也联系到雷曼兄弟在纽约的机构，设法看到了纽约的数据，并与雷曼后台员工一起识别出与雷曼兄弟自营交易混在一起的客户头寸。伦敦清算所根据获得的这些信息和客户要求，开始转移雷曼兄弟的客户头寸。经过一周的时间，大部分客户的持仓被转移给愿意接收且有清偿能力的清算会员。然而，客户头寸的转移并非想象的那么简单，每一步都涉及风控。

“客户头寸的重新安置比看起来复杂得多。清算所持有的担保品以净额为基础计算，因此，所有请求转移的头寸都必须得到风险小组批准。风险小组必须评估每个投资组合的变动对剩余风险投资组合的影响，有时需要安排多次移仓来确保担保品能始终覆盖净头寸。”[②]

2. 与清算会员合作，处置违约会员自营持仓

2008年9月15日（周一），违约管理小组（会员公司轮流参与）借调预先指派且经验丰富的交易员与伦敦清算所的风险管理团队一起工作，他们用雷曼兄弟缴纳的初始保证金对冲雷曼兄弟掉期组合，实现宏观市场层面风险的中性。

9月16日（周二），当日结束后，风险敞口快速下降，风险持仓已经很小。

---

① LCH LTD “Default Rules” 3.

② Financial Times，2008－10－13. “How the world’s largest default was unveiled”. https：//www. fnlondon. com/articles/how－the－largest－default－was－unravelled－20081013.

9 月 17 日（周三），对冲操作基本完成，来自六家会员银行的交易员暂停操作。

2008 年 9 月 23 日，伦敦清算所在其官网上宣布“成功管理了雷曼违约”：自违约以来，风险敞口已经下降了 90% 以上，剩余的风险敞口都在持有的保证金范围内。

9 月 23 日—10 月 3 日。伦敦清算所分 5 个币种，对事先打包的资产组合头寸分 5 次拍卖给其他会员。每次拍卖都有约 50 个工作人员参加。因为拍卖金额巨大，必须保证万无一失。最终，竞争性拍卖取得成功。

2006 年通过的规则激励会员参与拍卖，授权伦敦清算所在拍卖失败的情况下，有权决定把违约会员的资产组合按比例分配给 SwapClear 系统的其他会员。这项规定激励会员参与拍卖，毕竟参与拍卖在投资组合和价格上还可以获得一定的控制权，应该好于强行分配的结果。

2008 年 10 月 8 日，伦敦清算所再次在官网上宣布，“9 万亿美元雷曼 OTC 利率互换违约成功解决”，已经对雷曼兄弟场外利率掉期头寸顺利、及时平仓。投资组合的名义总价值为 9 万亿美元，包括 5 种主要货币的 66390 笔交易。

“违约在雷曼兄弟的保证金范围内得以解决，伦敦清算所不会将违约基金用于雷曼的违约管理。该过程的圆满成功归功于 SwapClear 会员和伦敦清算所均坚守承诺以及双方在前台、风险和运营方面的密切合作。”①

不仅如此，伦敦清算所一共成功管理了 9 起清算会员违约，违约损失都没有超出清算所持有的违约会员初始保证金。

① $9 trillion Lehman OTC interest rate swap default successfully resolved.
https：//secure - area. lchclearnet. com/media_centre/press_releases/2008 - 10 - 08. asp.

第十二章　持仓限额制度

投机持仓限额，简称持仓限额，是期货市场普遍采取的限制过度投机的风险管理制度。持仓限额的监管框架包括三个基本要素：投机持仓限额大小、套期保值持仓限额管理、合并账户持仓政策。美国在此基础上实施了持仓报告制度。

第一节　持仓限额制度的起源

投机持仓限额制度起源于美国，由联邦政府监管机构从农产品期货品种开始实施，重点放在现货月持仓。美国期货市场所称“现货月”，即为我国期货市场的“交割月”。为方便叙述和对比，我们在本书中用交割月代替现货月。

一、持仓限额的相关概念

投机持仓限额的核心是持仓。持仓按净多头或净空头计算。

（一）持仓的概念

1. 持仓

持仓（position），也称“头寸”，或未平仓头寸（open position），是持有未到期的期货或期权合约。

CFTC：持仓就是持有对市场的兴趣，以持有未平仓合约形式存在，不是多头，就是空头。

CME：持仓是履行在期货或期权市场上的义务。多头持仓具有在未来某一特定日期的买入义务。空头持仓具有在未来某一特定日期的卖出义务。然而，绝大多数持仓在到期前直接以对冲方式了结。

2. 总持仓

总持仓是交易者在同一合约上多、空双向持仓的总和。比如，

若你在2024年6月到期的黄金期货上，持有多头合约100张、空头合约60张，那么，你的多空双向持仓总和为160张。

总持仓 = 多头100张 + 空头60张 = 160张

当统计一个品种或一个合约的持仓总和时，整个市场的总持仓也叫空盘量（open interest）。

3. 净持仓

CFTC：净持仓（net position）是一个交易者在一个品种上持有的未平仓多头合约和未平仓空头合约之间的差额。

CME：在一个品种上持有多头合约与空头合约之差。

简单地说，净持仓就是用一个方向的持仓减去另一个方向持仓后的余额，或称单向净持仓。

若你在2024年6月到期的黄金期货上，持有多头合约100张、空头合约60张，那么，你的净持仓为净多持仓40张。

净持仓 = 多头100张 − 空头60张 = 多头40张

（二）投机持仓限额

持仓限额（position limit），也称持仓限制、头寸限制，是交易者按照规则规定，可以持有投机性期货合约数量的最大限额。

CME：持仓限额是一个人可以持有投机期货合约的最大数量，该数量由CFTC或交易所决定。

CFTC：投机持仓限额是一个人可以在一个品种的单个月份或所有月份期货或期权合约上持有或控制的最大净持仓，既可以是净多头也可以是净空头。有资格获得套期保值豁免者除外。

郑商所：限仓是指交易所规定会员或者客户按单边计算的、可以持有某一期货合约投机持仓的最大数量。①

上期所：持仓限额是指交易所规定的会员或者客户对某一期货合约单边持仓的最大数量。持仓限额实行以下基本制度：

（1）根据不同期货品种的具体情况，分别确定每一品种每一月份期货合约的持仓限额。

（2）某一月份期货合约在其交易过程中的不同阶段，分别适用不同的持仓限额，进入交割月份的期货合约持仓限额从严控制。

（3）采用限制会员持仓和限制客户持仓、比例限仓和数额限仓相结合的办法，控制市场风险。②

（三）持仓报告制度

按照 CFTC 定义，持仓报告（position accountability）制度，是交易所为替代持仓限额而采用的一种规则，要求持有一定数量未平仓合约者，应交易所要求，向交易所报告持仓的性质、交易策略和套期保值持仓信息。③

（四）套期保值豁免制度

CME：（1）套期保值是在期货市场中持有与现货市场相反的头寸，以最大限度地降低不利价格变化带来的财务损失风险。

（2）套期保值是买入或卖出期货，作为随后发生的现货交易的临时替代。

CFTC：套期保值豁免是指对善意的（bona fide）套期保值者或符合交易所和 CFTC 规则要求的其他交易者豁免投机持仓限额。

① 《郑州商品交易所期货交易风险控制管理办法》，自 2022 年 12 月 1 日起施行。

② 《上海期货交易所风险控制管理办法》，自 2020 年 12 月 7 日起施行。

③ Position Accountability.
https：//www. cftc. gov/LearnAndProtect/AdvisoriesAndArticles/CFTCGlossary/index. htm#P.
持仓报告制度仅在交易所要求时才报告持仓的性质与特点，而非对持仓进行限制；而大户报告制度则是在持仓限额制度基础上，实施的强制性大额持仓报告制度。

二、1936 年之前美国的相关法律法规

美国期货市场监管法律的历史就是加强和完善反操纵法律法规的历史。1868 年芝加哥期货交易所实施了一项禁止“逼空”的规定，并把逼空定义为“达成一个购买商品的合同，然后，为了抢夺卖方的钱财，买方采取措施使卖方不能交付商品来履行合同。”这是第一个防止市场操纵的监管举措。此后，美国政府不断颁布法律法规，完善对期货市场的监管，防范各种市场操纵行为。①

（一）1874 年《反逼仓条例》

美国期货市场的发展始于 1848 年芝加哥期货交易所的建立，而期货投机行为的急剧增加则是从 1868 年前后期货合约实现标准化开始的，那时几乎每个合约都在逼仓中结束。据统计，仅在 1868 年，CBOT 就发生了 7 次逼仓，涉及小麦、玉米、燕麦和黑麦。为了抑制逼仓事件的连续发生，1874 年，伊利诺伊州通过了针对解决逼仓问题的《反逼仓条例》（Anti - corner Statute），其他州也颁布了禁止没有实物交割意愿的期货行为的法令，但都没有收到很好的效果。

（二）1921 年《期货贸易法》

许多农民将第一次世界大战后粮食价格持续低迷归咎于投机者，尤其是卖空者，其中许多人寻求重新对期货交易施加限制。美国国会提出了一系列规范粮食市场的法案，并对是否限制投机交易的数量进行了激烈的辩论。

美国食品管理局前局长赫伯特·胡佛说：“我相信，只要投机交易的数量相对较少，它们就会相互中和；只有当少数人在交易中占主导地位时，投机交易才能成为操纵的工具。”胡佛支持持仓限额，并建议将限制个人投机交易者规模的权力交给由农业部长领导的监管委员会。农业部长也支持监管粮食交易并限制投机交易。

---

① 杰瑞·W. 马卡姆著，大连商品交易所本书翻译组译：《商品期货交易及其监管历史》，中国财政经济出版社，2009 年。

1921 年 5 月，美国众议院通过了一项法案，要求商品交易所对投机交易施加限制，作为对期货交易所的要求之一。但参议院拒绝了这一提议，并没有将其纳入 1921 年 8 月《期货交易法》的最终法案。

（三）1922 年《谷物期货法》（Grain Futures Act）

在《谷物期货法》第 3 节中规定，“由于投机、操纵或控制而频繁发生的”谷物期货交易价格的“突然或不合理波动”是“对州际商业的阻碍和负担”，因此“为了国家公共利益，监管势在必行”。然而，1922 年的《谷物期货法》并没有赋予联邦政府限制交易的权力。

1. 足够大的交易者会影响市场

1926 年，联邦贸易委员会在对谷物市场多年综合研究后得出结论：一个资金量非常大的交易者自身就会引起市场的重大波动。如果他拥有必要的资源，受他拥有这种权力的想法影响，他在市场上的运作势必会导致价格的异常波动。无论他总是对还是错，是成功还是失败，无论他是否受到操纵欲望的影响，只要他拥有足够多的交易资金，他就会在市场上引起混乱，损害市场的正常运作，对生产者和消费者造成损害。

联邦贸易委员会建议对交易进行限制，特别是对持仓量进行限制。农业部也一再敦促国会授权谷物期货管理局实施持仓限额。

2. 200 万蒲式耳足以引起价格波动

1926 年，谷物期货管理局对 1925 年初小麦价格波动开展研究，并在研究报告中指出，五家大型贸易商应对小麦期货市场“广泛而不稳定的价格波动”负有责任，而每个贸易商的谷物交易量都超过 200 万蒲式耳。尽管报告强调，“没有发现任何蓄意操纵市场的集中行动”，但报告指出，大多数广泛而不稳定的价格波动“在很大程度上是人为的，主要是由少数专业投机者的大量交易直接或间接造成的。”这五家大型贸易商对粮食价格的有害影响表明，“有必要制定一些限制过度投机交易的方案。”上述报告从此在期货市场上遗留下这样一个概念，即使没有操纵意图，大额投机持仓也会导致“剧烈而不稳定”的价格波动。

1926 年报告是一个关键性进展。一是区分了操纵和过度投机，并沿用至今；二是把超过 200 万蒲式耳作为持仓限额的数量依据，成为 1936 年《商品交易法》小麦持仓限额设立的依据。[①]

3. 大户报告制度雏形

谷物期货管理局要求结算会员对超过一定数量的客户持仓进行报告，也成为目前期货市场普遍实行的大户报告制度的雏形。

三、1936 年《商品交易法》授权

（一）《商品交易法》出台

20 世纪 30 年代中期，交易所和联邦当局虽然没有能力阻止少数著名大型贸易商的活动，但他们也推动了改革的进程，最终国会赋予联邦监管机构建立和执行投机交易限制的授权。

1936 年 6 月 15 日《商品交易法》（Commodity Exchange Act，CEA）颁布实施，取代了《谷物期货法》，并扩展了联邦政府监管的范围，把原法律中的“谷物”改称为“商品”。期货监管部门也由“谷物期货委员会”更名为“商品交易委员会”。《商品交易法》授权商品交易委员会建立联邦投机持仓限额，避免持仓过度集中在少数投机大户手中，而该法没有要求交易所设置各自的持仓限额。

在 1936 年《商品交易法》（CEA）第 4a 条中，美国国会发现商品期货市场的过度投机给州际商业活动造成了“不适当和不必要的负担”，并指示商品交易委员会制定“其认为有必要减少、消除或防止”此类负担的交易限制。

美国国会免除对“善意套期保值交易”的此类限制，并依法将真正的套期保值交易定义为期货合约的卖出和买入被同一现货商品的买入或卖出所对冲。

（二）实施联邦投机持仓限额

1938 年 12 月商品交易委员会颁布了谷物的持仓限额和交易限额。当

---

① 1921—1936 年持仓限额的立法史取自：Position Limits and the Hedge Exemption，Brief Legislative History。https：//www. cftc. gov/PressRoom/SpeechesTestimony/berkovitzstatement072809。

时“谷物”包括小麦、玉米、燕麦、大麦、亚麻籽、高粱和黑麦。对单个期货合约月份、同一品种的“所有合约月份”设定了200万蒲式耳的“持仓限额”。与此同时，设定了200万蒲式耳的“每日交易限额”。

四、1974年《商品期货交易委员会法》

1974年出台的《商品期货交易委员会法》取消了农业部对期货市场的监管，创建了期货市场新的监管机构——商品期货交易委员会（CFTC）。监管范围除了法律中列明的农产品，还包括其他所有商品。这给CFTC提出了如何确定所有这些新增商品的投机持仓限制问题。作为第一步，CFTC选择保留之前制定的农产品持仓限额。

五、2010年7月21日《多德—弗兰克法案》

《多德—弗兰克法案》保留了CFTC设定持仓限额的广泛权力。明确允许CFTC设定“不同商品、市场、期货或交割月的不同限额……”；有权豁免个人或交易，使其不受持仓限额的限制；此类持仓限额水平的设定要最大可能满足以下要求：

（1）减少、消除或防止过度投机行为；

（2）阻止和防止市场操纵、囤积居奇和多逼空；

（3）确保真正的套期保值者有充足的市场流动性；

（4）确保市场价格发现功能不受干扰。[①]

第二节　美国持仓限额制度

美国的持仓限额制度首先由期货市场监管机构制定实施，然后才在交

① Position Limits for Derivatives；Proposed Rule. https：//www. cftc. gov/LawRegulation/FederalRegister/ProposedRules/2011 – 1154. html.

易所实施。[①] 目前，美国的持仓限额制度是联邦持仓限额与交易所持仓限额并存。交易所根据上市品种的特点，对不需要实施持仓限额的品种，实行了持仓报告制度。[②]

一、联邦持仓限额

联邦持仓限额就是联邦政府监管机构根据《商品交易法》授权，以监管法规的形式对列明的商品实施的持仓限额。限制重点品种是农产品、能源产品和贵金属，限制的重点月份是交割月。

（一）联邦持仓限额品种

1. 9个联邦持仓限额的传统农产品品种

1938年，首次实施联邦持仓限额的品种包括小麦、玉米、燕麦、大麦、亚麻籽、高粱和黑麦7个谷物品种。

1940年8月，对棉花实施了联邦持仓限额；

1951年7月，对大豆实施了联邦持仓限额。

1953年4月，制定了对大豆油等油脂品种的持仓限额，后来被暂停执行，并于1968年5月撤销。也曾对猪油、洋葱、鸡蛋和土豆设定了投机限制，此后被取消。

到2020年10月之前，被称为9个传统农产品品种是玉米、燕麦、大豆、豆粕、豆油、软红冬小麦、硬红冬小麦、硬红春小麦和棉花。

2. 新增16个联邦持仓限额品种

在2020年10月15日的投票中（结果为3：2），CFTC最终确定了修订后的投机头寸限制规则（即“最终规则”），使联邦持仓限额品种增加到25个（见表12－1），这些品种被称为“核心参考期货合约（Core Referenced Futures Contracts）”。

---

① Federal Speculative Position Limits for Referenced Energy Contracts and Associated Regulation. http：//www. cftc. gov/ucm/groups/public/@ lrfederalregister/documents/file/2010－1209a. pdf.

② 本节引用的数据和资料除特别注明外，均取自：Position Limits for Derivatives。https：//www. federalregister. gov/documents/2021/01/14/2020－25332/position－limits－for－derivatives。

表 12－1　　联邦投机持仓限额制度下的核心参考期货合约

传统农产品（交割月与非交割月）	传统农产品（仅交割月）	金属（仅交割月）	能源（仅交割月）
CBOT 玉米	CME 活牛	COMEX 黄金	NYMEX 天然气
CBOT 燕麦	CBOT 稻谷	COMEX 白银	NYMEX 原油
CBOT 大豆	ICE 可可	COMEX 铜	NYMEX 燃料油
CBOT 豆粕	ICE 咖啡	NYMEX 铂	NYMEX 汽油
CBOT 豆油	ICE 冷冻浓缩橙汁	NYMEX 钯	
CBOT 小麦	ICE 11 号糖		
CBOT 堪萨斯硬红冬小麦	ICE 16 号糖		
明尼阿波利斯交易所硬红春小麦			
ICE 二号棉			

（二）现行联邦投机持仓限额适用范围

2021 年 3 月 15 日开始生效的新联邦投机持仓限额适用于：（1）25 个核心参考期货合约；（2）与 25 个核心参考期货合约的价格直接或间接相关的现金结算期货和期权合约，或与 25 个核心参考期货合约为相同品种、相同交割地点的现金结算合约；（3）经济上等价的掉期合约。

（三）交割月持仓限额

联邦交割月持仓限额适用于所有参考合约。每个交割月持仓限额设定为小于等于预计可供交割量（Estimated Deliverable Supply）的 25%。为了对比方便，9 个传统农产品 2020 年最终规则实施前的持仓限额数据列在括号内（见表 12－2）。

表 12－2　　交割月联邦投机持仓限额

核心参考期货合约	2020 年最终规则联邦交割月持仓限额（张）
CBOT 玉米	1200（600）
CBOT 燕麦	600（600）

续表

核心参考期货合约	2020 年最终规则 联邦交割月持仓限额（张）
CBOT 大豆	1200（600）
CBOT 豆粕	1500（720）
CBOT 豆油	1100（540）
CBOT 小麦	1200（600）
CBOT 堪萨斯硬红冬小麦	1200（600）
明尼阿波利斯交易所 硬红春小麦	1200（600）
ICE 二号棉	900（300）
CME 活牛	600/300/200
CBOT 稻谷	800
ICE 可可	4900
ICE 咖啡	1700
ICE 冷冻浓缩橙汁	2200
ICE11 号糖	25800
ICE16 号糖	6400
COMEX 黄金	6000
COMEX 白银	3000
COMEX 铜	1000
NYMEX 铂	500
NYMEX 钯	50
NYMEX 天然气	2000
NYMEX 原油	6000/5000/4000
NYMEX 燃料油	2000
NYMEX 汽油	2000

在表 12－2 中，CFTC 在交割月对 CME 活牛和 NYMEX WTI 原油采取了递减持仓限额，在交割月逐阶降低持仓，具体见表 12－3 和表 12－4。

表 12－3　　CME 活牛递减持仓限额

限仓开始时间	持仓限额（张）
交割月第一个周五后的第一个交易日结束时	600
交割月最后五个交易日前一个交易日结束时	300
交割月最后两个交易日前一个交易日结束时	200

表 12－4　　NYMEX WTI 原油递减持仓限额

限仓开始时间	持仓限额（张）
交割月最后一个交易日前三个交易日交易结束时	6000
交割月最后一个交易日前两个交易日交易结束时	5000
交割月最后一个交易日前一个交易日交易结束时	4000

对交割月交割的重视体现在《商品与证券交易法》对指定合约市场（期货交易所）实物交割合约的附加要求上。

“对于实物交割合约，指定合约市场必须证明：

（a）监督合约条款和条件，因为它们与标的商品市场以及期现货价格趋合有关，并真诚努力解决干扰价格趋合问题。

（b）监督商品的供应及其充足性，以满足交割要求，并真诚努力解决威胁商品供应充足性问题或交割流程问题。”①

（四）非交割月持仓限额

1. 设置非交割月持仓限额的原因

CFTC 认识到，非交割月异常大的持仓可能会扭曲合约月份之间自然的价差关系。例如，如果交易者在非交割月持有异常大的持仓，并且要在交割月之前很快退出这些持仓，就可能会导致交易阻塞，影响交割月合约定价。虽然不能排除这种拥堵或价格扭曲，但交易所设定的持仓限额和持仓报告制度有助于减轻此类风险。

2. 非交割月持仓限额的两个类型

非交割月持仓限额分为单个合约月份（single month）持仓限额和所有合约月份总持仓限额（all months combined）。比如，CBOT 黄大豆二号期货的合约月份是 1 月、3 月、5 月、8 月、9 月、11 月。单个合约月份持仓限额仅对除交割月之外的任何一个月份持仓数量进行限制，比如 11 月；所有合约月份总持仓限额是对各月份期货和期权持仓的总量进行限制。

---

① 《商品与证券交易法》。
https：//www. ecfr. gov/current/title－17/chapter－I/part－38。

按照相关规定，所有月份总持仓是同一商品所有月份期货合约的持仓，加上所有敲定价格（按 delta 系数折算后）的期权持仓，合并计算后的净多或净空持仓。持有期货多头合约、买入看涨期权、卖出看跌期权，被视为多头持仓；相反，持有空头期货合约、买入看跌期权、卖出看涨期权，则被视为空头持仓。

3. 2005 年 CFTC 提高非交割月持仓限额

2004 年，根据《商品期货现代化法》中关于对可供交割量有限的商品应该设置交割月持仓限额，但市场可以选择不实施单个月份持仓限额和所有月份总持仓限额的规定，CBOT 等几家交易所要求废除联邦单个月份和所有月份总持仓限额，但没有得到 CFTC 的同意。CBOT 为此提出了扩大单个月份和所有月份总持仓限额的要求，CFTC 不仅予以批准，而且批准的数量很多超过了 CBOT 申请的幅度（见表 12 – 5）。

表 12 – 5　　2005 年 CFTC 联邦持仓限额审批情况　　单位：张

品种	单个月份持仓			所有月份总持仓		
	原有水平	交易所申请量	CFTC 批准量	原有水平	交易所申请量	CFTC 批准量
小麦	3000	4500	5000	4000	5500	6500
玉米	5500	10000	13500	9000	17000	22000
大豆	3500	6500	6500	5500	10000	10000
豆油	3000	4500	5000	4000	6500	6500
豆粕	3000	45000	5000	4000	6000	6500

注：1. CBOT 原有水平和交易所申请数量取自 Federal Register：June 17，2004（Volume 69，Number 116）。http：//www. cftc. gov/foia/fedreg04/foi040617a. htm。

2. 批准数量取自 Federal Register /Vol. 70，No. 90 /Wednesday，May 11，2005 /Rules and Regulations。http：//www. cftc. gov/files/foia/fedreg05/foi050511a. pdf。

4. 2020 年 CFTC 提高非交割月联邦投机持仓限额

联邦非交割月投机持仓限额只适用于 9 个老品种。通常设定为第一个 5 万张合约空盘量的 10%，此后按空盘量的 2. 5% 递增。在此之前，单个月份的持仓限额一般为所有月份总持仓限额的 2/3。本次调整后，除 ICE

二号棉单个月份持仓限额为所有月份总持仓限额的50%外，其他品种单个月份持仓与所有月份总持仓相等（见表12-6）。

对于9个老品种之外的联邦持仓限额品种，由交易所设置非交割月持仓限额和持仓报告标准。

表12-6　非交割月联邦投机持仓限额　单位：张

核心参考期货合约	2020年单个月份和所有月份持仓限额	2020年前，联邦、交易所单个月份和所有月份持仓限额
CBOT玉米	57800	33000
CBOT燕麦	2000	2000
CBOT大豆	27300	15000
CBOT豆粕	16900	6500
CBOT豆油	17400	8000
CBOT小麦	19300	12000
CBOT堪萨斯硬红冬小麦	12000	12000
明尼阿波利斯交易所硬红春小麦	12000	12000
ICE二号棉	5950（单个月份） 11900（所有月份）	5000

二、可供交割量与“10/2.5%公式”

联邦持仓限额制度中有两个核心指标：一个是用于计算交割月持仓限额的预计可供交割量，另一个是用于计算非交割月持仓限额的“10/2.5%公式”。

（一）可供交割量

1. 期货专家的定义

可供交割量（deliverable supply）是指达到期货合约交割标准的商品供给总量。而在期货可供交割的商品中，真正能够用于交割月交割的，必须是已经备好的可用于期货合约交割的商品供给量。这里所谓“已经备好”的商品，是指可以随时运达另一地点或者随时可以用于期货合约交割的商品。

如果这部分可交割商品存储在交易所指定的交割仓库，可以随时以仓单形式进行交割，那么，这部分库存就是交割库存（delivery stock）。安妮·派克和杰弗利·威廉斯把交割库存定义为交易所指定交割地点的自由总库存，不包括政府库存和商业信贷公司（CCC）的库存，但包括农民自有储备。①

2. CFTC 的定义

CFTC 认为，预计可供交割量（deliverable supply estimate）是指，符合期货合约标准的商品数量，经过合理预计，在规定的交付期间内、在合约交割地点，空头交易者可随时获取、多头交易者可按其市场价值在正常现货营销渠道中销售的数量，而不是州际贸易中非正常运输的商品数量。②

3. 可供交割量的预估方法

《商品与证券交易法》中对“指定合约市场（Designated Contract Markets）”即商品期货市场的预计可供交割量做了更详细的解释。

（1）综合考虑规定的各项条款和条件，应使“可供交割量”足以确保期货合约不易受到价格操纵或扭曲的影响。也就是说，衡量可供交割量充足的标准是，能够在不导致期货价格相对于现货市场价格扭曲的情况下，满足正常或预期交割需求范围的商品数量。

（2）可供交割量是在合约规定的交割地点、以当前价格可用于现货销售的商品数量。对实物交割商品合约而言，预计可供交割量是存放在指定期货交割地点，或者按照期货合约规定的交割程序经济地运入或通过这些交割地点，并且可在通常属于交割地点的营销渠道内随时按现货销售的数量。

（3）预计可供交割量不包括长期协议承诺的供应量，即无法用于履行

① 安妮·派克、杰弗利·威廉斯著，赵文广等译：《期货交割》，中国财政经济出版社，1998 年。

② Position Limits for Derivatives.
https：//www. cftc. gov/LawRegulation/FederalRegister/ProposedRules/2011 - 1154. html.

当前交易产生的交割义务的可供交割量。

（4）要利用最近三年可用的数据，对可供交割量至少每月预估一次。在可能和资源允许的情况下，可供交割量预估应建立在尽可能反映期货合约条款和条件界定的市场数据基础上，并且应尽可能地使用政府或公开的数据。所有可供交割量的预估必须充分定义，并明确说明所有基本假设，在文档中记录所有数据、信息来源，以允许监管机构人员复制。

（5）需要考虑的其他因素。在未来几年时间里，生产、消费和供应模式都可能发生变化，应充分评估可供交割量的潜在规模；标的现货商品生产、消费的季节性、增长性和市场集中度；标的现货商品是内销为主还是外销为主；生产者、贸易商和消费者在现货商品生产、销售和消费中的作用；现货商品的质量、在正常商业渠道中的流向，是否存在可能影响现货商品价格或供应的外部因素或监管管制。

（6）可供交割量的估算应包括：①对期货合约规定交割期间可供交割量的定量预估。②对具有季节性供应或需求特征的商品，可供交割量应包括潜在供应通常处于最低水平时期的分析。③以统计数据为基础，涵盖一段时间标的商品实际的生产模式、消费模式和季节效应模式。④上述相关时间段应包括至少三年的月度可供交割量预估数据。⑤排除无法用于期货合约交割的商品数量。包括在当前价格水平下无法经济地获得或用于交割的数量，或已经承诺用于长期协议的数量。

4. 设置25%预计可供交割量的逻辑

25%预计可供交割量=交割月持仓限额

CFTC认为，交割月持仓限额应针对可供交割量更为有限的商品市场，或者针对需要最大限度地减少市场操纵或价格扭曲的情况。实物交割合约的交割月持仓限额标准应基于对可供交割量的分析以及交割月清算和结算的历史。实物交割市场的交割月持仓限额设定为不超过预计可供交割量的25%是合适的。

CFTC相信，限定投机者控制25%的预计可供交割量，而非实际交割的商品，对于确保不发生多逼空和囤积居奇至关重要。

（二）关于“10/2.5%公式”

“10/2.5%公式”最初由 CFTC 市场分析部执行董事 Blake Imel 提出，于 1999 年首次使用。提出该公式的目的是限制持仓集中到一个或几个交易者手中。CFTC 通过自身以及交易所实施持仓限额的监管经验看出，按此计算出的持仓限额水平处于可以接受的范围之内；而对于 2.5% 的边际增量，CFTC 的解释是，最大单个交易者的持仓不会持续地与市场的整体持仓同步增加。

1. “10/2.5%公式”计算方法

“10/2.5%公式”基于以下两个主要因素，一是空盘量的增长，二是交易大户的持仓规模。CFTC 把空盘量中的前 25000 张合约乘以 10%，将剩余的合约数乘以 2.5%，并将这两个数字相加，得出非交割月联邦持仓限额水平。

假设一个合约在过去 12 个月的空盘量为 20 万张。把“10/2.5%公式”应用于这 20 万张的空盘量，得出非交割月持仓限额为 6875 张合约。计算方法如下：

首个 25000 张合约 ×10% =2500 张合约

剩余 17.5 万张合约 ×2.5% =4375 张合约

非交割月总持仓限额 =2500 +4375 =6875 张合约

2. “10/2.5%公式”与 2020 年提高持仓限额

2020 年，CFTC 把适用 10% 的持仓标准从 2.5 万张提高到 5 万张，从而使非交割月持仓增加约 1875 张。首个（即适用 10% 的）持仓量基数的提高，主要基于下述两个主要因素的变化：

（1）除 CBOT 燕麦外，其他品种的空盘量出现了大幅增长。表 12 -7 显示了 1994—1999 年与 2015—2018 年两个时段的最大持仓量数据。在 20 世纪 90 年代后期，每个农产品的持仓量都低于 50 万张，甚至低于 20 万张。此后，所有农产品的最大持仓量都有增长（除燕麦外）。2015—2018 年，有 5 个品种的最大持仓量超过 50 万张。CBOT 玉米、大豆和硬红冬小麦比 1999 年 CFTC 采用“10/2.5%公式”时的最大持仓量高出 3 倍多。

表 12－7　　1994—1999 年与 2015—2018 年期货与期权合约最大空盘量

品种	1994—1999 年（张）	2015—2018 年（张）	增长率（%）
CBOT 玉米	463386	2201990	375
ICE 二号棉	122989	344302	99
CBOT 燕麦	18879	11313	－40
CBOT 大豆	27379	997881	339
CBOT 豆粕	155658	544363	250
CBOT 豆油	172424	547784	218
CBOT 小麦	163193	621750	281
CBOT 堪萨斯硬红冬小麦	76435	311592	308
明尼阿波利斯交易所硬红春小麦	24999	80625	223

注：1. 根据原表数据整理。

2. 资料来源：Federal Register/Vol. 86，No. 9/Thursday，January 14，2021/Rules and Regulations 3333。

随着持仓量增加，非交割月联邦持仓限额水平对市场参与者变得更加严格。由于在现有的“10/2.5%公式”下，首个 25000 张合约之后的持仓限额开始按 2.5% 计算，而不是像前 25000 张合约那样按 10% 计算持仓限额。

（2）投资者构成发生重大变化。在 1999 年之前，CFTC 监管的实物商品市场通常由持有空头头寸的大型商业企业主导，小型个体交易者往往持有多头头寸。CFTC 采用“10/2.5%公式”几年后，交易商（dealer）开始大规模进入实物商品期货市场。

这些交易商包括与银行或大型金融机构有关联的互换交易商，他们在市场上持有大量头寸，充当做市商向商业套期保值者和其他市场参与者提供互换服务。因此，现有的“10/2.5%公式”对交易商特别具有限制性，因为这些交易商持有的头寸没有资格获得真正的套期保值豁免，但他们却可以为市场提供有价值的流动性。

表 12－8 是 CFTC 发布的 2003—2018 年 12 月的“银行持仓报告”数

据，显示商业银行在 7 个联邦持仓限额期货品种中应报告持仓数量。

表 12－8 持有多头头寸的商业银行数量

年份	玉米	棉花	大豆	豆粕	豆油	小麦	堪萨斯小麦
2002	未报告	未报告	未报告	未报告	未报告	未报告	未报告
2003	5	6	7	未报告	未报告	5	未报告
2004	5	10	7	未报告	未报告	7	未报告
2005	10	8	6	未报告	5	9	9
2006	11	11	9	未报告	7	14	7
2007	13	8	12	未报告	6	14	6
2008	17	13	16	未报告	6	14	9
2009	8	8	8	未报告	未报告	13	未报告
2010	7	7	7	未报告	未报告	11	未报告
2011	10	11	9	5	5	10	未报告
2012	8	10	11	6	6	11	5
2013	11	11	13	10	6	11	5
2014	15	12	15	10	9	15	6
2015	12	13	13	12	10	15	9
2016	15	14	15	12	10	15	6
2017	16	13	12	11	9	16	8
2018	16	15	18	15	13	18	12

三、交易所持仓限额

凡是实施联邦持仓限额的品种，都要求实施交易所持仓限额。但总的来说，交易所持仓限额似乎是查漏补缺，始终处于从属地位。

（一）对新上市品种主动设置持仓限额

芝加哥商业交易所（CME）于 1961 年上市交易了猪五花肉期货；1964 年上市了活牛期货；1966 年上市了生猪期货。

在这些商品上市之前，CME 就已经在其交易规则中规定了对这些商品的持仓限额，联邦政府监管机构在很长时间内均没有再对这些商品采取联邦持仓限额。

2020 年，CFTF 又把这些品种纳入联邦持仓限额列明品种之列。

（二）在实施联邦持仓限额之前，授权实施交易所持仓限额

1979 年末和 1980 年初的白银市场危机，也称为“亨特兄弟白银操纵案”，使 CFTC 得出如下结论：

“一些投机账户持有巨额白银期货头寸，可能导致了白银价格的快速上涨和随后的暴跌。如果已经实施了对交易者或团体可以拥有或控制的持仓进行限制，这种情况就可能避免。

CFTC 认为，任何期货市场有序地吸收巨大投机头寸建仓和平仓的能力似乎与投机持仓的相对规模有关，也就是说，市场的容量并非是无限的。”①

1981 年，CFTC 要求交易所对 CFTC 尚未设置持仓限额的所有品种实施持仓限额。交易所的持仓限额需要提交 CFTC 审核批准后执行。

1982 年，美国国会批准了 CFTC 的监管政策，要求交易所的持仓限额不高于 CFTC 可能设定的限额。

2020 年，CFTC 把黄金、白银等贵金属纳入联邦持仓限额列明品种之列。

（三）设置交易所持仓限额的逻辑

CFTC 认为，期货交易所对各自的市场更了解，并根据特定市场和合约的独特流动性以及其他特点，设置非交割月合约具体持仓限额参数。在空盘量没有增加时，交易所不需要改变现有持仓限额；对于空盘量增加的合约，交易所可以提高持仓限额，以促进流动性与有序的市场保持一致。

（四）确保联邦持仓限额架构不受影响

1. 对设置联邦持仓限额的合约

交易所的持仓限额水平，无论是现金结算合约还是实物交割合约，无论是在交割月还是非交割月，都不得高于联邦持仓限额水平。

2. 对未设置联邦持仓限额的合约

对交割月，不超过 25% 可供交割量。

---

① Position Limits and the Hedge Exemption，Brief Legislative History https：//www. cftc. gov/PressRoom/SpeechesTestimony/berkovitzstatement072809

对非交割月，交易所可自由设定持仓限额或持仓报告标准。前提是这些标准“对于减少市场操纵，减少对合约、相关商品价格或指数价格扭曲的潜在威胁是必要和适当的。”

豁免。交易所可以灵活授予各种类型的豁免。交易所必须考虑豁免是否会导致持仓“超过该市场可以有序减仓和平仓的数量。”①

（五）超过但不违反持仓限额的几种情况

一是期权行权而增加的期货持仓，如果在下一个交易日对超过的持仓进行平仓，就不被认定为违反持仓限额。

二是交易结束后，若用当天的 delta 系数对含有期权的持仓进行估值时处于超仓状态，但按上一交易日的 delta 系数进行估值时没有超仓，也不构成违反持仓限额。

三是清算会员的客户超仓后，清算会员在合理的时间内发现并对客户超仓部分平仓的，不构成清算会员违反持仓限额。根据 CBOT 规定，“合理的时间”原则上不超过一个工作日。

四是一个客户在多家清算会员拥有持仓且超仓的，清算会员在接到交易所市场监管部门的通知后，在合理的时间内对该客户超仓部分按比例进行平仓，或采取其他措施使其符合持仓限额规定的，不构成清算会员违反持仓限额。

四、持仓报告制度

CFTC 允许交易所提交“持仓报告”（持仓报告等级），作为交易所持仓限额的替代方案。在持仓报告（position accountability）制度下，交易所可要求交易者提供有关持仓信息，同意按交易所指示停止进一步增加持仓。

① Position Limits for Derivatives.
https：//www. federalregister. gov/documents/2021/01/14/2020 - 25332/position - limits - for - derivatives.

（一）持仓报告制度发展历程

一般来说，持仓限额是对容易受到市场操纵的商品而设置的。期货市场具有很高的流动性、现货市场也有很发达的主要外汇期货品种和其他金融衍生产品，市场操纵潜在威胁性较小，交易所没有必要对这些商品设置持仓限额，但可以用持仓报告制度代替持仓限额制度。

CFTC 认为，外汇等金融期货或期权合约的深度和流动性持续增长，市场操纵潜在威胁性较小，人们开始质疑传统市场结构中的持仓限额在金融期货市场的必要性。高度流动性成为是否适用持仓报告代替持仓限额的核心因素。

1992 年 1 月，CFTC 批准 CME 对一些具有高度流动性的金融期货期权合约建立持仓报告制度。持仓报告制度允许交易所用持仓报告标准代替持仓限额标准。

1992 年 6 月，CFTC 决定对具有高度流动性的金属和能源合约采用持仓报告制度，这些合约的流动性至少相当于或大于实施持仓报告制度的金融期货和期权合约。

1992 年，CFTC 还批准了纽约棉花交易所美元指数期货与期权、CBOT 的几个金融期货和期权合约实施持仓报告制度。

1999 年，CFTC 颁布规则，明确允许交易所在某些条件下建立持仓报告基准，而不是继续通过豁免程序实施持仓报告制度；允许交易所在合约上市交易后至少 12 个月并达到某些持仓量和交易量阈值的情况下提交持仓报告规则，而不是数字限制。

（二）持仓报告制度的特点

根据期货交易所对市场的了解，授权交易所可决定在非交割月份是采取持仓限额还是持仓报告制度。与持仓限额相比，持仓报告制度可以提高流动性，因为流动性提供者可能更愿意或能够参与没有硬性持仓限额的市场。

持仓报告制度需要注意以下四个方面。

（1）持仓报告基准（level）是市场参与者可能超过且不违反交易规则的持仓标准。交易所可能会要求持仓超过基准的市场参与者提供持仓性质、交易策略和套期保值持仓的相关信息。

（2）对未能提供所要求信息的，交易所可下令其减少持仓并给予纪律处分。

（3）任何超出持仓报告基准的市场参与者，被视为已同意在接到交易所指示时：一是不进一步增加持仓；二是遵守对持仓规模限制的规定；三是减少超过持仓报告基准的持仓。

（4）持仓报告制度不适用于交割月份。

五、持仓豁免制度

一般来说，下述三种情况不受联邦持仓限额限制：善意套期保值交易或持仓、套利交易、财务困境状况。

（一）善意套期保值交易或持仓

如果套期保值持仓满足“一般”善意套期保值定义的以下所有三个要素，则可能超过联邦持仓限额：

（1）替代将来在现货营销渠道中的交易或持仓。

（2）有利于商业企业在经营和管理中降低价格风险。

（3）由实际或预期资产、负债或服务的潜在价值变化引起。

CBOT 规则规定，“经批准的善意套期保值者可免于减少持仓限额或限制交易的紧急命令。”

（二）套利持仓豁免

被认定为“套利交易”的类型包括跨市场套利、市场内套利、跨品种套利、跨期套利、质量价差套利、加工套利（如原油“裂解”套利或大豆“压榨”套利）、产品与副产品价差套利、期货期权套利。

（三）财务困境持仓豁免（financial stress position exemption）

财务困境持仓豁免，根据具体情况而定。在可能发生某些财务困境情况，比如违约或破产情况期间，市场参与者可能因为要承担另一市场参与者的持仓和相关风险而超过联邦头寸限额。市场参与者应根据规定提出申请。

无序平仓威胁到价格的正常波动，可能损害市场的效率和价格发现功能。通过对财务困境持仓豁免，把持仓从财务困难的公司转移给财务安全的公司，使提前平仓或不必要平仓的可能性降低。

（四）CFTC 取消“五日规则”

在 2020 年的最终规则中，CFTC 取消了对在交割月最后五日内持有列明善意套期保值持仓的限制。交易所有权自行决定是否对实物交割合约，在最后五个交易日或交割月时段两者中的较小者，对持有超过持仓限额的头寸施加持仓限额（五日规则）。交易所可以制定自己的“五日规则”或者限制头寸规模。

CFTC 取消“五日规则”的依据是：（1）通过实施五日规则来限制交易者建立持仓可能导致运营效率低下、相关成本增加，因为交易者可能感觉在交割月期间持有头寸，对于真正的套期保值持仓是必要的。（2）价格趋合对交割月期间潜在的市场操纵或过度投机特别敏感。

随着联邦持仓限额品种清单的扩大，联邦政府最好为交易所提供额外的自由裁量权，以使用五日规则以外的工具保护其期货市场，并通过强调交割月重要性的指导，确保价格趋合和实物交割的有序进行。

交易所有经济动机确保其期货合约实现价格趋合。如果这些合约没有实现价格趋合，实体企业将不太愿意使用这些合约进行套期保值。

综合上述因素，联邦政府决定不对列举的善意套期保值持仓实施五日规则，而是依赖交易所对豁免的决定。

六、合并持仓与大户报告制度

（一）合并持仓制度

通过授权书或其他方式，直接或间接控制交易或持有 10% 或以上的所有权或股权的，必须与该人员持有的头寸和进行的交易进行合并。两人或两人以上根据明示或暗示的协议或谅解行事的，应被视为头寸、所有权或股权由一人持有，或交易由一人交易或控制。

合并实质相同的交易持仓。通过授权书或其他方式持有或控制多个账户或基金，这些账户或基金使用基本相同的交易策略，必须把所有此类头寸按比例与该人员持有的所有其他头寸和进行的交易进行合并。

（二）大户报告制度

CFTC：大户是指在任何一家交易所的期货或期权系列品种上，持有或控制的头寸等于或大于交易所或 CFTC 规定报告水平的交易者。①

郑商所：期货交易实行大户报告制度。非期货公司会员或者客户持有某期货合约数量达到交易所对其规定的持仓限量 80% 以上（含本数）或者交易所要求报告的，应当向交易所报告其资金、持仓等情况。根据市场风险状况，交易所可调整持仓报告水平。②

为了加强持仓监督，CFTC 实行了一整套收集市场参与者信息的制度，其中包括 CFTC 和美国期货交易所采取的大户报告制度，清算会员、期货佣金商和国外经纪公司每天都要向 CFTC 提交相关持仓报告和交易数据。

美国的大户报告制度最早开始于 1923 年 6 月 22 日。当时负责期货市场监管的谷物期货管理局要求每家清算会员，每天向其报告超过规定数量持仓的每一个交易者的持仓情况。这种大户报告制度构成了期货市场监管的重要组成部分。1927 年 2 月 26 日，美国农业部长暂停了大户报告制度要求，其理由是，市场抱怨大户报告制度阻碍了多头投机大户进入期货市场，从而抑制了谷物价格的上涨。随后，谷物期货管理局断定，这项制度并未妨碍多头大户的参与，于是，这项制度在 1927 年 11 月 1 日被恢复，并一直沿用至今。

---

① Futures Glossary.
https：//www. cftc. gov/LearnAndProtect/AdvisoriesAndArticles/CFTCGlossary/index. htm#L.

② 《郑州商品交易所期货交易风险控制管理办法》，自 2021 年 11 月 25 日起施行。

第三节　我国持仓限额制度

我国持仓限额制度的出发点与美国相同，都是为了防止利用持仓优势进行逼仓、操纵市场。在持仓制度设计中，还要贴近产业和现货市场实际，同时借鉴国外成功经验，避免少走弯路。

一、持仓限额管理对象

我国期货市场实行期货公司会员持仓、非期货公司会员持仓与客户持仓并重的三重持仓限额制度。期货公司持仓数倍于客户持仓。非期货公司会员持仓，在早期大于客户持仓，目前与客户持仓相同。

（一）期货公司

我国设置期货公司会员持仓限额之初，期货市场还处于发展初期，期货公司实力不强，抗风险能力较差。为了防范一家或几家期货公司会员的客户在某一品种上单方向持仓比重过大，在遇到市场价格向不利方向发展时，给期货公司造成难以承担的风险，对期货公司实施了持仓限额。

上期所仍在实施的期货公司持仓限额适用于"合约挂牌至交割月份"的整个合约生命周期。其对期货公司持仓限额基数的调增占合约单边持仓的比例从最初的15%提高到25%（见表12－9、表12－10）。

表12－9　　上期所铜期货合约持仓限额（2008年）

合约持仓量	一般月份（%）			交割月前第一月（手）			交割月份（手）		
	经纪会员	非经纪会员	客户	经纪会员	非经纪会员	客户	经纪会员	非经纪会员	客户
≥12万手	15	10	5	8000	1200	800	3000	500	300

注：1. 表中持仓量、限仓数额为单向计算，期货公司会员的限仓比例为基数。

2. 该表中"经纪会员"和"非经纪会员"是2008年的用语，相当于现在的"期货公司会员""非期货公司会员"。

资料来源：《上海期货交易所风险控制管理办法》，2008年1月9日起实施。

表 12－10　　　　上期所铜期货合约持仓限额（2020 年）

<table>
<tr><td colspan="2">合约挂牌至交割月</td><td colspan="2">一般月份</td><td>交割月前一个月</td><td>交割月</td></tr>
<tr><td rowspan="2">合约月份持仓量</td><td rowspan="2">期货公司会员</td><td rowspan="2">合约月份持仓量</td><td>限仓比例与数量</td><td>限仓数量</td><td>限仓数量</td></tr>
<tr><td>非期货公司会员及客户</td><td>非期货公司会员及客户</td><td>非期货公司会员及客户</td></tr>
<tr><td rowspan="2">≥8 万手</td><td rowspan="2">25%</td><td>≥8 万手</td><td>10%</td><td rowspan="2">3000 手</td><td rowspan="2">1000 手</td></tr>
<tr><td><8 万手</td><td>8000 手</td></tr>
</table>

注：1. 表中持仓量、限仓数额为单向计算，期货公司会员的限仓比例为基数。

2. 非期货公司会员就是自营会员，不能做代理业务，因此，持仓与客户相同。

资料来源：《上海期货交易所风险控制管理办法》，自 2022 年 12 月 7 日起施行。

为了解决期货公司持仓限额制约实力较强、规模较大的期货公司发展问题，期货交易所根据期货公司的净资产和经营情况，采取在原有持仓限额基础上，上调信用系数和业务系数的方法，增加部分期货公司持仓限额的额度。期货公司会员的持仓限额，每年核定一次。

持仓限额＝基数×（1＋信用系数＋业务系数）

基数：是期货公司会员持仓限额的最低水平，由交易所规定。

1. 上期所信用系数与业务系数的规定

信用系数：以期货公司会员净资产 3000 万元为基数（此时信用系数为 0），每增加 500 万元净资产，信用系数相应增加 0.1，信用系数最大值不得超过 2。

业务系数：期货公司会员业务系数暂定为五档。以年交易金额 80 亿元为基数（此时业务系数为 0），年交易金额达到规定水平，则相应提高其业务系数。业务系数的最大值不得超过 1（见表 12－11）。

表 12－11　　　　上期所业务系数计算方法

档次	年交易金额（C1，亿元）	业务系数
1	C1 ≤80	0
2	80＜C1 ≤160	0.25
3	160＜C1 ≤280	0.50
4	280＜C1 ≤400	0.75
5	C1 ＞400	1.00

2019 年 3 月 18 日风控办法规定：（1）提高持仓限额。铜持仓从≥12 万张提高到≥16 万张。（2）统一非期货公司会员和客户持仓限额。（3）根据期货公司分类监管评级情况调整其限仓比例，调整后的限仓比例不超过 35%。①

2. 郑商所信用系数与业务系数规定

2009 年 4 月 20 日起施行的《郑州商品交易所期货交易风险控制管理办法》，把信用系数与年成交额和客户数量同时挂钩，在激励期货公司做大交易规模的同时，防止单个客户占据较大份额而增加期货公司风险，鼓励期货公司扩大客户群体。

信用系数：以期货公司会员净资产 1 亿元为基数（此时信用系数为 0），在此基础上，每增加 1000 万元净资产，则信用系数相应增加 0. 1，信用系数最大值不得超过 0. 5（见表 12 - 12）。

表 12 - 12　　郑州商品交易所业务系数计算方法

档次	限仓增额条件（须同时具备）		限仓增额系数
	年交易金额（C1，亿元）	投资者总数（C2，个）	
1	C1≤800	C2≤1000	0
2	800 < C1≤1000	1000 < C2≤1200	0. 10
3	1000 < C1≤1200	1200 < C2≤1400	0. 20
4	1200 < C1≤1400	1400 < C2≤1600	0. 30
5	1400 < C1≤1600	1600 < C2≤1800	0. 40
6	C1 > 1600	C2 > 1800	0. 50

3. 期货公司持仓限额制度的去留

2014 年 6 月 30 日起，郑商所对期货公司会员不再限仓。② 以往的期货公司会员限仓模式是在市场规模大幅上升时按比例进行限仓。随着新品种陆续上市，各项创新业务有序推进，市场规模持续稳步增长，原有限仓模

① 新闻发布会：上期所相关负责人就修订《上海期货交易所风险控制管理办法》答记者问。https：//www. shfe. com. cn/news/release/911332924. html.

② 郑商所对期货公司会员不再限仓。http：//finance. sina. com. cn/money/future/fmnews/20140623/005919486576. shtml.

式已限制了期货公司会员规模扩大和业务发展。取消期货公司会员限仓，将进一步调动期货公司积极性，提高期货公司服务实体经济能力，推动市场充分竞争，促进期货公司做优做强，也有利于期货市场的稳步发展。

2014 年 9 月，大商所也取消了期货公司会员持仓限额。①

上期所仍保留对期货公司限仓的规则。据介绍，曾经有期货公司的客户在不同月份持仓较大，带来潜在风险。交易所保留对期货公司限仓的规定，是为了在持续防控期货公司风险中多一个抓手。

上期所通过信用和业务系数，使一家期货公司在一个月份总持仓中占比可以高达 35%，对期货公司发展不会形成约束和影响。而且通过调升和调降期货公司持仓限额，也在一定程度上发挥着鞭策期货公司高质量发展的作用。

2019 年 12 月 24 日，上期所依据《2019 年期货公司分类评价结果》将永安期货等 37 家 A 类期货公司会员限仓比例从 25% 调整至 35%。②

2022 年 11 月 8 日，上期所把会员评级自 A 类调整至 B 类及以下的 2 家期货公司的会员限仓比例，从 35% 调整至 25%，并提醒这 2 家期货公司会员注意风险，及早调整持仓以符合标准。③

（二）非期货公司会员

非期货公司会员原来的称谓叫自营会员。这类会员只能为自己交易，不能代理其他客户进行交易。期货公司会员只有一个公司代码，而非期货公司会员还有一个客户代码，因此，可以直接参与交易。正因为如此，非期货公司会员有以下两点优势：

一是节省费用。作为会员直接参与交易，按照交易所规定的标准缴纳保证金，缴纳交易、交割等费用，无须像一般客户那样承担期货公司在交

---

① 大商所放开期货公司持仓限额。
https：//www. nbd. com. cn/articles/2014 – 09 – 11/862428. html.

② 上期所将永安期货等 37 家期货公司会员限仓比例从 25% 调整至 35%。
https：//www. jiemian. com/article/3809637. html.

③ 上期所调整期货公司会员限仓比例。
https：//baijiahao. baidu. com/s? id = 174891167216794 3085&wfr = spider&for = pc.

易所规定标准基础上增加的费用。

二是隐蔽身份。如果非期货公司不想让自己较大的持仓在交易所公布的“持仓排名”中暴露出来，以免成为众矢之的，就可以像一般客户那样，在期货公司开户，把一部分交易和持仓分散在不同的期货公司。这样非期货公司会员的持仓就成为期货公司的一部分，达到保密效果。

非期货公司会员大部分是历史遗留产物，现在很少发展这类会员。在非期货公司会员中，一部分是由自营会员转变而来。自营会员一般是某一行业的大型现货企业，比如活跃在期货市场的路易达孚。另一部分则是由兼营机构转变而来。兼营机构既可以代理客户从事期货交易，也可以进行自营交易。在第一次治理整顿过程中，取消了期货兼营机构这一会员类别。兼营机构大部分转为自营会员，少部分转为期货公司会员。此后，期货市场很少发展非期货公司会员。早期的会员交易资格构成见表 12 - 13。

表 12 - 13　　1995 年会员资格结构

交易资格类别	自营		代理		自营兼代理	
数目及比例	18	7%	130	50.8%	108	42.2%

资料来源：郑商所年报（1995）。①

在很长一段时间，交易所对非期货公司会员持仓与客户持仓分别进行规定，非期货公司持仓量比客户持仓量大一倍左右。② 现以郑商所化纤原料 PTA③ 期货为例，进行比较。2014 年 12 月 12 日起施行的《郑商所风控办法》仍然分别规定非期货公司会员持仓与客户持仓，但交割月持仓已经相同。2015 年 6 月 10 日起施行的风控办法中不再划分非期货公司会员与客户持仓，交割月的持仓限额显著增加，而交割月前的持仓限额则基本上是取了一个中间值（见表 12 - 14）。

① 郑州商品交易所年报（1995）。
http：//www. czce. com. cn/cn/administrator/AdminArticle/editor/UploadWord/2004923162338396. pdf.

② 《郑州商品交易所期货交易风险控制管理办法》。

③ PTA 是精对苯二甲酸（Pure Terephthalic Acid）的英文缩写。在国内市场中，75% 的 PTA 用于生产聚酯纤维，主要应用于服装和家纺面料；20% 用于生产瓶级聚酯，主要应用于各种饮料尤其是碳酸饮料的包装；5% 用于膜级聚酯，主要应用于包装材料、胶片和磁带。

表 12 - 14 2014 年和 2015 年 PTA 非期货公司会员与客户持仓限额对比 单位：手

	一般月份持仓	交割月前一个月			交割月
		上旬	中旬	下旬	
非期货公司会员	30000	30000	10000	8000	3000
客 户	15000	15000	8000	3000	3000
非期货公司会员及客户	自合约挂牌至交割月前一个月第 15 个日历日	交割月前一个月第 16 至最后一个日历日			交割月
	25000	10000			5000

目前，上期所和郑商所在持仓限额制度中，已经对非期货公司会员和客户同等对待；大商所仅在少部分品种上，对非期货公司会员和客户分别设置持仓限额。

（三）客户

我国境内期货市场对套期保值持仓额度采取审批制度，只有获得套保审批的那部分持仓才被认定为套保持仓，因此，无法从市场主体上区分套期保值客户与投机客户。

从目前持仓限额制度看，客户包括法人客户和自然人客户。自然人客户不得进入交割月。

（四）实际控制关系账户

《郑州商品交易所实际控制关系账户管理办法》规定，交易所在执行持仓限额时，对一组实际控制关系账户的交易、持仓等合并计算，合并计算的持仓量不得超过单个客户的持仓限额。

1. 实际控制关系账户认定标准

（1）实际控制的含义。行为人对他人期货账户具有管理、使用、收益或者处分等权限，从而对他人交易决策拥有决定权或者重大影响。

（2）实际控制关系账户认定。按照实质重于形式原则，具有下列情形之一的，将被认定为行为人对他人期货账户的交易具有实际控制关系：

①股权关系。出资额占他人资本总额或股本总额 50% 以上；或虽然资本总额或股本总额不足 50%，但表决权已足以对股东会、股东大会的决议

产生重大影响的股东。

②交易关系。作为他人的开户授权人、指定下单人、资金调拨人、结算单确认人或者其他形式的委托代理人。

③管理关系。作为他人的法定代表人、主要合伙人、董事、监事、高级管理人员。

④家庭关系。与他人之间存在配偶关系；与他人之间存在父母、子女、兄弟姐妹等关系，且对他人期货账户的日常交易决策具有决定权或者重大影响。

⑤合同关系。通过投资关系、协议、融资安排或者其他安排，能够对他人期货账户的日常交易决策具有决定权或者重大影响。

⑥行动一致性。与他人交易行为具有一致性且存在一方向另一方提供期货交易资金的，或者行为人与他人交易行为具有一致性且双方交易终端信息一致的。

⑦决策影响。对两个或者多个他人期货账户的日常交易决策具有决定权或者重大影响。

2. 实际控制账户报备

交易所利用大数据和人工智能对关联账户行为画像，在日常自律监管中发现具有疑似实际控制关系但尚未报备的账户，经交易所询问，承认存在实际控制关系的，应当按照规定报备流程进行报备；否认存在实际控制关系的，应当签署《合规声明及承诺书》，交易所将对相关说明材料进行审核。

若提交的说明材料事实理由不充分，经交易所调查认为符合实际控制关系认定标准的，仍可认定为具有实际控制关系。

若经调查，暂无法认定是否符合实际控制关系认定标准的，交易所可将其列入重点监控名单。

若提交的说明材料事实理由充分，确不属于实际控制关系的，交易所不认定为具有实际控制关系。

二、梯度持仓限额

美国期货市场的持仓限额制度比较简单，除交割月持仓限额外，只有单一月份持仓限额和所有月份总持仓限额，而且绝大多数品种的单一月份与所有月份总持仓限额相同，也就意味着，一个客户把所有持仓集中在同一个合约月份也不超仓，更不违规，这也许是欧美很多期货品种持仓和交易集中在近月合约的原因之一。相反，我国采取的阶梯型梯度持仓限额制度，根据距离交割月时间远近，持仓限额从松到严，逐级收紧。

（一）持仓限额的三个阶段

我国期货市场的阶梯型持仓限额包括一般月份、交割月前一个月和交割月持仓限额。比如，上期所的铜期货 1—12 月每个月都有一个期货合约在挂牌交易。对于 12 月到期的期货合约，1—10 月为“一般月份”，即合约挂牌至交割月前第二月的最后一个交易日；11 月为“交割月前一个月”；12 月为“交割月”。

（二）从五级到三级持仓限额

我们从上述表 12 - 14 可以看到，除一般月份和交割月份持仓限额外，郑商所把交割月前一个月的持仓限额又分上、中、下旬三个梯度，从而把持仓限额实际上扩展到五级，对每一级实施不同的持仓限额，持仓限额呈现不断下降趋势，到交割月降到最低点。

2015 年 6 月 9 日，当晚夜盘交易起施行的新持仓限额规定，非期货公司会员和客户持仓相同，郑商所把一般月份持仓延长到交割月前一个月上半月，把持仓限额梯度减少为三个。

（三）少数品种的四级持仓限额

目前，大商所铁矿石、鸡蛋、生猪实施四级持仓限额（见表 12 - 15）；[①] 其他品种的一般月份延长到交割月前一个月第十四个交易日，实施

① 《大连商品交易所风险管理办法》，2023 年 1 月 12 日起施行。

三级持仓限额，非期货公司会员与客户持仓限额相同。

表 12 - 15　　铁矿石和鸡蛋四级持仓限额

品种	合约月份	交易时间段	非期货公司会员（手）	客户（手）
铁矿石	所有月份合约	合约上市起	15000	15000
		交割月前一个月第一个交易日起	10000	10000
		交割月前一个月第十个交易日起	6000	6000
		交割月份	2000	2000
鸡蛋	所有月份合约	合约上市起	1200	1200
		交割月前一个月第一个交易日起	400	400
		交割月前一个月第十个交易日起	120	120
		交割月份	20	20

阶梯型持仓限额制度的优点，一是从中国期货市场以散户为主，且对规则制度不太熟悉的现实出发，避免美国期货市场在交割月初或最后几天才陡然收紧持仓限额可能造成的市场动荡；二是提前提醒市场参与者持仓要收紧，给他们足够的时间逐渐平仓，尽量减少因集中平仓造成的价格波动和不必要损失。但是随着期货市场参与者不断成熟，过多的持仓限额梯度在有利于控制交割风险的同时，也对交易产生了不利影响。

适当减少持仓限额梯度，一是可以减少客户为适应减仓要求而不断调仓；二是有利于近月活跃，促进价格发现；三是可使市场规范化程度不断提高，减少梯度也不会出现风险。

三、一般月份持仓限额

一般月份从合约挂牌算起。在过去很长时间，我们都把交割月前一个月之前时段划为一般月份。现在交易所根据品种特点和风控要求，对不同品种采取了不同的划分方式（见表 12 - 16）。

（一）一般月份绝对量限仓

上海、郑州和大连三家商品交易所对风险防控难度较大的品种，在一般月份期间均实施绝对量限仓（见表 12 - 17）。

表 12－16　　我国商品期货品种一般月份时段划分

品 种	一般月份时段
大商所铁矿石、鸡蛋、生猪	自合约挂牌至交割月前两个月最后一个交易日
郑商所动力煤、红枣	
上期所（燃料油除外）	
郑商所其他品种	自合约挂牌至交割月前一个月第 15 个日历日
大商所其他品种	合约上市至交割月前一个月第 14 个交易日
广期所工业硅、碳酸锂	
燃料油	合约挂牌至交割月前第三月最后一个交易日

表 12－17　　一般月份期间绝对量限仓品种

交易所	品种
上期所	燃料油、天然橡胶、石油沥青、黄金、白银、漂针浆
大商所	铁矿石、鸡蛋、生猪
郑商所	动力煤、红枣、普麦、强麦、早籼稻、菜籽、粳稻、晚籼稻、棉纱、苹果、花生

（二）一般月份分两个阶段限仓

划分绝对量限仓和按比例限仓的标准是限仓基数。以大商所聚丙烯为例，聚丙烯规定限仓基数为单边持仓 20 万手：小于等于 20 万手按绝对量限仓；大于 20 万手实行按比例限仓。

1. 限仓基数

限仓基数的首次确定，既要按照年度表观消费量，也要基于上市品种的特点。由于现货商品是连续消费，工业品期货合约月份也是连续的，每年 12 个合约，月均消费量相同；而部分农产品合约月份并不连续，例如黄大豆 1 号、玉米等每年只有 6 个合约月份，豆粕、豆油有 8 个合约月份。从理论上讲，单个月份合约承接的现货风险管理需求也不同。因此，应按每个品种的期货合约数量来计算月均表观消费量，然后计算限仓基数占期货合约月均表观消费量的百分比。

限仓基数占期货合约月均表观消费量的百分比，是衡量不同期货品种持仓管理松紧程度的一个参考指标。我们重新整理“液化石油气期货合约及规则设计说明（2020 年第一版）”中的数据后可以看出，在统计的 17

个品种中，8个品种的比值在50%以下，占品种总数量的41%；比值在50%以上的品种有9个，占比为59%。比例最高的是黄大豆1号（100%），比例最低的是鸡蛋（3.9%），其次是玉米（5.53%）。[①] 相对于黄大豆1号而言，玉米持仓限额明显偏紧（表12-18）。

表12-18　　限仓基数与按期货合约数计算的表观消费量

品种	表观消费量（万吨）	期货合约月均表观消费量（万吨）	限仓基数		限仓基数吨数/期货合约月均表观消费量（%）
			万手	折合万吨	
黄大豆1号	1200	200（6）	20	200	100
豆粕	5300	663（8）	20	200	30.17
豆油	1300	162（8）	10	100	61.73
棕榈油	650	54	5	50	92.59
粳米	4680	390	20	200	51.28
玉米淀粉	2350	392（6）	15	150	38.27
焦炭	48000	4000	5	500	12.5
焦煤	15000	1250	8	480	38.4
液化气	4400	367	8	160	43.6
聚乙烯	650	54	10	50	92.59
聚氯乙烯	1500	125	20	100	80
聚丙烯	1500	125	20	100	80
苯乙烯	1059	88	12	60	68.18
乙二醇	1431	119	8	80	67.23
铁矿石	110000	9167	20	2000	21.82
玉米	21700	3617（6）	20	200	5.53
鸡蛋	2300	192	1.5	7.5	3.9

注：1. 期货合约月均表观消费量=年表观消费量÷期货合约月份数。

2. 期货合约月份数小于12的，显示在第三列数据后的括号内。

2. 绝对量限仓阶段

以大商所聚丙烯为例，在达到规定持仓水平20万手前，实行绝对量

① 液化石油气期货合约及规则设计说明（2020年第一版）。表5“不同品种非期货公司会员持仓基数设置比较（单边）”。
http：//www.dce.com.cn/dalianshangpin/sspz/yhsyq/index.html.

持仓限额2万手；在超出规定持仓水平20万手后，采取按比例限仓10%。而在持仓水平等于20万手时，绝对量限仓和按比例限仓数量相等，都是2万手，做到了前后有机衔接（见表12－19）。

表12－19　　　　大商所聚丙烯一般月份持仓限额

品种	合约单边持仓量	非期货公司会员	客 户
聚丙烯	单边持仓量≤20万手	2万手	2万手
	单边持仓量>20万手	×10%	×10%

新挂牌合约的持仓从0开始不断增长。按照绝对量限仓规定，聚丙烯合约单边持仓量5万手时，客户限仓2万手相当于单边总持仓的40%。持仓总水平越低，绝对量限仓所占比重就更高。因此，在持仓达到规定基数之前的绝对量限仓，发挥着鼓励单个客户做大持仓，推动总持仓快速扩大的作用。

3. 按比例限仓阶段

按比例限仓也叫相对量限仓，或动态比例限仓。当合约持仓达到规定基数后，开始采取按百分比计算持仓限额。上期所和郑商所的限仓比例为10%，非期货公司会员和客户相同。大商所的规定相对复杂：（1）对少数品种，非期货公司会员持仓限额是客户的2倍；（2）对部分品种，非期货公司会员持仓限额高达20%；（3）近年来上市的品种，非期货公司会员和客户持仓限额相同，均为10%；（4）对于关系国计民生的重要品种，持仓监管逐步收紧。比如，采取绝对量限仓的铁矿石，一般月份固定限仓15000手，换算成比例值约为1.5%；采取按比例限仓的玉米，一般月份限仓比例仅为5%（见表12－20）。

（三）一般月份持仓限额的中美比较

从数量上看，按照CFTC的"10/2.5%公式"，持仓限额的持仓基数部分（比如2.5万张）按10%计算持仓限额，超过部分只按2.5%的边际增量增加客户持仓，远低于我国商品期货市场持仓限额始终不低于10%的规定；从灵活性上看，CFTC持仓限额的增加靠扩大基数，比如2020年从

表 12－20　　大商所部分品种一般月份按比例限仓

品 种	单边持仓量 ＞限仓基数（万手）	非期货 公司会员（%）	客户（%）
黄大豆 1 号	15	20	10
豆粕	40		
豆油	20		
棕榈油	10		
线型低密度聚乙烯	10		
聚氯乙烯	20		
黄大豆 2 号	20	10	
焦炭	5		
焦煤	8		
纤维板	30		
胶合板	6		
聚丙烯	20		
玉米淀粉	15		
乙二醇	8		
粳 米	20		
苯乙烯	12		
液化石油气	8		
玉米	40		5

2.5 万张合约提高到 4 万张，一旦市场规模扩大、持仓限额不足就要调整。而我国 10% 的持仓限额随市场规模变化而变化，无须经常调整。持仓限额规则体现出我国期货市场监管者在风控制度设计中的灵活性。

四、交割月前一个月持仓限额

为方便比较，我们把几家商品交易所持仓中的三个阶段，按时间先后分别称为“一般月份”“交割月前一个月”和“交割月”；对于同时有非期货公司会员和客户持仓限额的品种，选取客户持仓限额进行比较。

交割月持仓限额是持仓限额制度的核心和落脚点。在制定新品种持仓限额制度中，首先要考虑交割月持仓限额，然后根据行业的中等规模企业套保需求确定一般月份持仓限额，最后再根据一般月份和交割月持仓限额确定交割月前一个月持仓限额。

交割月前一个月持仓限额是一般月份与交割月之间的缓冲区，其目的是，通过规则的强制性要求，逐渐把客户持仓和总持仓降下来，防止逼仓事件发生。

（一）持仓限额的两个比例关系

我们先按品种，分别计算一般月份、交割月前一个月与交割月持仓限额之比。然后再按品种类别，计算该类别的平均值，其目的是直观感觉客户持仓限额从一般月份过渡到交割月的平滑度。

1. 一般月份与交割月持仓限额之比

一般月份与交割月持仓限额之比是一般月份持仓直接过渡到交割月持仓的难度系数。假定客户按照一般月份持仓限额满额持仓，那么，这一系数越大，进入交割月前需要平仓的比例就越高。

2. 交割月前一个月与交割月持仓限额之比

交割月前一个月与交割月持仓限额之比，反映的是经过交割月前一个月持仓限额（无论经过多少个梯度）削减后，需要在交割月前一个月进一步减仓的难度系数。

（二）与交割月持仓限额的对比结果

我们同时对同一交易所所有品种，按品种分类进行对比，希望能得出一个可以相互比较的数值。

从跨交易所的角度看，一般月份与交割月的最高和最低值之间，螺纹钢（100）是玉米（4）的 25 倍。交割月前一个月与交割月比值最高的白糖（6）是比值最低品种菜粕的（2）的 3 倍；比值最低的品种（2）还包括郑商所的硅铁和 PTA，大商所的聚氯乙烯、聚丙烯、苯乙烯和液化石油气（见表 12－21、表 12－22、表 12－23）。

表 12 – 21　　上期所：与交割月持仓限额比例系数

品种	一般月份<限仓基数（手）	交割月前一个月（手）	交割月（手）	一般月份/交割月	交割月前一个月/交割月
铜	8000	3000	1000	8	3
铝	10000	3000	1000	10	3
锌	6000	2400	800	7. 5	3
铅	5000	1800	600	8. 3	3
镍	6000	1800	600	10	3
锡	1500	600	200	7. 5	3
螺纹钢	90000	4500	900	100	5
线材	22500	1800	360	62. 5	5
热卷	120000	9000	1800	66. 7	5
燃料油	7500	1500	500	15	3
沥青	8000	1500	500	16	3
天然橡胶	500	150	50	10	3
漂针浆	4500	900	300	15	3
黄金、白银	9000	2700	900	10	3
平 均				23. 10	3. 40

郑商所品种的一般月份/交割月，中位数是 17. 5。比值最高的白糖和花生（30）与比值最低的菜油和强麦等（10）相差仅 3 倍。

表 12 – 22　　郑商所：与交割月持仓限额比例系数

品种	一般月份<限仓基数（手）	交割月前一个月 16 – 最后日历日（手）	交割月（手）	一般月份/交割月	交割月前一个月/交割月
棉花	20000	4000	800	25	5
白糖	30000	6000	1000	30	6
菜粕	20000	2000	1000	20	2
菜油	10000	3000	1000	10	3
强麦	1000	300	100	10	3
花生	3000	500	100	30	5
硅铁	10000	2000	1000	10	2
锰硅	30000	10000	2000	15	5

续表

品种	一般月份<限仓基数（手）	交割月前一个月16－最后日历日（手）	交割月（手）	一般月份/交割月	交割月前一个月/交割月
PTA	50000	10000	5000	10	2
甲醇	30000	3000	1000	30	3
尿素	10000	3000	1000	10	3
纯碱	20000	4000	800	25	5
玻璃	20000	5000	1000	20	5
短纤	10000	1500	300	33	5
平均				19.86	3.86

大商所下述品种一般月份/交割月，中位数是16。限额比值最高的焦炭（50）与比值最低的玉米（4）相差12.5倍。

表12－23　　　　大商所：与交割月持仓限额比例系数

品种	一般月份<限仓基数（手）	交割月前一个月第15个交易日起（手）	交割月（手）	一般月份/交割月	交割月前一个月/交割月
黄大豆1号	15000	2500	1000	15	2.5
黄大豆2号	20000	4500	1500	13	3
豆粕	40000	7500	2500	16	3
豆油	20000	3000	1000	20	3
棕榈油	10000	1500	500	20	3
玉米	20000	15000	5000	4	3
玉米淀粉	15000	4500	1500	10	3
聚乙烯	10000	3000	1000	10	3
聚氯乙烯	20000	5000	2500	8	2
聚丙烯	20000	5000	2500	8	2
苯乙烯	12000	2000	1000	12	2
乙二醇	8000	3000	1000	8	3
液化石油气	8000	1000	500	16	2
焦炭	5000	300	100	50	3
焦煤	8000	500	200	40	2.5
平均				16.67	2.67

我们按品种类别统计后发现三个特点。第一，一般月份与交割月的持

仓限额比值最高的黑色系，其交割月前一个月/交割月的比值显著下降。上期所从76.4下降到5，而大商所从45下降到3以下；第二，除黑色系品种外，在一般月份与交割月比值中，郑商所的两类品种都相对较高。第三，在交割月前一个月/交割月比值中，上期所的黑色系仍然最高（5），其他三类品种均为3；大商所三类品种的比值都不到3；郑商所两类品种都超过3，仅低于上期所黑色系（见表12－24）。

表12－24　一般月份、交割月前一月与交割月持仓限额对比

交易所	品种类别	品种数量（个）	一般月份/交割月	交割月前一个月/交割月
上期所	有色	6	8.6	3
	黑色	3	76.4	5
	农产品	2	12.5	3
	贵金属	2	10	3
郑商所	农产品	6	20.8	4
	工业品	9	17	3.3
大商所	农产品	7	14	2.93
	石化	6	10.3	2.33
	黑色	2	45	2.75

一般来说，交割月前一个月与交割月持仓限额比值越大的品种，交易所控制交割风险的难度也越大。但不同品种的属性和现货市场成熟程度差异很大，这一比值只能作为不同品种、不同品种类别之间比较的参考。

五、交割月持仓限额

交割月持仓限额涉及两个方面：一是满足产业客户套保需要；二是为防范交割逼仓风险，从严控制。

（一）交割月持仓限额的设计思路

据大商所资料介绍，交割月持仓限额以满足中等规模企业套保需求，同时参考已上市品种交割月持仓限额进行设计。

1. 玉米淀粉合约交割月持仓限额

玉米淀粉交割月持仓限额1500手，10吨/手，折合1.5万吨。

据“大连商品交易所玉米淀粉期货合约设计说明”手册介绍，该品种交割月持仓限额的设计，重点参考了两个数值：一是棕榈油期货“表观消费量与交割月持仓限额对应吨数比值”；二是玉米淀粉自由贸易量。

玉米淀粉期货参照处于农产品中间水平的棕榈油品种设计，以2350万吨为表观消费量，按照交易单位10吨/手，表观消费量与交割月持仓限额对等吨数比值1300计算，可以得到玉米淀粉月持仓限额为1807手。

据统计，我国43家年产量10万吨以上的玉米淀粉生产企业平均年产量为52.6万吨，折合每两个月平均产量约为8.8万吨。由于玉米淀粉企业多采取点对点的定向供货模式，仅有约20%的自由贸易量，因此，每月可用于交割的玉米淀粉约为1.76万吨，折合期货合约1760手，与1500手的持仓限额较为接近。①

2. 铁矿石合约交割月持仓限额

铁矿石交割月持仓限额2000手，100吨/手，折合20万吨。

该品种交割月持仓限额的设计，一是考虑我国铁矿石的供需结构。需求侧，前十大钢铁企业年需求铁矿石4000万吨。供给侧，2010年，我国前十大矿企在总产量中占比不到20%。前五大贸易商平均年进口量为1500万吨。1600家产能500万吨以下小矿企占总产量的2/3，500万吨原矿折合精矿约170万吨，月均产量15万吨（见表12-25）。

二是尽量满足各方需求。在小矿企月均15万吨产量的基础上，同时考虑矿企整合、产业结构调整等前瞻性需要，以及贸易商和钢铁企业套保需求，把交割月持仓限额调高到20万吨。②

表12-25　　2011年中国铁矿石企业生产概况

规模（万吨/年）	企业数目（家）	产量（亿吨）	数目占比（%）	产量占比（%）
>1000	12	2.29	0.75	23.44

① 玉米淀粉期货合约设计说明。
② 铁矿石合约制度设计说明。

续表

规模（万吨/年）	企业数目（家）	产量（亿吨）	数目占比（%）	产量占比（%）
500—1000	16	1.087	1	11.13
300—500	23	0.89	1.44	9.11
100—300	138	2.49	8.63	25.49
50—100	169	1.18	10.56	12.08
<50	1238	1.84	77.38	18.83
合计	1596	9.77	100	100

（二）收紧特殊月份交割持仓限额

为了控制交割月风险，我国商品期货交易所在特殊月份实施比其他交割月更严格的持仓限额。一个是郑商所的苹果期货7月合约，另一个是大商所的生猪期货7月合约。

1. 苹果期货7月合约

苹果属于典型的呼吸跃变型水果，长期存储主要采取两种方式。一是冷库储存。库内温度不超过1℃，相对湿度90%～95%，期货交割品种——红富士可储存至第二年的4月到5月。另一种是气调仓储存。主要通过抑制苹果呼吸作用进行保鲜。库容氧气含量要控制在2%～5%、二氧化碳浓度保持在3%～5%，正常情况下可以储存一年。但是，气调仓苹果是整库储存、整库出库，存储期间不便于开库检查，一旦气调仓打开，就要尽快全部出库。正因为苹果特殊的储存要求，7月苹果数量很少，大众消费转向已经大量上市的其他瓜果，7月苹果的期货交割常常发生仓单少等问题。

2018年10月，郑商所修改苹果持仓限额制度，缩小7月合约持仓限额（见表12－26）。然而，实施一年后，并未能真正解决苹果交割方面的问题。2020年7月14日，交易所发文，在2020年7月合约到期摘牌后，取消7月合约月份。

表 12－26　　2018 年 10 月版苹果期货持仓限额

合约月份	自合约挂牌至交割月前一个月第 15 个日历日（手）	交割月前一个月第 16 至最后一个日历日（手）	交割月（手）
非 7 月合约	500	100	10
7 月合约	100	20	6

2. 生猪期货 7 月合约

非 7 月交割月持仓限额。我国生猪运输车辆可装载 120 公斤生猪 135 头，约合 16 吨，即 1 手期货合约。夏季适宜生猪装载时间为晚上 8：00 至次日早上 6：00 共 10 个小时。每车装车需约 2 小时，每天可装 5 车，即 5 手。按照每家交割仓库每月交割 2 次计算，约为 10 手。

7 月合约交割月持仓限额减为 5 手[①]（见表 12－27）。7 月天气炎热，生猪交割面临更多风险。一是猪场多位于偏远山区，南方特别是长江流域 7 月洪涝灾害多，影响交割进行；二是夏季炎热天气容易发生生猪应激性死亡，给买卖双方造成不必要的损失；三是 7 月为季节性消费低点。生猪出栏少，期货交割风险增大。因此，7 月合约的交割月持仓从挂牌开始就相当于其他月份的 2/5，到交割月前一个月相当于 1/3，进入交割月则相当于 1/2。

表 12－27　　生猪交割月持仓限额

限仓对象 / 限仓数额 / 时间段	非期货公司会员与客户	
	非 7 月合约	7 月合约
合约上市起	500 手	200 手
交割月前一个月第一个交易日起	125 手	50 手
交割月前一个月第十个交易日起	30 手	10 手
交割月份	10 手	5 手

六、套期保值持仓额度管理

我国期货市场的套期保值持仓实行额度管理制度。与投机持仓限额分

① 生猪期货合约规则设计报告。

为三个阶段不同，套保持仓额度管理分为两个阶段：一般月份阶段和临近交割月阶段。一般月份的套保以交易持仓的形式存在，绝大多数持仓不会进入交割月转化为交割持仓。若已经出现多逼空苗头、需要通过降低持仓规模以化解逼仓风险时，放任多头套保持仓进入交割月，不利于风险化解；但在没有逼仓隐患的情况下，"一刀切"地严控套保持仓进入交割月，又会影响套保需求的满足。从规则上对套保额度分两个时段进行管理，使交易所可以相机行事，根据综合判断，决定进入交割月的持仓数量，也为市场监管者的灵活决策提供了规则制度依据，是适应我国期货市场现阶段发展的套保管理制度创新。

（一）一般月份套保限额管理

套保持仓的一般月份与投机持仓规定时间段相同。套保限额管理分为审批和使用两个阶段。

1. 申请方式

按照郑商所现行规定，一般月份套期保值持仓额度申请分为按合约申请和按品种申请两种方式。

（1）按合约申请。按合约月份申请的品种，一般为上市时间较短，或可供交割量较小，现货市场基础比较薄弱的品种。期货合约挂牌至交割月前一个月的第 5 个日历日，实行随到、随审、随批的管理办法。按合约方式申请的获批额度，只能用于对应合约。

（2）按年度申请。2021 年 4 月，郑商所增加按年度申请的规定。客户每年只需申请一次，获批额度即可用于该品种已挂牌的所有合约，所有合约套保额度数量相等。按年度申请的品种，一般为上市时间较长、可供交割量充足、市场运行平稳的品种。全年任一交易日均可提出。

无论是按合约申请还是按年度申请，经营企业都可以把全年的经营量放在一个合约月份，申请套保额度。然后根据实际需要选择使用。一些上市品种，比如农产品，具有季产年销的特点，产业客户可以选择在一个或几个月份集中销售生产的产品。这一规定就是为企业自由选择套保月份及套保数量提供制度支持。这一规定也与 CFTC 联邦持仓限额单个月份持仓与所有月份加总持仓的特点有点类似，尽管对象和目的不同。

2. 套保额度使用

为了防止套保持仓额度滥用，郑商所对额度的使用、与投机持仓的数量关系作出规定。

套保持仓总量与年度经营量挂钩。“套期保值交易时，任一交易日全年期货、期权合约一般月份套期保值持仓合计不得超过其在该商品相应保值方向的年度经营量。”①

持仓合计不得超过投机持仓限额2倍。“按品种方式申请并获批PTA、白糖品种一般月份套期保值持仓额度的非期货公司会员或者客户，其套期保值持仓和投机持仓合计不得超过投机持仓限仓标准的2倍，其中投机持仓不得超过相应投机持仓限仓标准，套期保值持仓不得超过获批的套期保值持仓额度。”②

（二）临近交割月套保限额管理

套期保值临近交割月份阶段，为一般月份之后的整个时间段，包括交割月和交割月前一个月的后半个月。

1. 审批时间

申请时间。交割月前二个月第15个日历日至交割月前一个月第20个日历日。

审批时间。分两次集中审核并予以答复。第一次在交割月前一个月第5个日历日后的5个交易日内集中审核，第二次在申请截止日后的5个交易日内集中审核。

2021年4月修订后的《郑州商品交易所套期保值管理办法》与2020年4月9日开始实施的原办法相比，把临近月份套保申请截止时间从“交割月前一个月第5个日历日”③，向后延长了半个月，在第一次审核时间不

① 《郑州商品交易所套期保值管理办法》，自2021年4月26日起施行。

② 关于PTA、白糖品种套期保值持仓额度申请及使用方式的公告。
http：//www.czce.com.cn/cn/gyjys/jysdt/ggytz/webinfo/2021/04/1605585411178104.htm.

③ 《郑州商品交易所套期保值管理办法》，自2020年4月9日起施行。

变的同时，增加了第二次审核。

“延长套保申请时间并增加集中审核次数后，套保企业可以根据自身套保需求灵活提交申请，企业和期货公司的准备时间也更加充裕。”①

2. 审批重点考虑因素

由于我国可供交割量数据难以获取，无法根据相应数据对交割月持仓风险进行研判，对直接影响交割月持仓的“临近交割月份套期保值持仓额度”审批，交易所除考虑申请者的具体情况外，把防止交割月多逼空风险放在首要位置。

（1）郑商所套保额度采取集体审批制。套保审核委员会由市场监查部、交割部、品种部、法律部等相关业务部门组成。各部门根据工作职责，从现货基本面、期现价格关系、仓单及可供交割量等角度分析研判期货合约运行状况，结合客户套期保值额度申请数量和合规情况，集体研究审批方案。

“交易所审批套期保值由套期保值审核委员会进行。套期保值审核委员会由交易所领导及市场监察部、交割部、结算部、法律事务部、市场部等部门负责人组成。”②

（2）临近交割月份套期审批关注要点。即将到期合约风险状况、期现价格是否背离是临近交割月份套期保值持仓额度审批时关注的重点。其中，包括可供交割量与期货及期权合约持仓之间的比例关系，就是人们常说的“仓单/持仓比”。只有在这些问题上达成一致意见后，套保审批才开始研究企业的具体套保审批问题。

“对临近交割月份套期保值持仓额度申请，交易所按非期货公司会员或者客户的主体资格是否符合、现货经营状况、套期保值申请品种、持仓方向和数量、历史违规情况、历史套期保值持仓额度使用情况、对应期货及期权合约整体持仓情况、可供交割商品的数量以及期现价格是否背离等

① 郑商所修订套期保值管理办法。
https：//baijiahao. baidu. com/s？ id = 1697657963698160691&wfr = spider&for = pc.

② 《郑州商品交易所套期保值管理办法》，自 2009 年 4 月 20 日起施行。

因素，确定其临近交割月份套期保值持仓额度。”①

套保额度审批是交割月风险防控的重要手段。当可供交割量不足时，容易发生软逼仓。如果合约风险较小、期现价格趋合情况良好，套保额度审批侧重满足实体企业保值需求。如果合约风险较大，或期现价格严重偏离，套保额度审批就从严把控，防止风险积聚，保障市场稳定运行。有注册仓单和交割实物相对应的空头套保持仓，对于防控多逼空风险是有利的，因此，交易所对其临近交割月的卖出套保申请都会予以批准。

（三）套期保值交易与持仓优惠

获批的套期保值持仓额度，可通过交易指令直接建立套期保值持仓，也可通过对历史持仓确认的方式建立套期保值持仓——在盘中提出持仓性质转换申请，结算时自动确认。

临近交割月份套保持仓额度自交割月第一个交易日起（含该日）不得重复使用。

获得批准套保额度的持仓可以获得以下5项优惠：（1）免除开仓手续费。（2）套期保值交易产生的自成交、频繁报撤单、大额报撤单行为不构成异常交易行为。（3）可以满足国有企业及上市公司对期货持仓性质进行“套保”标记的要求。（4）在“三板强减”平仓分配排序中位于投机持仓之后，且只有盈利两倍的套保持仓才参与分配。（5）可享受保证金优惠。

《中华人民共和国期货和衍生品法》第二十三条规定，“期货交易实行持仓限额制度，防范合约持仓过度集中的风险。

从事套期保值等风险管理活动的，可以申请持仓限额豁免。”

我们期待着我国期货市场的套期保值管理制度，从套保额度审批走向套保持仓限额豁免，在不远的将来成为现实。

① 《郑州商品交易所套期保值管理办法》，自2021年4月26日起施行。

后　记

在郑州商品交易所工作近三十年中，我见证了中国期货市场从试点到规范再到高质量发展的历史。在交割、结算、市场、研发等业务部门任职期间，我参与了棉花、白糖、PTA、电力期货等多个新品种的开发、期货规则的制定和修改、重大业务决策的研究和执行。部门同事是我的良师益友，帮助我熟悉业务、解决问题，帮助我增长知识、积累经验。期货交易所的同行耐心地为我答疑解惑，使我熟悉了兄弟交易所的监管思路和规则条款背后的逻辑。在此感谢郑商所历任领导的信任，感谢同事、同行们的帮助和支持，给了我撰写本书的信心和勇气。

2001 年，我参加了中英两国共同举办的“金融系统培训（FIST）”项目，在伦敦金属交易所、ADM 投资服务国际有限公司等英国机构进行工作交流。通过参加内部会议，走访交割仓库，与监管机构和客户交流，和业务部门讨论交易规则，听他们讲解典型案例，加深了我对英国期货市场运作模式和监管理念的了解。2013 年，我承担了筹备郑商所结算公司的任务，专程走访了芝加哥商业交易所和洲际美国清算所，他们分享了美国清算机构与交易所的分工合作、结算制度和风控决策逻辑。翻译《期货交割》专著促使我持续关注中美期货交割制度，译校《亨特兄弟白银操纵案》一书推动我更深入地研究美国期货市场风控规则制度的起源、发展与经验教训。这些工作为中外期货规则的对比研究积累了素材。

本书还讲述了我与同事一起经历和处理的许多业务事件，其中，有的事件带有明显的早期时代特征，其目的是让读者从一个事件、一个侧面了解我国期货市场发展的历史。

感谢我国期货市场创始人之一、我的老领导李经谋先生的鼓励和支持。他提供了珍藏多年的早期期货交易规则，分享了我国期货市场诸多制度创新及其背景，并剖析了期货市场的一些重大历史事件，使我受益匪浅。

感谢同事和同行阅读本书初稿，纠正其中错误，提出修改建议，补充了一些规则条款出台的背景，添加了近期的业务创新和发展。他们是郑州商品交易所的常远、刘鸿君、王绍军、王冠方、刘珺、史喜超、郑晓炜、王昉；大连商品交易所的陈伟、黄小玉、张鹏远、王世杰；上海期货交易所的王海洋、徐春雷；资本市场学院的陈一坐。

感谢魏振祥、姬广坡、顿颖晖、姜华庆、宋煌、刘少华、王宗芳、张新亚、郭晨光、郭凌辉、李保法、多绥婷、白玉、李科瑾、原楠等老同事与我一起讨论、分析规则条款和业务事件。

感谢我的家人对我编写本书给予的理解、鼓励和支持。

因资料所限，一些期货交易规则的起源和演变过程未能完全展现；因时间所限，一些规则条款的背景材料尚待挖掘补充；因个人水平所限，对业务事件和规则条款的评述带有很多主观色彩，偏颇之处在所难免，欢迎专家和业内人士参与讨论、批评指正。

如有任何意见和建议，欢迎发送邮件至 570587706@ qq. com。

赵文广

2023 年 9 月